2010年主要经济社会指标

总面积：2231平方公里(其中太湖水域面积1486平方公里)
户籍人口：600441人
地区生产总值：6023036万元
人均地区生产总值：100376元
全口径财政收入：2306232万元
地方一般预算收入：600365万元
全社会固定资产投资：2514025万元
社会消费品零售总额：1990010万元
全社会用电量：527433万千瓦小时
实际利用外资：45342万美元
进出口贸易总值：681152万美元
城镇居民人均可支配收入：32110元
农村居民人均纯收入：14659元

2010年1月16日，中共中央政治局常委、全国人大常委会委员长吴邦国视察吴中区

2010年4月24日，原中共中央政治局常委、国务院副总理李岚清视察吴中区

2010年3月27日，全国人大常委会副委员长、中国红十字会会长华建敏视察吴中区

2010年4月3日，国务委员、公安部部长孟建柱视察吴中区

2010年7月10日，中央军委委员、国务委员兼国防部部长梁光烈视察吴中区

2010年8月21日，外交部部长杨洁篪视察吴中区

2010年9月22日，江苏省委书记梁保华视察吴中区

2010年8月31日，江苏省委常委、苏州市委书记蒋宏坤视察吴中区

2010年12月19日，苏州市市长阎立视察吴中区

2010年12月3日，中共苏州市吴中区委二届十一次全体（扩大）会议在太湖国际会议中心召开

2011年1月6~8日，苏州市吴中区第二届人民代表大会第四次会议在区大会堂举行

2011年1月5~7日，政协第二届苏州市吴中区委员会第四次会议在区大会堂举行

2010年1月14日，区委书记金海龙会见来访的日本新泻县副知事神保和男一行

2010年1月18日，区长俞杏楠会见美国加利福尼亚州大洛杉矶区贝尔戈登市市长佩德罗·阿塞图诺、唐尼市市长马里奥·格拉、亨廷顿公园市市长马里奥·戈麦斯，并分别签署友好交流城市协议书

2010年5月6日，区委书记金海龙会见来访的韩国又松学园教育集团理事长金圣经一行

2010年6月8日，区长俞杏楠会见加拿大安大略省圣·托马斯市市长克里夫·巴里克，并签署友好交流城市协议书

2010年10月18日，’2010苏州吴中·太湖经贸合作洽谈会在苏州太湖国际会议中心举行

2010年10月18日，区委、区政府举行吴中区重大项目集中开工开业仪式

2010年10月17日，中国光华文化创意产业园（苏州项目区）项目启动仪式暨中国光华科技基金会图书捐赠仪式在吴中经济开发区举行

2010年6月12日，2010年上海世博会“城市更新与文化传承”主题论坛在太湖国际会议中心举行

2010年8月28日，第六届苏州太湖开捕节在太湖国家旅游度假区举行

2010年3月15日，'2010中国·苏州吴中洞庭山碧螺春茶文化旅游节在太湖国际会议中心开幕

2010年4月29日，太湖旅游世博年——2010中国木渎国际旅游节在木渎镇白象湾生态园开幕

2010年9月19日，第八届中国苏州·甪直水乡服饰文化国际旅游节在甪直江南文化园开幕

2010年4月9日，苏州东山精密制造股份有限公司首次公开发行4000万股A股在深圳证券交易所上市

2010年7月20日，苏州天马精细化学品股份有限公司首次公开发行3000万股A股在深圳证券交易所上市

2010年3月18日，苏州吴中·太湖（北京）投资环境说明会暨央企对接会在北京举行

2010年3月19日，苏州吴中洞庭山碧螺春茶文化旅游节推介会在北京举行

2010年8月28日，中央新影太湖影视基地在太湖国家旅游度假区挂牌，电视连续剧《吴健雄》摄制同时签约

2010年9月19日，国家信息网络产品质量监督检验中心入驻吴中区

2010年9月11日，第一届苏州穹窿山兵圣杯世界女子围棋赛在穹窿山开幕

2010年5月30日，首届中外太湖帆船邀请赛暨“德国艾贝客啤酒杯”太湖帆船赛在度假区开幕

上真观

宁邦寺唐彩卧佛

2010年11月15日，世博会英国馆第一颗种子标本落户横泾中心小学

2010年11月5日，吴中区中小学生阳光体育大会船拳表演

吴中区年鉴编纂委员会

《吴中年鉴》编辑部

编辑部地址：苏州市吴中区宝带西路 101 号档案局

电　　话：0512-65643180

传　　真：0512-69556735

邮　　编：215128

编 辑 说 明

一、《吴中年鉴》是由苏州市吴中区人民政府主办、吴中区年鉴编纂委员会编纂、吴中区档案局和档案馆组织编辑的综合性地方资料工具书，旨在全面、系统、翔实地记载吴中区政治、经济、文化、社会等方面的基本面貌及发展情况，为各机关、团体、企事业单位和社会各界及时提供信息资料。《吴中年鉴》于 2002 年创刊，每年编印一卷，本卷为第十卷。

二、《吴中年鉴》采用分类编辑法，分为部类、分目、条目 3 个层次，以条目为基本组成单位，标题用【 】引出，以便查阅。《吴中年鉴(2011)》分为 22 个部类:(1)特载，(2)大事记，(3)吴中区概况，(4)中共吴中区委员会，(5)吴中区人民代表大会，(6)吴中区人民政府，(7)政协吴中区委员会，(8)民主党派·工商联·人民团体，(9)军事·政法，(10)经济监督管理，(11)财税·金融，(12)农业·水利，(13)工业，(14)外经·商贸·服务业，(15)城建·规划，(16)生态环境建设·旅游，(17)教育·科技，(18)文化·卫生·体育，(19)社会民生，(20)度假区·开发区，(21)镇(区)·街道，(22)文件选编。全书共有条目 736 条，附表 53 张，领导视察、友好往来、区重要会议、重大活动等的照片 38 幅。

三、本年鉴选材坚持以经济建设为中心，以新情况、新成就、新经验为重点，力求既能反映地方特色，又能创新增益、推陈出新。年鉴内容主要选自各单位的档案材料，并经过单位领导和年鉴编纂委员会的审核，以保证其准确性、可靠性。

四、本期年鉴资料收录时间为 2010 年 1 月 1 日至 12 月 31 日，人事名单以上年底组织部门年报为准，各种统计数据以区统计局提供为准。图片拍摄由于人员众多，除主要拍摄人员外，书中不再一一署名，在此一并感谢。

五、本年鉴在编纂过程中得到了区委、区政府领导的关心和指导，各专业部门和有关人员的支持和协助，在此谨表谢意。本书在编印过程中的粗疏、错漏之处，敬请批评指正。

《吴中年鉴》编辑部

2011 年 10 月

要　　目

目　　录

特　载

大事记

吴中区概况

中共吴中区委员会

吴中区人民代表大会

吴中区人民政府

政协吴中区委员会

民主党派·工商联·人民团体

军事·政法

经济监督管理

财税·金融

农业·水利

工　业

外经·商贸·服务业

城建·规划

生态环境建设·旅游

教育·科技

文化·卫生·体育

社会民生

度假区·开发区

镇(区)·街道

文件选编

特 

在新的起点上推进“山水苏州、人文吴中”建设 努力开创“十二五”发展新局面

——2010年12月3日在区委二届十一次全体(扩大)会议上的讲话

金　海　龙

同志们:

这次区委全体(扩大)会议是在两个五年规划承前启后的关键时刻召开的一次重要会议。会议的主要任务是:认真贯彻落实党的十七届五中全会和省、市委扩大会议精神,回顾总结今年以来工作和“十一五”发展成果,科学谋划“十二五”发展,集思广益、凝心聚力,动员全区各级党政组织和广大干部群众,在新的起点上推进“山水苏州、人文吴中”建设,努力开创“十二五”发展新局面。下面,根据区委常委会讨论的意见,我讲4个问题。

一、今年以来工作的简要回顾

今年以来,面对后国际金融危机带来的严重影响和国内外环境的深刻变化,全区上下坚持把中央精神、省、市委部署和吴中实际紧密结合起来,知难而进、迎难而上,突出重点、统筹兼顾,全力保持经济平稳较快发展,加快推进经济发展方式转变,切实加强民生改善和社会建设,各方面工作取得了新进展。主要抓了以下几方面工作:

(一)全面落实促进经济增长的关键措施,努力保持经济平稳较快增长。贯彻落实中央和省、市促进经济增长的政策措施,着力解决经济运行中的突出矛盾和问题,全区经济保持平稳较快增长。预计全年实现地区生产总值602.3亿元,同比增长13.6%;完成地方一般预算收入58亿元,同比增长16%。*一是持续加大有效投入。*完成全社会固定资产投资247.5亿元,增长20.3%;新开工项目385只、在建项目900只,建设面积1300多万平方米;115个市、区级重点项目完成投资118亿元,占全区固定资产投资的47.7%。*二是全面拓展各类消费需求。*制定出台《商贸业提速升级三年行动计划》,完善落实扩大消费的各项政策措施,积极引导房地产市场健康有序发展。全区实现社会消费品零售总额199亿元,增长19.3%;“家电下乡”、“家电以旧换新”工程销售额超过7000万元;商品房销售面积154.2万平方米,销售额134亿元;汽车销售额超90亿元,占全市总额的70%以上。*三是着力促进外贸出口稳定回升。*抓住国际市场回暖的有利时机,引导企业提高高新技

术产品市场占有率，支持加工贸易企业创建自主品牌，加快推进外贸出口转型升级。全区实现进出口总额65亿美元，其中出口额42亿美元，分别增长28.7%和31.7%；出口超千万美元的企业达到65家；高新技术产品出口额增长42.3%。

（二）坚定不移调结构抓创新，加快转变经济发展方式。在确保经济较快增长的同时，坚定不移推进经济发展方式转变，大力发展创新型经济。一是不断增强自主创新驱动力。完善政府为主导、企业为主体、市场为导向、产学研结合的区域科技创新体系，加快推进吴中科技园二期、吴淞江科技产业园、太湖科技产业园、东创科技园、博济科技创新园等一批创新载体建设，建成国家级孵化器3家、省级孵化器1家；与中科院生物局、同济大学、南京信息工程大学等高等院校和科研机构在生物医药、环保科技、物联网等领域深入开展合作，全区18个企业建立研发中心；全年安排科技专项经费6000万元，启动科技型中小企业发展专项资金。新增高新技术企业7家，专利申请量和授权量分别达4300件和2600件。二是加快新兴产业集聚和传统产业提升。深入实施“5+2”产业培育振兴计划，出台了扶持新兴产业发展的相关政策，成功引进三阳光伏、图博节能、卡尔冈炭素等一批投资超千万美元的优质项目，新兴产业新增注册外资占到全区总额的40%，107家新兴产业企业完成产值超250亿元。进一步加大传统产业增资扩产和改造提升力度，伟创力、维讯河东厂、永强科技等一批重点项目投产运营，电子信息、装备制造两大主导产业完成产值超500亿元。全区实现工业总产值1305亿元，其中规模以上工业总产值1014亿元，同比分别增长21.1%和21.8%；完成技改投入62亿元，占工业性投入的72.9%。三是全面实施服务业新一轮跨越发展。成功举办央企对接会、世博对接会等多场服务业专题招商会，服务业项目到账外资超过2亿美元；全区服务外包企业发展到62家，全年完成服务外包接包合同额6000万美元、离岸执行额3000万美元；出台鼓励文化产业发展的政策意见，太湖文化论坛国际会议中心建成投用，15只市级重点文化产业项目总投资达198亿元，占全市重点文化产业项目投资总额的四分之一；全面对接上海世博会，成功举办世博苏州分论坛和世博吴中主题展示周，建成一批新景点，旺山景区挂牌国家4A级景区，全区共接待游客1500万人次，实现旅游收入150亿元，分别增长15.7%和35%。全区服务业增加值占GDP比重提高到41%。四是坚持不懈抓好节能减排和生态建设。大力实施绿化造林、湿地营造、生态恢复三大“绿色工程”，全力推进生态建设重点工程，矿山整治完成复绿86.5万平方米，环保重点项目和太湖水污染防治重点项目顺利完成年度计划，东太湖综合整治工程完成退垦还湖、围堰及排水工程。严格控制新开工高能耗、高污染项目，关停并转一批化工企业，“十一五”减排目标任务提前完成。全区集中式饮用水源地、水域功能区水质达标率均达100%，陆地森林覆盖率达29.1%，国家生态区创建通过国家级技术评估。

（三）加快城乡一体化发展步伐，促进城乡区域协调发展。统筹推进城市化与城乡一体化进程，积极构建工业反哺农业、城市支持农村的区域协调发展新机制。一是进一步完善各项规划编制。以新一轮苏州城市总体规划修编为契机，全面完成区城乡协调规划、临湖镇和胥口镇总体规划、尹山湖生态商圈和运河风光带城市设计等规划编制工作，深化完善东太湖滨湖新城规划，各镇、街道总规和控规，全区功能定位和产业布局更加优化。二是着力提高城市现代化建设水平。继续实施老城区“退二进三”、“穿衣戴帽”、“拔高扩容”工程，加快推进中润苏州中心、新苏国际等15个重点高层楼宇建设，城区无障碍改造任务全面完成，中心城区管理水平全面提升；高标准推进越溪城市副中心、尹山湖—独墅湖双湖板块、度假区中央商贸区和金三角地区等新兴板块建设，SM 广场、香山国际大酒店等功能性项目开业运营；加大轻轨 2 号线、中心城区、蠡墅片区、吴淞江科技产业园、太湖科技产业园等重点地块拆迁力度，全区共拆除农宅、店面、企业 2700 多家、104 万平方米。三是加快破除城乡二元结构。继续深化农村改革，在全省率先完成集体林权制度改革，全区各类合作社发展到 309 家，100%农民成为股民，“五大合作”改革创下 8 个省级以上第一，湖桥集团成为全国首个依托农民合作社成立的集团公司；全力推进沿太湖高效综合区、西部丘陵生态林茶果区、东部平原传统农业区等现代农业基地建设，“六个一” 工程实现产值 30.5 亿元，粮食储备保供体系逐步完善，建成一批区级示范库；发展壮大镇村集体经济，两级集体总资产超 150 亿元，村均可支配收入达 560 万元，位居苏州大市前列；年稳定收入超 1000 万元、3000 万元的村分别发展到 22 个和 3 个；进一步加大农村环境整治力度，投入 5 亿元按 5 种类型开展农村环境综合整治，新增一批卫生村、生态村、示范村，吴中区被列为全省农村环境连片整治首批 3 个典型示范区之一。四是强力推进重大基础设施建设。全力推进东山环山公路、宝带西路延伸段、绕城高速光福互通连接线等交通工程建设，进一步完善供水管网、污水处理、电力、通信、人防等基础设施，全区生活供水保证率达 95%；城区、中心镇镇区的生活污水集中处理率分别达到 95%和 85%，规划保留村生活污水处理率达 70%，农村道路通达率、硬化率均达 100%，电信宽带网络自然村覆盖率扩大到 85%。

（四）坚持教育优先和人才引领，构筑吴中发展的战略优势。大力推进教育现代化，加快人才强区建设，以科教人才高地造就产业高地，把科教人才优势转化为发展优势和竞争优势。一是着力提升教育现代化水平。全年投入教育经费 12 亿元，增长 6%，生均公用经费持续提高；统筹城乡教育一体化发展，全面推进学前教育、义务教育、普通高中教育、职业教育、社区教育等各类教育事业优质均衡发展，全区 3 周岁以上幼儿入园率达 99.7%，初中升学率达 99.5%。二是大力打造人才高地。积极实施人才强区和人才优先发展战略，进一步加大高层次人才引进力度，全区人才总量超 7 万名，高层次人才总量年增长率连续 8 年保持在 22%以上，具有研究生以上学历或高级职称的人才近 5000 名，省“双创计划”人才 4 名、市“姑苏计划”人才 3 名。

（五）深入推进改革开放，切实增强新的竞争优势和发展优势。一是全面完成政府机构改革。按照“精简、统一、效能”的原则，规范设置 26 个政府工作部门、17 个挂牌机构，新组建区发改局等 6 个部门，进一步理顺有关机关部门内设机构设置。二是推进医药卫生体制改革。出台《关于深化医药卫生体制改革的实施意见》，加大医疗服务领域的改革推进力度，加大对公共医疗卫生事业的政府投入，积极推进基本公共卫生服务均等化，全区城乡社区卫生服务机构普及率和人口覆盖率达 100%。三是推动金融体制创新。积极打造吴中金融发展新高地、资本市场新板块，成功引进国发创投、双银国际金融城、中小企业融资服务分中心等一批金融总部，新增 5 家农村小额贷款公司，全区农村小额贷款公司总注册资本达到 17.4 亿元；加大企业上市融资力度，东山精密、天马精化成功上市。四是调整优化国有经济结构。加快国有企业改革重组步伐，不断壮大国有企业实力，区属国有投资公司资产总额达 145 亿元、注册资本 48 亿元；筹备设立东吴产权交易所，区创投公司参与 IPO 股权投资获得成功。五是全面提升对外开放水平。充分利用国际国内两个市场、两种资源,加快开放型经济转型升级,全年新增注册外资11亿美元,实际利用外资4.53亿美元,增长6.5%;完成中方境外投资1725万美元,新签外经合同额549万美元,完成外经营业额617万美元。

(六)切实保障和改善民生,不断提高人民群众生活水平。牢固树立"民生第一"的发展理念,扎实推进各项惠民工程,努力办好涉及民生的各项工作。一是保持城乡居民收入稳定增长。通过各种途径增加城乡居民工资性、经营性、财产性收入,城镇居民人均可支配收入达到32022元,农民人均纯收入14450元,分别增长11%和10.8%。二是坚持统筹推动城乡就业创业。加强特困家庭、高校毕业生等重点人群就业工作,提升劳动力的就业能力和就业水平,全年新增就业岗位5.4万个,其中面向本地劳动力7884个,帮助3060名失业人员就业;发挥"以创业促就业"的联动效应,完善创业鼓励政策,建立健全创业公共服务体系,推动全民多创业、创成业、创大业。三是进一步完善城乡社保体系。持续提高全民保障水平,城镇五大社会保险净增参保2.9万余人,城乡居民医疗保险筹资标准提高到420元,被征地农民养老保险提高到400元,城乡低保实现历史性并轨,保障标准提高到420元;全年共向2711户、7517名低保户发放低保金1300余万元,向2180名重残人员发放生活救助金750余万元;胥口镇"百企帮百户"活动取得良好效果。四是全面推进各项民生工程。全面完成17万平方米、1664套保障性住房建设,累计对151户低保家庭和特困家庭实施廉租房保障,对511户低收入的公房危房住户实施解危安置,409户购得中低收入家庭住房;扎实开展住房公积金扩面工作,新增住房公积金缴存职工3.5万人;有序推进老新村改造,完成89幢、17.2万平方米居民住宅改造工程;全区文体教育服务机构实现全覆盖,公益性文化阵地超过11万平方米,成功创建全国文化先进区;社区卫生服务站建设改造工程全面完成,新一批乡镇卫生院、养老院建设顺利推进;按照"全区统一领导、部门分工协作、地方分级负责、各方共同参与"的要求,认真做好第六次全国人口普查工作。

(七)继续加强民主法制建设和精神文明建设,促进社会和谐稳定。一是积极发展社会主义民主政治。支持人大及其常委会依法履行职能,更好地发挥人民政协协调关系、汇聚力量、建言献策作用,积极支持工、青、妇等群众团体依法创新工作,认真做好新形势下的统战、民族、宗教、外事、对台、侨务、双拥、国防后备力量建设、老干部、老年人、计生、妇女儿童等工作。二是扎实推进法治吴中和平安吴中建设。积极开展法治建设先进镇(街道)创建活动,临湖镇湖桥村被命名为第四批"全国民主法治示范村",吴中区连续4年被评为"土地执法模范区";深入开展"三项排查",重视加强信访工作,有效化解一批信访积案和社会矛盾;全面加强社会管理创新,扎实推进城中村、塘湾里等重点区域社会治安和城市管理突出7项问题专项整治;依法打击各类犯罪活动,8类主要刑事案件发案率持续保持较低水平;认真做好校园安保工作,投入3000万元组建全市首个校园护卫大队,成立了应急救援大队;安全生产监管体系逐步完善,连续5年无较大森林火灾。三是进一步深化精神文明建设。广泛开展"迎世博、讲文明、树新风"活动,积极开展文明村镇、文明社区创建活动和市民公共文明教育实践活动,切实抓好未成年人思想道德建设,进一步培育公民文明行为与意识;以诚信建设为重点,不断完善社会诚信体系,建设公平诚信的市场环境,营造社会诚信氛围;围绕公共文明指数测评工作,努力构建文明城市长效管理机制。

(八)全面加强和改进党的建设,增强各

级党组织的创造力凝聚力战斗力。以党的执政能力建设和先进性建设为主线，全面加强和改进党的建设，不断提高党建工作的科学化水平，为全区经济社会发展提供坚强的组织保证。一是深入开展创先争优活动。按照上级统一部署，围绕“转型升级做表率，科学发展当先锋”主题，以“创建先进基层党组织、争当优秀共产党员”为主要内容，扎实开展创先争优活动。全区85个单位、34995名党员围绕中心、服务大局，立足本职、创先争优，涌现出一批先进典型，巩固和拓展了深入学习实践科学发展观活动成果。二是扎实推进干部队伍建设和人事制度改革。认真做好干部考察和“一报告两评议”工作，优化调整48个机关、14个乡镇街道领导班子，新提拔35岁左右的年轻干部36人、女干部36人、党外干部8人；积极开展干部挂职、大学生“村官”和选调生工作。三是进一步加强基层组织建设。认真做好农村(社区)党组织换届选举工作，全区171个农村(社区)党组织首次以公推直选和无候选人直选方式，选举产生了新一届村(社区)党组织成员919名；深入开展先锋镇、先锋村争创工作，新增市级先锋镇3个、先锋村8个。四是全面推进反腐倡廉建设和机关作风建设。认真学习贯彻《廉政准则》，积极开展“模范履职、文明执纪”学习教育活动；严格落实党风廉政建设责任制，纵深推进惩防体系构建，持续加大对重大项目建设、重点工作行政效能监察力度，严肃查处一批违纪违法案件，挽回直接经济损失652万元。狠抓机关作风效能建设，深化行政审批制度改革，大力实施“创新服务”工程，加大明查暗访力度，行政服务中心办件事项平均提速10.2%。

在总结一年来工作成绩的同时，我们也要清醒地看到，工作中还存在一些薄弱环节，经济社会发展还面临不少挑战和矛盾，主要是：经济综合竞争力还不够强，产业结构不够合理、自主创新能力不足等长期性矛盾和问题依然存在；经济持续增长的资源环境约束强化，保持经济平稳较快增长难度增大；城市化现代化步伐还不够快，城市拆迁需要加紧推进，功能设施需要加紧完善；农村基础设施相对落后，农村环境有待改善，农民持续增收难度加大；社会建设管理与社会结构的深刻变化不相适应，因征地拆迁、环境污染、劳资纠纷等引发的社会矛盾增多；党的建设还存在不适应新形势新任务新要求的问题，干部队伍建设仍然存在薄弱环节，等等。这些都需要我们在今后工作中高度重视、切实加以解决。

二、吴中的发展站在新的历史起点上

过去的5年，是吴中发展史上极不平凡的5年，是全区应对严峻挑战、经受重大考验的5年，也是在科学发展道路上迈出坚实步伐、经济社会发展取得重大成就的5年。面对宏观环境的复杂变化，全区各级党政组织坚持以邓小平理论和“三个代表”重要思想为指导，牢固树立和认真落实科学发展观，紧紧围绕“两个率先”、“富民强区”的目标，全面实施“做强经济开发区、做美太湖山水、做靓吴中新城、做好新农村建设”四大工程，全力推进经济、政治、文化、社会建设以及生态文明建设和党的建设，如期完成了“十一五”规划确定的各项奋斗目标，经济社会发展实现了新的跨越。

（一）经济实力在量质并举中显著提升。“十一五”期间，全区地区生产总值年均增长17.8%；地方一般预算收入年均增长22.2%；工业总产值年均增长17.3%，规模以上工业总产值突破千亿元大关；累计完成全社会固定资产投资940亿元，比上一个5年增长1.2倍；实际利用外资23亿美元，民资内资企业发展到19000多家，注册资本达到1100亿元；完成进出口总额260亿美元，其中出口162亿美元，年均分别增长9.5%和12%。

（二）产业结构在转型升级中更趋优化。

三次产业结构调整到2.7:56.3:41，三次产业从业人员调整到9:57:34；服务业增加值年均增长22.7%，占GDP比重五年提高7.4个百分点；战略性新兴产业产值占规模以上工业总产值比重达25.8%;建成各类创新载体100多万平方米,全社会研发经费投入占GDP比重提高到2.1%,省高新技术企业和省民营科技企业发展到187家，高新技术产业产值占规模以上工业总产值的比重提高到43.7%。

（三）城乡建设在规划引领中齐头并进。坚持高起点、高标准编制完善城乡协调规划、重点区域规划和各类专项规划，城乡功能布局、基础设施建设统筹推进,城乡面貌显著改善,形成以主城区,包括郭巷片区、越溪城市副中心为核心,度假区中心区、重点中心镇为基础的现代化城市发展新格局。坚持城乡一体化发展导向,稳步推进“六个一体化”建设，全区67%的耕地实现适度规模经营,87.1%的农村工业企业进入工业园,28.7%的农户住进安置小区。5年累计完成基础设施投资179.5亿元,全区城市化率达到61%。

（四）人民生活在共建共享中持续改善。5年累计净增就业岗位超34万个,帮助城镇失业人员实现再就业超2.3万人;全区城镇职工养老、医疗、失业、工伤、生育五大社会保险覆盖率达98%，农村基本养老保险和基本医疗保险参保率分别达到96%和100%,农村老年居民享受基本养老补贴实现全覆盖，困难群体帮扶体系更加健全；城镇居民人均可支配收入和农民人均纯收入年均分别增长11.9%和10.5%。

（五）社会发展在统筹兼顾中更加协调。科教文卫体等各项社会事业全面进步，基本实现教育现代化,城乡公共文化、医疗卫生服务体系形成全覆盖。精神文明建设和民主法制建设不断加强,平安吴中、法治吴中建设深入推进,生态文明建设成效显著,党的建设特别是执政能力建设全面加强，和谐社会建设取得新的成绩。

回顾过去的5年，我们不仅取得了超出预期的发展成果，创造了吴中发展的又一个黄金期，而且积累了在复杂困难局面中推进又好又快发展的新经验。

一是坚持把解放思想作为最强大的发展动力。“十一五”期间,面对复杂多变的国内外经济环境，特别是面对国际金融危机对经济社会发展带来的严重冲击，全区上下紧紧抓住科学发展这个第一要务不动摇，以解放思想为先导,用改革的思路突破体制上的束缚,用创新的办法破解发展中的难题，在逆境中抢抓机遇、迎难而上,团结拼搏、负重奋进,千方百计保持经济平稳较快发展。为又好又快推进“两个率先”,区委与时俱进地提出了“建设‘四大工程’”、“打造‘山水苏州、人文吴中’”、“实施‘走进太湖时代’战略”的发展思路,并使之成为吴中各阶段发展的总目标、总定位,使之成为全区人民的共同追求,极大地激发了广大干部群众的积极性主动性创造性,为推动科学发展提供了强大动力。

二是坚持把转型升级作为最紧迫的战略任务。分析吴中发展阶段新变化和面临的制约因素，区委区政府深刻认识到加快转变经济发展方式是一项刻不容缓的战略任务。“十一五”期间,我们充分利用经济环境变化带来的倒逼压力,以更大决心、更大力度推进经济社会转型发展。在发展理念上,既注重速度,更注重质量;在发展措施上,既注重打基础、壮实力、增后劲,更注重把经济社会发展切实转入科学发展、创新发展的轨道,切实加快经济结构的调整和经济发展方式的转变，切实加强资源节约和环境保护，以投资结构的优化带动经济结构的升级，以经济结构的升级增强可持续发展的能力。

三是坚持把统筹兼顾作为最根本的工作方法。在经济快速发展、社会深刻变化的新形势下,注意统筹处理好各方面重大关系,坚持改革的力度、发展的速度、社会可承受的程度有机统一，推动经济、政治、文化、社会建设紧密结合，努力形成经济繁荣发展、社会和谐进步、城乡政通人和的良好局面。在新型工业化、城市现代化的快速推进中，高度重视加强“三农”工作和新农村建设，保持农业增效、农民增收、农村发展的良好势头。深入实施区域共同发展战略，全力推进开发区“二次创业”，度假区提速出彩，重点镇区各展所长、竞相发展。坚持经济建设与生态建设一起推进，加大环境保护和生态建设力度，走出一条生产发展、生活富裕、生态良好的文明发展之路。

四是坚持把改善民生作为最本质的发展追求。“十一五”期间，全区各级党委政府始终把改善民生、提高人民生活水平摆上优先位置，在经济社会发展上更加突出富民惠民，在城市建设中更加突出便民利民。深入开展学习实践科学发展观活动，深入推进“创业富民”、“就业惠民”、“社保安民”工程，着力解决人民群众最关心、最直接、最现实的利益问题，着力解决困难群体的就业、住房、基本生活保障等问题，不断优化城乡生产生活环境，不断满足人民群众精神文化需求，使城乡居民在改革发展中得到了更多实惠。

过去5年取得的成就来之不易，为在新的起点上实现又好又快发展奠定了坚实的物质基础；过去5年形成的经验弥足珍贵，为指导和推进新一轮发展积累了宝贵的精神财富。全区各级各部门要充分利用“十一五”打下的良好基础，运用“十一五”科学发展取得的基本经验，坚定不移地推动科学发展、创新发展、和谐发展，努力开辟“十二五”发展更加美好的前景。

三、全力开创“十二五”科学发展新局面

未来5年，是吴中发展可以大有作为的重要战略机遇期，是全区转型升级、创新发展的黄金时期，也是城市化、现代化快速推进的关键时期，任务艰巨、使命光荣。全区各级党政组织要树立更加强烈的责任感和紧迫感，再接再厉，乘势而上，全力开创“十二五”科学发展新局面。

吴中“十二五”发展总的指导思想是：**深入贯彻党的十七届五中全会精神，按照苏州市建设“三区三城”总体要求，结合吴中区实际，牢牢把握科学发展这一主题，紧紧抓住转型升级这一主线，始终突出以人为本这一核心，全面实施“走进太湖时代”发展战略，全力推进产业升级、自主创新、改革开放、城乡统筹、民生改善、环境优化等各方面工作，在新的起点上推进“山水苏州、人文吴中”建设，努力把吴中区建设成为高端产业城区、最佳宜居城区和文化旅游强区。**

按照科学发展的要求，结合考虑吴中区未来发展的趋势和条件，**吴中“十二五”发展的主要目标是：**地区生产总值年均增长15%；地方一般预算收入年均增长15%；全社会固定资产投资年均增长15%以上；城镇居民人均可支配收入年均增长10%以上，农民人均纯收入年均增长11%；社会事业全面进步，城乡一体的公共服务体系更加完善；人民生活更加富裕，收入差距逐步缩小；生态环境明显改善，民主法制、精神文明建设全面加强，社会和谐程度和人民群众幸福指数普遍提升。

未来5年中，全区上下必须紧紧围绕这一总目标、总定位，牢牢抓住和用好重要战略机遇期，始终保持蓬勃朝气、昂扬锐气、浩然正气，更加自觉地在变化变局中发展自己，更加自觉地在加快发展中推动转型发展，努力实现全区经济社会发展新的更大跨越。重点抓好6个方面工作：

（一）加快转型升级步伐，全力推动经济发展方式转变。未来5年，围绕建设高端产业城区的目标，着力推进产业向高端化发展，促进“吴中制造”向“吴中创造”转变、生产型经济向服务型经济转变，全面提升产业综合竞争力。*一要跨越发展现代服务业。*围绕“国内知名滨湖旅游目的地、长三角新兴科技创意基地、苏州南部商务商贸中心”的服务业发展定位,加速发展生产性服务业,提升发展消费性服务业,促进服务业新一轮跨越发展。优先发展金融物流、研发设计、服务外包、电子商务等生产性服务业,促进现代服务业与先进制造业互动并进、融合发展,到2015年,生产性服务业增加值占服务业增加值比重达60%以上,建成10个产业特色鲜明、集聚带动作用明显的服务业集聚区。大力发展旅游产业,丰富发展太湖休闲度假游、水乡古镇风情游、乡村田园休闲游、江南文化体验游等旅游产品,积极争创国家5A级景区,加快形成以度假区为核心,七大国家级旅游景区为支撑的旅游发展格局,建成国内外知名的滨湖旅游目的地。加快发展文化产业,扶持发展民间工艺、创意创新、人文传播、影视娱乐等产业,高水平推进光华文化创意产业园、胥江一号文化创意产业园、印刷数字化产业园、国际影视娱乐城等一批创新型产业基地和园区建设,推动文化资源优势转化为文化产业优势。到2015年,实现服务业增加值600亿元,占GDP的比重达50%,服务业从业人员占全社会从业人员比重达45%左右。二要培育提升先进制造业。坚持战略性新兴产业和优势主导产业并举,毫不动摇地走新型工业化道路,在更高平台推进“工业强区”发展战略。优先培育战略新兴产业,瞄准世界产业发展方向,加快培育生物医药、新能源新材料、高端装备制造、智能电网与物联网、新型平板显示、节能环保等战略新兴产业,重点推动生物医药、新能源新材料、高端装备制造三大产业成长为支柱产业。充分利用高新技术和现代信息技术提升产业能级,淘汰落后产能,转移低端产能,加大技改力度,重点发展电子信息、装备制造等主导产业,改造提升纺织、轻工等传统优势产业,打造品牌产品,培育地标企业。到2015年,全区工业生产总值突破2500亿元,战略性新兴产业产值占规模以上工业产值的比重提高到40%以上。三要全面加强投资、消费、出口协调拉动。继续保持投资合理增长,优化投资结构,增加有效投入,尤其要科学推进各类重大项目建设,以项目建设推动经济发展。“十二五”期间,全社会固定资产投资年均增长15%以上,计划实施高新技术产业、现代服务业、现代农业、生态建设、社会事业领域重大项目394只,总投资超1800亿元。主动对接消费需求领域拓展、品质提高、环节延伸的发展趋势,优化消费环境,培育消费热点,引导消费行为,释放城乡居民的消费潜力,不断提高消费对经济增长的拉动力。重点培育发展总部经济,积极构建现代商贸流通体系,稳步发展商贸地产、教育地产、科技地产、创意地产、体育地产等多元房地产业,创新发展教育培训、机构养老、市政服务等公共性服务业,鼓励发展生活娱乐、时尚配餐等新型生活服务业态,“十二五”期间,全社会消费品零售总额年均增长18%。大力促进对外贸易转型升级,推动加工贸易向上游研发设计和下游营销服务延伸,提高出口产品的技术含量和附加值,扩大自主品牌产品的出口比重,降低出口贸易的对外依存度。

(二)突出科技创新引领,大力推进创新型城区建设。把科技创新作为应对挑战、促进转型、培育后劲的主要举措,大力提倡自主创新,优化科技创新政策环境,构建以企业为主体的技术创新体系,不断提升人才创新素质和参与竞争的能力,把吴中区打造成为优秀人才集聚高地和人才创新创业首选城区。一要提升企业自主创新能力。鼓励企业特别是规模企业增加研发投入,建立研发机构或企业技术中心、工程技术研究中心。鼓励企业与高等院校、科研机构建立产学研合作联盟,建立资源共用、风险共担、利益共享的长效机制,围绕新兴产业、支柱产业的发展需求,开展关键技术联合攻关,加速科技成果转化和技术推广。*二要加强创新载体和平台建设*。高水平建成吴中科技园二期、吴淞江科技产业园、太湖科技产业园等新兴创新创业板块。深入推进同济大学苏州研究院、东创科技园、尚德—库特勒研发制造一体化、苏州电器研究院、苏州药检所、西山中科 GLP 实验室等重大研发机构和服务平台建设，为科技创新提供强有力的服务支撑。到 2015 年，全区建成科技创业园 5 家、各类孵化器 25 家、科技中介机构 40 家、省级以上实验室和工程技术研究中心 30 家。*三要培养引进创新型人才*。全面推进吴中人才计划，完善激活现有人才、吸引外来人才、培养未来人才三大核心环节，大力引进和培养高层次创新创业人才，确立主导产业人才竞争优势和新兴产业人才智力优势，建设一支具有较强创新能力和竞争力的人才队伍。到 2015 年，全区人才总量达 12 万人，高层次人才数量翻两番，人才资源占人力资源总量的比重达到 35%，高技能人才占技能劳动者比例达到 33%。*四要优化创新服务环境*。着力突破制约创新发展的制度性障碍，建立公平、高效、完善的创新体制机制，构建以政府投入为引导、企业投入为主体、金融资本为支撑、社会资本积极参与的多元化科技投入体系，激发创新活力，提高创新成效。加强科技研发、技术创新、产业发展等各项财政性资金的统筹支持力度，实施资源配置和公共服务向自主创新型企业的倾斜。到 2015 年，全社会研发经费支出占 GDP 比重达 3% 以上，科技进步贡献率超过 60%。

（三）继续深化改革开放，切实增强经济社会发展动力。吴中发展成就的取得，得益于改革开放。在新的起点上推进“山水苏州、人文吴中”建设，依然要高举改革开放的大旗。*一要加快经济体制改革*。把深化经济体制创新作为促进转型升级的重要举措，着力消除制约经济发展的制度性障碍，为经济发展添活力、增动力。重点加快推进资本市场改革、投资体制改革，大力实施创新型企业成长路线图计划，鼓励企业进入资本市场，到 2015 年，力争本土上市企业达到 15 家，形成资本市场的“吴中板块”；完善自主创新担保和再担保体系，改善创新创业投融资环境，完善国有资产监督管理，加快国有经济向国计民生重大领域、优势行业和新兴产业集聚，提高国有资产经营公司的运营能力，确保国有资产保值增值。*二要优化行政服务体系*。深入推进行政审批制度改革，加强行政服务中心建设，完善“两集中、两到位”行政服务机制，继续精简审批环节、优化办事流程，健全上下协调、部门联动的政府服务体系，提高行政服务效能。深化政务公开，积极推进行政权力网上公开透明运行，完善决策程序，健全科学民主决策机制和绩效评价机制。*三要继续扩大对外开放*。坚持国际开放和区域开放互动并进，在更广领域、更大范围利用国际国内两个市场、两种资源，增强吴中外向型经济的竞争能力和发展能力。把引进外资与促进经济转型升级结合起来，推动外资利用从速度型向效益型转变，从重视规模向规模质量并重转变。集中力量引进科技含量高、服务业态新、带动能力强的外资项目，鼓励企业设立研发中心和营销机构。稳步实施“走出去”战略，发挥吴中医药及生物技术、电子信息、装备制造、新型建材等产业优势和丰富的旅游文化资源，加快企业“走出去”步伐，提高跨国经营能力，拓展发展空间。

（四）加速城乡统筹发展，不断提高城乡现代化建设水平。未来 5 年，是吴中区城乡一体化发展全面出彩的关键时期，要以城市化和城市现代化为目标，调整优化空间布局，增强资源集聚度，统筹城乡一体化发展，把吴中区打造成宜居宜业宜游的人间新天堂。*一要以科学规划引领城乡新一轮发展*。紧紧抓住苏州加快建设长三角核心区域城市群这一契机，把做好规划放上更加突出的位置，高起点、高标准、高要求完善全区城乡建设总体规划、各新镇规划、片区规划,以及各类专题规划,充分发挥规划在城乡一体化发展中的引领作用。二要打造城市建设五大重点板块。在保持各中心镇有序扩张、特色发展的同时,着力改造提升中心城区,全力建设滨湖新城,发展壮大越溪城市副中心,做优做美尹山湖—独墅湖生态商圈,精心打造度假区中央商贸区,不断完善城市空间布局,增强城市的资源集聚度、辐射带动力和综合竞争力。尤其要把“走进太湖时代”作为城市建设的重要方向,加快推进东太湖滨湖新城规划建设,打造现代时尚、运动休闲、生态宜居、文化旅游、山水城市形象的新型城区,争当开辟太湖时代的排头兵、先行军。三要统筹推进城乡一体化建设。按照“六有”目标,推广木渎镇和太湖现代农业示范园两个先导区综合配套改革经验,全面推进城乡一体化发展,努力形成城乡发展规划、资源配置、产业布局、基础设施、公共服务、就业社保和社会管理一体化的新格局。加快富民强村步伐,全面深化农村“五大合作”改革,加快合作经济走向市场步伐,全面完成“政社分离”改革,完善农民持续增收和集体资产保值增值的长效机制。加大“三集中”、“三置换”力度,进一步完善农民集中居住规划,使更多农民变为市民。加快农村社区服务中心设施建设,鼓励优质资源向农村流动,努力把农村社区建设成为管理有序、服务完善、环境优美、治安良好、生活便利、人际关系和谐的社会生活共同体。四要构筑便捷交通网络。完成苏嘉甬高速公路、苏震桃高速公路吴中段、南环高架快速路西延工程,规划东山—西山太湖第二大桥建设,实施金庭环岛公路、环太湖路光福段、甪直东方大道、机场路、胥口孙武路综合改造,以及一批旅游景区道路建设工程,推进区域道路提标升级。

(五)加强以改善民生为重点的社会建设,让发展成果普惠于民。坚持民本、民生、民富发展理念,强化以人为本,加快富民步伐,积极引导服务需求,优先配置公共服务设施,不断提高社会发展水平和社会和谐程度。一要完善广覆盖的社会保障体系。完善社会保险体系,构建以社会保险、社会救助、社会福利为基础,以基本养老、基本医疗、最低生活保障制度为重点,以慈善事业、商业保险为补充的城乡社会保障体系;加大就业保障力度,构建政府、个人、学校、金融机构“四位一体”的就业促进体系,确保“十二五”期间每年新增就业2万人,新生劳动力就业率达90%以上;全面整合社会救助资源,完善救济帮扶长效机制,保障弱势群体的民生权益;加快安置房建设步伐,有序推进集宿楼、公共租赁房建设,完善多层次的住房保障体系,着力解决新就业职工、进城务工人员及中等偏下收入家庭的住房困难。二要提高基本公共产品服务水平。统筹发展各类教育事业,不断完善“以区为主、城乡一体”的教育管理体制,逐步形成城乡学校统一管理体制、统一规划布局、统一办学标准、统一办学经费、统一师资配置的教育发展新格局,到2015年达到发达国家本世纪初平均水平,率先实现教育现代化。加大政府对公益性文体事业的投入,推进文体信息资源共享工程,加快现代文体中心、青少年活动中心、区图书馆新馆、博物馆、规划展示馆等一批标志性文体设施建设,逐步完善区、镇(街道)、村(社区)三级公共文体设施网络。深入推进医药卫生体制改革,实施基本药物目录制度,建立健全基本医疗和公共卫生服务体系,明年基本医疗保障制度覆盖全区城乡居民,职工医保、居民医保覆盖率均稳定在98%以上,建成城乡15分钟健康服务圈。优先发展养老服务,坚持政府主导和社会参与相结合、居家养老和机构养老相结合、硬件建设和软件管理相结合、物质保障和精神关爱相结合,建立健全顺应民生需求的城乡养老服务体系,到2015年,全区每千名老人拥有社会养老机构床位数达到32张，基本实现“老有所养”目标。三要推进社会管理现代化。适应社会结构新变化，强化以人为本、注重民生、增强活力、促进和谐的社会管理新理念，探索制度管理新模式，建设好新型社区班子，加快由防控型管理向服务型管理转变。继续深化城管体制改革，着力构建“两级政府、三级管理、四级网络”架构，全面推行“区域式联动，网络化管理”模式，推动城市管理力量下沉、重点下移。加强基层基础工作，完善“大防控”体系和“大调解”机制，健全应急管理体系，从源头上预防和化解社会矛盾，提高“平安吴中”建设水平，确保群众安居乐业、社会和谐稳定。

（六）加大生态保护和建设力度，形成人与自然和谐发展新格局。更加重视生态文明建设，大力发展绿色经济、循环经济和低碳经济，加快建设资源节约型、环境友好型社会，积极开拓发展空间，持续优化生活空间，努力实现人与自然和谐相处。一要积极倡导生态文明的发展理念。深入开展环境友好企业、绿色社区、绿色学校等各个层面的创建活动，增强全社会环保意识，努力使生态文明建设成为全区上下的共识和自觉行动。二要继续加大节能减排力度。坚持源头控制、科技支撑、严格监管三管齐下，严格控制高耗能、产能过剩行业扩大产能，禁止新上高排放项目，鼓励环保产业加快发展，进一步降低能源资源消耗、减少污染排放。积极争取市里加强对七子山垃圾焚烧堆场的整治和管理，改善区域环境。三要着力建设生态产业。注重生态建设与生态产业发展相结合，加快推进生态工业、生态农业、生态养殖、生态林业、生态旅游等生态示范区和基地工程建设，重点打造太湖、澄湖、尹山湖、独墅湖四大板块，把“四湖”板块建设成为生态产业集聚区、生态技术展示区、生态居住示范区。四要大力实施“清水蓝天造绿”工程。完善环境保护体制机制，加强对自然保护区、风景名胜区和森林公园的建设管理，加大对水源涵养区、生态敏感区的保护力度，建立完善责权利相一致、规范有效的生态补偿机制，实现区域生态环境的持续改善。加快沿山、沿湖、沿路等生态湿地、经济林网建设，实施重点生态地区小流域治理、河湖水土保持、矿山整治和宕口复绿等工程，构建区域生态安全屏障。加大大气污染治理力度，严格汽车尾气排放标准，整治建筑粉尘污染，大幅度减少灰霾天气。到2015年，全区陆地森林覆盖率达30%以上，空气环境质量达到二级标准的天数超过330天，使吴中的山更绿、水更清、天更蓝、人居环境更优美。

四、合力夺取“十二五”发展新胜利

实现“十二五”时期经济社会又好又快发展，党的领导是根本政治保证。要充分发挥党委总揽全局、协调各方的领导核心作用，始终坚持解放思想、与时俱进，始终坚持以人为本、执政为民，始终坚持相信群众、依靠群众，始终坚持求真务实、艰苦奋斗，最广泛地动员各方面力量，最大限度地调动一切积极因素，为顺利实现“十二五”发展各项目标任务而不懈奋斗。

一要以新的思想解放引领新的发展。吴中区过去每个发展阶段取得的成就，都离不开解放思想为先导。在新的起点上实现发展的新跨越，必须大力推进新的思想解放。要在解放思想中凝聚共识，坚持不懈地用党的理论创新成果武装党员、教育群众，不断增强贯彻落实科学发展观的自觉性坚定性，用吴中发展的美好前景激励人心、凝聚力量，进一步筑牢共同奋斗的思想基础，使“十二五”的目标任务、发展思路、重大举措转化为广大群众的共同意志和自觉行动。要在解放思想中锐意创新，继续大力弘扬“三创”精神，旗帜鲜明地鼓励创新、支持改革、善待挫折、宽容失败，更大力度推进发展思路、体制机制、政策措施的与时俱进，以创新的思路和举措破解发展难题,争创新的优势。要在解放思想中勇于超越,以宽广的视野考量自身的发展,清醒认识存在的差距,不为过去的成绩而自满,不为既有的经验所束缚,不为传统的模式所局限,树立更高的发展定位和追求,使吴中的发展始终保持持续快速健康的良好势头。

二要以提高群众工作水平更好地凝聚民心民力。又好又快推动吴中“十二五”发展是全区人民的共同事业,必须唤起最广大人民群众齐心协力、共同奋斗,必须充分调动人民群众的积极性、主动性和创造性,真正做到发展为了人民、发展依靠人民、发展成果人民共享。要牢固树立群众观点,正确把握同群众的关系,思想上尊重群众、感情上贴近群众、工作上依靠群众,始终与人民群众同呼吸、共命运、心连心。要自觉维护群众利益,把实现好维护好发展好最广大人民的根本利益,作为一切工作的根本出发点和落脚点,多做惠民利民富民的事,多做雪中送炭、为民解忧的事,多做打基础利长远的事。要始终坚持群众路线,坚持从群众中来、到群众中去,坚持问政于民、问需于民、问计于民,尊重群众首创精神,总结基层新鲜经验,善于从群众中汲取智慧和力量,凝聚民心民力,推动科学发展。

三要以强化协同协作营造良好发展环境。良好发展环境是实现吴中“十二五”跨越式发展的前提条件。要积极营造创新创业的舆论环境,坚持正确舆论导向,大力营造解放思想、干事创业、争先发展的良好环境,在全社会形成“尊重知识,尊重人才,尊重劳动,尊重创造”的风气;形成“崇尚创新,宽容失败,支持冒险,鼓励冒尖”的氛围。要积极营造公平公正的法治环境,扎实推进法治吴中创建活动,深入推进行政指导、公正司法各项工作,进一步加强政法队伍建设,全面提升法治建设整体水平。要积极营造优质高效的服务环境,深入推进机关作风效能建设,全面推行“阳光行政”工程,继续推行政务公开,全力打造服务型政府、高效率政府新形象。要积极营造齐心协力的合作环境,大力支持人大、政府、政协、司法机关依照法律和各自章程独立负责、协调一致地开展工作,高度重视民族、宗教、对台、外事、侨务和双拥工作,充分发挥工青妇等人民团体联系和服务群众的作用,把各方面力量凝聚到“十二五”发展的宏伟目标上来。

四要以改革创新精神加强党的建设。坚持以执政能力建设和先进性建设为主线,全面推进党的思想、组织、作风、制度建设和反腐倡廉建设。大力加强领导班子和干部队伍建设,深化干部人事制度改革,提高推动科学发展、促进社会和谐的能力。深入实施新一轮“强基工程”,广泛开展创先争优活动,增强各级党组织的创造力凝聚力战斗力。加强惩治和预防腐败体系建设,进一步落实党风廉政建设责任制,严格权力运行制约和监督,营造风清气正的发展环境。各级领导班子和领导干部要在提高“三个能力”上下更大功夫。要着力提高学习能力,自觉把学习作为一种责任、一种追求,勤于学习新知识,善于接受新理念,敏于接受新事物,不断增强研究新情况、解决新问题的本领。要着力提高把握大局的能力,适应越来越迅速、越来越复杂的国内外环境新变化,善于从全局高度思考和处理问题,把握工作的主动权,提高应对复杂局面的能力,增强工作的原则性、系统性、预见性和创造性。要着力提高抓落实的能力,牢固树立正确的政绩观,心无旁骛谋发展、集中精力抓落实,坚决反对形式主义、表面文章,坚决反对铺张浪费、奢靡之风,把心思和精力用在抓工作、促落实上,把功夫下到察实情、出实招、办实事上,以求真务实的作风、为民清廉的实际行动,把各方面工作做得更深入、更扎实、更有成效。

同志们,吴中“十二五”发展蓝图展现在我们面前,美好的前景催人奋进。让我们紧密团结在以胡锦涛同志为总书记的党中央周围，坚持以邓小平理论和“三个代表”重要思想为指导，深入贯彻落实科学发展观，同心同德，开拓进取，扎实工作，在新的起点上更好更快地推进“山水苏州、人文吴中”建设，奋力开创“十二五”时期科学发展新局面，努力把吴中的明天建设得更加美好。

政府工作报告

——2011年1月6日在苏州市吴中区第二届人民代表大会第四次会议上

苏州市吴中区人民政府区长　俞杏楠

各位代表：

现在，我代表区人民政府，向大会作工作报告，请予审议，并请区政协委员和其他列席人员提出意见。

“十一五”时期经济社会发展简要回顾

“十一五”时期是我区经济社会发展经受重大考验、取得巨大成就的5年。5年来，我们在苏州市委、市政府和吴中区委的正确领导下，在区人大及其常委会和区政协的监督支持下，团结依靠全区广大人民群众，坚持以邓小平理论和“三个代表”重要思想为指导，以科学发展观为统领，以全面建设高水平小康社会、率先基本实现现代化为目标，主动适应宏观经济环境的不断变化，有效应对国际金融危机的冲击影响，开拓创新、励精图治，奋勇争先、克难求进，胜利完成了“十一五”规划确定的主要目标任务，谱写了“山水苏州·人文吴中”的精彩篇章，奠定了“十二五”经济社会发展的坚实基础。

5年来，国民经济持续快速健康发展，综合实力显著增强。经济总量持续攀升。与“十五”期末相比，地区生产总值由265亿元增至602亿元，年均递增17.8%；地方一般预算收入由21.3亿元增至60亿元，年均递增23%。全社会固定资产投资累计完成940亿元，是“十五”的2.2倍；完成进出口总额269亿美元，其中出口170亿美元，分别是“十五”的2.5倍、2.7倍。产业结构加速优化。工业总产值、服务业增加值年均分别递增17.3%和22.7%，农业总产值增加到35.8亿元，三次产业比重由3.8∶62.6∶33.6调整为2.7∶56.3∶41。累计实际利用外资23.1亿美元，13家世界500强企业投资入驻；引进民资内资企业9699家，平均注册资本431万元，是“十五”的4.6倍。区属国有公司发展到8家，注册资本增至48亿元，累计完成投资55亿元，是“十五”的22倍。科技创新成效显著。全社会研发投入占GDP比重由1.5%提高到2.1%，高新技术产值占规模以上工业比重由31.4%提高到43.7%，获批市以上科技项目430只，品牌、商标3369件，建成省级质量兴区先进区。万人拥有专利授权量由3.9件增至43.6件，万人人才数增至1500名，科技进步贡献率提高到55%。

5年来，城乡统筹协调发展加快推进，城市形态显著优化。坚持规划引领，加强重要板块、重点组团、重大基础设施建设，提升载体平台功能水平。形成“一体两翼”吴中新城格局，中心城区拓展为20平方公里，城市化率达61%。大力实施建成区升级改造和越溪副中心、尹山湖—独墅湖商圈做靓做优，东太湖综合整治和滨湖新城规划进展顺利，开发区、度假区和各中心镇区开发建设协同推进。国家级吴中出口加工区、吴中科技创业园和省级吴中科技园等一批产业载体建成启用，太湖科技产业园、吴淞江科技产业园等一批重大平台启动建设，建成金枫路创新创意街区等省、市现代服务业集聚区4个。新建改造吴中大道、230省道等道路172公里，公路总里程增至1144公里。实施城南污水处理厂一期等一批重大环保工程，全面建成城乡污水处理体系和再生资源回收利用体系，日供水和污水处理能力分别提高到47.5万立方米和28.5万吨。电力主变总容量提高到367万千伏安。深入推进城乡一体化发展综合配套改革，完成新农村建设规划全覆盖，推行农村环境“三位一体”长效管理机制，全面实现“村村通公交”，改水、改厕完成率分别提高到100%和95.4%，城乡面貌焕然一新。

5年来，环境保护资源利用扎实有效，生态文明显著提升。切实加快转变经济发展方式，强化能源资源节约和生态环境保护，调整关闭华源农药、华新金猫水泥等高能耗、高排放企业50多家，单位GDP能耗累计下降21.7%，完成化学需氧量和二氧化硫减排目标的117%和194%。完成土地复垦整理2.1万亩，新增建设用地投资强度和产出率分别是“十五”的1.8倍、2倍，连续四年获评省级土地执法模范区。全面实施太湖治理，完成退渔还湖14.2万亩、退垦还湖4.2万亩和水环境综合治理项目110只，全区河长制考核断面、集中式饮用水源地和水域功能区水质达标率均保持100%。建设“绿色吴中”，累计新增绿化4.4万亩，复绿山体宕口236万平方米，修复生态湿地7200亩，陆地森林覆盖率达29.1%，提高3.9个百分点，小康社会环境质量综合指数保持96分以上。通过国家生态区验收，实现全国环境优美镇全覆盖，苏州太湖湖滨湿地公园建成国家湿地公园。

5年来，社会事业民生保障全面加强，人民生活显著改善。深入实施就业富民和保障惠民工程，累计新增就业岗位20.4万个，城镇零就业家庭全部实现一人以上就业目标；净增城镇“五险”参保13.2万人次，农保置换城保16.1万人次，保障标准大幅提升。农村“五大合作”改革不断深化，实现村村有股份合作社、农民人人有股份，年股红分配总额增加到1.8亿元。城镇居民人均可支配收入、农民人均纯收入分别提高到32109元和14527元，年均递增12%、11.6%；城乡居民储蓄存款余额达380亿元，比“十五”期末增加1.3倍。深入开展政府为民实事系列工程，累计完成投入71.2亿元，新建和改造学校32所，医院、卫生院14家，新增公益性文化设施6.6万平方米，建成保障性住房1664套、16.8万平方米，全面完成中心城区无障碍建设改造，建立低保、社会救助等城乡并轨机制，基本形成高标准、全覆盖的民生服务体系。荣获全国文化先进区、计生优质服务先进单位，省级教育现代化建设先进区、社区卫生服务先进区等称号，实现省双拥模范区“大满贯”。精神文明建设和民主法制建设深入推进，全面实现“五五”普法规划目标。推进科技强警，完善“大防控”体系、“大调解”机制，强化社会治安综合治理、突发事件应急管理。建成省级食品安全示范区，实现了无重特大公共安全事件和较大森林火灾。

5年来，改革创新依法行政不断深化，政府建设显著加强。围绕打造法治型、服务型政府，切实加强以改革创新和依法行政为重点的自身建设。累计办理“两会”议案、建议、提案1169件，按期办复率和满意基本满意率保持100%。深化政府法制建设，建立区政府领导班子集体学法长效制度，率先创新实施行政指导并获全市推广，被评为省级依法行政示范点。扎实推进行政审批“两集中、两到位”,设立重大项目“绿色通道”。建立“一网公开、四网运行、七网监察”行政权力网上公开透明运行机制,实现行政审批事项动态调整和政府规范性文件定期清理。完善国有集体资产管理,创新建立投融资、担保等16项规范运行机制。廉政建设各项制度全面加强。强化审计监察和绩效评估,审计核减区级政府性支出20.1亿元。深化对外交流合作,新增境内外友好城市6个。加强对上争取,累计获上级专项资金20.6亿元。

2010年工作情况

2010年是“十一五”的收官之年,也是全区加快发展、推动转型的关键一年。我们积极抢抓和巩固经济回升向好势头,继续落实和完善保增速、调结构、促转型、惠民生的各项政策措施,较好地完成了区二届人大三次会议确定的目标任务。全区经济保持平稳较快发展,社会事业取得新进步。全年地区生产总值、地方一般预算收入分别突破600亿元和60亿元,增长13.6%、20%,完成全社会固定资产投资248亿元,增长20.3%;完成工业总产值1305亿元,其中规模以上工业产值1014亿元,分别增长21.1%、21.8%;实现服务业增加值247亿元,增长17.2%;城镇居民人均可支配收入、农民人均纯收入分别增长11.3%和12%。一年来,主要做了以下工作:

一、强化产业集群、人才集聚,着力推动经济转型升级

坚持以创新为第一驱动,人才为第一资源,新兴产业为第一方略,切实在发展中转型、在转型中发展。

*新兴产业、高端产业、特色主导产业加快发展。*深入实施“5+2”产业培育振兴计划,制定出台综合配套扶持政策,推动产业层次不断提升。集聚新能源、生物医药等规模以上新兴产业企业107家,实现产值262亿元,增长25.5%,占规模以上工业比重达25.8%;新增省以上高新技术企业23家、产品40只,高新技术产值占规模以上工业比重提高7.1个百分点。引导企业加强技术创新、管理创新、资本创新,加快传统主导产业改造升级。东山精密、天马精化成功上市,11家企业正式进入上市程序,伟创力等一批旗舰项目开工投产。物流、服务外包等现代服务业占服务业比重达60%。中国工艺文化城、光华文化创意产业园、苏州国际影视娱乐城、胥江一号等15只项目列为市级重点文化产业项目,全年实现文化产业增加值16.2亿元,增长35%。精心组织实施“太湖旅游世博年”系列活动,越溪旺山景区创成4A级,宝岛花园酒店晋升五星级,东山碧螺山庄成为全区首家五星级农家乐,穹窿山孙武书院、甪直江南文化园等一批旅游设施建成启用,全年接待游客超1500万人次,旅游总收入超150亿元,分别增长15.7%和35%。完成服务外包接包合同额7200万美元,其中离岸执行额3200万美元,分别增长78.8%和38.3%。集聚现代物流企业16家,实现营业额5.2亿元,增长17.5%。实施商贸业提速升级三年行动计划,木渎凯马广场成为国家级商业特色街区,建成市级商业特色街区、商业示范社区各4家,实现社会消费品零售总额199亿元,完成商品房销售175万平方米、销售额156亿元。

*创新载体、创新人才、创新服务体系明显提升。*大力实施各类开发园区“二次创业”,集聚创新资源,提高自主创新能力。吴中科技园获评国家级国际科技合作基地,西山中科动物实验开放服务中心扩建等工程进展顺利。吴中科技创业园建成全省首批科技企业加速器,长桥、甪直分园竣工投用。同济大学苏州研究院等创新载体加快建设。新增省市企业技术中心17家,建成生物医药和碧

螺春茶 2 个市级优质产品生产基地。大力实施“2124”人才工程，出台科技计划项目资金配套等扶持政策。组织申报 3 名国家“千人计划”等一批领军人才项目，省“双创计划”人才达 9 名，市“姑苏计划”人才达 11 名。成立区博士联谊会，新增省级企业院士工作站 4 家、博士后科研工作站 1 家。知识产权保护和创新成果转化力度加大，吴中实业新药项目荣获省科技进步一等奖，获批市以上科技项目 104 只，列入省重大科技成果转化项目 2 只，专利授权量增长 120%。新增省名牌产品、著名商标 5 件。深化政产学研合作，成功举办中科院生物产业科技创新联盟大会等高端科技活动，引进南京信息工程大学苏州数字城市研究院等一批重大科技项目。国家高低压电器检测平台一期建成启用，信息网络产品检验平台启动建设，国家级检测服务机构增至 6 家，泰怡凯、天马等企业和洞庭山碧螺春茶叶协会成为 4 项国家专业化标准制订单位，特色品牌优势和辐射带动效应明显增强。

*投资结构、增长结构、资源配置结构不断优化。*突出政策、措施的导向性，集成资金、资本、资源要素，调整优化经济结构。强化招商选资，精心组织开展金秋经贸洽谈会和北京央企对接会、浙江民资招商会及日欧美生物医药等新兴产业专题招商活动。新增实际利用外资 4.5 亿美元，其中高技术产业和服务业项目占比达 63.6%；新增民资内资注册资本 300 亿元，增长 65%，平均注册资本 780 万元，增长 17%；新增个体工商户 9000 家，注册资本 6.6 亿元。完成进出口总额 65 亿美元，其中出口 43 亿美元，分别增长 28.8%、34.8%。着力优化投资结构，切实抓好重点项目建设，激发社会资本投入活力，提高国资投入质量。115 只重点项目完成投资 138 亿元，占投资总量的比重提高 14.2 个百分点；完成民资投资 138 亿元，增长 12.5%；完成技改投入 62 亿元，占工业投资的 72.9%；区属国有公司完成投资 13 亿元，国资经营性资产、股权投资和金融参股步伐加快，总额超 18 亿元。推动各区域板块加快转型升级，开发区、木渎镇地方一般预算收入分别达 22.4 亿元、10 亿元，度假区地方一般预算收入增幅达 43.9%。强化经济运行监测分析，优化资源要素配置。落实科技专项资金 6000 万元，撬动全社会研发投入超 12 亿元。加强金融创新，上海联合产权交易所中小企业融资服务分中心、苏州国发创投公司总部落户我区，双银金融城奠基开工，批准设立农村小额贷款公司 8 家，全年新增金融机构贷款 119 亿元。大力推行清洁生产，节约利用土地资源，实施节能和循环经济项目 21 只，盘活存量土地 2469 亩。

二、强化规划引领、统筹发展，着力优化城乡环境面貌

围绕形态现代、业态繁荣、生态文明，建设创新创优、宜业宜居新城区。

*以科学规划引导城乡建设。*编制完成全区城乡协调规划，土地利用总体规划，中心镇总体规划和中心城区、郭巷北部片区、尹山湖周边地区控制性详细规划，区域规划体系进一步完善。东太湖滨湖新城概念规划不断深化，启动区控制性详细规划加快编制，镇、街道控制性详细规划编制扎实推进。运河风光带、蠡墅片区等重点区域城市设计基本完成。严格规划执行，科学、有序、统筹推进城乡建设。

*以转型发展提升城市功能。*加快中心城区改造升级。新苏国际、恒润大厦等现代高层楼宇竣工投运，文体中心、吴中医院、中润广场等重点项目进展顺利，丹桂路、澄湖西路东段等道路和龙港一村等 4 个老新村综合改造全面完成。轻轨 2 号线、冬青路改造等重点地块拆迁安置有序推进，全区拆除各类房屋约 104 万平方米，76 万平方米安置房

建成交房。"两区"建设协同推进。越溪副中心吴中商务中心、人力资源大厦等项目及尹山湖、独墅湖生态景观工程加快建设,保利、中海等高端地产商业项目落地开工。度假区中央商贸区等各项建设正在拉开,太湖国际会议中心承办"世博会苏州主题论坛"取得圆满成功,绕城高速光福互通度假区连接线正式通车。城镇面貌日益优化。木渎、胥口等地实施城乡一体化综合改造项目11个。宝带西路延伸段及全市首条山体隧道——凤凰山隧道建成通车,东山环岛公路主体工程基本完成,西山环岛公路加快规划设计,东、西山环岛公路连接线(太湖第二大桥)筹备工作全面启动。浒光运河、苏南运河等航道整治加快实施。完成16个农贸市场升级改造。区人防指挥所建设进展顺利,电力、路灯、通信等设施不断完善。

*以政策创新加快"三农"发展。*深化城乡一体化综合配套改革,增强农村发展活力。全面落实农机、农资等惠农补贴,出台实施农村土地流转、规模经营等惠农政策,投入强农惠农财政资金3.1亿元。加快建设太湖现代农业示范园万亩标准化水产养殖等特色基地,调整发展果品产业,农业适度规模经营比例达67%。分解落实苏州城乡一体化改革3427亩增减挂钩周转指标。建立和落实生态补偿机制,镇、村发展后劲进一步增强。实现镇、街道股份合作联社全覆盖,新增村、社区股份合作社19家,试点"政社分离"管理模式,临湖湖桥村组建全国首家股份合作社集团公司。镇、村集体资产达156亿元,增长11.7%,村均可支配收入达560万元,增长12.4%。率先通过全省集体林权制度改革验收。推进就业保障城乡一体化,城乡低保、重残补助标准均提高到人均每月420元;城乡居民医疗保险筹资标准提高到420元,城乡社会医疗救助资金达1599万元;被征地农民城保养老金提高到人均每月661元,被征地老年人员保养金、农保基础养老金分别提高14.3%和28.6%。金庭衙角里、东山陆巷公交首末站建成启用,农村生产生活条件显著改善。

*以一流标准做优生态环境。*全面完成总投资35亿元的56项年度环境保护和太湖水污染防治重点工程,开展太湖水质长效检测,完成胥口等污水处理厂升级扩建,实施污水管网延伸扩面,太湖一级保护区生活污水处理率达80%。切实加强环境监察,实施城南区域化工企业专项整治,全面实行污染源在线监控。东太湖综合整治一期试验段生态清淤、堤线调整工程进展顺利。疏浚河道121公里,加固圩堤、建设挡墙53公里。成为首批国家级农村环境连片整治典型示范区,越溪旺山村建成全省首个国家级水土保持科技示范园。城市管理"区域式联动,网格化管理"机制全面深化,数字城管初步实现移动指挥智能化和管理网络化,环卫机械化水平不断提高。强化重点区域、重要节点环境长效管理,"三小车"、杂船、卫生死角等7项环境整治工程取得扎实成效。

三、强化基层基础、民生实事,着力促进社会和谐稳定

突出经济社会相协调、强区富民相统一,统筹推进经济发展和民生改善,全面开展政府10项重点实事项目和10项重点民生工程建设。

*民生水平不断提高。*组织各类劳动技能培训3.8万人次,新增就业岗位5.3万个,开发公益性岗位545个。有效开展就业帮扶,实现城镇困难人员就业2709名、失业人员再就业3773名,吴中区籍应届高校毕业生就业率达95%,城镇登记失业率为3.1%,劳动关系和谐企业创建工作有序推进。城镇职工养老保险覆盖率稳定在98%以上,企业退休人员社会化管理不断深化,养老金提高到人均每月1494元。建成区社会福利中心、残疾人

综合服务中心，镇、街道敬老院改造建设进展顺利。扩面新增住房公积金缴存3.5万人。深入实施保障性安居工程，落实1271户低保、特困和中低收入以下家庭住房保障，完成189户贫困家庭危房改造。

各项事业全面进步。我区获评省级全面实施素质教育先进区。建成区中小学生综合实践学校、车坊江东小学、越溪实小幼儿园等一批新校，中小学校舍安全工程稳步推进，新增省、市优质幼儿园7所。0~3岁婴幼儿早期教育全面实施，老年大学和老干部活动中心建设进展顺利，吴中电大跻身“全国示范性基层电大”。苏州市首批3名中小学教育名家我区获评1名。基层文体设施标准化建设扎实推进，全面建成镇级文体教育服务机构。深入开展群众性精神文明活动，获苏州创建全国文明城市公共文明指数测评第三名。东山镇晋升为中国历史文化名镇，碧螺春茶制作技艺成为国家级非物质文化遗产。成功举办首届穹窿山兵圣杯世界女子围棋锦标赛，我区培养的运动员周春秀卫冕亚运会女子马拉松赛冠军。名列省运会青少年组金牌数第三位。卫生事业加快发展。完成社区卫生服务站标准化建设改造，区精神卫生康复中心和一批乡镇卫生院建设顺利推进。木渎医院骨科、皮肤病医院皮肤科成为市级重点专科。建立区红十字会常设机构。积极开展第六次全国人口普查，人口计生世代服务体系全覆盖。完成《吴中区志》总纂。外事侨务、妇女儿童、档案、科普等事业取得新进步。

社会管理创新优化。深入推进民主法治建设，村民自治持续加强，村(居)委会换届选举顺利完成，实现省级村民自治模范区“三连冠”。完善社区管理，全区和谐社区达标率超95%。深化“平安吴中”建设，严厉打击各类违法犯罪活动，社会治安防控体系不断完善。组建成立全区综合应急救援大队，建立苏州首支纳入公安管理的专职校园护卫大队。社会治安综合治理成效显著，红庄“城中村”整治、木渎“三化”管理经验获上级肯定，全国、全省综治工作现场会在我区召开。扎实开展信访、安全、基层基础等“三项排查”，组建区涉法涉诉联合接访中心，“大调解”机制进一步完善，领导信箱等群众来信来访及时有效办理落实。社区矫正、社区禁毒、安置帮教、法律援助和青年志愿者工作不断加强。强化粮食等保供稳价和食品药品安全、工商监管，严格规范市场经济秩序。民族宗教、国防、兵役、保密等工作成效显著，疾病疫病防控、消防、防汛防台等工作全面落实。

四、强化依法行政、创先争优，着力加强政府效能建设

以深入开展创先争优活动为契机，深化依法行政、民主法治的公信力和推动科学发展、改善民生的执行力不断增强。

改革创新深入推进。根据上级部署和区委决策，组织实施区政府机构改革，全面完成政府组成部门“三定”工作。稳步实施医药卫生体制改革，基本药物制度正式施行。围绕经济结构调整、产业转型升级和群众关注热点，在科技创新、人才、金融、社会民生等领域集成推出十余项导向性帮扶政策。建立行政服务“绿色通道”项目联系反馈制度和提醒式服务机制，引入电子即时评价系统，服务质量有效提升。公务接待、机关事务管理得到加强。

依法行政深入推进。主动接受和邀请区人大、政协监督政府工作，严格执行区人大及其常委会的决议，积极听取民主党派、工商联、无党派人士和人民团体的意见建议。认真办理区“两会”议案、建议、提案243件，推行领办制和重点件督办制，办理质量进一步提高。推进“法治吴中”，强化执法监督，深化政务公开，区行政权力网上公开透明运行电子监察系统实现全覆盖，全年发布政府信息1.8万条，审批事项信息全面实现网上公开。

创先争优深入推进。全面开展机关作风效能建设“转型升级年”活动，进一步深化“两集中、两到位”行政服务，审批事项事均承诺时间缩减至6.1个工作日，实现提速10.2%。便民热线管理服务制度不断完善。积极开展“百千万工程”、“百企帮百户”、“海关监管一站式”、“国检引航” 等创先争优特色活动，“三走进、三服务”不断丰富内涵、创出成效。

勤政廉政深入推进。积极发扬勤勉务实作风，形成层层推动、政令畅通的责任落实体系，加强督查督办和跟踪问效，提高政府执行力。全面落实党政机关厉行节约10项要求，进一步压缩刚性支出。试行领导干部“三责联审”，强化监督问责。开展重点项目执法监察28项，完成财政财务审计58项、工程审计660项，核减5.1亿元。深化事业单位人事制度改革，规范编制和岗位管理。加强机关工作人员教育培训和能力建设，队伍整体素质不断提升。

各位代表，回顾“十一五”的发展历程，全区上下风雨同舟、团结拼搏、攻坚克难，取得了来之不易、令人鼓舞的丰硕成果。在上级党委、政府及区委的统一领导和区人大、政协的监督支持下，我们始终坚持把加快转变经济发展方式作为落实科学发展的中心环节，坚持把深化改革、扩大开放作为破解发展难题的不竭动力，坚持把实现好维护好发展好最广大人民群众的根本利益作为政府工作的出发点和落脚点，在推进改革发展稳定各项工作中，明确坚定方向，凝聚坚强力量，提供坚实保障，铸就坚固基石。在此，我谨代表吴中区人民政府，向辛勤工作在各个领域的全区人民，向区人大代表、政协委员和各界人士，向各民主党派、工商联、人民团体和垂直管理单位，向驻吴人民解放军指战员和武警消防官兵、公安政法干警，向离退休老同志和海内外友人，致以崇高的敬意和衷心的感谢！

在充分肯定成绩的同时，我们也清醒地看到发展中亟待解决的矛盾和问题，主要表现在：调结构促转型任务仍然十分艰巨，城市经济等现代服务业发展相对滞后，企业自主创新能力和新兴产业的支撑作用还不强；城乡一体化步伐有待进一步加快，中心城区辐射带动作用尚未充分发挥，镇域经济发展还不平衡，加快富民强村的产业基础仍较薄弱；推进经济发展方式转变难度增大，资源要素日益趋紧；民生改善和社会建设、夯实基层基础管理工作与群众期望还有差距，居民收入增长速度滞后于经济发展速度，推动科学率先发展的体制机制障碍仍然较多；等等。需要我们努力加以解决。

关于制定《苏州市吴中区国民经济和社会发展第十二个五年规划纲要(草案)》的说明

“十二五”规划是引领“十二五”发展的纲领性文件。按照区委二届十一次全体(扩大)会议提出的未来五年全区国民经济和社会发展的指导思想、主要目标和重要任务，对接苏州市“十二五”规划要求，区政府及相关部门在前期调研、基本思路研究、规划起草等工作的基础上，广泛征求人大代表、政协委员和社会各界的意见建议，进行了反复修编，形成了《苏州市吴中区国民经济和社会发展第十二个五年规划纲要(草案)》。《纲要(草案)》的形成过程，是发扬民主、集思广益、科学决策的过程。

《纲要(草案)》综合分析了全区“十二五”时期的发展基础和面临的新形势、新特点、新任务，提出了“十二五”时期全区经济社会发展的指导思想、奋斗目标。指出全区“十二五”时期必须始终坚持科学发展，推动经济社会发展再上新台阶；必须始终坚持转型升级，增强发展的全面性、协调性和可持续性；必须始终坚持富民惠民，让全区人民过上更加美好的生活；必须按照苏州建设“三区三城”的总体要求，全面实施“走进太湖时代”的发展战略，在新的起点上推进“山水苏州·人文吴中”建设，努力把吴中打造成为高端产业城区、最佳宜居城区、文化旅游强区。并具体提出了经济发展、科技创新、公共服务、人民生活、资源环境等5个方面的30项主要预期指标。

《纲要(草案)》提出了“十二五”时期经济社会发展的主要任务和措施。一是以加快转型升级、提高创新能力为主攻方向，全面增强经济发展动力和竞争力。大力实施创新引领工程，全面推进现代服务业跨越发展和先进制造业提升发展，加快经济结构战略性调整，赢得转型升级主动权。重点构建城南先进制造业集聚带、环太湖文化旅游产业带、都市经济产业带、现代农业产业带“四带”产业格局，加快培育新的经济增长极和发展空间。二是以推动统筹发展、促进城乡一体为主要路径，力争率先基本实现现代化。打造“一体两翼四片”整体城市发展格局，显著提升全区城市建设品位和城市经济发展活力，大幅提高中心城区首位度和带动力；深化城乡一体化综合配套改革，加快富民强村步伐，进一步推进城乡基本公共服务均等化，缩小城乡居民收入差距。重点通过优化空间布局、提增产业能级，以工促农、以城带乡统筹推进区域现代化。三是以加强社会建设、改善民生福祉为根本要求，构筑促进社会和谐的稳固基石。加大就业保障力度，完善广覆盖的社会保障体系；大力发展教育、文化、卫生、养老等民生事业，提高基本公共产品服务水平；建设平安吴中、法治吴中，推进社会管理现代化，使社会更加和谐，人民生活更加美好。四是以深化改革开放、创新体制机制为强大动力，增创富民强区跨越发展新优势。加快经济体制改革，提升开放型经济水平，稳步实施“走出去”战略，优化创新创业的投融资环境和行政服务体系，促进经济体制、经济结构国际化，形成资本市场“吴中板块”，不断增创体制机制新优势，为经济社会发展添活力、增动力。

2011年工作目标和任务

2011年，是“十二五”发展的开局之年，也是建党90周年和吴中建区10周年的喜庆之年，做好今年工作具有十分重要的全局和战略意义。

从总体上看，当前宏观经济形势持续向好，我们仍处于大有可为的重要战略机遇期，但不确定、不稳定因素仍然很多，积极变化和不利影响相互交织。今年宏观经济政策的基本取向是积极稳健、审慎灵活，继续实施积极的财政政策，货币政策由适度宽松调整为稳健。我们要切实增强机遇意识、忧患意识、责任意识，准确把握宏观环境新走势新变化，自觉服从和主动顺应宏观调控。既要全力抢抓后金融危机时代新一轮经济全球化、科技创新与产业资本转移带来的重大机遇推动科学率先发展，又要全力克服经济周期性变化、通胀预期压力加大、国际贸易保护主义加剧等因素的影响；既要有效承接长三角区域经济一体化的“同城效应”、集群合力、共享平台，又要在日趋激烈的区域竞争中有效突破资源、人才、技术、环境等要素制约；既要全面发挥财政杠杆作用做优产业平台和发展环境，又要全面履行公共财政职能改善民生福祉和维护社会和谐稳定。要努力保持经济发展的速度与结构、质量、效益相统一,经济建设与政治建设、文化建设、社会建设和生态文明建设相协调,经济增长与民生改善相同步,在新的起点上实现新的更大跨越。

2011年,政府工作总的指导思想是:**全面贯彻落实党的十七大和十七届五中全会精神,按照苏州建设“三区三城”总体要求,牢牢把握科学发展主题,始终贯穿加快转变经济发展方式主线,紧紧围绕“山水苏州·人文吴中”目标定位和“走进太湖时代”发展战略,坚持不懈稳增长、调结构、抓创新,持之以恒重统筹、惠民生、促和谐,着力扩大有效投入、壮大新兴产业、强化自主创新,着力推进城乡一体、改善民生福祉、加强社会建设管理,全力打造高端产业城区、最佳宜居城区、文化旅游强区,为“十二五”时期又好又快发展起好步、开好局。**

全区经济社会发展的主要预期指标是:地区生产总值增长15%以上;地方一般预算收入增长15%左右;全社会固定资产投资增长20%左右;城镇居民人均可支配收入、农民人均纯收入均增长12%;城镇登记失业率控制在4%以内。实际利用外资4.5亿美元;新增民资内资注册资本100亿元。完成节能减排目标任务。

我们将继续坚持项目化带动战略,确定总投资804亿元的135只项目作为全区重点产业和社会事业项目。2011年将实施农贸市场升级改造、城乡综合环境提升、农资超市及仓储配送中心建设、人力资源和社会保障、教育优质资源扩面、文化功能设施建设、卫生设施及信息化建设、食品放心工程建设、现代农业示范基地建设、水利设施建设等10项重点实事项目,延续推进富民、保障、安居、健民、救助、素质、文化、环境、交通、平安等10项重点民生工程。围绕上述目标任务,着力抓好以下7个方面工作。

一、打造产业优势,增拓转型空间,培育经济发展“增长极”

围绕经济结构调整优化,着力构建现代产业体系,全力建设高端产业城区。

突出重大项目,育强产业集群。按照主导产业高端化和新兴产业集群化导向,狠抓有效投入,增强经济发展动力和活力。突出产业园、产业链招商,对接央企民企整合重组,承接国际资本战略转移,主攻投资强、贡献强、支撑强、带动强的旗舰型、龙头型、成长型、低碳型项目,进一步做大做强生物医药、新能源、电子信息、装备制造等特色“拳头”产业,实现新兴产业产值320亿元以上。创建国家生物医药专业孵化器、国家医药服务外包产业化基地,完成苏州药品进口口岸检测平台建设和西山中科动物实验开放服务中心扩建工程,提增“吴中药港”集聚效应。加快发展出口加工区现代物流、吴中科技园国字号检测和服务外包等生产性服务业,提升发展消费性服务业,促进先进制造业和现代服务业融合发展,完成服务外包接包合同额9000万美元,其中离岸执行额4000万美元,力争服务业增加值占GDP比重再提高2个百分点。以信息化、品牌化提升传统产业,大规模开展技术改造、引进先进技术装备,完成技改投入70亿元以上。全面实施商标兴企战略,力争全年新增注册商标700件。着力培育支撑产业发展的大企业、大集团,力争新培育上市企业2~3家。

突出城市经济,筑高开发平台。加强城市综合体建设,丰富业态、做优品牌,提高城市经济首位度。中心城区加快运河风光带、县前街商贸区等功能性载体项目推进,大力实施商贸、餐饮等传统产业提标升级,积极发展总部经济、楼宇经济,打响苏州南城商圈品牌。越溪副中心突出提升南苏州生活广场等商贸服务功能,做优商务人居环境。尹山湖—独墅湖商圈强化集聚产业与集聚人气并重,加快推出商业水街、尹山国际汽车城等一批具有影响力的高端商贸和综合配套项目。度假区以中央商贸区为主体完善城市功能,统筹光福、金庭两翼协调并进,提升发展会务会展、度假休闲等特色优势产业。中心镇围绕增强承载能力，积极推进城市化,加速产业集聚。高质量建设城市,高水平经营城市,大力实施“退二进三”、“腾笼引凤”工程,提升地产开发水平,优化城市发展架构格局。

突出集约集聚,增创发展活力。高水平、高标准规划和推进太湖科技产业园、吴淞江科技产业园、出口加工区二期、木渎滨江新城等重大产业平台建设,进一步优化功能布局、产业定位,加快打造成为战略性新兴产业、高端产业的新高地。做强国有经济,优化投入结构,提高管理运行水平,促进国有资产保值增值,进一步发挥推动经济社会转型和民生事业发展的积极作用。依据全区土地利用总体规划,细化完善镇级规划编制。加强各类规划衔接,推进项目落地。依法规范用地行为,节约高效利用土地,提高集约发展水平,增强经济发展后劲。

二、坚持自主创新，集聚人才资源,打造转型升级“新引擎”

强化科技拉动和创新驱动，大力发展创新型经济,全力建设创新型城区。

强化企业创新主体。实施创新主体战略，激发企业创新意识,实现全社会研发投入占GDP比重达2.5%左右，高新技术产值占规模以上工业比重达45%。打造企业创新平台,新建一批高水平的研发机构、工程技术研究中心和企业技术中心。深入培育企业自主知识产权和自有品牌,大力度加强名品名牌打造,大幅度增加专利申请、授权量。推进特色产业集群和优质产品基地建设,争创一批省级和国家级“金字招牌”,持续放大品牌效应。依托苏州国发创投总部、双银金融城和上海联交所融资服务平台,发展壮大中小企业、科技企业融资和创投、风投、期权交易等新兴金融业态，完善企业金融服务体系，着力打造金融发展新高地,助推企业自主创新、做大做强。

优化政产学研结合。构建以市场为导向的政产学研体系,建立扶持发展机制,制定引导优惠政策。高标准推进吴中科技园二期、三基装备科技园等一批科技创新载体建设。多形式、多渠道与知名高校、科研院所合作建立各类研发中心和产业化基地,推动同济大学苏州研究院、南京信息工程大学苏州数字城市研究院等十多项产学研重点项目及早投运见效。培育产学研合作联盟,建立资源共用、风险共担、利益共享的长效机制，依托吴中科技企业加速器和各类孵化器平台,加速科技创新和成果转化。建立“吴中在线”信息平台和中小企业国际电子商务平台,提升科技信息服务水平。

深化人才资源开发。大力实施人才引领工程,支撑创新型经济发展。深入落实和完善人才引育发展的政策体系,着力营造和优化人尽其才、才尽其用、人才辈出的良好环境。精心举办各类科技项目、资本对接活动，加速集聚高层次、领军型创新创业人才及团队。探索与重点高等院校、重大科研项目人才合作新模式，构建重点人才培养新机制，全力突破1~2项国家“千人计划”等高端人才项目,努力以人才优势造就竞争优势。发挥我区高等教育、职业教育院校集聚优势，结合产业发展需求,着力培养和引进一批技能型、实用型人才。

三、突出文化旅游，放大品牌效应,彰显人文吴中“软实力”

秉承深厚吴地文化底蕴，依托独特太湖旅游资源,做亮特色品牌,全力打造文化旅游强区。

加速壮大文化产业。突出形成“一圈五带十大集聚区”，推动文化产业发展水平和竞争力不断提升,力争实现文化产业增加值21亿元,占GDP比重提高到3%。加快中国光华文化创意产业园、胥口“5D玄幻秀苏州”、苏报集团印刷数字化产业园等一批重大项目建成投运,大力发展古建、雕刻、书画、刺绣等传统产业门类,积极培育动漫创意、数字媒体、网络服务等新兴文化业态,延伸文化产业链,增强产业集聚效应和竞争优势。举办好太湖文化论坛首届年会。健全文化产业发展保障机制,强化扶持发展专项资金引导带动,加强公共服务、信息平台建设,引育一批规模龙头企业和特色优势品牌,提升产业整体发展水平。

着力提升旅游经济。加快打造以太湖国家旅游度假区为龙头的旅游度假目的地,大力推进全区旅游产业转型升级,全力建设旅游经济强区。围绕“两轴两带三区多节点”总体规划,重点开发穹窿山孙武文化园等一批文化体验项目,着力引进建设重大主题公园等互动参与项目,扎实推进环太湖旅游5A级景区创建。唱响旅游宣传曲,加强“苏州吴中——太湖最美的地方”品牌推介,整合特色优势资源,抢占高端市场份额,提高综合经济效益,力争接待游客1580万人次,实现旅游总收入158亿元。加强景区管理和导游队伍建设,新建和创成一批四星级以上酒店。

加强公共文明建设。深入开展精神文明创建,巩固深化文明城市创建成果,大力弘扬时代风尚和传统美德,着力提高公共秩序等八大公共文明指数。拓展提升文化阵地,推进城区现代文体中心和甪直、金庭、越溪等地文体设施建设。精心策划建区10周年等重大节庆和群众性文体活动,抓好特色文化创建与文化精品创作,不断丰富群众精神文化生活。加强文物和非物质文化遗产保护,提高古村落、民间工艺保护传承和开发利用水平。积极发展科普、慈善等事业,健全志愿服务和红十字会基层网络,营造健康向上文明氛围,彰显人文吴中品牌魅力。

四、提升功能品位,做优环境形象,建设山水苏州“生态城”

全面优化城市功能布局、环境品位,走可持续发展道路,全力打造最佳宜居城区。

做精规划布局。突出转型升级和城乡统筹,形成功能完善、布局合理的规划体系。进一步完善全区城乡协调规划和各片区规划,国际化、高水平编制东太湖滨湖新城和郭巷(尹山湖—独墅湖)片区规划,调整、修编度假区总体规划和各镇区控制性详细规划,加快20平方公里中心城区、越溪副中心等重点组团片区城市设计工作,优化区域空间布局。强化轻轨引领城市建设,高起点实施“轻轨经济”规划设计。深化新农村规划体系,梯度有序推进布局调整和村庄建设。

做优功能设施。加快“一体两翼”吴中新城提标升级,推进中心城区、石湖景区新南新北等重点地块拆迁安置和蠡墅片区、澹台湖地区及一批老新村综合改造,推进尹山湖—独墅湖商圈综合环境和越溪副中心吴中商务中心等基础配套设施建设,进一步提升城市形态和功能。实施东太湖滨湖新城大堤生态景观、道路网架工程和中央森林公园建设。配合做好轻轨2号线、4号线和启动南环高架西延、东环高架南延、斜港大桥重建等重大交通工程设施建设。全面完成东山环岛公路建设,加快东、西山环岛公路连接线(太湖第二大桥)及西山环岛公路、环湖路光福段等项目推进,启动和实施东方大道、苏沪机场路、孙武路等一批道路改造。完善城乡三级公交网络,筹建度假区、车坊公交首末站。全面完成镇村农贸市场升级改造。切实加快安置房和保障性住房建设,加强农村宅基地建房管理。完成区人防指挥所主体工程,完善电力、通信、燃气等设施。

做美生态环境。狠抓节能降耗,大力发展

循环经济。严格项目环评能评准入、排放许可、动态监管等制度,深入开展水、声、气和固体废弃物排放专项整治行动。强化水环境治理,加快联圩标准化建设步伐,疏浚整治河道116公里,新建生态河道20公里,加固圩堤、挡墙35公里。加强蓝藻监测预警,确保饮用水源地安全。深化生态湿地保护恢复,新增绿化面积3000亩,再创一批省级以上卫生镇和生态村、卫生村、健康村。推进河东污水处理厂三期等污水处理设施建设及管网完善,启动建设市再生资源产业园(角直)和区再生资源回收利用物流中心二期工程。巩固国家生态区创建成果,加快编制全区生态文明建设规划。全面实施城乡综合环境提升工程,强化集中整治与长效管理相结合,营造常态化一流环境。突出旅游景点等重点区域和沿路、沿山、沿河(湖)等重要节点,全面实施城市环境7项整治和农村环境连片整治。继续深化城市管理体制改革,促进重心下移、水平提升。强化中心城区管理委员会职能,完善数字城管平台,深化"市容环卫杯"竞赛活动,进一步健全密切配合、联勤联动工作机制。

五、加快机制创新,强化区域协调,推进城乡统筹"一体化"

坚持"三农"与"三化"互动并进、重点突破与整体推进有机结合,全力打造城乡一体化发展新格局。

*以三集中三置换为突破推进富民强村。*用好木渎镇、太湖现代农业示范园两个苏州城乡一体化先导区试点政策,抓好全区土地增减挂钩周转指标落地,稳步推进工业向园区集中,居住向社区集中,农业向规模基地集中。实施农村集体土地规范流转、集约利用,农业适度规模经营比例达70%以上。深化以"五大合作"为重点的农村改革,稳妥推进农村股份合作社"政社分离"。加快土地入股入社,组建各类农民投资性股份合作社20家以上,股红分配总额突破2亿元,村均可支配收入超600万元,镇、村集体总资产增加10%。把推进农民身份转换作为城乡改革联动的突破口,鼓励更多农民换股、换保、换房进城进镇落户。加快完善住房、社保、就业等相关政策,促进进城进镇定居农民享受城镇居民的同等权益。

*以六加一产业化为重点推进农业增效。*加强角直万亩水生蔬菜、临湖万亩水产等标准化规模种养基地建设和示范带动,实现与科技、生态、旅游有机结合。统筹优势资源,积极推广龙头企业、合作社、基地、农户"四位一体"经营模式,探索发展生产、生活、生态、生物"四生联动"农业经济,推动水产、蔬菜、果品等特色产品产业化、规模化、市场化、品牌化发展。力争新增"三品"农产品20只以上,果品产业亩均产值增长15%以上,"六加一"农业实现年产值超32亿元。

*以城乡协调发展为导向推进农村建设。*统筹公共设施、公共服务城乡一体化,提升新农村建设水平。以村庄整治和示范村建设为重点,不断完善农村交通、水利、污水处理等基础配套设施,完成14个重点村庄整治。加强农村公共投入和社会管理,加快优质公共服务向农村延伸,建设产业特色明显、集聚程度较高、公共事业配套、管理文明有序的农村新社区,提升农民集中居住区、安置小区等的管理服务水平,优化农村生产生活环境。

六、加强社会建设,重视基层管理,提高人民群众"幸福感"

始终把保障和改善民生作为最大追求和最终目的,推进基本公共服务均等化,创新社会管理机制和方法,全力打造经济社会和谐发展新局面。

*致力提升社会保障。*完善就业服务,培训城乡各类劳动力超3万人次,推进创业型城区建设,强化创业带动就业,保障各类群体

充分就业。完善劳动监察网络和功能，构建和谐劳动关系。实施社会保障扩面提标工程，提升城乡一体保障水平，城镇“五险”各净增参保1.5万人，新增住房公积金缴存2.5万人，城乡居民医疗保险人均筹资标准提高到500元。大力发展养老服务事业，加快镇、街道敬老院升级改造，培育拓展民办养老机构，优化居家养老服务体系。加大弱势群体帮扶力度，完善残疾人社会保障、综合服务体系，积极争创全国基层低保规范化建设示范单位。

大力发展社会事业。全面实施中长期教育改革发展规划纲要，结合中小学校舍安全工程，大力推进城乡教育资源扩面提优。完成一批新建商品住宅小区配套幼儿园建设，新建9所幼儿园，全面提升学前教育水平。建成启用区老年大学和老干部活动中心。深入实施名师工程，深化素质教育，争创省级义务教育优质均衡发展示范区。扎实推进医药卫生体制改革，全面实施基本药物制度，完善提升医疗卫生和公共卫生服务体系。加快吴中医院建成启用，扩建移建木渎医院住院大楼和光福、郭巷等乡镇卫生院，优化社区卫生“六位一体”服务功能。深入开展爱国卫生运动和健康城市建设。做优人口计生世代服务品牌，完善城乡一体统筹解决人口问题和计生利益导向机制，争创市级科学育儿示范基地。规划建设区档案馆新馆，完成《吴中区志》定稿。

全力维护社会稳定。深化法制宣传教育，实施“六五”普法。加强工商、物价监管，构建诚信、放心消费环境，稳定市场经济秩序。创新和加强社区建设、社会管理，深化“三项排查”，健全“大调解”机制，抓实信访、安全生产、消防等基础工作，完善安全防控体系，及时排查和化解各类隐患矛盾，筑牢维稳基层防线。强化社会治安综合治理，推进打防控一体化建设，完善区镇村三级综治网络，加强苗头性信息的报送和研判，始终保持对各类违法犯罪活动的高压态势。切实加强食品药品安全监管、疾病预防控制、动物防疫、森林防火、防汛抗旱等工作，推进基层应急队伍建设，提升应对处置各种自然灾害和突发性事件的能力。扎实做好征兵、民兵预备役和优抚双拥工作，提升民族宗教事务服务与管理水平。

七、改进政府作风，践行创先争优，做好转型发展“服务员”

与时俱进加强政府自身建设，开拓视野、更新理念、优化作风，全力建设人民满意的法治型、服务型政府。

强化依法行政。自觉接受区人大及其常委会的依法监督和区政协的民主监督，主动汇报通报工作，听取意见建议。大力支持人大代表、政协委员开展工作，完善与各民主党派、工商联、无党派人士联系制度，扎实抓好议案、建议、提案办理。规范政府行政行为，严格依照法定权限和程序行使权力、履行职责。落实行政执法责任制，加强执法监督，完善评议考核、过错追究制度，做到有权必有责、用权受监督、违法须追究。深化政务公开，重视司法监督，加强行政监督，接受舆论和社会监督，让人民赋予的权力在阳光下运行。

强化为民施政。坚决贯彻上级党委政府和区委各项决策部署，坚定为民服务理念和宗旨意识，创新服务举措，提升服务品质。加强机关作风效能建设，深化政府职能转变，推进行政指导，完善行政审批服务承诺、限时办结等制度，推动审批服务再提速。加强对上争取和对下服务，强化对上负责和对下负责相统一。充分发挥工青妇等群团组织的桥梁纽带作用，畅通机关部门和领导干部向企业向群众问需问计渠道，拓增便民热线等功能平台为民为企服务成效。

强化勤廉从政。坚持标本兼治、惩防并

举，加强教育、制度、监督并重的惩治和预防腐败体系建设，落实“一岗双责”党风廉政责任制，实现以制度用权、按制度办事、靠制度管人。加强对重点领域、重要单位、重大项目的监察审计，建立落实规范运作和跟踪问效机制。坚持厉行节约，从严控制因公出国出境。切实加强机关工作人员理想信念和廉洁自律教育，牢固确立大局观和责任观，始终保持善于学习、勤于思考、勇于创新、乐于奉献的公务员形象。

各位代表，吴中区“十二五”的发展蓝图已经绘就。我们正站在新的起点上，朝着率先基本实现现代化的宏伟目标阔步前进。让我们更加紧密地团结在以胡锦涛同志为总书记的党中央周围，在市委、市政府和区委的坚强领导下，紧紧团结和依靠全区人民，始终坚定创先争优、跨越赶超的信念，始终昂扬迎难而上、锲而不舍的精神，始终胸怀定则必做、做则必成的气魄，为夺取全区经济社会发展新胜利、创造更加幸福美好新生活而努力奋斗！

整治农村环境 推进生态建设

——吴中区人民政府区长俞杏楠接受《中国环境报》采访

江苏省苏州市吴中区创建国家级生态区已取得累累硕果，并即将全面启动建设生态文明示范区工作。近日，吴中区又在9个镇和1个风景管理区重点开展农村环境连片整治示范工作，并以此为抓手全面创建生态文明示范区。吴中区将为此采取哪些新举措？如何保证整治工作顺利完成？2010年11月，吴中区人民政府区长俞杏楠接受《中国环境报》采访。

焦点关注 生态文明示范区创建工作将以什么为抓手

关键思路 将以农村环境连片整治为抓手，不断提升农村环境质量，推进农村环境综合整治上新水平。

记者：吴中区即将全面启动建设生态文明示范区的工作，那么目前吴中区在建设国家级生态区过程中已经取得了哪些成果？

俞杏楠：吴中区位于苏州古城南部，是吴文化的发源地，拥有太湖水域面积1459平方公里，占太湖面积的五分之三。保护、开发好太湖山水，传承、弘扬好吴文化是我们的神圣职责和永恒追求。近年来，吴中区围绕“山水苏州、人文吴中”的目标定位和走进太湖时代的发展战略，坚持在保护中开发，在开发中保护，促进经济建设与生态建设并进、产业竞争力与环境竞争力齐增、经济效益与环境效益共赢、物质文明与生态文明全面发展。

吴中区自创建国家级生态区以来，加快发展生态工业，关闭了江苏省采石公司洞庭水泥厂，年节约标准煤3.9万吨，减少用电1267万千瓦时；关闭了35家化工污染企业，降低各种能源消耗3万吨标准煤；狠抓重点企业能耗管理，三洋能源、佳通科技、东瑞制药等一大批企业相继通过能源管理和改造，实现了节能超过30%的效果；大力发展循环经济，全区有47家企业通过清洁生产审核，120家企业通过ISO 14000环境管理体系认证，18家企业被认定为市级以上循环经济试点企业；COD、SO_2减排成果出众；加快培育扶持新能源、新材料、生物医药、文化创意等新型产业，通过提升环境容量来提升经济发展质量，推动全区经济又好又快发展。

加快发展生态农业，大力发展有机、绿色和无公害农产品，全面推进农业产业结构调整，在江苏省首批开展并顺利完成无公害农产品产地认定整体推进试点工作。目前全区有机、绿色及无公害农产品的种植面积达15.9万亩，占农作物种植面积的65.8%。

加快发展生态旅游业，全力打造“山水苏州、生态吴中”品牌，大力发展以文化旅游、休闲度假、商务会展等为主题的生态旅游产业。

加快生态建设与保护，2009年，全区环保投入达28.54亿元，占当年GDP总量的5.6%。近两年来，小康社会环境质量综合得分均在96分以上，生态环境质量指数名列江苏省前茅。

记者：在创建国家级生态区取得累累硕果的基础上，吴中区将以什么为抓手，开展生态文明示范区创建工作？

俞杏楠：生态文明示范区建设是生态区建设的延续和拓展，城乡统筹是生态文明建设的重要内容。而城乡生态环境的差异性，决定了生态文明建设要优先解决农村环境问题。因此，我们始终坚持突出农村，注重发挥以城带乡、以城促乡的联动机制，将生态文明建设向乡镇延伸、向农村拓展，全面提升农村生态环境质量。

今年8月，吴中区作为全省16个农村环境连片整治示范县(市、区)的一员，同时也是全省3个农村环境连片整治国家典型示范县(市、区)之一，在全面启动生态文明示范区创建工作之际，吴中区将以农村环境连片整治为抓手，以太湖一级保护区内农村生活污水治理为主要内容，加大对农村村庄的整治力度，强化示范引导，以点带面，不断提升农村环境质量，推进农村环境综合整治上新水平，全面开展生态文明示范区的创建工作。

焦点关注 实施农村环境连片整治工作的新举措

关键思路 加强农村基层环保机构建设、完善农村环保工作机制、加强农村环境监管体系建设、加强农村环境宣教体系建设、推广农村环保实用技术。

记者： 作为首批与省政府签订2010年农村环境连片整治目标责任书的16个示范县(市、区)之一，吴中区是怎样确定此次示范区域范围的？

俞杏楠： 对照要求，分析本区域农村环境现状，吴中区将2010年度农村环境连片整治示范工作的范围确定为太湖一级保护区内的9个镇(街道)和1个风景管理区。重点整治示范项目内容确定为示范片区内村庄的生活污水处理设施及污水收集管网的建设与完善。将上述区域设为农村环境连片整治示范片区主要原因:一是这些镇(区、街道)均位于太湖一级保护区内，属于江苏省明确的2010年重点开展农村环境连片整治的支持区域；二是这些区域地域空间相对聚集（环太湖区域)、环境问题类似(农村生活污水治理)、环境保护目标相同(保护太湖水环境)。因此，吴中区选定的农村环境连片整治示范片区范围及涉及内容符合国家和省的相关要求。吴中区农村环境连片整治示范片区直接受益行政村48个、自然村95个，直接受益人12万人以上。

记者： 此次确定的示范片区的环保工作如何开展？

俞杏楠： 这次确定的示范片区，目前的环保工作主要包括5个方面内容。

一是加快城乡环境基础设施建设。近年来，吴中区把城乡环境基础设施建设列入政府重点工程，截至2009年底，吴中区示范片区内已建成运行的区、镇级污水处理厂有6座，日处理污水能力达16.5万吨。同时，因地制宜分散建设农村小型污水处理设施，截至2009年底，已完成示范片区内156个村庄的生活污水收集管网和处理设施建设，农村生活污水处理率达38%。

二是加强农业面源污染治理。累计建成面源氮磷流失生态沟渠塘工程10万平方米。全面完成太湖网围养殖综合整治，网围养殖面积由原来的22万亩压缩到4.5万亩。着力建设吴中区(临湖)现代渔业示范区，充分展现“生态渔业、高效渔业、设施渔业、科普渔业”四大功能，实现水产养殖尾水净化回用。

三是全面实施东太湖综合整治。东太湖综合整治工程是太湖流域水环境综合治理的重点工程之一，也是太湖流域防洪规划的重要组成部分，这一工程的实施，能够提高流域防洪、供水能力，改善东太湖水生态环境，促进流域经济社会可持续发展。工程计划总投入45亿元，主要用于泄洪通道工程、底泥生态清淤工程、退垦还湖工程、堤线调整工程和水生态修复工程。

四是突出抓好生态修复工程建设。累计投入1亿多元，恢复保护太湖湖滨湿地6000多亩；投资15亿元，完成尹山湖生态环境综合整治；累计投入2.83亿元，完成21个废弃露采矿整治项目，完成山体复绿102万平方米,整治废矿地面积4611亩。

五是加强农村环境综合整治。全面实施以“六清六建”和“三清一绿”为主要内容的农村环境综合整治工程。加强农村保洁员队伍建设,实行农村村庄、河道、公路主干道“三位一体”的长效管理模式,建立“户集、村收、镇运、区处理”的农村生活垃圾处理机制。全区建成垃圾压缩中转站24座,村级垃圾中转站549座,实现农村生活垃圾收集处理全覆盖。

记者：吴中区在实施农村环境连片整治工作的同时，在环境保护能力建设方面有哪些新的举措?

俞杏楠：全面提升环境保护能力建设，是顺利开展农村环境连片整治的重要保障。一是加强农村基层环保机构建设。在全区161个行政村(社区)均设立专(兼)职环保监管员,形成区、镇、村三级环境监管体系;二是完善农村环保工作机制，把农村环保作为一项重要的社会事业给予资金支持；保障辖区内农村环境基础设施的运行经费充足，确保其正常运行。三是加强农村环境监管体系建设。区环境监测部门对村庄生活污水处理设施开展规范的例行监测工作,每季度监测一次,环境监察部门加强对示范片区的环境监管,每月检查一次，确保污染治理设施正常运行和达标排放,保证连片整治效果。四是加强农村环境宣教体系建设。区环保部门每年对乡镇环保工作人员、村(社区)环保监管员进行业务培训;示范片区所在乡镇和村(社区)每年结合“6·5”环境日开展环保宣传活动;在村文化活动室设立环保宣传栏；在每个示范片区的适当位置及所有示范工程建设地设立标牌,注明工程名称、治理内容和规模等信息。五是推广农村环保实用技术。在示范片区内推广一批适合当地实际情况、费用投入省、运行成本低、处理效果好、操作简便易行、维护管理方便、辐射带动范围广的农村环保实用技术。

焦点关注 如何保证农村环境连片整治重点任务顺利完成

关键思路 加强领导,统一组织;严格考核,落实责任;多元投入,落实经费;资金审核,项目监管;稳定运行,长效管理

记者：通过此次农村环境连片整治,示范片区要达到怎样的整治效果?

俞杏楠：其实，吴中区早已启动农村环境综合治理工作,根据实施方案,计划分4年实施农村村庄生活污水治理工程。到2010年底,全区农村生活污水处理率将达40%,其中太湖一级保护区内农村生活污水处理率将达70%。

在环保设施建设方面,2010年吴中区在沿太湖区域再投入11023万元，实施农村生活污水示范工程项目44个,新增污水日处理能力4525吨。

在村庄整治方面，一是确保饮用水水源安全,对集中式饮用水水源地一、二级保护区边界进行划定，设立标示牌，设置取水口围栏;二是改善人居环境,明显改善示范区内河道水质,消除水体黑臭、蚊蝇滋生现象,美化人居环境;三是继续大力推进污染物减排。

记者：如何才能保证这些重点任务顺利完成?

俞杏楠：对于示范片区的农村环境连片整治，吴中区将采取五大措施保障重点任务的顺利完成。

一是加强领导,统一组织。吴中区人民政府作为示范工作的责任主体，成立由区政府区长为组长,区环保、财政、水利等部门和相关镇(区、街道)主要负责人为成员的区连片整治工作领导小组，协调全区连片整治工作开展。设立由区环保局、水利局、财政局牵头的办公室,各部门明确责任分工,由连片整治工作领导小组办公室认真编制工作计划,按时上报,认真实施;完善相应工作制度,协调

相关部门形成整体合力；积极按照下达的配套资金的要求及时、足额地筹措落实本级配套资金并确保到位；统一组织全区所有连片整治工程的招投标工作，配合省、市对连片整治区域进行检查、督办、考核；组织建立专家库，为工程设计、建设和管理提供技术支撑。同时，示范片区镇（区、街道）政府是连片整治工作的实施责任主体，也是污染处理设施建成后的固定资产责任人，将成立相应的工作班子，负责区域内连片整治具体工程项目的组织实施；村（社区）环保监管员，负责本村示范项目的建设管理和示范工作的宣传发动工作。

二是严格考核，落实责任。由区农村环境连片整治示范工作领导小组建立农村环境综合整治目标责任制和工作机制，制订工作方案和考核办法，并与相关部门签订连片整治工作目标责任书。领导小组定期开展目标和任务完成情况的检查、督促和考核，落实政府及相关部门责任。同时对照《关于印发江苏省农村环保中央财政专项资金项目实施工作考核暂行办法的通知》（苏环办〔2009〕225 号）的要求开展工程项目考核验收工作，并进行绩效评价。示范项目竣工验收前组织有关部门对专项资金使用情况和管理情况以及项目绩效进行专项审计，确保资金安全和治理成效。

三是多元投入，落实经费。按照“中央补贴、省级补助、市县配套、镇村自筹”的四级筹措模式，积极有效整合各部门资金，引导、鼓励经济条件较好的镇村拿出部分公共积累和乡镇财政资金对环境治理项目予以支持和补贴，鼓励企业、社会资金参与治理，鼓励农民投工投劳。

四是资金审核，项目监管。按照“突出重点、注重实效、公开透明、专款专用、强化监管”的原则规范管理专项资金。本次连片整治专项资金必须实行专账管理，鼓励地方设置专门账户。示范区领导小组办公室将建立执行工程建设经费区级报账制度和公示制度，确保专项资金规范化管理；建立目标责任制度；建立专项资金使用情况和管理情况以及项目绩效专项审计计划；污染治理工程建立公开的统一招投标工作，指导示范项目所在镇村与工程建设单位签订施工合同；签订工程项目统一监理合同，定期调度，组织检查；指导镇（区、街道）农村环境管理人员、村庄环保监督员对工程项目建设进行日常管理。

五是稳定运行，长效管理。区示范工作领导小组将要求各镇（区、街道）根据实际，确定各地污染设施运行管理模式，并选择多种途径，制订示范片区农村生活污水处理设施的运行维护费用保障方案，保证污染治理设施稳定达标运行，发挥应有作用。

焦点关注　农村环境连片整治对推进城乡一体化的作用

关键思路　推进农村各项设施综合配套，促进城乡公共服务全面均等化；推进组织保障，促进农村基层组织建设全面优化

记者：据了解，此次示范片区范围内的木渎镇是苏州市级城乡一体化综合配套改革先导区，您觉得农村环境连片整治对推进城乡一体化有何推动作用？

俞杏楠：就木渎镇本身而言，它既是市级城乡一体化综合配套改革先导区，又是农村环境连片整治示范片区，这对于木渎镇今后的发展有着巨大的推动作用。

一是可以更大力度地推进农村各项设施综合配套，促进城乡公共服务全面均等化。实现村庄规划全覆盖，进一步统筹推进城乡交通、水利、电力、电信、环保等重大基础设施建设。加快治理农村生活污水，每年完成村庄污水处理设施 50 个以上。到 2012 年，全区农村生活污水处理率要达到 60%，沿太湖地区要达 90%。做好农村绿文章，全区陆地森林覆盖率要突破 29%。继续全面推进每镇一村的村庄整治重点村建设步伐，发挥村庄综合整治

的示范引导作用，新农村建设和城乡一体化专项资金将重点向整治村倾斜。

二是可以更大力度地推进组织保障,促进农村基层组织建设全面优化。进一步健全党委统一领导、党政齐抓共管、农村工作综合部门组织协调、有关部门各负其责的领导体制和工作机制，制订落实当前和中长期工作方案以及保障措施,各司其职,使工作整体推进。

（原载《中国环境报》2010 年 11 月 25 日第 2 版）

山水苏州　人文吴中

——苏州吴中着力打造“高端产业城区、最佳宜居城区、文化旅游强区”

上有天堂，下有苏杭。吴中区是天堂苏州的“南大门”，这里是吴文化的发源地，是中国著名的历史文化强区和生态示范名区。吴中区山清水秀，人文荟萃，物产丰饶，生活富足，代言了苏州的山水和文化，被人们誉为“天堂中的天堂”。

景色秀丽　生态优美　吴中区景色秀丽，生态优美。“太湖风光美，精华在吴中”。吴中地处风景秀丽的太湖之滨，拥有五分之三的太湖水域，全区独占国务院规划太湖13景中的6个，太湖72峰中的58峰，拥有1个国家地质公园，2个国家森林公园，5个国家4A级景区，2个省级自然保护区，对外开放景点达50余个。区内环境质量综合指数达99分，是长三角地区著名的“生态绿肺”、“城市氧吧”，雅称“山水苏州，人文吴中”。

历史悠久　人杰地灵　吴中区历史悠久，人杰地灵。3000多年的悠远历史，孕育了博大精深的吴文化，吴中大地英杰辈出、才俊风流。兵学圣典《孙子兵法》研著于此，北京故宫、紫禁城由吴中香山帮匠人蒯祥主持设计营造，草圣张旭、绣圣沈寿等先贤古哲、名人大家都曾生活在此。全区文保单位、非物质文化遗产列江苏省前位，风物景致钟灵毓秀，吴地文明历久弥新。

区位优越　交通便捷　吴中区区位优越，交通便捷。吴中区地处中国经济繁荣、城市群密集的长江三角洲中心、江浙沪交汇处，毗邻国际大都市上海，距江苏省会南京、浙江省会杭州1~2小时车程，能充分享有城际资源互通之便；与中新合作苏州工业园区、苏州国家高新技术开发区、昆山经济开发区等规模型产业先行区接壤，能有效实现苏州市域范围内的产业互动；距上海港90公里，苏州港70公里，上海虹桥国际机场53公里，上海浦东国际机场100公里，能尽享现代物流的通畅快捷。

资源丰富　物华天宝　吴中区资源丰富，物华天宝。全区气候怡人，风调雨顺，水肥土沃，是闻名遐迩的“江南鱼米之乡”。区内“月月有花，季季有果，天天有鱼虾”，太湖大闸蟹和“太湖三白”（银鱼、白鱼、白虾）等湖鲜珍品享誉海内外，康熙御茶碧螺春在我国十大名茶中名列第二，太湖莼菜，洞庭枇杷、杨梅等农副产品物美质优。

近年来，吴中区围绕建设“山水苏州、人文吴中”的目标定位和“走进太湖时代”的发展战略，全力推进产业升级、自主创新、城市繁荣和生态建设，打造“高端产业城区、最佳宜居城区、文化旅游强区”。每年GDP增长20%以上，财政收入增长30%左右，城乡居民人均收入增长10%以上。2009年，全区实现地区生产总值510亿元，全口径财政收入152.5亿元，社会固定资产投资205亿元，其中服务业增加值占GDP比重突破40%，对经济增长的贡献率达70%，城镇居民人均可支配收入28849元，农民人均纯收入13047元，经济社会各项指标均已超过小康目标。

三大板块

吴中新城商圈　吴中新城商圈以中心城区、越溪城市副中心、尹山湖商圈、木渎商圈为核心，是吴中区的行政、文化、金融、商贸中心。吴中新城建设以城市化推动现代化为发展理念,以融入历史文化名城苏州为目标,大力发展“楼宇经济”和“总部经济”,加快建设特色商业街区,全力打造苏州城南新商圈和中心商贸、商务集聚区。

苏州城南工业带 苏州城南工业带规划面积123.91平方公里,以吴中经济开发区为龙头,集聚了生物医药、新能源、新材料、电子信息、精密机械等高科技产业,已日渐成为海内外客商投资置业和高科技产业的密集区。区域内大力发展以科技研发、文化创意、现代物流、信息咨询、保险金融、人力资源等行业为重点的生产性服务业,产业结构不断优化升级。

环太湖旅游经济带 环太湖旅游经济带规划面积160平方公里,以苏州太湖国家旅游度假区和东太湖滨湖新城为核心,辖东山、金庭、光福、木渎、甪直和穹窿山等景区。拥有1个国家级旅游度假区,6个太湖国家重点风景名胜区,2个国家级历史文化名镇和2个国家级历史文化名村。近年来,环太湖旅游品牌知名度不断提升,被评为“欧洲游客最喜爱的旅游目的地”、“中国优秀旅游胜地”。在旅游产业发展中,将致力于唱响“山水苏州·人文吴中”品牌,全力打造山水景观丰富、人文底蕴深厚、人与自然和谐的休闲度假胜地。

十大载体

中心城区 中心城区位于苏州南城,京杭大运河畔。这里集中了一批商务、金融、贸易、信息及中介机构和文化娱乐、会展、酒店餐饮业设施。中心城区的发展将以东吴北路—东吴南路、京杭大运河为城市十字轴线,规划建设创业大厦、吴城大厦、“四圣”广场、运河风光带、现代文体中心、商贸步行街等城市建设工程,重点引进商务、贸易、金融、文化娱乐产业和大型超市、宾馆酒店、高级娱乐设施等项目,计划在3~5年内建成苏州南城新商圈。

越溪城市副中心 越溪城市副中心位于中心城区西南部,是吴中经济开发区行政中心所在地。苏州吴中越溪城市副中心正在打造成一个集行政、商贸、金融、居住、教育、医疗、文化、休闲、娱乐等城市综合功能于一体,经济发达,设施完善,环境优美的现代化高科技新兴卫星城。

尹山湖生态商圈 尹山湖生态商圈位于吴中东部片区中心,北接苏州市区、东连苏州工业园区,规划面积8.84平方公里,是苏州市总体规划确定的“重点发展区域”的核心区。目前,已成功引入麦德龙、马士基等国际知名商贸物流企业和保利地产、中海地产等商住地产品牌企业,将按照“现代、精巧、生态、休闲、宜居”的发展理念,突出行政商务区、居住生活区、商业金融区和运动休闲区四大功能,全面打造一个融人文景观与自然风光于一体的绿色生态城市次中心,着力建成以现代经济为特征的高端产业城区和生态环境优美的最佳宜居城区。

吴中科技产业园 吴中科技产业园是吴中区科技创新创业的重要载体。以吴中经济开发区为龙头,拥有国家级吴中科技创业园、国家火炬计划吴中医药特色产业基地、苏州软件园吴中基地、江苏省服务外包示范基地、西山国家现代农业示范园区、江苏省动物实验开放服务中心、苏州吴中科技城,河东高新工业园、东吴工业园、旺山高科技工业园、吴淞江工业园、苏州太湖先进装备科技园、木渎金枫科技园、甪直工业园及东南物流园、胥口宇航物流园等集科技创新和产业化于一体的载体平台,集聚了电子信息、精密机械、新型材料、新能源、生物医药等高科技产业,是吴中发展先进制造业的基地,已成为海内外客商投资置业和高科技产业的密集区。区域内将大力发展以科研攻关、软件开发、动漫创意、现代物流、信息咨询、保险金融、人力资源等行业为重点的生产性服务业。

吴中出口加工区　吴中出口加工区于2005年6月经国务院正式批准设立，位于吴中经济开发区,规划面积3平方公里,产业布局以生物科技与精细化工、电子资讯、光机电一体化、新材料等高科技产业为主。区内企业可享受“境内关外”等诸多优惠政策,是国内首个隶属于区(县)级建制区的国家级出口加工区,已成功引入尚德库特勒、伟创力电脑、苏州电器科学研究院国家检测中心等一批重点项目。2009年7月,吴中出口加工区举行保税物流功能叠加启动仪式，实现了集保税加工、保税物流、研发、检测、维修为一体的综合发展，成为我国目前对外开放领域中层次最高、政策最优、功能最全的海关特殊监管区域。

太湖国家旅游度假区　太湖国家旅游度假区辖金庭镇、光福镇和香山街道。将致力于唱响“山水苏州,人文吴中”特色形象,全力打造“文化太湖、绿色太湖、健康太湖”品牌,加快形成集国际会展、休闲度假、绿色生态、观光旅游、康体疗养于一体的旅游经济产业带。苏州海洋馆、太湖公园、太湖新天地、缥缈峰景区等一大批休闲观光景点,太湖农家乐、太湖国际高尔夫球场、牛仔乡村俱乐部、五星级宝岛花园酒店等度假健身、餐饮住宿设施纷纷开业迎客，国家级文化论坛、国际网球中心、宇航科普中心、飞行俱乐部、“快乐之乡”等一批重大项目相继落户于美丽的太湖之滨。环太湖地区正在逐步成为苏州服务业发展的重要载体，以休闲旅游为龙头的服务业日益成为吴中区的支柱产业。

吴中生物医药产业基地　生物医药产业是吴中区重点培育的战略支柱产业之一。近年来，吴中区相继引进了辉瑞制药、东瑞制药、天马医药、天绿生物、方达医药、苏豪逸明等生物医药制造企业和药明康德、圣苏新药等医药研发外包企业，积极引入国内外医药高科技人才资源和技术资源，形成了从新药研发到成品药生产的较为完整的生物医药产业链。在吴中科技园内,12万平方米以生物医药为主的科技创业园和占地近400亩的“江苏吴中生命科学园”,获“国家火炬计划—吴中医药产业基地”授牌。目前,亚洲规模最大的药物安全评价中心药明康德安评中心投入运营,上海交大“新型生物科研试剂”和吴中医药“人类皮抑素”等3个国家863计划项目相继进驻，大幅提升了吴中生物医药产业创新和集聚水平。

吴中光伏产业基地　吴中光伏产业基地位于吴中经济开发区旺山工业园,占地10平方公里,产业重点为:太阳能电池研发、设备制造、薄膜太阳能电池制造及配套、太阳能电池检测中心、光伏系统集成等。基地发展目标是:为企业、学校、科研机构搭建专业平台,打造一条集产、学、研于一体,具有区域特色的完整光伏产业链。现有光伏骨干企业20余家，包括全球产能最大的非晶硅薄膜太阳能电池厂商——江苏百世德太阳能高科技有限公司,赛维LDK研发中心,设备制造商尚德集团库特勒自动化系统，德国曼兹旗下亚智光电,特种气体供应商美国空气化工等。基地被中国可再生能源学会授予“光伏产业示范基地”称号,被江苏省信息产业厅命名为“江苏(吴中)太阳能光伏产业园”。

吴中文化创意产业基地　近年来，吴中区依托吴地山水人文资源,坚持科学规划,高标准、高起点推进文化创意产业的发展。投资25亿元、建筑面积约50万平方米的中国光华文化创意产业园已签约落户吴中区。以文化创意和高科技产业为主导的木渎金枫路文化创意街区，规划面积3228亩，总投资20亿元,目前已有吴中(木渎)科技创业园、金枫高新产业园、博济科技园、东创科技园、苏州金枫应用材料研发基地等八大文化科技载体相继入驻;由苏州广电总台投资10亿元兴建的“苏州广电影视娱乐城”项目,占地260余亩,将成为国际一流、具有江南特色的影视产业群;位于光福镇的中国苏州·呈辉工艺礼品信息展示交易城,总投资15亿元人民币,规划面积1000亩,旨在打造一个具有工艺品展示、信息交易、旅游纪念品研发等功能于一体的专业市场;同时,太湖国家旅游度假区精心打造太湖文化论坛、央视新影制作中心太湖基地、久游动漫制作基地;“中国书画之乡”、“建筑之乡”胥口镇兴建“书画名家街”和传承香山帮非物质文化遗产的“香山工坊”,大力发展特色文化产业;长桥动漫产业基地初具规模,原创和独创能力国内领先;郭巷街道“当代本色美术馆”致力于文化美术街区建设,传承优秀吴地文化。一批兼具现代文明与吴地文化特色的文化创意产业基地相继在吴中区蓬勃兴起。

太湖专业市场 吴中区现有一批服务城市、接受辐射、具有一定优势和规模的特色产业和市场,目前已形成木渎凯马汽车城和苏州城东汽车专卖市场、本旺旧机动车交易市场、苏州市南环桥农副产品批发市场、苏州市粮食交易市场、江南汽配市场、华夏五金机电城、胥口书画市场和香山园林古建筑市场“香山工坊”、旅游纪念品综合市场中国(苏州)呈辉工艺品礼品信息展示交易城等。此外,吴中区依托太湖得天独厚的资源,建成了苏州太湖大闸蟹交易市场、苏州太湖渔需品交易市场、苏州太湖特色农产品交易市场、藏书羊肉市场、光福花卉苗木市场等沿太湖特色农产品交易市场。

(原载《文汇报》2010年6月23日第10版)

苏州吴中：
加快转型升级步伐 全面走进太湖时代

诗画江南情归处，寻梦吴中环太湖。秋水共长天一色的太湖、鸡犬相闻的千年活古村落、创新创意产业绘出的浓缩版姑苏繁华图等，吴中要给予的便是这样的一种最江南的雅致意境和最水乡的透明心境。近年来，按照苏州市建设“三区三城”的总体部署，围绕“山水苏州、人文吴中”的目标定位和“走进太湖时代”的发展战略，吴中在全力将其打造成为高端产业城区、最佳宜居城区和文化旅游强区。

真山真水似桃源　古风古韵醉吴中

苏州吴中，太湖最美的地方。美从何来？君可见闻“春季里杏花开，雨中采茶忙；夏日里荷花塘，琵琶丁冬响。摇起小船，轻弹柔唱，桥洞里面看月亮；秋天里桂花香，庭院书声朗。冬季里腊梅放，太湖连长江……”一曲《苏州好风光》唱的是姑苏，却恰似吟哦的诗意吴中。

和巧夺天工、讲求谋篇布局的苏州园林相比，吴中惹眼的是那不假修饰的真山真水桃源意境和惬意自然的田园风光。“太湖风光美，精华在吴中”。36000顷太湖水，吴中拥有五分之三；太湖13处国家级风景名胜区，吴中拥有6处；太湖72峰，吴中独揽58峰。同时，吴中还拥有太湖170余公里最美丽的岸线，以及苏州80%的丘陵山体，其森林覆盖率达30%，空气质量良好以上天数超过90%，环境质量综合指数达97分。区内盛产碧螺春茶、太湖大闸蟹等名特优农副产品，月月有花、季季有果、天天有鱼虾。

吴中的自然景致兼修内外之美，在怡人的风景背后，必然镌刻着深深的历史文化痕迹，古风古韵的细腻婉约。苏州第一圣山、姑苏“绿肺”穹窿山，是孙武隐居著书《孙子兵法》、西汉丞相长史朱买臣砍柴藏书苦读之地；千亩梅林香雪海，曾吸引乾隆帝6次到此邓尉探梅；云雾袅绕、清新脱俗的缥缈峰，是金庸笔下那个充满侠骨柔情的人间仙境；群山环抱、静谧安详的千年古村明月湾，在春秋时期，吴王夫差携西施在其古码头临湖赏月等等。

被太湖滋养的吴中，更是历史文化的集体记忆。吴中是吴文化的重要发源地。约1万年前的旧石器时代，吴地已有先民生息繁衍。5000年前的新石器时代，创造了先进的“良渚文化”。3000多年前，泰伯在吴地建“勾吴”国，始有历史纪录。公元前221年，秦始皇统一中国，设置“吴县”，县名沿用至20世纪。千百年来，这块有着深厚历史文化积淀的土地上，人文荟萃，英才辈出。兵圣孙武、草圣张旭、塑圣杨惠之、绣圣沈寿、北宋著名政治家范仲淹及主持营造北京故宫的明代建筑大师蒯祥等一大批历史名人曾经生活在吴中大地。这里的民间工艺发达，形成了刺绣、雕刻、缂丝、建筑技艺、青铜铸造、古琴制作、书画装裱等行业。这些匠心独具的精巧技艺，深受历朝历代皇室和平民的喜爱，成为中国独树一帜的苏派之作。

沿着太湖这条生态山水走廊细数吴中家底，她有2个国家级历史文化名镇，2个国家级历史文化名村，7处国家级重点文物保护单位，2项国家级非物质文化遗产。拥有的地面文物、地下文物、古镇、古村、古建筑总数5项均名列江苏省县（区）级单位第一。

为了太湖这颗“江南明珠”永现碧波美景，吴中区在“绿色长征”上作了不少努力：铁腕治污，沿太湖5公里属于一级保护区，在这里不能上任何工业项目,以实现太湖零污染。太湖网围养殖实施全面整治。去年1月,吴中全区2269户养殖户全部签订了网围拆除协议,共拆除了118796亩网围设施。期间,全区共支付补偿资金54647.5万元,有1508户专业渔民得到了妥善安置。建生态长廊线。对5.5公里长的太湖岸线进行首期总体规划设计。一期建成湿地面积55万平方米,总投资2亿元。启动吴中区东太湖综合整治工程。该工程被列为国家太湖流域环境综合治理的重点项目,将对东太湖区域实施以退垦还湖、洪道疏浚、生态修复等为重点的五大工程和湖滨生态带建设。首期项目投资30亿元左右,重点实施堤岸调整、路网铺设及退垦还湖、湖底清淤等工程。通过治理,最终实现东太湖生态系统自我调节和可持续发展。

同时,为利用好"长三角中心花园"的区位优势,将环太湖打造成国际一流的旅游目的地,吴中区编制了《吴中区旅游发展总体规划》,对旅游发展战略、旅游产品、产业整合和管理体制等方面进行科学规划,确定了"两轴、两带、三区、多节点"的旅游发展总体格局。自2008年以来,全区完成旅游项目投资近57亿元。除了已有品牌效应的太湖公园、灵岩山、陆巷等景区持续受到游客青睐外,穹窿山景区、旺山景区、缥缈景区、太湖水底世界、渔洋山景区、白象湾景区、太湖西山地质博物馆等"后起之秀"也相继完善并成为环太湖旅游的新亮点。"文化太湖、绿色太湖、健康太湖"品牌深入人心。

和自然保护相映衬的,还有吴中对文化的呵护。为了留住文化根,吴中修复环太湖古村落,深入挖掘民俗文化,积极创新古村古镇保护模式,开创古村落民间资本多元化运作的"明月湾模式",在全国掀起了古建筑的市场化热浪;立足大品牌高质量,引进文化大项目,将太湖文化论坛会址永久落户吴中。该论坛是继博鳌亚洲论坛后,参照达沃斯论坛模式和经验设立的,也是我国在文化领域创立的第一个自主论坛品牌;以节庆促文化保护,举办了太湖文化旅游产业投资论坛、"十大精品景区"网络评选和碧螺春茶文化旅游节、太湖开捕节、角直水乡服饰文化旅游节等六大文化旅游主题节庆活动。

人们喜吴中秀丽的山水,爱吴中厚重的文化。据不完全统计,今年1~8月,吴中区已接待游客1186多万人次,实现旅游收入116多亿元,同比分别增长16.5%、39.7%,其中,木渎、角直等古镇游客接待量增长100%以上。各星级酒店、经济型酒店预订全线爆满,入住率高达80%。作为受世博旅游辐射效应最佳的区域之一,吴中环太湖旅游今年赚足了人气。借着世博会的东风,吴中区连获"国际最佳休闲目的地"、"世界旅游资源博览会年度大奖"殊荣。

促产业转型升级　强新兴高端产业

今年,全球进入后金融危机时代。经济走在全国前列的苏州再次吹响产业升级的号角。作为苏州强区之一的吴中,自然肩负重大责任。那么,产业升级到底升什么转什么?新兴产业该如何壮大?新的竞争优势何来?

从大的经济发展生态环境来看,吴中面临新的机遇:今年5月,国务院批准《长江三角洲地区区域规划》,提出把长三角打造成亚太地区重要的国际门户、全球重要的现代服务业和先进制造业中心,具有较强国际竞争力的世界级城市群;随着城铁、高铁、地铁"三铁"时代的到来,沪苏"同城时代"已真正来临;苏州提出建设"三区三城"总体部署和"走进太湖时代"发展战略等等,这些都成为吴中迎接新一轮发展的优势。

从吴中自身来讲,丰富的山水人文资源,已有坚实的产业经济发展基础、充足的智力支持,以及"高效行政、公平市场、便捷商务、快速交通、宜居生活"五大环境等,又是其内在发展的强劲动力。

在认真分析自身优势后，吴中规划出了更加明晰的的产业结构层次，深入实施以生物医药、新能源新材料、服务外包、文化、旅游和装备制造、电子信息“5+2”产业培育振兴计划，大力发展新兴产业、高端产业，打造吴中药港、旺山国家新能源产业基地、太湖文化旅游目的地、苏州南城新商圈和朝阳产业集聚区五大创新型产业集群，电子信息、装备制造两大500亿级产业集群。目前区内几大特色产业已显集聚效应。

“吴中药港”　充分发挥药明康德亚洲最大的新药安评中心、西山中科国家非人灵长类实验动物种子中心等优质资源作用，着力打造国家级生物医药专业孵化器和产业集群。目前全区已有药明康德、中科天马、强达医药等10家生产研发一体化骨干企业和惠氏制药、东瑞制药、吴中制药等9家大型制药企业，医药经济总量平均以20%以上的增幅迅速增长。

“新能源基地”　以中国光伏产业示范基地及三洋能源、尚德库特勒等30多个具有核心技术的光伏项目为主体，培育光伏、环保汽车动力电池研发生产完整产业链。作为世界级光伏企业，全球排名第二、亚洲最大的太阳能多晶硅片生产企业赛维LDK以总投资8.5亿美元的薄膜太阳能电池项目，成为国家发改委唯一批准在建的大型薄膜太阳能电池项目，江苏百世德同时还成功竞得“中国光伏电站第一标”。

“文化创新创意城”　全区已引进投资额超过10亿元的文化产业项目9个，被列为苏州市重点文化产业项目12个、苏州市重点文化创意产业园7个。吴中区与光华科技基金会和北京同达公司合作，引进了总投资约25亿元、占地1200亩，集企业设计总部、名家工作坊、街区式创意工坊、会展中心等功能区于一体的光华文化创意产业园项目；联手中国青旅集团将规划建设“胥江一号”文化创意产业园，其龙头项目——投资额达5亿元、由国内外顶级大师团队主创的“5D玄幻秀《苏州》文化商业综合体”，将建成以大型、高端文化影视演出为主体，以酒吧文化为基础，以综合商业和高端居住为配套的大型文化商业综合体。此外，“中国书画之乡”、“建筑之乡”胥口镇兴建“书画名家街”和传承香山帮非物质文化遗产的“香山工坊”等也在顺利建设之中。

“服务业高端平台”　吴中服务业发展总体思路有四：其一，大力引进银行、保险和各类投融资机构，加强地方与金融机构的战略合作；其二，以国家级出口加工区为主体，完善物流配送网络，打造苏州南城大宗物流集散中心。目前总投资5亿元、总占地面积200亩的“九江物流”一期项目已竣工，该物流最终将打造成华东地区最大的钢铁物流市场；其三，全面发展软件开发、研发设计、动漫创意等服务外包业态，建成省级现代服务业集聚区1个、市级3个，省级国际服务外包示范区2个，市、区两级特色商业街区13个，各类专业市场26个；其四，大力引导扶持楼宇经济、总部经济、智慧经济等各类现代服务业发展。数据显示，今年1~8月全区完成服务业投资101亿元，占投资总量的64%。完成服务业地税收入16亿元，占地税总收入的59.9%。服务业从业人员占全社会从业人员的32.5%，在本地新增劳动力就业中，服务业吸纳人数近50%。

然而，要想获得经济持续快速发展，“好巢”和“美凤”自然离不开，平台建设、科技创新、人才招揽更是一样都不能少。吴中区充分依托国家级的吴中出口加工区、吴中科技创业园等17家科技孵化器、100万平方米孵化面积、200万平方米创新载体，同济大学苏州研究院、南京信息大学苏州数字城市研究院等10多家国内一流的产学研机构，中检集团高低压电器、CQC信息产品等5家国家级检验检测中心等高端服务平台，发挥产业、开放、创投等资源优势。与此同时，为吸引并留住人才,吴中设立不低于地方财政1%的人才专项资金,大力引进掌握自主知识产权和核心技术的高层次创新创业人才,引进从事高新技术研发和携带项目的创新创业领军人才团队,落实科研经费资助、安家补贴、担保融资等"三个百万元"服务。

通过上述一系列的思路创新和经济调整,吴中也品尝到尊重经济规律的甜蜜。据了解,近年来,吴中全区经济总量每年保持20%以上的增长,财政收入保持30%以上的增长。

和经济良好发展态势相呼应,吴中接连受到资本市场的青睐。上半年,吴中区新批外资项目50个,注册外资5.35亿美元,到账外资3.4亿美元;新批民资内资企业6618家,注册资金184.5亿元,增长217%;其中,注册外资超千万美元项目17个、注册资金超亿元内资项目27个,伟创力等一批重大项目顺利投产。上半年全区实现工业总产值590.8亿元,增长20.7%;实现进出口总额29.3亿美元,其中出口18.4亿美元,分别增长34.9%和34.6%。目前,吴中区拥有来自40多个国家和地区的2000多家外资企业、16000多家民资企业,其中,世界500强企业13家,中央企业20余家。

扮靓现代化新城 繁荣姑苏南商圈

苏州在用柔情、婉约、浪漫陶醉世人之际,也在用经济的速度、文化的高度以及生态的纯度征服大众。既拥有苏州最美的乡村又拥有活力城市的苏州吴中,在绣自然文化双面绣的同时,也绘就了一幅很乡村很城市的美图。

根据苏州做优南部的大框架,按照功能做优、形象做靓、档次做高、环境做美的目标,吴中全面加快城市化进程,着力构建"一体两翼"城市空间格局。

做强20平方公里中心城区。全面实施提标改造工程,东吴北路、东吴南路、苏蠡路两侧地块、节点改造全面推进,苏苑饭店改造工程全面完成并对外营业,吴城饭店、恒润大厦等一批综合商务项目开工建设,现代文体中心、运河风光带、吴中商城风情一条街建设全面启动;建成高层楼宇群,大力发展楼宇经济、总部经济,高端餐饮宾馆、商居商贸,以及金融、软件和服务外包、科技信息服务等生产性服务业;拉升商业人气,建成东吴国际商城、新苏百货商城;靓化城市。168米高的东吴电视塔,集电视广播发射、娱乐观光于一体,已成为苏州南城新地标。

建成13.5平方公里尹山湖—独墅湖"双湖商圈"。尹山湖生态商圈位于吴中东部片区中心位置,东北部与苏州工业园区相连,是苏州市总体规划确定的"重点发展区域"的核心区。总投资超过15亿元,总用地面积8.84平方公里,其中水域面积近2平方公里。根据发展规划,尹山湖生态商圈将形成一个融人文景观与自然风光于一体,充满经济活力、富有文化特色、最适宜人居的绿色生态城市次中心。如今,尹山湖被称作"另一个金鸡湖",其秀美风光令人叹为观止:若风和日丽,则波光粼粼;倘薄雾轻霭,则烟云变幻,扑朔迷离;湖上满月时,则流光万顷,山影荡漾,景色秀美而意趣无穷。

做美40平方公里东太湖滨湖新城。结合东太湖综合整治工程,吴中区将利用堤线调整后的东太湖大堤、绕城高速公路南侧,规划建设东太湖滨湖新城。滨湖新城规划面积10.03平方公里,人口规模12万人。规划中的苏州城市轻轨四号线首末站就位于滨湖新城内,滨湖新城将重点引进国际商务、文化旅游、星级酒店、房地产业、运动休闲项目,全面打造成一个集商贸金融、文化娱乐、居住创业、生态观光、休闲度假等功能于一体的现代化新城区。

(原载《文汇报》2010年10月16日第4版)

大事记

1 月

6 日

△省委常委、市委书记蒋宏坤一行到吴中区调研光大环保静脉产业园和苏州餐厨垃圾处理厂。

8 日

△吴中科技园“国际科技合作基地”授牌仪式在吴中科技园举行，科技部国际合作司司长靳晓明向吴中科技园授牌。

9 日

△国家环保部东北督察中心到吴中区核查污染物减排工作。

△国家旅游局副局长杜江到吴中区视察旅游工作。

13~14 日

△第十一届全国 MOCVD(化合物半导体外延设备)学术会议在吴中区召开。来自高等院校、科研机构、相关企业等 150 余家单位的 350 余位代表出席会议。

14 日

△区委书记金海龙会见来访的日本新泻县副知事神保和男一行。

16 日

△中共中央政治局常委、全国人大常委会委员长吴邦国视察苏州药明康德新药开发有限公司。省委书记梁保华、省长罗志军，省委常委、市委书记蒋宏坤，省人大常委会副主任李全林，市委副书记、市长阎立等陪同。

18 日

△苏州太湖科技产业园银团贷款签约仪式在度假区举行。

△区长俞杏楠会见美国加利福尼亚州大洛杉矶区贝尔戈登市市长佩德罗·阿塞图诺、唐尼市市长马里奥·格拉、亨廷顿公园市市长马里奥·戈麦斯，并分别签署友好交流城市协议书。

△尚德集团库特勒自动化系统(苏州)有限公司扩产项目在吴中经济开发区开工。

19 日

△省科技厅副厅长杨锐考察吴中区科技创新工作。

20 日

△吴中区被省教育厅评为“2008~2009 年度江苏省全面实施素质教育先进县（市、区)”。

21 日

△区政府举行“迎世博 100 天暨 2010 太湖旅游世博年启动仪式”。

△吴中区被省政府办公厅授予“江苏省教育现代化建设先进县(市、区)”称号。

25 日

△区四套班子领导率有关部门负责人分赴角直、郭巷、越溪、龙西等镇(街道)走访慰问生活困难群众。

26 日

△省科技厅副厅长夏冰调研吴中区生物医药产业发展工作。

28 日

△苏州汇川技术有限公司新厂奠基仪式在开发区旺山工业园举行。

29 日

△吴中区“慈善救助金发放仪式”在长桥街道举行,向 43 户因大病致贫的特困家庭进行慈善救助,共发放救助金 40 万元。

△美国卡尔冈苏州活性炭再生项目签约仪式在开发区举行。

本月

△吴中区荣获 2009 年江苏省“扫黄打非”工作先进模范区称号。

△吴中区被国务院残工委授予第一批“全国白内障无障碍区”荣誉称号。

△临湖镇湖桥村被司法部和民政部联合命名表彰为第四批“全国民主法治示范村”。

△由区妇联、区法院联合成立的“爱心妈妈团”入选苏州市第十八届(2009 年度)精神文明建设十大新事。

△吴中区荣获省“社会治安综合治理先进县(市、区)”称号。

△吴中区被国家人口计生委评为“全国计划生育优质服务先进单位”。

△《吴中年鉴(2009)》在第四届全国年鉴编纂出版质量评比中获地州县区年鉴二等奖以及条目编写特等奖、框架设计二等奖。

2 月

4 日

△区四套班子主要领导率区委办、区政府办、区安监局、区监察局、区建设局、区工商局、公安分局、消防大队、区卫生局、区商务局等委办局,检查吴中区春节前安全生产工作。

10 日

△度假区首家农村小额贷款公司——太湖农村小额贷款公司开业。该公司由 2 家企业和 4 个自然人共同出资,注册资本 2 亿元,涉及农户小额贷款、种植户小额贷款、养殖户小额贷款、小额循环周转贷款等,最高可贷款 300 万元。

11 日

△苏州市委副书记、市长阎立,副市长朱建胜、王鸿声,市政府秘书长陶孙贤组织市公安局、监察局、安监局、总工会、市消防支队负责人,对吴中区重点企业适新科技(苏州)有限公司进行春节前安全生产检查。

14~21 日

△由苏州市精神文明办主办,吴中区精神文明办、吴中区穹窿山风景管理区管理委员会承办,吴中旅游发展有限公司协办的“我们的节日——2010 新春祈福庙会·苏州穹窿山”在穹窿山举行。

21 日

△吴中区召开 2009 年度区级机关作风效能建设总结表彰大会。会上表彰区委办等 29 个单位为 2009 年度争创“五型机关”先进集体、顾建明等 100 名个人为争做“五型干部”先进个人,国税局等 3 家单位作交流发言,区委书记金海龙作重要讲话。

22 日

△国家商务部、环保部、财政部等 9 部委有关负责人一行到吴中区调研再生资源回收利用,并检查吴中区再生资源物流中心。

23 日

△市人大常委会主任杜国玲一行到吴中区调研民族宗教工作。

25 日

△中国成人教育协会副会长、教育部社区教育专家组成员、江苏省成人教育协会会长陈乃林到吴中区调研社区教育发展情况、木渎镇创建国家社区教育示范乡镇等工作。

27 日

△以“梅花笑迎世博 欢乐畅游太湖”为主题的第十四届苏州太湖梅花节暨第九届“太湖之春”旅游月在上海旅游集散中心开

幕。28日，在梅花节主会场——林屋洞景区举办太湖度假区世博会苏州分论坛主题游揭幕仪式、梅树种植等主题活动。

28日

△苏州市首届武术邀请赛在吴中区木渎镇白象湾景区开赛，比赛分拳类及器械类两大项，共有16支队伍参赛。

本月

△中认英泰(苏州)检测技术有限公司在吴中区科技园获得UL美华认证有限公司颁发的“WTDP目击测试实验室”资质，这是苏州市首家获得美国UL目击测试实验室资质的第三方检测机构。

△在北京召开的中央企业和苏州市合作发展恳谈会上，吴中区3个项目上台签约，分别是中国光华文化创意产业园项目、胥江一号文化创意产业园项目、中检集团增资苏州电科院项目，协议涉及总金额达43亿元。

△苏州电器科学研究院股份有限公司的国家电器产品质量监督检验中心项目（第一期）建成并通过中国合格评定国家认可委员会评审，获得实验室认可证书。

3 月

4日

△区委书记金海龙视察苏州郁舍书画市场。

5日

△区委书记金海龙视察穹窿山景区。

7日

△国家安监总局监管一司副司长裴文田率国务院安委办安全生产调研督导组到吴中区调研安全生产工作。督导组调研苏州东瑞制药有限公司、苏州泰发花线织造有限公司等企业。

8日

△吴中区在大会堂召开“芬芳时代，春满吴中”纪念“三八”国际劳动妇女节100周年暨“百年百佳巾帼之星”表彰大会。大会表彰吴中区“百年百佳巾帼之星”，并表演“芬芳时代 春满吴中”为主题的大型文艺节目。

10日

△吴中区召开城乡发展一体化会议。区四套班子领导，区部委办局、各镇、街道主要领导考察临湖镇现代渔业示范区、香山街道苏州郁舍书画市场。

12日

△区四套班子领导、区级机关有关部门和甪直镇党委、政府领导及干部职工代表等300多人到甪直镇淞南大道与甪直塘交汇处参加义务植树活动。

14日

△首届吴中区洞庭山碧螺春十大炒茶大师评选活动在东山镇碧螺景区举行。来自洞庭东、西山的37位选手参加比赛。

15日

△’2010中国·苏州吴中洞庭山碧螺春茶文化旅游节在太湖文化论坛国际会议中心开幕。

△国际生物医药与生物技术学会(IABB)理事长周宏灏院士率团到吴中区考察生物医药及生物技术投资环境。访问团考察苏州西山中科实验动物有限公司、苏州药明康德新药开发有限公司和吴中科技园。

17日

△’2010苏州吴中洞庭山碧螺春茶文化旅游节推介会在沈阳举行。推介会上特别授权大连新天地福康茶城等10家知名茶叶经销商为东北首批“洞庭山碧螺春特约经销商”。

18日

△’2010苏州吴中·太湖(北京)投资环境说明暨央企对接会在北京举行，来自央企、部属企业、科研院所共300位客商参加。会上共有华能苏州太湖风电项目、中国超导技术基

地、生物技术创新基地、通信网络研发中心等8个项目签约,总投资167.3亿元,注册资本35亿元,其中涉及现代服务业项目6个,新能源项目1个,生物制药项目1个。

19日

△'2010苏州吴中洞庭山碧螺春茶文化旅游节推介会在北京举行。

△由苏州市老促会、苏州青旅和光福镇政府联合举办的"缅怀苏州先烈,新四军纪念馆之旅"活动在吴中区光福镇冲山村举行启动仪式。

△苏州市首家镇级癌症患者康复活动中心——苏州市癌症康复协会木渎癌症康复俱乐部在木渎镇香溪社区服务中心挂牌成立。

25日

△省委常委、市委书记蒋宏坤到吴中区调研轨道交通2号、4号线线位方案设计工作。

26日

△中国科学院生物产业科技创新联盟大会在吴中区召开。中科院副院长李家洋出席会议。

△苏州市吴中区文物局揭牌仪式在吴中东路169号建设大厦院内举行。

26~28日

△全国人大常委会副委员长华建敏到苏州考察,在东山宾馆分别会见省委副书记、省长罗志军,省委常委、副省长赵克志,省委常委、苏州市委书记蒋宏坤等,考察吴中区穹窿山风景区、水星游艇俱乐部等地。

27日

△吴中区重大项目开工开业仪式在吴中出口加工区举行。省委常委、市委书记蒋宏坤、市领导杜国玲、王金华、王少东、朱建胜和区四套班子全体领导出席活动。本次集中开工开业的项目共有56个，其中开工项目43个,开业投产项目13个,涉及重点新兴高端产业、重大基础设施、科技创新载体和社会事业等方面,总投资329.5亿元,2010年计划投资150亿元。

4 月

2日

△苏州宝岛花园酒店荣膺"中国五星级饭店"称号,成为吴中区首家五星级酒店。酒店位于苏州太湖国家旅游度假区长沙岛,由北京首开集团投资建造。

△吴中区首次组织非公企业业主和党组织负责人赴复旦大学开展高层次培训研修。区委书记金海龙出席开班典礼并作动员讲话。

3日

△金庭镇包山寺举行迎请国宝"明代骑犼观音铜像"回归暨开光典礼。此国宝流落美国72年，后由美籍华人沈方山夫妇购藏并捐赠。

△国务委员、公安部部长孟建柱,公安部副部长黄明一行到吴中区木渎派出所视察。省委常委、政法委书记林祥国,省委常委、苏州市委书记蒋宏坤，省公安厅厅长孙文德等领导陪同。

6~16日

△区委书记金海龙率经贸代表团赴日本、台湾开展经贸考察和产业招商活动。代表团先后考察日本的大阪、日光、东京和台湾的台北、新竹、花莲等地,走访日本丰岛株式会社、友池产业株式会社、台湾新日光能源科技公司等企业59家,开展洽谈交流活动42场次。达成投资意向项目18个,总投资5.2亿美元。

6日

△省住房和城乡建设厅副厅长张泉一行到吴中区调研木渎镇、甪直镇总体规划编制。

9日

△苏州东山精密制造股份有限公司首次公开发行4000万股A股在深交所上市。

△副省长徐鸣率省有关部门负责人视察吴中区东太湖生态清淤工程。

△中残联组联部主任张仪凤一行到吴中区检查残疾人组织建设和创建全国残疾人工作示范城市工作。视察长桥残疾人托养中心和临湖镇采莲社区。

10日

△省委常委、市委书记蒋宏坤到东山镇、金庭镇调研环太湖古村落保护，视察东山镇陆巷古村、金庭镇明月湾古村。

12日

△吴中区舟山核雕行业协会成立，首批会员133家。

15日

△全国茶叶标准化技术委员会碧螺春工作组在吴中区成立。全国茶叶标准化技术委员会秘书长翁昆和江苏省质量技术监督局副局长张前为碧螺春工作组成立揭牌。

16日

△苏州市首个农村集体资金、资产、资源“三资”监管平台在吴中区启动。

17日

△国家文化部产业司副司长李小磊一行视察吴中区，先后考察郭巷文化美术街区、胥口香山工坊、东山文化旅游区。

20日

△吴中区政府授予苏州石川制铁有限公司等32家企业“2009年度苏州市吴中区劳动关系和谐企业”称号。

20~23日

△2010年全国现代五项冠军赛(苏州站)比赛在吴中经济开发区举行。来自江苏、上海、广东等地的13支代表队参加男女个人、男女团体接力4项比赛。

21~23日

△黑龙江省穆棱市党政代表团到吴中区考察。

21日

△麦德龙集团投资的麦德龙苏州吴中商场举行开业典礼。市、区领导曹福龙、金海龙等出席典礼。

△青海省乌兰县县长呼和巴拉率团考察吴中经济开发区。

23日

△吴中区区级机关支援玉树地区抗震救灾捐款仪式在区行政中心举行。区四套班子全体领导、各部门主要负责人参加捐款仪式。仪式上共捐善款80.6万元。

△省委老干部局局长顾汉萍到吴中区越溪街道旺山村参加苏州市区老干部工作片组会议。

24日

△原中共中央政治局常委、国务院副总理李岚清到吴中区考察，参观西山明月湾古村和古樟园，并为暴式昭纪念馆题词。

26日

△吴中区召开推进国家创新型城区建设动员大会。区委书记金海龙作重要讲话。会上举行创新创业领军人才项目资金发放仪式，开发区、木渎镇、科技局、天马医药等4家单位作交流发言。

△吴中科技园列入首批“江苏省知识产权重点联络点”。

27日

△副省长何权率省食品安全督查组到吴中区甪直镇苏州众仕达蔬菜食品有限公司开展食品安全专项检查。

△吴中区在浙江省温州市举行苏州吴中(温州)民资投资说明会。期间签约项目4个，投资总额9亿元，注册资金2.8亿元。

27~28日

△江苏省环保厅创建国家生态区技术调研组一行到吴中区检查国家生态区建设工作。

29 日

△市政协主席王金华视察吴中区苏苑农贸市场食品安全监管。

△“太湖旅游世博年——2010 中国木渎国际旅游节”在吴中区木渎镇白象湾农业生态园开幕。

本月

△旺山生态农庄和三山岛成为江苏省首批四星级乡村旅游点。

5 月

4 日

△吴中区召开纪念五四运动 91 周年暨“五四·青年之星”表彰大会。

△省内首批国家地质公园之一、全国首批国土资源科普基地西山国家地质公园、西山地质博物馆落成启用，全国人大农委副主任、原国土资源部部长孙文盛,省国土资源厅厅长夏鸣,市长阎立出席仪式。

△旺山景区被国家旅游局批准为国家 4A 级旅游景区。

△区委书记金海龙、副书记孙卓一行视察碧波实验小学、宝南友好小学等学校安全工作。

5 日

△省民政厅副厅长侯学元一行视察吴中区社会福利中心建设。

6 日

△区委书记金海龙会见来访的韩国又松学园教育集团理事长金圣经一行。

7 日

△无锡江阴市党政代表团到吴中区考察。

11~13 日

△省环保厅国家生态区创建工作考核验收组考核验收吴中区国家生态区创建工作。

13 日

△区委书记金海龙视察吴中东太湖综合整治工程。

14 日

△国家安监总局副局长赵铁锤视察吴中区安全生产工作。

15 日

△原中央军委委员、空军司令乔清晨上将参观越溪旺山新农村建设。

16 日

△中国国际工程咨询公司专家组到吴中区考察轻轨 4 号线支线规划线路。

△十一届全国人大常委会副委员长、民进中央主席、中央社会主义学院院长严隽琪一行视察木渎古镇。

19 日

△区委书记金海龙调研开发区伟创力、悦虎电路、维讯河东厂、赫比通讯、百世德太阳能等企业。

24~29 日

△区人力资源局组团赴重庆、武汉举办稀缺人才招聘会。重点引进生物医药、国际贸易、高分子材料、数控技术、旅游策划等行业人才。收到简历 4000 份,达成初步就业意向 632 人。

25 日

△省住房和城乡建设厅副厅长张泉到吴中区调研城市规划建设。

26 日

△苏州市首支校园护卫大队在吴中区成立。

△市人大常委会副主任程惠明出席在苏苑饭店召开的《苏州市档案条例（草案修改稿)》征求意见座谈会。

27 日

△在上海第七届世界旅游资源博览会上吴中区被授予“世界旅游资源博览年度大奖”,“太湖山水古镇古村文化体验之旅”被评

为“最受欢迎世博旅游线路”。

△十一届全国政协副主席、九三学社中央副主席、中国科学院院士王志珍视察甪直镇。

28 日

△国家质检总局科技司副司长鲍俊凯到吴中区调研国家检验中心建设。

30 日

△首届中外太湖帆船邀请赛暨“德国艾贝客啤酒杯”太湖帆船赛在度假区开幕。

本月

△宝带实验小学、苏苑实验小学、木渎第五小学、迎春中学、木渎第二高级中学、城区幼儿园 6 所学校被省教育厅、省综治办、省公安厅联合表彰为江苏省平安校园。

6 月

1 日

△区领导金海龙、俞杏楠等及区教育局、妇联负责人,走访慰问苏苑实验小学、吴中实验小学、横泾中心小学、度假区中心小学。

△新疆克孜勒苏柯尔克孜自治州阿图什市党政考察团到吴中区考察城市建设。

2 日

△吴中区第一届枇杷节在东山镇开幕。

7 日

△河南省渑池县党政代表团到吴中区考察。

△区委书记金海龙到苏州雅新服装针织有限公司考察调研传统产业转型升级情况。

8 日

△新西兰、美国、加拿大联合代表团访问吴中区。

△区长俞杏楠会见加拿大安大略省圣·托马斯市市长克里夫·巴里克,并签署友好交流城市协议书。

10 日

△区政府与上海联合产权交易所战略合作协议签约仪式暨中小企业融资服务中心(苏州)分中心揭牌仪式在开发区溪江会所举行。

11 日

△区长俞杏楠视察苏州雷奥生物科技有限公司。

12 日

△全国政协副主席厉无畏视察金庭镇明月湾古村。

△上海世博会“城市更新与文化传承”主题论坛在太湖国际会议中心举行。

13 日

△洞庭山碧螺春茶叶协会被中国科协和国家财政部联合表彰为“2010 年全国科普惠农兴村先进单位”,并获奖励补助资金 20 万元。

14~15 日

△第五届“太湖杯”端午节龙舟大赛在金庭镇太湖牛仔风情度假村水域举行,30 多个代表队参赛。

16 日

△纪念伍子胥第四届端午民俗文化节在胥口镇胥王园开幕。

17~19 日

△全区 5630 名考生参加苏州市 2010 初中毕业暨升学考试。

17 日

△苏州首家乡镇(街道)级反邪教协会——吴中区甪直镇反邪教分会成立。

19 日

△上海世博会“城市最佳实践区”苏州馆吴中主题周开幕。活动以“苏州吴中,太湖最美的地方”为主题,通过视频影片、文艺演出、技艺展演、电子图片、实物等展示吴中魅力。

21 日

△省公安厅副厅长秦军率省学校幼儿园安全防范工作督查组到吴中区督查安全防范工作。

22日

△省水利厅副厅长、省太湖联防指挥部指挥陆桂华一行到吴中区视察太湖防汛,察看东太湖大堤和东太湖生态清淤工程。

23日

△区委、区政府在上海举办'对接世博——苏州吴中·太湖服务业推介会。

24日

△区政府与新华日报报业集团举行建设报业集团传媒文化产业园(苏州园区)战略合作协议签署仪式。省委常委、市委书记蒋宏坤和新华日报报业集团负责人为报业集团传媒文化产业园(苏州园区)揭牌。

25日

△全区共有3804名高中毕业生参加高考。高考成绩揭晓,本二以上线1008人,其中文科达线215人,理科达线710人,保送生4人(占苏州大市1/6);被空军飞行学院提前录取4人;艺术、体育、艺兼文、艺兼理共75人。

△吴中区第一届杨梅节在西山景区开幕。

△省委常委、副省长黄莉新一行视察吴中区防汛工作。

28日

△吴中区深入开展创先争优活动动员大会暨建党89周年大党课在大会堂举行。市委常委、宣传部长徐国强为全区副科级以上党员干部作了"加快转型升级、建设'三区三城'"主题党课。

30日

△《人民日报》"民主政治周刊"专版刊发题为《红庄的漂亮"转身"》的文章,介绍吴中区城南街道红庄社区开展"城中村"整治的经验做法,并配发题为《同一片天空 同一个家园》的评论对吴中区"城中村"整治予以肯定。

本月

△吴中区服务外包企业苏州良子动漫有限公司与马来西亚动漫公司签约制作动画片《七武士》。由马来西亚提供脚本及剧情,苏州良子动漫有限公司提供动漫技术制作,是全省首例"技术输出、版权共享"的合作项目。

7 月

1日

△省委常委、市委书记蒋宏坤考察甪直镇和江南水乡文化建设。

△浙江省安吉县党政代表团到吴中区考察乡村旅游发展工作。

6日

△区政府民生实事工程——吴中区(胥口)粮食储备库开工奠基。胥口粮食储备库位于胥口镇230省道子胥路南侧,占地面积85亩,总建筑面积3.4万平方米,总投资约1亿元。

8日

△吴中区被省民政厅评为2007~2009年度省级村民自治模范区,是继2003年、2005年后第三次获此殊荣。

9日

△吴中科技企业孵化协会成立大会暨2010吴中科技项目资本对接会在木渎镇博济科技园举行。

△全国首家镇级终身学习网、苏州市社区教育实验项目——"木渎镇市民终身学习网"开通。

10日

△吴中区与南京信息工程大学共建"南信大苏州数字城市研究院"签约揭牌仪式在吴中科技创业园木渎分园举行。南京信息工程大学校长李廉水、副市长周伟强共同为"南信大苏州数字城市研究院"揭牌。

△中央军委委员、国务委员兼国防部长梁光烈上将一行视察吴中经济开发区武装工作和民兵应急队伍建设。南京军区司令员

赵克石中将、副司令员王教成中将，江苏省军区司令员许援朝少将、政委李笃信少将，江苏省委副书记、省长罗志军，市、区等领导陪同。

13 日

△区委书记金海龙视察在建的宝带桥公园、东方大道旁 300 亩生态公园的选址定位、郭巷街道拆迁工作现场。

15 日

△省住房和城乡建设厅副厅长张泉一行到吴中区调研规划工作。

16~17 日

△区委召开二届九次全体（扩大）会议。区委书记金海龙作题为《保增速 促转型 惠民生 为全面完成全年目标任务而努力奋斗》的重要讲话。

17 日

△吴中区举办第七期中青年干部培训班，组织 36 名中青年干部赴上海复旦大学进行为期 7 天的培训。

18 日

△公安部治安局局长刘绍武一行视察红庄社区社会治安治理创新工作。

20 日

△苏州天马精细化学品股份有限公司首次发行的 A 股成功登陆深圳证券交易所中小企业板。

△吴江市政府代表团到吴中区考察民办养老机构建设。

21 日

△市人大常委会副主任程惠明一行到吴中区调研再生资源回收利用。

△农业部副部长牛盾一行视察吴中区现代渔业示范区。

23 日

△吴中区人才工作会议在区大会堂召开。大会为吴中区第三届“人才发展奖”、“杰出人才奖”和“优秀人才奖”获奖者颁奖。

24 日

△白象湾生态旅游区、三山岛景区在首届中国低碳旅游建设峰会上被亚太旅游联合会、国际度假联盟组织、中华生态旅游促进会联合授予首批“中国低碳旅游景区”荣誉称号。

26 日

△省国土资源厅厅长夏鸣一行到吴中区调研拆迁安置工作。

△市人大常委会主任杜国玲调研木渎镇“维稳”工作。

27 日

△区委书记金海龙调研长桥街道特色文化产业园宏广动画、智杰多媒体、良子动漫等创新创意企业和郭巷街道本色美术馆，视察宝带桥公园建设情况。

28 日

△区四套班子领导及有关部门负责人分组走访慰问驻苏、驻吴部队。

△吴中区工商联机电行业商会成立暨第一次会员大会召开。

△吴中区首个市场调解组织——郭巷街道人民调解委员会驻南环桥批发市场调解工作室成立。

30 日

△吴中区双拥工作总结表彰大会在区大会堂召开。大会表彰区委办等双拥工作先进单位 50 个、陈嘉维等双拥工作先进个人 40 名、陈菊林等优秀军转干部 10 名、刘宁等优秀复退军人 16 名、赵炳根等优秀军烈属 22 名、金晓勤等优秀军嫂 13 名。

8 月

4 日

△市长阎立检查吴中区中石化通桥油库安全情况，并查看中石油西气东输角直分站。

5日

△市委常委、政法委书记邱岭梅一行到吴中区调研南环桥批发市场专项整治。

6日

△区领导金海龙、俞杏楠等和相关部门负责人,分别走访慰问环卫工人、交通警察、建筑工人,并对部分建筑工地和企业进行高温安全生产检查。

7日

△“2010品牌中国十大品牌景区”评选会在北京人民大会堂大礼堂开幕,角直镇作为江苏省唯一旅游景区获“2010品牌中国十大品牌景区”称号。

11日

△区委书记金海龙视察吴中科技园配套区以及药明康德、中认英泰、雷奥生物和航天赛能等科技企业。

△区长俞杏楠视察长江节能科技产业园。

17日

△市委常委、纪委书记沈文祖到吴中区视察太湖蓝藻应急防控及饮用水源地安全保障工作。

18日

△区委书记金海龙调研吴中出口加工区。

21日

△外交部部长杨洁篪视察吴中区。市、区领导蒋宏坤、阎立、王少东、金海龙、俞杏楠等陪同。

23日

△四川遂宁县党政代表团到吴中区考察城乡一体化发展。

27日

△省公安厅副厅长陈逸中一行到吴中区检查新塘桥防撞设施建设。

28日

△第六届苏州太湖开捕节在苏州太湖国家旅游度假区开幕。本届开捕节首次携手美国五大湖,并签署《中美湖泊合作友好声明宣言》。

△中央新影太湖影视基地在太湖国家旅游度假区挂牌,电视连续剧《吴健雄》摄制同时签约。

30日

△副省长何权到木渎镇视察节约型村庄建设和餐厨垃圾处理情况。

31日

△省委常委、市委书记蒋宏坤到吴中经济开发区调研。

△山东省汶上县党政代表团到吴中区考察城乡一体化发展。

本月

△白象湾生态旅游区、三山岛在首届中国低碳旅游建设峰会上被亚太旅游联合会、国际度假联盟组织、中华生态旅游促进会联合授予首批“中国低碳旅游景区”称号。

△角直酱品厂、藏书老庆泰羊肉馆被商务部认定为第二批“中华老字号”。

9 月

1日

△全区首支镇级旅游监察中队——东山镇旅游监察中队挂牌成立。

3日

△市长阎立一行到吴中区检查河道整治情况。

4日

△副省长曹卫星、南京农业大学教授朱艳一行视察横泾水稻示范方精确栽培试验区。

10日

△临湖镇在江苏省第十二届国际服装节上被江苏省纺织工业协会评为“江苏羊毛衫名镇”,同时被确定为全省第八批纺织服装产

业集群试点单位。

11 日

△’2010 中国·苏州穹窿山孙子兵法文化旅游节暨首届苏州穹窿山兵圣杯世界女子围棋赛开幕式在穹窿山风景区举行。

14 日

△河南省遂平县政府代表团到吴中区考察城乡一体化发展。

19 日

△第八届中国苏州·甪直水乡服饰文化国际旅游节在甪直江南文化园开幕。

△国家信息网络产品质量监督检验中心入驻吴中区签约仪式在开发区举行。

20 日

△东山镇被中国渔业协会河蟹分会授予“中国河蟹之乡”，成为苏南地区首个国字号蟹乡。太湖蟹起捕仪式暨东山镇“中国河蟹之乡”授牌仪式在东山碧螺景区太湖蟹市场举行。

22 日

△江苏省委书记梁保华视察吴中区。市、区领导蒋宏坤、金海龙、俞杏楠陪同。

25 日

△吴中区召开纪念中共中央 9·25《关于控制人口增长问题致全体共产党员、共青团员的公开信》发表 30 周年大会。

30 日

△国家人口计生委副主任赵白鸽一行到吴中区调研。

本月

△由苏州飞马良子动漫有限公司创作的动画片《商圣范蠡》被列入 2010 年度苏州市重大版权推广运用项目，获 10 万元拨款。

10 月

4~6 日

全国人大常委会副委员长兼秘书长李建国到苏州考察，在东山宾馆分别会见省委书记梁保华，省委副书记、省长罗志军，省委常委、苏州市委书记蒋宏坤等，对吴中区文化旅游产业、生态文明建设、太湖水资源的利用与保护、现代服务业等进行考察。

7 日

△中央七套《聚焦三农》栏目播出《体验乡村旅游——苏州旺山》专题片。

8~10 日

△第八届中国国际民间艺术节吴中专场在木渎镇和甪直镇举行，来自库克群岛、阿根廷、埃及、苏格兰、巴西和韩国 6 个国家的民间艺术家与吴中区的民间艺人联袂演出。

10 日

△全国政协副主席、中国文联主席孙家正一行考察太湖国际会议中心。

11 日

△吴中区福利彩票协会成立大会在吴中区苏盛宾馆召开。

13 日

△吴中区召开区级机关作风效能建设工作会议。

14 日

△省金融办副主任聂振平一行视察横泾街道金穗农村小额贷款公司开业准备工作。

△市委副书记、市长阎立会见伟创力电脑事业部总裁西恩伯克一行。

15 日

△中国乡村旅游发展论坛暨旺山国家 4A 级景区揭牌仪式在越溪街道旺山景区举行。

△位于吴中区金庭镇白云街的金庭公交首末站启用。

15~19 日

△吴中区举办’2010 苏州吴中·太湖经贸合作洽谈会暨金秋经贸招商周。共签约项目 36 个，投资总额 154.5 亿元，涵盖生物医药、新材料、电子信息、装备制造、现代服务业等

产业门类。

16日

△中国江南茶文化博物馆在东山镇开馆。

△临湖镇举行十五大高端项目签约、奠基、竣工典礼。

17日

△中国光华文化创意产业园（苏州项目区）项目启动仪式暨中国光华科技基金会图书捐赠仪式举行。

18日

△区委、区政府举行吴中区重大项目集中开工开业仪式。

20日

△国发创投与吴中区全面战略合作签约暨国发创投乔迁仪式举行。

21日

△省国土资源厅厅长夏鸣在区大会堂举行国土资源管理工作专题讲座。

24日

△全国政协常委江泽慧一行视察越溪街道旺山村。

26日

△吴中区召开中心城区第三届“吴中市容环卫杯”竞赛活动总结表彰大会。

△区长俞杏楠视察区残疾人综合服务中心后期建设情况。

27日

△区委书记金海龙视察郭巷街道凯达路材股份有限公司。

27~28日

△共青团苏州市吴中区第四次代表大会在吴中区委党校召开。大会选举产生共青团苏州市吴中区第四届委员会。

27~29日

△省政协副主席、民进省委主委陈凌孚一行到吴中区考察农民合作经济组织、基层医疗卫生事业、就业养老等工作。

28日

△省委常委、市委书记蒋宏坤一行考察光福镇铜观音寺、司徒庙及圣恩寺等文物旅游景点。

△市委副书记徐建明一行到吴中区临湖镇视察城乡一体化工作。

29日

△江苏省国际文化交流中心代表团到吴中区考察。

30日

△省政法委副书记张新民一行到吴中区检查“全国部分(省、市)社会治安重点地区排查整治工作座谈会”前期会务准备工作。

△陕西省宜君县党政代表团考察吴中区。

△吴中区举行“后世博吴中旅游惠民月”启动仪式。

11 月

1日

△全国第六次人口普查正式登记的第一天，区长俞杏楠视察城南街道人口普查工作。

2日

△全国人大常委会副委员长周铁农一行考察临湖镇湖桥村、横泾街道上林村。

3日

△区委书记金海龙调研胥口镇重点项目推进，视察苏州胥口影像产业基地和香山工坊项目工地。

4日

△区长俞杏楠调研城西中学、职教中心校。

5日

△吴中区中小学生阳光体育大会在木渎中学开幕。

9日

△吴中区举行区综合应急救援大队成立

揭牌暨综合应急救援演练仪式。

△省林业局局长夏春胜一行到吴中区调研环太湖湿地保护与恢复工作。

△呼和浩特市党政代表团到吴中区考察产业转移工作。

10 日

△省民政厅副厅长侯学元一行到吴中区调研社区建设。

11 日

△省住房和城乡建设厅副厅长徐学军一行到木渎镇考察古镇建设保护。

13 日

△美国南湖市市长一行访问吴中区。区长俞杏楠与美国南湖市市长共同签署友好交流关系协议书。

△国家科技部合作司副司长马林英到吴中区考察科技合作事宜。

△原江苏省委副书记、纪委书记王寿亭考察金庭镇明月湾古村。

15 日

△横泾中心小学获赠上海世博会英国馆一号种子标本，是全国获赠英国馆种子的第一所小学。

18 日

△省审计厅厅长赵耿毅一行到吴中区调研节能减排、太湖水污染防治。

19 日

△省军区副司令员戴陆伟到吴中区视察工作。

△区委书记金海龙赴泰怡凯电器(苏州)有限公司调研。

21 日

△最高人民检察院国际合作局局长郭兴旺一行到甪直镇考察，省检察院检察长徐安陪同。

23 日

△市人大常委会主任杜国玲率视察组视察吴中区山体整治。

△全国首家农民企业集团苏州湖桥公司在临湖镇湖桥村成立，公司由临湖镇湖桥村土地股份合作社、社区股份合作社和物业股份合作社共同出资成立。

25 日

△穆棱市委书记赵连钧参观吴中区。

26 日

△区委副书记、区长俞杏楠率队检查街道冬季消防安全工作。

26~27 日

△浙江省台州市仙居县党政考察团到吴中区考察城市建设管理。

29 日

△文化部产业司司长刘玉珠、产业司动漫处处长宋奇慧一行考察胥口镇《5D 动漫炫幻秀——牡丹亭》项目情况。

30 日

△区长俞杏楠一行到郭巷街道视察宝带桥公园、独墅岛(中海地产)、尹山湖生态商圈等。

本月

△区图书馆《贾谊新书》十卷和《陶靖节集》十卷两部古籍入选国务院公布的第三批国家珍贵古籍名录及全国古籍重点保护单位名单。

△苏州首张名镇银行卡——甪直龙卡在甪直镇发行。

12 月

1 日

△吴中区首个乡镇级红十字会在郭巷街道成立。

△华东地区最大化妆品生产基地——博克集团化妆品生产基地在甪直镇建成投产。

3 日

△中共苏州市吴中区委二届十一次全体(扩大)会议在太湖国际会议中心召开。区委

书记金海龙做《在新的起点上推进“山水苏州、人文吴中”的建设 努力开创“十二五”发展新局面》的重要讲话。

6日

△苏州市委副书记徐建明、原市人大常委会副主任秦兴元率市人大代表团考察角直镇。

9日

△国内首家将传统实体商城和电子商务相融合的丝绸商业新模式——“苏州—世界绸都”在木渎建成开业。

15日

△苏州江南茶文化博物馆有限公司（碧螺山庄）荣膺“五星级农家乐”称号,成为吴中区首家荣获此称号的农家乐。

△区委书记金海龙到光福镇考察苏州太湖科技产业园、中国工艺文化城建设情况。

17日

△吴中区反邪教协会木渎分会成立。

17~18日

△全国人大常委、中国道教协会常务副会长张继禹一行考察吴中区。

17~19日

△国家环保部检查组到吴中区考核验收国家生态区创建。

18日

△吴中区举行南京大学科学技术成果转化基地暨苏州中博科技创业园开园仪式。

△省委常委、省纪委书记弘强,省监察厅厅长解畅一行参观考察越溪街道旺山村。

19日

△市长阎立率队调研吴中区文化产业,考察光福镇中国工艺文化城及胥口镇香山工坊两大文化产业基地。

20日

△吴中区洞庭山天然泉水厂被苏州市旅游局列为苏州市工业旅游示范点，为全区首个工业旅游示范点。

21日

△市委副书记徐建明、副市长王鸿声视察吴中区幼儿教育中心园暨科学育儿指导中心。

22日

△省外事办主任费少云一行参观考察西山中科公司。

27日

△在中国优秀政府网站推荐及综合影响力评估活动中，吴中区政府门户网站荣获2010年度“中国政府网站信息公开领先奖”，是国内唯一获此奖项的区级政府门户网站。

28日

△苏州规模最大的残疾人综合服务中心——吴中区残疾人综合服务中心落成启用。

本月

△吴中区征兵246人。其中男兵242人,女兵4人,解放军129人,武警117人。

△东山镇入选第五批中国历史文化名镇。

△吴中区“洞庭山碧螺春”、“趣普仕”、“水八仙”、“三万昌”、“苏太猪”5个商标入选苏州市首届“十大农产品商标”。

△全国首个残疾人无障碍住房“善爱之家”在香山街道建成运营。“善爱之家”建筑面积3750平方米。投资1000多万，共50套住房。

△吴中区被中国茶叶学会授予“中国名茶之乡”荣誉称号。

吴中区概况

自然概况

【位置面积】 苏州市吴中区（包括苏州太湖国家旅游度假区）位于苏州市南部和西部，据太湖之滨，地理坐标为东经119°55′~120°54′，北纬30°56′~31°21′。四周分别与苏州城区、苏州工业园区、苏州高新技术产业区（苏州市虎丘区）、吴江市和昆山市接壤。西衔太湖，与无锡市、宜兴市、浙江省湖州市隔湖相望。全区总面积745平方公里（不含太湖水域），太湖水域面积2425平方公里，其中属吴中区的水域约1486平方公里。全境东西长92.95公里，南北宽48.1公里。

【行政区域】 2010年底，吴中区辖4个区、7个镇、8个街道、1个场圃，共有86个居民委员会、84个村民委员会、2290个村民小组。

4个区：苏州太湖国家旅游度假区、苏州吴中经济开发区、西山国家现代农业示范园区、穹窿山风景管理区。

7个镇：角直、木渎、胥口、临湖、东山、光福、金庭（其中光福、金庭两镇属苏州太湖国家旅游度假区管辖）。

8个街道：长桥、郭巷、横泾、越溪、城南、香山、苏苑、龙西。

1个场圃：苏州市吴中区林场。

区行政中心（中共苏州市吴中区委、区人大常委会、区人民政府、区政协）地址：苏州市吴中区太湖东路288号。

【建置沿革】 苏州市吴中区历史悠久，4000多年前已有文字记载。商末属泰伯、仲雍建立的“勾吴”古国；春秋、战国时先后属吴、越、楚；秦代建吴县；东汉设吴郡领吴县；三国时属孙权吴国；晋、南朝梁、陈时分别隶属吴郡、吴州；隋、唐建置多变，先后属苏州、吴州、吴郡，唐武则天时吴县分设吴、长洲两县；宋代随苏州隶属江南道；元、明时吴、长洲两县仍属苏州府；清雍正二年设元和、长洲、吴县三县至清末；民国元年苏州改称吴县，1928年划吴县城区建苏州市，市、县分治，1930年撤苏州市，仍并入吴县；解放后，复划吴县城区建苏州市，实行市县同城分治；1950年划沿太湖部分地区建立太湖区，1953年太湖区改设为震泽县，1959年撤震泽县，并入吴县，隶属苏州专员公署；1983年，撤苏州地区行政公署，苏州实行市管县体制；1989年，吴县县政府驻地由苏州市东大街迁至吴县长桥镇；1995年6月，撤吴县，设吴县市，市政府驻地设在长桥镇。

2000年12月31日，经国务院批复，撤吴县市，设立苏州市吴中区和相城区，吴中区区政府驻地设在长桥镇。2001年3月1日，新设立的苏州市吴中区和相城区按调整后的建制运行。

2002年3月25日，第九届苏州市委第十八次常委会议决定将苏州太湖国家旅游度假区升格为正处级建制，由吴中区管理，享受吴中区的管理权限。

【地理】 吴中区地处长江下游，为太湖水网平原的一部分。整个地势自西向东微微倾斜，平原海拔高度由6.5米降至2米左右，略呈西高东低态势。境内水网密布，江、河、湖泊众多，20多条骨干河道纵横交错，沟通太湖、澄湖、独墅湖、镬底潭、九里湖、黄泥兜、石湖、黄家荡等湖荡。吴淞江自西向东串连太湖、京杭大运河，流经上海市区(苏州河)，与黄浦江交汇后入海；浒光运河由北至南连结京杭大运河和太湖；木光河、胥江运河、苏东运河在境内西南部分别将苏州城区与木渎、光福、胥口、横泾、临湖、东山、太湖沟通。全境东部以平原为主，由水网平原、低洼圩田平原、湖荡水网平原、滨湖水网平原以及山前冲积平原构成；西部有低山丘陵，系浙西天目山向东北延伸的余脉，成岛状分布在除东部角直之外的太湖之中和沿岸境内。境内山脉最高峰为穹窿山主峰笠帽峰，海拔341.7米，其次为西山主峰缥缈峰，海拔336.6米。土质主要有水稻土、黄棕土、沼泽土和石灰岩土4种类型。

【交通】 吴中区地处长三角中心位置，苏南水陆交通要津。2010年末，全区等级公路总里程1144公里。以苏嘉杭高速、绕城高速西南段、苏沪高速、苏昆太高速为主的主框架，以227省道、230省道、343省道和吴中大道、东方大道、东山大道、环太湖公路、东山环山路等27条区镇公路为辅的次骨架，以纵横交错的镇村公路为补充，构成全区的公路网络，所有镇和街道均可在15分钟内驶上高速公路。建设中的苏州市4条轨道交通线全部穿越吴中区，京沪高铁、沪宁铁路、沪宁高速公路和312国道毗邻吴中区。境内河道众多，总里程326公里，其中有京杭大运河，苏申内、外港线，浒光运河和苏西线等7条等级河道，水上运输十分便捷。全长4308米的太湖大桥，是中国内湖最长的公路大桥，连接太湖中最大的岛屿西山岛。

【资源】 吴中区以平原为主，江、湖、河、荡众多，太湖水产丰富，沿太湖多低山丘陵，盛产苗木、花卉和果品，是洞庭山碧螺春茶的原产地。主要农副产品有优质稻米、茶叶、枇杷、杨梅、柑橘、白果、桂花、板栗、莼菜、红菱、莲藕、芡实、荸荠、茭菰、席草、花卉、苗木、太湖大闸蟹、太湖银鱼、白虾、白鱼、梅鲚鱼、青鱼、鳗鱼、鳜鱼、黄鳝、鳖、河蚬、藏书山羊、东山湖羊、生态草鸡等。

【文化旅游】 吴中区历史悠久，是吴文化的发源地。约1万年前的旧石器时代，吴地已有先民生息繁衍。5000年前的新石器时代，创造了“良渚文化”。3000多年前，泰伯在吴地建“勾吴”古国。公元前221年，秦设“吴县”，县名沿用至20世纪。

千百年来，吴中大地人文荟萃，英才辈出。有兵圣孙武、草圣张旭、塑圣杨惠之、绣圣沈寿、北宋名臣范仲淹、建筑大师蒯祥等一批伟大的政治家、文学家、艺术家。

吴中区民间工艺发达，形成刺绣、雕刻、缂丝、建筑技艺、青铜铸造、古琴制作、书画装裱等行业。技艺精巧、匠心独具，深受历代皇室和平民喜爱，成为独树一帜的苏派之作。

吴中区境内名胜古迹云集，旅游资源丰富。“太湖风光美，一半在吴中”，现为全国重点风景名胜区之一的太湖风景名胜区，共有13个著名景区，其中东山、西山、光福、木渎、角直、石湖6个景区均在吴中区境内。2010年底，全区有县级以上文物保护单位116处，其中国家级文物保护单位7处，省级文物保护单位16处。有木渎、角直、东山3个全国历史文化名镇，金庭、光福2个江苏省历史文化名镇，东山陆巷村、金庭明月湾村2个全国历史文化名村。

【人口】 2010年末，全区（含度假区）户籍总户数184096户，户籍总人口600441人，其中：男性294778人，女性305663人。年内出生6526人，出生率为10.88‰；年内死亡3486人，死亡率为5.81‰；年自然增长人口3040人，自然增长率为5.07‰。 （统计局）

【民族】 吴中区常住人口以汉族为主，少量少数民族。2010年底，少数民族常住人口1754人，族别数39个。 （宗教局）

【宗教】 吴中区宗教有佛教协会、道教协会、基督教三自爱国会、天主教爱国会4个宗教团体。2010年底，全区经批准对外开放的宗教活动场所共有60处，其中，寺观教堂13处（佛教寺院10处，道教宫观2处，基督教堂1处）；固定处所47处（佛教34处，道教7处，天主教2处，基督教4处）。宗教教职人员218人。 （宗教局）

【语言】 吴中区语言系苏州地方方言，属吴语语系，当地人主要讲苏白。

【气候】 苏州市吴中区地处中国大陆东部沿海，位于北亚热带湿润的季风气候区内，具有夏季温暖潮湿多雨、冬季干燥寒冷、四季分明、热量富裕、雨量适宜、日照充足的特点。

附表：

2010年气象资料

	单 位	2010年
一、温度		
年平均气温	摄氏度	17.0
年极端最高气温	摄氏度	39.7
出现日期	年.月.日	2010.8.12
年极端最低气温	摄氏度	-4.5
出现日期	年.月.日	2010.1.14
二、降水		
年降水总量	毫米	931.9
年降水日数	天	128
一日最大降水量	毫米	52.9
出现日期	年.月.日	2010.7.4
三、日照		
年日照时数	时	1795.9
年日照百分率	-	41%
四、湿度		
年平均相对湿度	-	70%
五、风速		
年平均风速	米/秒	1.8
六、气压		
年平均气压	百帕	1015.7
七、霜期		
终霜日期	年.月.日	2010.4.16
初霜日期	年.月.日	2010.11.26

（气象局）

2010 年各月气象要素

月份	平均气温（℃）	降水量（毫米）	降水日数（日）	日照时数（小时）
1	4.8	40.5	6	121.2
2	7.0	75.2	14	95.6
3	9.1	193.1	15	124.2
4	13.1	82.9	14	125.1
5	20.9	67.4	11	151.1
6	24.3	59.3	10	106.7
7	28.7	190.7	15	160.5
8	30.9	53.7	11	266.6
9	26.0	67.2	14	169.1
10	18.6	56.1	9	143.0
11	13.3	2.9	4	161.6
12	7.5	42.9	5	171.2

（气象局）

2010 年吴中区国民经济和社会发展主要指标

项　　目	单 位	2010 年	2009 年
行政区划			
1. 区、镇、街道	个	19	19
#镇	个	7	7
街道	个	8	8
2. 村民委员会	个	84	84
居民委员会	个	86	86
面　积			
1. 全区总面积	平方公里	2231	2201
不含太湖水域面积	平方公里	745	742
2. 年末耕地面积	公顷	11890	12191
#水田	公顷	7265	7799
人　口			
1. 年末户籍户数	户	184096	184014
2. 年末总人口	人	600441	599650

续表

项　　目	单 位	2010 年	2009 年
#女性	人	305663	304938
3. 年内出生人口	人	6526	5467
出生率	‰	10.88	9.15
4. 年内死亡人口	人	3486	3454
死亡率	‰	5.81	5.78
5. 年内自然增长人口	人	3040	2013
自然增长率	‰	5.07	3.37
6. 年内迁入人口	人	6403	7372
年内迁出人口	人	7570	5143
7. 人口平均预期寿命	岁	81.04	80.87
#男	岁	78.7	78.23
女	岁	83.34	83.46
8. 年末暂住人口数	人	726209	626330
#女	人	332811	294459
从业人员			
全社会从业人员	万人	58.29	54.90
1. 第一产业	万人	5.61	5.65
2. 第二产业	万人	33.21	31.28
3. 第三产业	万人	19.47	17.97
地区生产总值			
地区生产总值(现行价)	万元	6023036	5070358
1. 第一产业	万元	167518	154367
2. 第二产业	万元	3380583	2895641
#工　业	万元	3123044	2669003
3. 第三产业	万元	2474935	2020350
第三产业增加值占 GDP 比重	%	41.1	39.8
人均地区生产总值	元	100376	84834
农林牧渔业			
1. 农林牧渔业总产值(现行价)	万元	288000	265235
2. 主要农产品产量			
粮　食	吨	28044	27594
油菜籽	吨	2099	2553
茶　叶	吨	257	312

续表

项　　目	单 位	2010 年	2009 年
水　果	吨	25899	29017
蚕　茧	吨	-	-
水产品	吨	23852	26210
生猪出栏数	万头	13.57	13.09
家禽出栏数	万羽	88.39	118.42
工　业			
1. 企业个数(正常运营)	个	8122	6601
# 规模以上	个	1207	1270
# 高新技术产业	个	268	270
# 内资企业	个	666	704
# 国有、集体企业	个	12	13
私营企业	个	619	655
外国和港澳台商投资企业	个	541	566
2. 资产合计	万元	10087573	8439445
# 规模以上	万元	9273564	7747814
3.工业总产值(现行价)	万元	13053138	10780014
# 规模以上	万元	10239077	8426457
# 内资企业	万元	3331784	2617204
# 国有、集体企业	万元	148457	119290
私营企业	万元	2655444	2084242
外国和港澳台商投资企业	万元	6907293	5828331
4. 主营业务收入	万元	12734005	10438026
# 规模以上	万元	10004527	7704344
5. 工业销售产值(现行价)	万元	12801325	10450855
# 规模以上	万元	10066399	8265484
6. 利税总额	万元	976793	818430
# 规模以上	万元	751541	590993
# 内资企业	万元	221864	187253
# 国有、集体企业	万元	8051	7349
私营企业	万元	184535	149924
外国和港澳台商投资企业	万元	529677	407785
7. 利润总额	万元	594327	474515
# 规模以上	万元	455547	319985

续表

项　　目	单 位	2010 年	2009 年
8. 负债总计	万元	5473468	4647947
#规模以上	万元	4938732	4296867
9. 规模以上工业企业主要产品产量:			
钢 材	吨	45317	29038
水 泥	万吨	68.12	216.35
生 铁	吨	56046	80694
服 装	万件	21320	17775
化学药品原药	吨	1363	859
涤纶纤维	吨	27347	28197
彩色电视机	万台	7.58	14.74
家用吸尘器	万台	702.88	550.72
电动手提式工具	万台	80.07	73.56
固定资产投资			
1. 全社会固定资产投资完成额	万元	2514025	2057043
（1）第一产业	万元	9048	7390
第二产业	万元	906050	718203
#工　业	万元	884614	706367
第三产业	万元	1598927	1331450
（2）内　资	万元	2228169	1749159
#国有经济	万元	449987	399847
集体经济	万元	265563	123558
私营个体经济	万元	1016517	801549
港、澳、台商投资企业	万元	89440	58062
外商投资企业	万元	196416	249822
（3）城镇投资	万元	642551	572161
农村投资	万元	1144119	960553
房地产开发投资	万元	727355	524329
2. 本年新增固定资产	万元	2074763	1898112
3. 商品房销售建筑面积	万平方米	126.14	171.11
#住　宅	万平方米	91.12	136.81
商品房销售额	万元	1249626	1232733
#住　宅	万元	934973	983706
国内贸易、对外经济、引进内资			

续表

项　　目	单 位	2010 年	2009 年
1. 社会消费品零售总额	万元	2009812	1667666
#批发和零售业	万元	1851548	1491470
住宿和餐饮业	万元	158264	176196
2. 进出口贸易总值	万美元	681152	504618
#出　口	万美元	438463	318986
进　口	万美元	242689	185632
3. 新批利用外资项目	个	104	65
当年新增注册外资	万美元	111573	111461
当年实际利用外资	万美元	45342	45199
4. 境外承包劳务合同金额	万美元	586	438
完成对外承包营业额	万美元	719	344
5. 接待境外旅游者人数	万人次	6.76	5.41
接待境外游客人天数	万人天	8.09	7.22
旅游外汇收入	万美元	1717	1547
6. 协议引进内资项目	个	810	349
协议引进投资总额	万元	683658	336785
内资项目注册资本	万元	560693	262403
实际到账外地资金	万元	632558	278785
市场主体			
1. 年末个体工商户数	户	36306	31826
年末个体工商户注册资金	万元	205355	155766
当年新增个体工商户数	户	9149	6846
当年个体工商户新增注册资金	万元	70745	42805
2. 年末内资企业数	家	19465	16152
#私营企业	家	17874	14665
年末内资企业注册资金	万元	10100203	6950385
#私营企业	万元	5590805	4119723
当年新增内资企业数	家	4187	2705
#私营企业	家	4025	2579
当年内资企业新增注册资金	万元	3170840	1728867
#私营企业	万元	1586932	935374
3. 年末外国和港澳台商投资企业数	家	1305	1292
年末外国和港澳台商投资企业投资总额	万美元	1004924	954224

续表

项　　目	单 位	2010 年	2009 年
年末外国和港澳台商投资企业注册资金	万美元	538669	511896
当年注册外国和港澳台商投资企业数	家	68	46
当年注册外国和港澳台商投资企业投资总额	万美元	51317	32324
当年注册外国和港澳台商投资企业注册资金	万美元	36273	23954
财政、金融			
1. 全口径财政收入	万元	2306232	1525053
# 一般预算收入	万元	1084214	932849
2. 地方财政收入	万元	1822383	1092351
# 地方一般预算收入	万元	600365	500147
基金收入	万元	1222018	592204
3. 财政总支出	万元	1788969	1018056
# 一般预算支出	万元	544865	436123
基金支出	万元	1244104	581933
4. 金融机构年末存款余额	万元	9545912	7617513
# 居民储蓄存款余额	万元	3713461	3259121
5. 金融机构年末贷款余额	万元	7292373	6255536
旅　游			
1. 接待中外游客人数	万人次	1550.48	1296.57
2. 旅游总收入	亿元	152.72	110.58
人民生活			
1. 年末单位从业人员	人	82033	73826
# 在岗职工	人	80257	72111
2. 从业人员平均劳动报酬	元	45182	39650
# 在岗职工年平均工资	元	44797	39505
3. 城镇居民人均可支配收入	元	32110	28849
城镇居民人均生活消费支出	元	19827	17752
城镇居民人均住房使用面积	平方米	34.8	33.8
4. 农村居民人均纯收入	元	14659	12971
农村居民人均生活消费支出	元	10170	9707
农村居民人均住房使用面积	平方米	76.5	76.2
电　力			
全社会用电量	万千瓦小时	527433	464047
# 农业用电量	万千瓦小时	2060	2269

续表

项　　目	单 位	2010 年	2009 年
工业用电量	万千瓦小时	389775	349017
建筑业用电量	万千瓦小时	9283	8545
城乡居民生活用电	万千瓦小时	62941	53144
科　技			
1. 年末专业技术人员数	人	60249	52306
#高级职称	人	3693	2516
中级职称	人	17174	10230
初级职称	人	11246	16392
#研究生	人	657	610
本 科	人	20641	18952
专 科	人	22555	18198
2. 专利申请量	件	4901	4396
专利授权量	件	3567	1184
3. 科技计划项目			
(1) 星火计划	项	2	—
#国　家	项	2	—
(2) 火炬计划	项	6	—
#国　家	项	6	—
4. 科技成果	项	9	8
教育、文化、体育			
1. 小学学校数	所	34	34
在校学生人数	人	32346	30520
专任教师人数	人	2067	2006
2. 普通中学学校数	所	25	25
在校学生人数	人	24053	25608
专任教师人数	人	2567	2549
3. 幼儿园数	所	50	49
在园幼儿人数	人	18244	16655
专任教师人数	人	977	849
4. 电影放映单位	家	3	3
影剧院	家	2	2
电影放映场次	场次	118	131

续表

项　　目	单 位	2010 年	2009 年
5. 公共图书馆数	个	1	1
总藏量	万册	21.2	19.4
6. 文物保护单位数	处	116	116
# 国家级	处	7	7
省　级	处	16	16
文物藏品	件	5329	5329
# 一级品	件	55	55
7. 艺术表演团体数	个	2	2
演出场次	场次	2713	2513
8. 体育场馆数	个	12	10
卫　生			
1. 卫生机构数	所	242	240
# 医院	所	17	15
2. 卫生机构床位数	张	3081	2620
3. 卫生技术人员数	人	3610	3200
# 医生人数	人	1381	1220
社会福利和社会保障			
1. 社会福利院、敬老院数	所	11	11
床位数	张	980	1006
在院人数	人	375	346
2. 社会救济对象总人数	人	20015	18644
接受低保户数	户	2725	2688
接受低保人数	人	7481	7403
3. 城镇登记失业人数	人	4287	3012
城镇登记失业率	%	2.98	2.40
4. 城镇养老保险参加人数	万人	23.69	20.31
城镇医疗保险参加人数	万人	29.03	25.15
城镇失业保险参加人数	万人	22.01	19.36
农村合作医疗参加人数	万人	27.83	29.30
农村养老保险参加人数	万人	0.67	4.18

（统计局）

吴中区机构设置和领导人名单

（2010年底）

【中共苏州市吴中区第二届委员会】

书　记　金海龙

副书记　俞杏楠　孙　卓(女)

常　委　金海龙　俞杏楠　孙　卓(女)

　　　　黄　戟　李　斌　石钟琪

　　　　沈　觅　周云祥　乐　江(女)

　　　　许振华　童德准

【中共苏州市吴中区纪律检查委员会】

书　记　沈　觅

副书记　叶建中　王雅音(女)

常　委　沈　觅　叶建中　王雅音(女)

　　　　陆为民　金建生　陆菊泉

　　　　许　玲(女)

【区委工作部门】

区委办公室

主　任　冯建荣

副主任　周凤祥　陈　洁(女)　姚善生

　　　　许晓峰　吴海龙　金雪明

　　　　华利民　吴建明　何建兴(兼)

　　　　孙春根(兼)

组织部(非公经济党工委)

部　长　石钟琪

副部长　孙文春　胡建平　顾玉琪

非公经济党工委书记　胡建平

　　　　　副书记　徐晨阳

宣传部(精神文明建设指导委员会办公室、哲学社会科学联合会)

部　长　乐　江(女)

副部长　周钰坪(女)　曹　富　姚　东

文明办主任　周钰坪(女)

　　副主任　沈志枫

社科联主席　曹　富

　　副主席　许文清

统一战线工作部

部　长　刘克平

副部长　金明德　孙玉林　夏　健

政法委员会(社会治安综合治理委员会办公室、依法治区办公室)

书　记　李　斌

副书记　焦亚飞(兼)　张　旋(兼)

　　　　黄孜明　蒋兆忠　沈文群(女)

综治办主任　沈文群(女)

　　副主任　喻振林　徐兴奎

依法治区办公室副主任　赵继昌

国资党委

书　记　焦亚飞

副书记　郑　刚　颜跃明

委　员　冯建义　胡　浩　翁建明

纪委书记　颜跃明

农村工作办公室

主　任　顾建列

副主任　徐永昌　赵静方　沈　波

机构编制委员会办公室

主　任　陆育新(女)

副主任　许国瑾

台湾工作办公室(台湾事务办公室)

主　任　周凤祥

610办公室

主　任　仇全官

副主任　包建方　张震华

区级机关工作委员会

书　记　董明清

副书记　肖冬梅(女)　陈菊林

委　员　郑琪玮　郁建国

纪工委书记　郁建国

老干部局

局　长　孙文春(兼)
副局长　薛国强　徐　磊

【区委直属事业单位】

党校(行政学校)

校　长　孙　卓(女)
副校长　蔡正信(常务)　黄　东
　　　　朱菊妹(女)　戴晓东(兼)
行政学校校长　蔡正信

接待办公室

主　任　孙春根
副主任　毛曦雪　周　韵(女)
　　　　周苏国(兼)

档案局(档案馆)

局(馆)长　陆卫平
副局(馆)长　陈昆萍(女)　朱翔凌
　　　　　　翁建明

【区机关党组　党委】

人大常委会党组

书　记　冯　健
副书记　陆培康
党组成员　查士宏　顾钰根　仲长春
　　　　　张振新

政府党组

书　记　俞杏楠
副书记　周云祥
党组成员　薛明仁　张炳华　张建祥
　　　　　焦亚飞　张　旋　沈伟民

政协党组

书　记　张阿梅
副书记　陆凤良
党组成员　刘克平　褚小平　马永衍
　　　　　沈坤生　沈红卫

法院党组

书　记　钟　毅
党组成员　陆雪昌　朱　巍　吴　健
　　　　　张永平
纪检组长　张永平

检察院党组

书　记　王建华
副书记　顾雪荣
党组成员　郁建芳(女)　袁　佳(女)
纪检组长　袁　佳(女)

总工会党组

书　记　杨伟根
副书记　陈培华
党组成员　胡艳明　夏　巍(女)
纪检组长　陈培华

工商联党组

书　记　金明德
党组成员　朱　荧　陆　军

科技局党组

书　记　王泽民
副书记　龚　艳(女)
党组成员　王立勇　赵学福　夏钰林
纪检组长　夏钰林

民政局党组

书　记　李　华
副书记　顾龙官
党组成员　黄玉平　高健魁　张云秀(女)
　　　　　尹国林
纪检组长　顾龙官

司法局党组

书　记　吴开印
党组成员　徐建华　杨红玉(女)　王晓刚
纪检组长　徐建华

财政局党组

书　记　柯菊明
副书记　郑　刚
党组成员　张菁华　沈　曦(女)
　　　　　李培英(女)　黄爱南　颜跃明
纪检组长　黄爱南

城市管理局党组

书　记　杨和芳
党组成员　王　华　张建明　王晓菊(女)

纪检组长　王晓菊(女)

商务局党组

书　　记　陆建明

副 书 记　石　青(女)

党组成员　黄文伟　周忠伟　鲍丽君(女)

纪检组长　石　青(女)

文化体育局党组

书　　记　李　强

党组成员　王剑云　唐峥嵘　徐晓军
　　　　　奕国栋

纪检组长　唐峥嵘

人口和计划生育局党组

书　　记　丁晓娟(女)

党组成员　卞杏娣(女)　顾向明(女)
　　　　　徐雪英(女)　张　炜

纪检组长　卞杏娣(女)

审计局党组

书　　记　陶君玉(女)

副 书 记　岳雄伟

党组成员　吴菊林　陆建伟　杨寿根

纪检组长　吴菊林

环境保护局党组

书　　记　姚瑞元

副 书 记　许建良

党组成员　杨飞镛　周海元　吴荣源
　　　　　浦惠民

纪检组长　吴荣源

安全生产监督管理局党组

书　　记　顾建东

副 书 记　史才林

党组成员　栗昆宗

纪检组长　栗昆宗

旅游局党组

书　　记　程　飞(女)

副 书 记　王罕红

党组成员　戴阿明　徐　敏　周丽强

纪检组长　戴阿明

民族宗教事务局党组

书　　记　夏　健

党组成员　陆金林　徐雪元　陆吉富

纪检组长　陆吉富

信访局党组

书　　记　李福林

副 书 记　唐根福

党组成员　冯　印(女)　沈亚民

纪检组长　唐根福

外事和侨务办公室党组

书　　记　贺　悦

副 书 记　梅建琴(女)

党组成员　郭福堂　顾敏娟(女)
　　　　　张　艳(女)

纪检组长　顾敏娟(女)

档案局党组

书　　记　陆卫平

党组成员　陈昆萍(女)　朱翔凌　翁建明
　　　　　曹　炯(女)

纪检组长　曹　炯(女)

行政服务中心党组

书　　记　周一风

副 书 记　顾文明

党组成员　徐明东　高　瑾(女)

纪检组长　高　瑾(女)

供销合作社党组

书　　记　潘　强

党组成员　徐乐萍(女)　赵建惠

纪检组长　赵建惠

发展和改革局党委

书　　记　赵小平

副 书 记　岳林芳　赵雪元

党委委员　杨　龙　张庆发　韩　江
　　　　　高同银　王建瑾(女)
　　　　　石燕华(女)　黄国锋
　　　　　薛继红(女)

纪委书记　高同银

经济和信息化局党委

书　　记　王卫星

副 书 记　袁　坚
党委委员　张　烨　张道元　陈　鸣
　　　　　尤　歆(女)
纪委书记　尤　歆(女)

教育局党委

书　　记　陈建华
副 书 记　陈伟骏
党委委员　殷　虹(女)　张平国
　　　　　周兴元　朱　洪　黄熙宗(兼)
纪委书记　张平国
副 书 记　朱　洪

人力资源和社会保障局党委

书　　记　吴明华
副 书 记　王永良
党委委员　毛　刚　戴晓东　周晓红(女)
　　　　　袁建东　于卫良　解振同
　　　　　荣伟铭
纪委书记　于卫良

住房和城乡建设局党委

书　　记　陈嘉维
副 书 记　汪庆丰　陈哲敏
党委委员　钱二星　沈雪华　张洪良
　　　　　姜　昊　赵继红
纪委书记　陈哲敏

交通运输局党委

书　　记　万书勤
副 书 记　黄　斌
党委委员　秦　刚　朱水坤　周云明
　　　　　李忠军　顾满泉　金钰康
纪委书记　黄　斌

水利局党委

书　　记　李向上
副 书 记　孙新元
党委委员　李文君　李小琴(女)
　　　　　秦荷英(女)　李金根
纪委书记　秦荷英(女)

农业局党委

书　　记　张少华
副 书 记　徐雪棣　沈亚夫　周雪芳
党委委员　张　健　顾志华　黄炳元
　　　　　赵伟政　林建良
纪委书记　周雪芳

卫生局党委

书　　记　蒋连保
副 书 记　顾巧根　吴小兵　徐丽辉
党委委员　王金海　顾炯文(女)　杨　斌
　　　　　欧阳元
纪委书记　欧阳元

粮食局党委

书　　记　顾火泉
副 书 记　朱钰文
党委委员　朱继伟　李惠芬(女)　金凤鸣
　　　　　尤林明
纪委书记　李惠芬(女)

机关事务管理中心党委

书　　记　胡江松
党委委员　顾志男　卢建平　张筠凤(女)
　　　　　顾振华
纪委书记　张筠凤(女)

江苏省吴中中等专业学校党委

书　　记　黄熙宗
党委委员　盛新根　顾国清　夏克寒
　　　　　杨　兵　汤晓敏(女)　王　炯

【纪委工作部门】

办公室

主　任　陆菊泉

监察一室

主　任　陆为民

监察二室

主　任　周金林

监察三室

主　任　金建生

教育调研室

主　任　董春华

信访室

主　任　王　强

纪检监察室

主　任　宋　阳

案件审理室

主　任　严　明

执法监察室

主　任　吴　荣

党风廉政建设室

主　任　李见明

【苏州市吴中区第二届人民代表大会常务委员会】

主　任　金海龙

副主任　冯　健　陆培康　查士宏
　　　　崔玮珈(女)

委　员（按姓氏笔画为序）
　　　　马德寅　王　佳(女)　王正明
　　　　叶春龙　朱建兴　仲长春
　　　　杨伟根　杨静漪(女)　汪如萍(女)
　　　　张振新　陈玉珍(女)　金永福
　　　　周菊明　胡建平　施玉根
　　　　袁中秋　顾钰根　钱建伟
　　　　唐华琴(女)

【区人大常委会工作部门】

人大办公室

主　任　袁中秋

副主任　钱建伟　王正明　姚继元
　　　　郑慧玲(女)

人事代表联络工作委员会

主　任　赵夫泉

副主任　王江红(女)

内务司法工作委员会

主　任　施玉根

副主任　王健元

财政经济工作委员会

主　任　陈　晞

城建环保工作委员会

主　任　钱建伟

教科文卫工作委员会（外事民宗侨台工作委员会）

主　任　周菊明

副主任　刘建梅(女)

人大工作研究室

主　任　王正明

【苏州市吴中区人民政府】

区　长　俞杏楠

副区长　周云祥　薛明仁　周晓敏(女)
　　　　张炳华　张建祥　焦亚飞

【区政府工作部门】

政府办公室(法制办、人防办)

主　任　沈伟民

副主任　周学斌　金　楠　史拥军
　　　　姚胜武　席与翀　吴敬宇
　　　　庞晓平(女)　周福勇　沈　斌
　　　　魏　强　陆志伟(兼)
　　　　李福林(兼)　孙春根(兼)
　　　　周一风(兼)

法制办主任　金　楠

　副主任　唐　顺

人防办主任　魏　强

发展和改革局(统计局、物价局、服务业发展办公室)

局　长　岳林芳

副局长　赵小平　赵雪元　杨　龙
　　　　张庆发　韩　江　徐炜琴(女)
　　　　王建瑾(女)　石燕华(女)
　　　　黄国锋

统计局局长　赵小平

物价局局长　赵雪元

服务业发展办公室主任　岳林芳

经济和信息化局(中小企业局)

局　长　王卫星

副局长　袁　坚　张道元　陈　鸣

童为民
中小企业局局长 袁 坚
副局长 徐兆艺

教育局

局 长 陈建华
副局长 陈伟骏 殷 虹(女) 周兴元
徐伟英(女)

科学技术局(知识产权局)

局 长 王泽民
副局长 龚 艳(女) 张文华 王立勇
赵学福
知识产权局局长 龚 艳(女)

监察局(与区纪委合署办公)

局 长 叶建中
副局长 周金林 周钰华(女) 吴逸凯

民政局

局 长 李 华
副局长 顾龙官 黄玉平 高健魁
张云秀(女) 尹国林

司法局

局 长 吴开印
副局长 徐建华 杨红玉(女) 王伟男
王晓刚

财政局(国有资产监督管理局)

局 长 柯菊明
副局长 郑 刚 张菁华 沈 曦(女)
李培英(女)
国有资产监督管理局局长 郑 刚

人力资源和社会保障局

局 长 王永良
副局长 吴明华 毛 刚 戴晓东
周晓红(女) 袁建东 解振同
荣伟铭 宋银林

住房和城乡建设局(地震局)

局 长 陈嘉维
副局长 汪庆丰 陈哲敏 钱二星
沈雪华 张洪良 姜 昊
地震局局长 汪庆丰

城市管理局(城市管理行政执法局)

局 长 杨和芳
副局长 王 华 张建明 陈 刚

交通运输局

局 长 万书勤
副局长 秦 刚 朱水坤 周云明
李忠军 周为民

水利局(水务局)

局 长 李向上
副局长 孙新元 李文君 李小琴(女)
李金根
水务局局长 孙新元

农业局(林业局、水产局)

局 长 张少华
副局长 徐雪棣 沈亚夫 马惠民
顾志华 黄炳元 赵伟政
林建良
林业局局长 徐雪棣
水产局局长 沈亚夫

商务局

局 长 陆建明
副局长 石 青(女) 黄文伟 周忠伟
鲍丽君(女) 朱培方

文化体育局(文物局)

局 长 李 强
副局长 王剑云 唐峥嵘 徐晓军
陆彩霞(女) 奕国栋
文物局局长 王剑云

卫生局(食品药品监督管理局)

局 长 蒋连保
副局长 吴小兵 徐丽辉 倪英明(女)
王金海 顾炯文(女) 杨 斌
食品药品监督管理局局长 顾巧根

人口和计划生育局

局 长 丁晓娟(女)
副局长 卞杏娣(女) 顾向明(女)
徐雪英(女) 张 炜

审计局

局　长　陶君玉(女)
副局长　岳雄伟　吴菊林　陆建伟
　　　　杨寿根　朱筱菁(女)

环境保护局(太湖水污染防治办公室)

局　长　姚瑞元
副局长　许建良　杨飞镛　王　健(女)
　　　　周海元　浦惠民
太湖水污染防治办公室主任　许建良

安全生产监督管理局

局　长　顾建东
副局长　史才林　栗昆宗　宋晓华

旅游局

局　长　程　飞(女)
副局长　王罕红　戴阿明　徐　敏
　　　　周丽强　蒋红萍(女)

民族宗教事务局

局　长　夏　健
副局长　陆金林　徐雪元

粮食局

局　长　顾火泉
副局长　朱钰文　朱继伟　金凤鸣
　　　　尤林明

信访局

局　长　李福林
副局长　唐根福　冯　印(女)　沈亚民

外事和侨务办公室(港澳事务办公室)

主　任　贺　悦
副主任　梅建琴(女)　郭福堂
　　　　顾敏娟(女)　张　艳(女)
港澳事务办公室主任　梅建琴(女)

【区政府派出机构】

行政服务中心

主　任　周一风
副主任　顾文明　徐明东

【区政府直属事业单位】

机关事务管理中心

主　任　胡江松
副主任　顾志男　卢建平　顾振华

供销合作社

主　任　潘　强
副主任　董志勋　徐乐萍(女)

江苏省吴中中等专业学校

校　长　黄熙宗
副校长　袁月英(女)　盛新根　顾国清
　　　　夏克寒　杨　兵　汤晓敏(女)

【政协苏州市吴中区第二届委员会】

主　席　张阿梅
副主席　陆凤良　钱鹤平　刘克平
　　　　赵建明
秘书长　沈红卫
副秘书长　李　卫(女)

常务委员(按姓氏笔画为序):

王伟男　石月平　叶晓明(女)
朱国华　朱素珍(女)　刘燕山
许进良　孙文春　李　卫(女)
杨和兴　肖兴元　吴建国
吴时欣　沈新华　宋晓华
宋瑛鹰(女)　张　旺　张文华
张文泉　陆建华　陆锡明
陈惠刚　严双喜　时新华
周钰坪(女)　周黎敏(女)
金玉明　金柿根　胡惠萍(女)
胡艳明　荣　跃　贯　澈
袁月英(女)　徐培国　徐金泉
顾志男　黄自力(女)
曹菊英(女)　盛林华　蒋云泉
彭正祥　虞永芳　潘建林

【区政协工作部门】

政协办公室

主　任　李　卫(女)
副主任　顾岳明　魏苏涛(女)

提案委员会

主　任　顾岳明

副主任　周阿四　柯菊明（兼）　沈　斌（兼）

经济科技委员会

主　任　陈惠刚

副主任　荣德明（兼）

社会事业委员会

主　任　戚建明

副主任　郑美珍（女）　王泽民（兼）
　　　　唐华琴（女）（兼）

城乡建设委员会

主　任　吴仁林

副主任　陈嘉维（兼）　汪庆丰（兼）

港澳台侨、民族宗教委员会

主　任　严双喜

副主任　张永康　范伯乐（兼）　夏　健（兼）

文史委员会

主　任　吴建国

副主任　胡惠萍（女）　王剑云（兼）

【苏州市吴中区人民法院】

院　长　钟　毅

副院长　黄明康　陆雪昌　朱　巍
　　　　吴　健

政治处主任　张永平

【苏州市吴中区人民检察院】

检察长　王建华

副检察长　顾雪荣　郁建芳（女）

【民主党派】

民进吴中区委

主　委　钱鹤平

民盟吴中区总支

主　委　赵建明

九三学社吴中区支社

主　委　胡惠萍（女）

【人民团体】

总工会

主　席　杨伟根

副主席　陈培华　胡艳明　夏　巍（女）

共青团吴中区委员会

书　记　朱　今（女）

副书记　张　军　舒　心

妇女联合会

主　席　唐华琴（女）

副主席　曹菊英（女）　顾娟英（女）

科学技术协会

主　席　陆建华

副主席　矫文忠　马东虹（女）

兼职副主席　柯菊明　王泽民　陈伟骏
　　　　　　王　云

工商业联合会

主　席　周黎敏（女）

副主席　金明德　朱　荧　陆　军

兼职副主席　詹忆源　张文泉　许进良
　　　　　　陆金林　张祥荣　陆凤根
　　　　　　袁　坚　朱利荣　徐　敏
　　　　　　黄伟良

文学艺术界联合会

主　席　柯德银

副主席　张国英（女）　凌　奕

归国华侨联合会

主　席　李彩英（女）

副主席　朱菊珍（女）　何国平

残疾人联合会

理事长　顾渭平

副理事长　余休林　陈其林　沈金林

红十字会

会　长　周晓敏（兼）

副会长　朱瑞良

【二级局单位】

机要保密局

局　长　吴建明

军队转业干部安置工作小组办公室

主　任　戴晓东(兼)

运输管理处

主　任　顾丽明

航道管理处

主　任　管永洪

公路管理处

主　任　石熙徵

环境监察大队

大队长　刘燕山

市政公用局

局　长　陈哲敏(兼)

反贪污贿赂局

局　长　陈秋明

反渎职侵权局

局　长　周晓军

行政中心管委会

主　任　顾志男(兼)

财政支付中心

主　任　柳春红(女)

社会保险基金管理中心

主　任　荣伟铭(兼)

就业管理指导中心

主　任　刘　辰

经济责任审计中心

主　任　杨寿根(兼)

事业单位登记管理局

局　长　许国瑾(兼)

卫生监督所

所　长　张晓逸

疾病预防控制中心

主　任　胡伟忠

城市管理行政执法大队

大队长　王　华(兼)

便民服务中心

主　任　高建伟

【垂直管理单位】

人武部

政　委　童德准

部　长　沈林林

副部长　徐建荣

苏州海关驻吴县办事处

主　任　—

副主任　李永江　金　星　赵学林

苏州出入境检验检疫局吴中办事处

主　任　陈　明

苏州市吴中区国家税务局

局　长　徐福友

副局长　夏　洁　陈　健

苏州市吴中地方税务局

局　长　陈俊良

副局长　张龙瑜　顾振瑞　舒建宏

苏州市公安局吴中分局

局　长　张　旋

政　委　施关亮

副局长　仇全官　曹建荣　曹伟忠
　　　　王　岳　周建军

苏州市吴中工商行政管理局

局　长　茅崧崧

副局长　吴　兵　曹　勇　徐根林
　　　　朱利荣

苏州市国土资源局吴中分局

局　长　张春明

副局长　蒋苏华　王　平　邢福民
　　　　殷　华　冯富荣

苏州市规划局吴中分局

局　长　祁　刚

副局长　阳红卫　金雪明

苏州市吴中质量技术监督局

局　长　张爱军

副局长　屠怡文　邱建军

气象局

局　长　蒯志敏

【苏州太湖国家旅游度假区】

党工委书记 金海龙

副 书 记 黄 戟

党工委委员 许兴林 华泉福 盛解元
徐毓隆 潘向荣 何 平
沈坤生

管委会主任 黄 戟

副 主 任 许兴林 华泉福 赵 剑
徐毓隆 潘向荣 何 平

主任助理 金 澄

【度假区工作部门】

党政办公室(政法办公室)

主 任 何建兴

副主任 戚 敏 丁铁宇 宋金元
马安沧

政法办公室主任 戚 敏

组织人事和劳动社保局

局 长 金 澄

副局长 王利华 赵 山

监察局

局 长 陈务农(纪工委副书记)

副局长 陆玉英(女)

总工会

主 席 顾建国(兼)

机关党委

书 记 金 澄

副书记 徐 军(女)

社会事业局

局 长 赵立新

副局长 吴 坚 顾志红

住房和城乡建设局

局 长 钱 江

副局长 顾建国 沈爱华(女) 柳青华

招商局

局 长 戴小林

副局长 张 伟 秦 铮

农业发展局(农村工作办公室)

局 长 张汉明

副局长 王智青(女) 张建良

经济发展局(旅游局)

局 长 鲍 羚(女)

副局长 王月新 殷 磊

太湖科技产业园

主 任 李文龙

副主任 杨永康(兼) 王剑钦

财政分局

局 长 朱伯清

副局长 柳培康 朱炜烨

审计分局

局 长 李 芳(女)

房产管理中心

主 任 柳青华

610办公室

主 任 徐福龙

副主任 张水元

【西山国家现代农业示范园区】

党工委书记 盛解元

党工委委员 仲长明 周 军 金剑良

管委会主任 顾建列

副 主 任 王 云 金剑良

【吴中经济开发区】

党工委书记 沈 觅

副 书 记 李永泉 王苏春 罗俊德

党工委委员 罗家荣 浦建清 顾建明
荣德明 刘叶明

管委会主任 李永泉

副 主 任 王苏春 罗家荣 顾建明
荣德明 刘叶明

主任助理 徐 坚

【开发区工作部门】

纪工委(监察局)

书 记 罗骏德

副书记　金建伟　莫玉方
监察局局长　金建伟
副局长　莫玉方　俞　越
党政办公室
主　任　陆志伟
副主任　张文新　陈　江　吴晓红(女)
　　　　袁栋华
政法办公室(综治办)
主　任　顾炳元
副主任　司马健英(女)
综治办主任　司马健英(女)
副主任　郁永德
组织人事和劳动社保局
局　长　徐永林
副局长　秦水英(女)　喻龙兴
　　　　刘燕婷(女)
招商局(经济发展局)
局　长　王晓岚(女)
副局长　任进德　周志锋　钱　锦
　　　　高　倩(女)
经济发展局局长　任进德
社会事业局
局　长　孙龙英(女)
副局长　吾为人　胡　青(女)
建设局
局　长　陆振华
副局长　张　伟　邹文明　金剑锋
总工会
主　席　顾建忠
副主席　堵建华(女)　朱彩萍(女)
机关党委
书　记　陈　燕(女)
副书记　方　针
非公有制经济党委
书　记　秦水英(女)
吴中科技园管委会
主　任　罗家荣(兼)
副主任　陈　燕(女)　张　雄
　　　　陈　静(女)
吴中出口加工区管委会
主　任　郁克铭
副主任　江福根　姚　静(女)　周健华
人武部
部　长　蔡云峰
财政分局
局　长　张正才
副局长　舒兴元　顾进方
房管分局
局　长　王永芳(女)
交通分局
局　长　顾满泉
审计分局
局　长　张伟平

【穹窿山风景管理区】
党工委书记　王显军
副　书　记　董五科(兼)　唐耀冰
　　　　　　沈涛龙
委　　　员　张　明　赵燕萍(女)
　　　　　　卢金生
管委会主任　董五科(兼)
副　主　任　唐耀冰　张　明　潘东华
纪工委书记　沈涛龙
工 会 主 席　吴建新

【街道、镇、场】
长桥街道
党工委书记　陆增林
副　书　记　邹水元　徐炳良
杨　霞(女)　吴林木
委　　　员　张菊泉　张伟荣　朱振华
　　　　　　张继华　张全荣　季苏毅
办事处主任　邹水元
副　主　任　张菊泉　张继华
　　　　　　周琬虹(女)　柳建刚
人大工委主任　姚永根

政协工委主任 徐炳良
纪工委书记 杨 霞(女)
副书记 汪成洁(女)
工会主席 吴永明
财政局长桥分局局长 尚宝清(女)

郭巷街道

党工委书记 徐国雄
副书记 徐建文 张剑清 查伟峰 秦晓良
委员 沈映珍(女) 赵炳男 张炳元 吕永刚 金春林 姚玉泉 林永明
办事处主任 徐建文
副主任 沈映珍(女) 金春林 朱文明
人大工委主任 张剑清
副主任 沈和国
政协工委主任 查伟峰
纪工委书记 秦晓良
副书记 林 玺
工会主席 曹土林

横泾街道

党工委书记 骆兴男
副书记 许文龙 谈建强 朱明强 吴建德
委员 张建新 徐海林 赵月珍(女) 郁 兴
办事处主任 许文龙
副主任 张建新 褚会男 顾春明 沈志芳 蔡文娟(女)
人大工委主任 周荣清
副主任 金华红
政协工委主任 谈建强
纪工委书记 谈建强
副书记 沈学群
工会主席 刘忠宝

城南街道

党工委书记 浦建清
副书记 潘荣志 郁文明 莫林男 刘文兴
委员 庄阿四 杨 文 吴川英(女) 陈建宏
办事处主任 潘荣志
副主任 杨 文 吴川英(女) 沈 敏 朱振冲
人大工委主任 王雷源
副主任 韩云亮
政协工委主任 郁文明
纪工委书记 莫林男
副书记 姜金国
工会主席 倪锡金

越溪街道

党工委书记 唐龙生
副书记 吕崇才 李 东 仲益民
委员 陆纪新 周进瑞 陈德宇 顾 明 仇玫行(女) 陈龙元 顾焕忠 许建华
办事处主任 吕崇才
副主任 仲益民 陆纪新 周进瑞 陈德宇 仇玫行(女) 顾焕忠 徐海全
人大工委主任 周征岳
副主任 王雪根
政协工委主任 李 东
纪工委书记 李 东
副书记 薛招福
工会主席 钱四男

香山街道

党工委书记 朱福明
副书记 薛 华 马 炎 陈 瑜 浦志华
委员 虞晓东 徐 宏(女)

戚连康
办事处主任　薛　华
副　主　任　马　炎　许晓华　徐向东
王　明
人大工委主任　徐兴明
副　　主　　任　顾金法
政协工委主任　马　炎
纪工委书记　陈　瑜
副　　书　　记　张金铭
工会主席　沈惠男

苏苑街道

党工委书记　王祉明
副　书　记　赵银弟　沈炳根
俞慧娥(女)
委　　员　徐旻霞(女)　蒋苏祥
许祥武
办事处主任　赵银弟
副　主　任　蒋苏祥　黄卫新(女)
麻琪彬
人大工委主任　沈炳根
副　　主　　任　严正观
政协工委主任　俞慧娥(女)
纪工委书记　俞慧娥(女)
工会主席　徐旻霞(女)

龙西街道

党工委书记　许长根
副　书　记　张建琳(女)　朱永庆
沈新华　汤宝林
委　　员　祝才千(女)　李东毅
顾　民　余文兰(女)
办事处主任　张建琳(女)
副　主　任　汤宝林　顾　民
余文兰(女)　陈琴明
人大工委主任　朱永庆
政协工委主任　沈新华
工会主席　钱　华

木渎镇

党委书记　戈福林
副书记　包勤康　黄　敏　王金福
张少怡　邱伟芳
委　　员　顾金坤　宋建坤　陈小兴
肖兴元　徐金男　俞　菊(女)
王　军　周菊坤　李云海
许永良
镇　　长　包勤康
副镇长　张少怡　周菊坤　许　军
许　峰　张伟忠
人大主席　杨茂和
副主席　杨玉双(女)
政协工委主任　黄　敏
纪委书记　黄　敏
副　　书　　记　顾金坤
总工会主席　李云海
财政局木渎分局局长　惠金芳

木渎镇藏书办事处

主　　任　王金福
副主任　冯绍军

甪直镇

党委书记　周培根
副书记　吴金泉　赵建明　杨三元
沈杉楠　金柿根
委　　员　陆振荣　王　民　顾汉明
陈菊林　王林男　张新华
居海荣　唐新泉
镇　　长　吴金泉
副镇长　沈杉楠　顾汉明　洪涛生
马小红(女)
人大主席　查小林
副主席　朱学新
政协工委主任　杨三元
纪委书记　陆振荣
副书记　王宗林
总工会主席　吴秋荣

财政局甪直分局局长　王林男

甪直镇车坊办事处

主　　任　赵建明

副 主 任　陆道荣　秦　强

胥口镇

党委书记　许振华

副 书 记　吕炳根　许小芳(女)　沈小红
　　　　　刘澄寅

委　　员　徐卫东　郑尧标　冯尊华
　　　　　顾洪建　周雪明　夏益鸣

镇　　长　吕炳根

副 镇 长　沈小红　顾洪建　周雪明
　　　　　陆文洪　韩　蓓(女)　王　京

人大主席　顾玉林

政协工委主任　许小芳(女)

纪委书记　许小芳(女)

副 书 记　顾林官

总工会主席　沈建康

财政局胥口分局局长　周雪明

东山镇

党委书记　陆月根

副 书 记　吴　妤(女)　贺世成
　　　　　邱惠萍(女)　吴金凤(女)

委　　员　徐学明　朱　健　李少雄
　　　　　肖卫源　龚　恩　汤卓献
　　　　　陆　韧

镇　　长　吴　妤(女)

副 镇 长　徐学明　肖卫源　龚　恩
　　　　　马志伟

人大主席　朱正龙

副 主 席　周丽华(女)

政协工委主任　贺世成

纪委书记　贺世成

副 书 记　周景裕

工会主席　顾林林

财政局胥口分局局长　王继红

临湖镇

党委书记　莫玉林

副 书 记　沈玉宝　吴根兴　计宏伟
　　　　　滕开禄　顾　强

委　　员　张忠霖　徐建军　查志福
　　　　　孔岳荣　吴春耘　沈华芳(女)
　　　　　朱华平　庄小明　李文斌

镇　　长　沈玉宝

副 镇 长　顾　强　张忠霖　徐建军
　　　　　沈华芳(女)　严金泉

人大主席　吴根兴

副 主 席　陈维新

政协工委主任　滕开禄

纪委书记　滕开禄

副 书 记　李文华

工会主席　史文刚

财政局临湖分局局长　黄培龙

临湖镇浦庄办事处

主　　任　计宏伟

副 主 任　吴雪珍(女)

光福镇

党委书记　刘龙俊

副 书 记　顾益坚　王卫国　李　青
　　　　　杨永康

委　　员　方国顺　陆彩娥(女)　顾建宏
　　　　　朱钰兴　吴永明

镇　　长　顾益坚

副 镇 长　杨永康　方国顺　郁利平
　　　　　钱建良　李　晴(女)

人大主席　王卫国

副 主 席　张兴娣(女)

政协工委主任　李　青

纪委书记　李　青

副 书 记　黄海斌

工会主席　徐海忠

金庭镇

党委书记　盛解元

副 书 记　周月明　胡　勇　钱家龙

委　　员　李佳良　周晓春　曹伟兴

　　　　　黄雪峰　陆亦章　凌　峰

镇　　长　周月明

副 镇 长　李佳良　周晓春　陆亦章

　　　　　仲长明　王丽琴(女)

人大主席　朱建兴

政协工委主任　胡　勇

纪委书记　胡　勇

工会主席　周永珍(女)

林　场

书　记　董五科

委　员　惠进根　王振伟

场　长　董五科

副场长　惠进根

【公　司】

城市建设投资发展有限公司

董 事 长　冯建义

总 经 理　冯建义

副总经理　徐天骅　王荣清　徐志英

财务总监　江　滨

工业资产经营有限公司

董 事 长　冯建义

总 经 理　张　平

副总经理　李新华

财务总监　江　滨

国裕资产经营有限公司

董 事 长　胡　浩

总 经 理　章为民

副总经理　沈　哲

财务总监　潘瑞男

旅游发展有限公司

董 事 长　王显军

副董事长　周菊亮

总 经 理　王显军

副总经理　李水明　卢金生　沈博名

　　　　　杨玉香(女)

财务总监　潘瑞男

太湖洞庭古村旅游发展有限公司

董 事 长　王显军

总 经 理　周菊亮

副总经理　徐学明(兼)　周晓春(兼)

　　　　　府建男

财务总监　潘瑞男

创业投资有限公司

董 事 长　翁建明

总 经 理　翁建明

副总经理　赵建明　柯毅斐

财务总监　许晓华(女)

太湖现代农业发展有限公司

董 事 长　冯建荣

总 经 理　林水元

副总经理　徐海龙　陈　强

财务总监　张　英(女)

交通建设投资公司

董 事 长　顾祥元

总 经 理　顾祥元

副总经理　周洪泉

财务总监　张　燕(女)

吴中经济技术发展总公司

董 事 长　刘叶明

总 经 理　刘叶明

副总经理　钱卫方　华　伟　李　强

财务总监　舒兴元(兼)

东太湖建设发展股份有限公司

董 事 长　刘叶明

总 经 理　刘叶明(兼)

副总经理　徐志英(兼)　尤培泉

财务总监　张　燕(女)

太湖旅业发展有限公司

董 事 长　金佳林

总 经 理　金佳林

副总经理　顾雪娟(女)　缪金龙

财务总监　王维元

太湖城市投资发展有限公司

董 事 长　张月兴

总 经 理　张月兴

副总经理　沈敏华　张培根

财务总监　王维元

农业园区有限责任公司

董 事 长　王　云

总 经 理　王　云

1.《吴中年鉴(2010)》中应为冯建荣。

表彰和奖励

关于表彰"绿色吴中"建设先进集体和先进个人的决定

中共苏州市吴中区委员会　苏州市吴中区人民政府

吴委发〔2010〕2号
2010年1月12日

近年来,我区坚持以邓小平理论和"三个代表"重要思想为指导,深入贯彻落实科学发展观,牢固树立生态文明建设理念,按照统筹城乡发展的要求,紧紧围绕"绿色吴中"建设目标要求,以"六大工程"为抓手,进一步解放思想、实事求是、与时俱进,加强领导、拓展思路、狠抓落实,加快推进生态绿化建设,各方面工作取得了新的进步,并涌现了一大批先进集体和先进个人。

为表彰先进、树立典型,进一步推进全区生态绿化建设再上新台阶,区委、区政府决定授予区农林局等20家单位"绿色吴中"建设先进集体,王振伟等20名同志"绿色吴中"建设先进个人。

希望受到表彰的先进集体和个人,珍惜荣誉,再接再厉,争取在今后的工作中再创佳绩。全区各级各部门要以先进为榜样,认真学习党的十七大和十七届三中全会、四中全会精神,进一步提高认识,明确目标,创新机制,扎实工作,不断开创全区生态绿化建设新局面,为加快推进"绿色吴中"建设、率先基本实现现代化作出新的更大的贡献。

附件:"绿色吴中" 建设先进集体和先进个人名单

1. 20家"绿色吴中"建设先进集体

区农林局　区财政局
区城管局　区妇联
开发区建设局　度假区农发局
穹窿山风景区管委会　木渎镇人民政府
光福镇人民政府　金庭镇人民政府
香山街道办事处　东山镇人民政府
临湖镇农林服务中心
甪直镇绿化委员会办公室
越溪街道旺山村　东山镇三山村
甪直镇江湾村　甪直镇淞南村
木渎镇天池村　胥口镇东欣村

2. 20位"绿色吴中"建设先进个人(按姓氏笔画排序)

王振伟　刘文兴　孙新元　朱水坤
李永泉　邹发根　张东明　张剑清
张建明　张菁华　陆华兵　陆纪新
周培根　金雪明(区规划分局)
金雪明(甪直镇绿化办)　施雪根
赵　剑　莫玉林　蒋苏华　蒋雪勤

关于表彰区级机关“争创五型机关、争做五型干部”先进集体、先进个人的决定

中共苏州市吴中区委员会　苏州市吴中区人民政府

吴委发〔2010〕15号

2010年2月21日

2009年，我区以“三个代表”重要思想和科学发展观为指导，全面贯彻落实党的十七届四中全会精神，以提高科学发展能力为根本，以强化服务效能为核心，以有效应对金融危机、凝聚发展合力为目的，紧紧围绕机关作风效能“提速”年的目标任务，大力深化“争创五型机关，争做五型干部”主题教育活动，区级机关作风进一步转变，服务水平进一步提升，工作效能进一步增强，为实现区委区政府确定的“强服务，保增长，促发展”目标任务发挥了积极的作用，涌现出了一大批先进集体和先进个人。

为了进一步巩固和扩大机关作风建设的成果，树立典型、激励先进，深入推进2010年区级机关作风效能建设的发展，区委、区政府决定，对区委办等30个“争创五型机关”先进集体、顾建明等100名“争做五型干部”先进个人予以表彰。

希望受到表彰的先进集体和先进个人要珍惜荣誉，戒骄戒躁，继续努力，在深化机关作风效能建设，提高科学发展能力和服务发展水平方面继续发挥表率作用，为实现我区“两个率先”和“富民强区”的目标作出新的贡献。

全区各级党组织和全体机关党员干部要学习先进，争创先进，始终紧紧围绕发展这个中心、服务这个理念、效率这个根本，在新的一年里，积极投身机关效能建设实践，同心同德，开拓进取，以新的姿态和优异的成绩，为我区率先构建和谐社会、率先基本实现现代化而努力奋斗！

附件1：区级机关2009年度“争创五型机关”先进集体名单（共30个）

区委办	区政协办
区纪委	区委宣传部
区委组织部	区级机关党工委
区人大办	区政府办
苏苑街道	区法院
区检察院	区财政局
区人口计生局	区统计局
区行政服务中心	区人事局
区民政局	区接待办
区农林局	区档案局
龙西街道	区经贸局
区水产畜牧局	区文体局
区司法局	区国税局
吴中工商局	区气象局
吴中地税局	
苏州海关驻吴县办事处	

附件2:区级机关2009年度“争做五型干部”先进个人名单(共100人)

顾建明 黄建华 周明华 李 卫
李见明 石建新 丁华强 岳 峰
芮雪平 朱根水 唐金才 宋冠芳
张炳元 吴 彬 顾娟英 矫文忠
周黎敏 胡华明 李彩英 余休林
朱菊妹 徐 蕾 陆惠忠 魏 江
张福明 徐 剑 缪晓峰 周 季
施勤明 王桂英 殷 虹 沈维生
陈志强 凌华芳 吴开印 王维元
陶致一 花建国 王永良 姚子元
陈哲敏 卞水金 黄 斌 顾亚峰
李文君 李金根 徐雪棣 李 强
梁正梅 徐晓军 张顺流 杨 斌
沈庆华 沈晓翎 朱 伟 姚瑞元
浦惠民 李惠芬 顾自萍 张建明
王晓菊 毛敏霞 王根友 周一心
朱伟荣 李 思 毛曦雪 赵江平
殷盘根 李 健 肖冬梅 蒋红萍
钱家龙 周丽强 顾志男 赵建惠
陈志平 陆方华 柳宝祥 任 华
孙成刚 何政华 钱雪华 朱文根
许建军 金 虎 陆海龙 沈 琦
郑宏林 杨宏杰 薛寅生 李 娟
石意中 张 栋 陈建华 沈小红
王祉明 张建琳 李兴荣 朱 喆

关于对2009年度为全区经济社会发展作出突出贡献的单位和个人给予表彰的决定

中共苏州市吴中区委 苏州市吴中区人民政府

吴委发〔2010〕17号
2010年2月27日

2009年，是全区经济社会加快发展的重要一年,全区各级党政组织在上级党委、政府的正确领导下，团结带领广大党员干部和人民群众,全面落实科学发展观,积极应对国际金融危机带来的严峻挑战和严重困难，变压力为动力,化挑战为机遇,全力做好保增长促转型、保民生保稳定各项工作,全区财税收入继续保持稳健增长,三次产业协调发展,新农村建设快速推进,城乡政通人和,社会和谐稳定,全区经济社会继续保持良好的发展态势,涌现出了一大批先进单位和先进个人。为加快实施“做强经济开发区、做美太湖山水、做靓吴中新城、做好新农村建设”四大工程和建设“高端产业城区、最佳宜居城区、文化旅游强区”，推进我区经济社会平稳较快发展,经区委、区政府研究决定,对在2009年度财税工作等七个方面作出突出贡献的单位和个人予以表彰。

希望受表彰的先进单位和个人谦虚谨慎,再接再厉,再创佳绩。区委、区政府号召全区各级各部门、各单位、各企业,以先进为榜样,以“三个代表”重要思想和党的十七大、十七届三中、四中全会精神为指导,抢抓机遇,加快发展,扎实工作,为建设经济繁荣、人民富裕、社会和谐的新吴中作出新的贡献。

附件：苏州市吴中区 2009 年度综合表彰名单

一、财税工作

1. 吴中区 2009 年度财政贡献奖

开发区　木渎镇　度假区

临湖镇　胥口镇

2. 吴中区 2009 年度财政贡献鼓励奖

角直镇　长桥街道

3. 吴中区 2009 年度纳税大户

江苏吴中集团有限公司

惠氏制药有限公司

苏州市新吴城集团有限公司

苏州鹰汉房地产开发有限公司

苏州汇德电气制造有限公司

苏州东瑞制药有限公司

三洋能源(苏州)有限公司

苏州中辉房地产开发有限公司

苏州招商南山地产有限公司

苏州吴城电力建设有限公司

苏州中展房地产开发有限公司

苏州上投置业有限公司

适新科技(苏州)有限公司

江苏东吴农村商业银行股份有限公司

苏州维信电子有限公司

苏州鑫苑置业发展有限公司

苏州新城万博置业有限公司

苏州诚河置业有限公司

柳道万和(苏州)热流道系统有限公司

苏州东兴房地产开发有限公司

苏州华夏五金机电城投资开发有限公司

苏州中信投资有限公司

重村钢模机械工业(苏州)有限公司

苏州华昌机电有限公司

苏州太湖中腾房地产发展有限公司

苏州市烟草公司吴城分公司

苏州中澳房地产开发有限公司

苏州利星汽车服务有限公司

维讯柔性电路板(苏州)有限公司

苏州嘉元房地产开发有限公司

苏州佳值电子工业有限公司

苏州兴力达房地产开发有限公司

华新金猫水泥(苏州)有限公司

苏州东山精密制造股份有限公司

远东服装(苏州)有限公司

苏州帝凯维动物营养有限公司

苏州广远置业有限公司

苏州吴中经济开发区建设管理所

苏州市华田置业有限公司

宏全企业(苏州)有限公司

苏州市吴中城市建设投资发展有限公司

苏州凯达路材股份有限公司

禾海(苏州)新型建材有限公司

苏州市吴中国裕资产经营有限公司

尼盛置业(苏州)有限公司

苏州茂盛商贸有限公司

新兴精密电子(苏州)有限公司

苏州嘉德房地产开发有限公司

苏州锦派置业有限公司

苏州森联城建投资有限公司

苏州太湖度假区安洁绝缘材料有限公司

苏州市吴中区燃气有限公司

可口可乐装瓶商生产(东莞)有限公司苏州分公司

苏州不二工机有限公司

苏州琦美模具有限公司

嘉彰科技(苏州)有限公司

苏州市南环桥市场发展股份有限公司

苏州市德力商品混凝土有限公司

信音电子(苏州)有限公司

苏州常隆雷克萨斯汽车销售服务有限公司

苏州天马精细化学品股份有限公司

苏州绕城高速公路有限公司

苏州宏盛商品混凝土有限公司

苏州东瑞化工有限公司

苏州晶瑞化学有限公司

新进电子(苏州)有限公司

爱而泰可新材料(苏州)有限公司

苏州嘉盛建设工程有限公司
苏州市天烨机械工程有限公司
泰怡凯电器(苏州)有限公司
库特勒自动化系统(苏州)有限公司
苏州市斜港置业有限公司
苏州电器科学研究院股份有限公司
苏州嘉吉实业有限公司
苏州泰隆房地产开发有限公司
英杰精密模塑股份有限公司
苏州天马医药集团天吉生物制药有限公司
和成(中国)有限公司
江苏澳华电器集团新澳电器有限公司
苏州市吴中农电服务有限公司
苏州昂内房地产开发有限公司
嘉丰木业(苏州)有限公司
苏州金莱克精密机械有限公司
苏州市江远热电有限责任公司
苏州斯莱克精密设备股份有限公司
苏州市嘉宝房地产开发有限公司
苏州达方精密工业有限公司
江苏景盟针织企业有限公司
盛州橡塑胶(苏州)有限公司
俐马(苏州)织染有限公司
苏州制氧机有限责任公司
苏州卓元房产开发有限公司
苏州市双马机电有限公司
苏州新绣地产有限公司
苏州富仁化工有限公司
苏州杭达水泥制品有限公司
苏州华之杰电讯有限公司
苏州久阳房地产开发有限公司
光大环保能源(苏州)有限公司
苏州南久和混凝土有限公司

二、国资工作

吴中区2009年度国有资产投融资做大做强先进集体

江苏省吴中经济技术发展总公司
苏州市吴中国裕资产经营有限公司
苏州市吴中城市建设投资发展有限公司
苏州太湖旅业发展有限公司

三、工业经济

1. 吴中区2009年度招商引资先进单位

开发区　胥口镇　木渎镇　甪直镇
长桥街道　度假区　临湖镇

2. 吴中区2009年度投资大户

内资投资大户13名

仁泰体育产业发展有限公司
苏州市宏晟锻造有限公司
苏州扬申实业有限公司
苏州市明新红木家具文化有限公司
苏州赛特尔机床有限公司
苏州金螳螂幕墙有限公司
上力重工(苏州)有限公司
萨博沃顿涡轮增压系统(苏州)有限公司
苏州遍净植保科技有限公司
江苏长征电气制造有限公司
苏州立成光电子高科技工业园有限公司
苏州联袂电子科技有限公司
苏州市新苏国际购物中心有限公司

外资投资大户11名

闳晖科技(苏州)有限公司
悦虎电路(苏州)有限公司
亚东工业(苏州)有限公司
苏州东瑞制药有限公司
麦德龙仓储管理(苏州)有限公司
赫比(苏州)通讯科技有限公司
光大环保能源(苏州)有限公司
嘉彰科技(苏州)有限公司
智宝电子(苏州)有限公司
苏州宏星食品包装有限公司
苏州汉太系统集成有限公司

3. 吴中区2009年度科技创新先进企业

苏州天马医药集团有限公司
苏州振吴电炉有限公司
苏州少士电子科技有限公司
苏州华电电气技术有限公司

江苏吴中医药集团有限公司
泰怡凯电器(苏州)有限公司
苏州西山中科实验动物有限公司
苏州皇家整体住宅系统有限公司
苏州药明康德新药开发有限公司
苏州斯莱克精密设备有限公司
4. 吴中区 2009 年度优秀出口企业
维讯柔性电路板(苏州)有限公司
琦伟(苏州)纺织有限公司
江苏景盟针织企业有限公司
远东服装(苏州)有限公司
闳晖科技(苏州)有限公司
5. 吴中区 2009 年度优秀建筑企业
苏州嘉盛建设工程有限公司
苏州吴中区吴中建设实业公司
苏州市越城建筑安装有限公司
苏州市苏城建筑安装工程有限责任公司
苏州市东渚建筑安装有限公司
6. 吴中区 2009 年度节能减排先进企业
苏州神王钢绳有限公司
华新金猫(苏州)水泥有限公司
苏州金迪水务有限公司城南污水处理厂
苏州市吴中区木渎污水处理厂
苏州市角直热电厂

四、服务业

1. 吴中区 2009 年度服务业发展先进单位
开发区　木渎镇　度假区　长桥街道
胥口镇
2. 吴中区 2009 年度优秀旅游企业
吴中旅游发展有限公司
木渎旅游发展实业公司
角直旅游发展公司
东山旅游开发公司
金庭太湖碧螺有限公司
旺山生态农庄旅游发展有限公司
光福香雪海旅游公司
东山宾馆
苏州东吴国际旅行社有限责任公司
铃兰太湖水底世界(苏州)有限公司
3. 吴中区 2009 年度优秀文化企业
苏州本色美术馆
苏州东仪包装印刷有限公司
苏州福纳文化科技股份有限公司
苏州市飞马良子动漫设计有限公司
苏州市香山工坊建设投资发展有限公司
4. 吴中区 2009 年度优秀房地产企业
江苏吴中地产集团有限公司
苏州招商南山地产有限公司
苏州上投置业有限公司
苏州中辉房地产开发有限公司(仁恒地产)
苏州新城万博置业有限公司
苏州诚河置业有限公司
苏州兴力达房地产开发有限公司
苏州东兴房地产开发有限公司
苏州嘉元房地产开发有限公司
苏州太湖中腾房地产发展有限公司
5. 吴中区 2009 年度优秀物业管理企业
苏州市天翔物业管理有限公司
苏州市禾田物业管理有限公司
苏州市工业园区置信物业管理有限公司
苏州市华新国际物业管理有限公司
苏州市好易捷物业管理有限公司
6. 吴中区 2009 年度优秀餐饮企业
百盛天地大酒店
石家饭店
香雪海饭店
锦阳渔港大酒店
乾康大酒店
7. 吴中区 2009 年度优秀专业市场（商场、特色商业街）
凯马广场
苏州市南环桥市场发展有限公司
苏州东吴国际商城
光福工艺街
苏州粮食交易批发市场
8. 吴中区 2009 年度国际服务外包先进

企业

苏州药明康德新药开发有限公司

宏广动画(苏州)有限公司

苏州鸿扬卡通制作有限公司

苏州展博电子科技有限公司

苏州嘉航国际货运代理有限公司

五、吴中区 2009 年度名品名牌企业

苏州市吴中区洞庭(山)碧螺春茶业协会

苏州制氧机有限责任公司

苏州飞华铝制工业有限公司

苏州市佳阳针织服装有限公司

泰怡凯电器(苏州)有限公司

苏州市吴中区木渎穗儿食品厂

江苏神王金属制品有限公司

苏州市邓尉茶叶有限责任公司

苏州市东山吴侬碧螺春茶叶专业合作社

六、城乡一体化工作

1. 吴中区 2009 年度集体稳定收入超千万元村(社区)

长桥街道龙桥社区

木渎镇天平村

临湖镇湖桥村

长桥街道先锋社区

角直镇淞南村

角直镇甫里社区

木渎镇西跨塘村

长桥街道龙西社区

木渎镇姑苏村

开发区越溪街道旺山村

长桥街道新家社区

木渎镇灵岩村

木渎镇金山村

长桥街道蠡墅社区

临湖镇浦庄村

临湖镇界路村

木渎镇香溪社区

开发区城南街道新江社区

临湖镇石庄村

2. 吴中区 2009 年度先进农村股份合作社

吴中区木渎惠民置业股份合作总社

苏州洞庭东山碧螺春茶叶专业合作联社

吴中区木渎镇金星社区股份合作社

吴中区横泾街道上林土地股份农业专业合作社

吴中区东山清熙农产品专业合作社

3. 吴中区 2009 年度新农村建设先进单位

木渎镇

临湖镇

东山镇

开发区横泾街道新路村

角直镇甫田村

胥口镇新峰村

开发区城南街道东湖社区

东山镇三山村

苏州大福外贸食品有限公司

临湖现代渔业示范区管理中心

七、精神文明建设

1. 吴中区 2009 年度社会主义精神文明建设十佳新人

木渎新华村村民　邹　静

开发区横泾派出所民警　章国平

吴中交巡警大队城南中队尹山卡口民警　赵成军

苏州新火花机床有限公司总经理　高坚强

穹窿山风景管理区工作人员　孙传红

光福府巷村村民　吴志红

开发区郭巷街道农民摄影家　江全官

光福增发化纤纺织有限公司董事长　顾增发

交通局职工　钱旻雯

检察院公诉科科长　陆菊平

2. 吴中区 2009 年度社会主义精神文明建设十佳新事

传播廉政文化的暴式昭纪念馆

帮教迷途孩子的“爱心妈妈团”

光福建成新四军太湖游击队纪念馆

孙子兵法进校园实践活动

新市民中心开办工友图书室

"法维千家,医护万家"主题志愿活动
吴中旅游形象提升工程
政法委开设"以案说法"栏目
"五老"义务网吧监督员为未成年人保驾护航
开发区横泾街道《尧南社区志》付梓出版

关于表彰2009年度全区"平安吴中"和"法治吴中"建设先进集体、先进个人的决定

中共苏州市吴中区委员会　苏州市吴中区人民政府

吴委发〔2010〕18号
2010年2月26日

过去的一年,全区上下在区委、区政府的正确领导下,以科学发展观为指导,认真贯彻落实党的十七大、十七届四中全会精神,扎实推进"平安吴中"和"法治吴中"建设,社会保持和谐稳定,法治工作得到提升,为全区经济社会发展创造了良好的社会环境和法治环境。为进一步发扬成绩,表彰先进,区委、区政府决定授予木渎镇等17个镇(街道、单位)为"平安吴中"建设先进集体,王金福等27名同志为"平安吴中"建设先进个人;决定授予胥口镇等22个镇(街道、单位)为"法治吴中"建设先进集体,薛文明等33名同志为"法治吴中"建设先进个人。

希望受到表彰的先进集体和先进个人珍惜荣誉、戒骄戒躁,再接再厉、再创佳绩。各地、各部门要以先进为榜样,切实增强责任感和使命感,加强组织领导,加大工作力度,狠抓措施落实,推动"平安吴中"和"法治吴中"建设再上新台阶,为全区经济社会平稳较快发展作出新的更大的贡献。

附件1:2009年度全区"平安吴中"建设先进集体、先进个人名单

一、"平安吴中"建设先进集体(17个)

木渎镇　角直镇
临湖镇　光福镇
长桥街道　横泾街道
越溪街道　城南街道
香山街道　苏苑街道
龙西街道　区教育局
区劳动和社保局　区安监局
区信访局　吴中公安分局
城区综合治理联合会

二、"平安吴中"建设先进个人(27名)

王金福　郁文明　冯尊华　王　强
黄洪伟　顾凤珍　唐双荣　孙宝华
顾雪荣　许晓峰　席与翀　赵静方
仇全官　吴　彬　曹菊英　王晓刚
许晓华　周福林　王静芳　韩　峰
杨　慧　庄学峰　顾巍伟　沈小弟
徐福龙　王之宣　唐国伟

附件2：2009年度全区"法治吴中"建设先进集体、先进个人名单

一、"法治吴中"建设先进集体(22个)

木渎镇　角直镇
胥口镇　临湖镇
光福镇　香山街道
区法院　区检察院
区发改局　区经贸局
区教育局　区民政局
区司法局　区劳动和社保局
区卫生局　区人口和计生局
区环保局　区城管局
区法制办　吴中地税局
吴中工商局　区法治办

二、"法治吴中"建设先进个人(33名)

戈福林　浦建清　陈　瑜　唐耀冰
张忠霖　薛文明　俞扬海　郁兴明
陈建新　周根泉　赵惠荣　王晶莹
陆惠珍　周晓峰　施玉根　宋瑛鹰
姚玮峰　曹　富　沙　坚　吴明华
董静平　赵继红　陆　敏　李志明
胡惠萍　李桂兴　陈亮华　陆彩霞
岳雄伟　顾文明　赵富强　王　瑛
邢福民

关于表彰2009年度吴中区和谐(示范)社区的决定

中共苏州市吴中区委员会　苏州市吴中区人民政府

吴委发〔2010〕21号

2010年2月26日

2009年，全区上下围绕构建"和谐吴中"目标，认真贯彻区委、区政府《关于开展和谐社区建设的实施意见》(吴委发〔2006〕33号)，深化居民自治，加强社区管理和社区服务，改善社区基础设施和居民生活环境，丰富社区精神文化活动，涌现出了一批"居民自治、管理有序、服务完善、治安良好、环境优美、文明祥和"的示范社区。为表彰先进、树立典型，推动全区和谐社区建设，决定命名城南街道东湖社区等4个社区为"吴中区和谐示范社区"，木渎镇花苑社区等9个社区为"吴中区和谐社区"。

希望受表彰的社区再接再厉，进一步营造好安居乐业、和睦相处的生活环境。各级、各部门要认真贯彻落实党的十七大和十七届四中全会精神，按照构建社会主义和谐社会的总体要求，继续加大和谐(示范)社区创建力度，动员和组织广大社区居民共同参与和谐社区建设，为构建和谐吴中作出积极的贡献。

附件：2009年度吴中区和谐(示范)社区名单

一、区"和谐示范社区"

城南街道东湖社区　横泾街道上巷社区
香山街道蒋墩社区
穹窿山风景管理区接驾社区

二、区"和谐社区"

木渎镇花苑社区　木渎镇藏书社区
临湖镇市镇社区　郭巷街道双浜社区
越溪街道珠村社区　越溪街道溪上社区
横泾街道泾峰社区　城南街道碧波社区
香山街道中心社区

关于表彰2009年度吴中区城乡一体化工作先进集体的决定

中共苏州市吴中区委员会　苏州市吴中区人民政府

吴委发〔2010〕28号

2010年3月10日

2009年，全区各级各部门全面贯彻党的十七大和十七届三中、四中全会精神，以邓小平理论和“三个代表”重要思想为指导，深入贯彻落实科学发展观，全面推进城乡一体化发展综合配套改革工作，坚持以发展农村经济、增加农民收入为中心，取得了农民全面发展、农业全面提升、农村全面进步的良好局面，涌现出了一批先进典型。为表彰先进，树立典型，进一步推动全区城乡一体化改革发展实现新突破、再上新水平，区委、区政府决定，授予木渎镇等12个单位为“城乡一体化工作创新奖”，胥口镇等35个单位为“城乡一体化工作推进奖”，胥口镇劳动保障服务中心等12个单位为“城乡一体化工作特色奖”，苏州市邓尉茶叶有限公司等14个单位为“发展现代农业先进集体”，木渎镇西跨塘村社区服务中心等10个单位为“先进社区服务中心”，木渎镇金山村等5个单位为“新农村建设明星示范村(社区)”(第二批)，长桥街道、木渎镇为“村均收入超千万元镇(街道)”，长桥街道龙桥社区等6个单位为“科学发展示范先锋村”(社区)，对获得科学发展示范先锋村任现职二年以上的村(社区)书记、主任授予区劳动模范称号。

希望受表彰的单位和获得劳动模范称号的个人要珍惜荣誉，发扬成绩，再接再厉，在城乡一体化改革发展中，更好地发挥示范带头作用。全区各级各部门要以先进为榜样，坚持以科学发展观统领经济社会发展全局，解放思想，实事求是，与时俱进，深化综合配套改革，推进城乡统筹发展，为实现我区城乡一体化改革发展新一轮跨越作出新的贡献。

附件1:2009年度城乡一体化工作先进集体名单

一、城乡一体化工作创新奖

木渎镇　东山镇
临湖镇　横泾街道
区委农办　区民政局
区劳动和社会保障局　区水利局
区农林局　区水产畜牧局
区文体局　区卫生局

二、城乡一体化工作推进奖

胥口镇　甪直镇
光福镇　金庭镇
长桥街道　郭巷街道
越溪街道　城南街道
香山街道　穹窿山景区
区委办　区人大办
区政府办　区政协办
区纪委　区委组织部
区委宣传部　区委政法委
区委党校　区粮食局
区国土分局　区气象局
度假区农办　区发展和改革局
区教育局　区科技局
区财政局　区建设局
区交通局　区环保局
区旅游局　区行政服务中心
区工商局　区质监局
区规划分局

三、城乡一体化工作特色奖

胥口镇劳动保障服务中心

横泾街道土地管理服务中心

角直镇经管办　　金庭镇水利站

光福镇文体中心

东山镇文体中心

木渎镇天池村　　胥口镇采香泾村

东山镇三山村　　光福镇府巷村

横泾街道上林村

香山街道郁舍村

四、发展现代农业先进集体

苏州市邓尉茶叶有限公司

角直江湾水生蔬菜示范基地

临湖镇新南渔场

光福镇苗木协会

横泾水稻示范基地

东山蔬菜示范基地

苏州市粮食交易批发市场

苏州市洞庭山天然矿泉水有限公司

东山镇吴侬碧螺春茶叶专业合作社

金庭镇衙角里碧螺春茶业专业合作社

苏州金庭大成现代农业股份有限公司

苏州市金记食品有限公司

苏州水乡草鸡生态养殖有限公司

苏州市吴中区临湖现代渔业发展有限公司

五、先进社区服务中心

木渎镇西跨塘村社区服务中心

角直镇甫田村社区服务中心

胥口镇箭泾村社区服务中心

东山镇陆巷村社区服务中心

临湖镇采莲村社区服务中心

光福镇太湖渔港村社区服务中心

金庭镇堂里村社区服务中心

长桥街道蠡墅社区服务中心

郭巷街道国泰社区服务中心

横泾街道新路村社区服务中心

六、新农村建设明星示范村(社区)

木渎镇金山村　　临湖镇浦庄村

临湖镇界路村　　城南街道新江社区

临湖镇石庄村

七、村均收入超千万元镇(街道)

长桥街道　　木渎镇

八、科学发展示范先锋村(社区)

长桥街道龙桥社区　　木渎镇天平村

临湖镇湖桥村　　长桥街道先锋社区

角直镇淞南村　　角直镇甫里社区

附件2：获省、市表彰的先进集体名单

一、江苏省社会主义新农村建设示范村

木渎镇天平村

越溪街道旺山村

角直镇淞南村

二、苏州市科学发展观"十佳"镇

木渎镇

三、苏州市科学发展观"十佳"村

木渎镇天平村

四、苏州市十佳现代农业示范园区

苏州太湖现代农业示范园

五、苏州市十佳新型社区

横泾街道尧南社区

临湖镇石庄村

六、苏州市建设社会主义新农村示范村(第四批)

木渎镇灵岩村

临湖镇石庄村

横泾街道新路村

角直镇甫田村

角直镇甫南村

城南街道东湖社区

胥口镇采香泾村

郭巷街道国泰社区

金庭镇东村村

光福镇冲山村

香山街道长沙社区

穹窿山景区接驾社区

关于表彰吴中区第三届“人才发展奖”、“杰出人才奖”和“优秀人才奖”的决定

中共苏州市吴中区委员会　苏州市吴中区人民政府

吴委发〔2010〕59号

2010年7月23日

近年来，全区各级党政组织牢固确立人才资源是第一资源的理念，大力实施人才强区和人才优先发展战略，积极推进创新创业载体和工作平台建设，不断优化创新创业环境，努力以人才结构优化引领和助推产业转型升级，取得了显著成效，涌现了一批人才工作先进单位和先进个人。

为表彰先进，进一步在全区营造尊重知识、珍惜人才、鼓励创新的良好氛围，区委、区政府决定：授予“江苏吴中集团有限公司”等10家单位吴中区第三届“人才发展奖”荣誉称号，卜海之等5名同志吴中区第三届“杰出人才奖”荣誉称号，王佳华等15名同志吴中区第三届“优秀人才奖”荣誉称号。

人才资源是第一资源，是建设“山水苏州、人文吴中”和创新型城区的关键资源和紧缺资源，也是地区发展的核心战略资源。当前，吴中正处于加快转变发展方式、推动经济转型升级的关键阶段，迫切需要广泛集聚人才，努力以人才集聚引领高新产业集聚，以人才结构调整助推产业结构调整。希望受表彰的单位和个人戒骄戒躁、发扬成绩、再接再厉，努力为全区经济社会发展再创佳绩。希望广大干部群众认真学习优秀人才的先进事迹，求实创新，奋勇争先，为实现经济社会又好又快发展作出新的更大贡献。希望全区各级党组织充分认识加强人才工作的重要性和紧迫性，更加重视发挥人才作用，深入贯彻落实全市、全区人才工作会议精神，把加强人才队伍建设作为竞争之本、转型之要，使人才优势成为吴中的发展优势和竞争优势，努力把吴中建设成为各类人才创新创业的首选城区。

附件：吴中区第三届“人才发展奖”、“杰出人才奖”和“优秀人才奖”名单

一、人才发展奖（共10家）

1. 江苏吴中集团有限公司
2. 苏州中科天马肽工程中心有限公司
3. 苏州药明康德新药开发有限公司
4. 苏州斯克莱精密设备有限公司
5. 苏州大福外贸食品有限公司
6. 苏州电器科学研究所股份有限公司
7. 苏州弗克新型建材有限公司
8. 西山中科实验动物有限公司
9. 泰怡凯电器（苏州）有限公司
10. 吴中区科技创业园管理有限公司

二、杰出人才奖（5名，按姓氏笔画排序）

1. 卜海之　圣苏新药有限公司董事长、博士、首席科学家
2. 任海峰　苏州天马精细化学品股份有限公司总经理
3. 许善新　苏州三基铸造装备股份有限公司总经理、高级工程师
4. 徐根兴　吴中医药集团有限公司基因药物技术研究中心主任、博士
5. 袁永刚　东山精密制造股份有限公司董事长

三、优秀人才奖(15名,按姓氏笔画排序)

1. 王佳华 苏州格尔斯计算机信息技术有限公司总经理
2. 叶　军 苏州新弈软件有限公司总经理
3. 吴天舒 苏州晶瑞化学有限公司总经理、高级工程师
4. 吴时欣 苏州少士电子科技有限责任公司董事长
5. 陆建忠 苏州市东仪自控设备有限公司总经理
6. 陆建荣 吴中区碧波实验小学校长、中学高级教师
7. 陈玉新 吴中皮肤病医院院长
8. 陈翰星 苏州本色美术馆馆长
9. 张　成 江苏吴中高科创业投资有限公司总经理、硕士
10. 季小明 吴中区林业技术推广站副站长、高级农艺师
11. 周永祥 苏州市劲奥医疗器械有限公司总经理
12. 周剑峰 江苏省优联检测技术服务有限公司总经理、高级工程师
13. 姜杏辉 苏州市华电电气技术有限公司研发中心副主任
14. 徐光明 苏州君安药业有限公司总经理、硕士
15. 薛亚春(女)苏苑中学副校长、中学高级教师

关于表彰拥军优属、拥政爱民先进单位和先进个人的决定

中共苏州市吴中区委员会　苏州市吴中区人民政府

吴委发〔2010〕61号
2010年7月30日

近年来,全区双拥工作坚持以邓小平理论和“三个代表”重要思想为指导,以科学发展观为统领,认真贯彻落实上级关于拥军优属、拥政爱民工作的指示精神,紧紧围绕全区经济社会建设大局和驻吴部队现代化建设的目标,深入开展双拥活动,实现了省双拥模范区“六连冠”创建目标,取得了显著成绩,涌现出了一批具有时代特征和吴中特色的双拥工作先进单位、先进个人、优秀转业干部、优秀复退军人、优秀烈军属、优秀军嫂,为增进全区军政军民团结,促进军地共同科学发展作出了积极贡献。

为表彰先进,区委、区政府决定对木渎镇人民政府、73043部队等军地50个双拥先进单位,陈嘉维、石学彬等军地40名先进个人,陆菊林等10名优秀军转干部,刘宁等16名优秀复退军人,赵炳根等22名优秀军烈属以及金晓勤等13名优秀军嫂给予表彰。

希望受到表彰的先进单位和先进个人珍惜荣誉,谦虚谨慎,开拓进取,再创佳绩。全区各级各单位、驻吴各部队和广大军民要向双拥先进单位和先进个人学习,在以胡锦涛同志为总书记的党中央领导下,高举邓小平理论和“三个代表”重要思想伟大旗帜,牢固树立科学发展观,认真贯彻落实党的十七大和十七届四中全会精神,巩固和发展全区“同呼吸、共命运、心连心”的军政军民关系,进一步把我区双拥工作推向前进,为全面建设高水平小康社会宏伟目标而努力奋斗。

附件1：吴中区双拥工作先进单位名单（共50个）

区委办公室　区政府办公室
区委组织部　区委宣传部
区教育局　区民政局
区财政局
区人力资源和社会保障局
区交通运输局　区文化体育局
区卫生局　区粮食局
区农业局　区水利局
区司法局　区科学技术局
区总工会
吴中工商行政管理局
区国家税务局
吴中地方税务局
吴中职业教育中心校
区劳动就业管理指导中心
木渎镇　光福镇
角直镇　胥口镇
临湖镇　郭巷街道
长桥街道　香山街道
苏苑街道　龙西街道
穹窿山风景管理区　木渎镇姑苏村
木渎镇灵岩村　光福镇福利村
光福镇香雪村
长桥街道龙桥社区
苏苑街道南巷社区
龙西街道龙华苑社区
区人武部
73043部队
73032部队
94891部队政治处宣保股
94906部队62分队
73803部队保管队
73916部队53分队修理中队
吴中消防大队
武装机动大队三中队
海军931舰

附件2：吴中区双拥工作先进个人名单（共40人）

陈嘉维　区住建局局长
王云华　区发改局主任科员
沈亚民　区信访局副局长
沈　沁　区城管局办公室主任
伍忠元　开发区人武部干事
何建兴　度假区党政办主任
吴　彬　团区委团务工作部副部长
唐华琴　区妇联主席
李艳华　区残联副主任科员
朱显荣　区经信局法制科科长
吴　燕　区旅游局办公室副主任
顾建平　区公安分局政治处副主任科员
蒋苏华　区国土分局副局长
姚月明　区委党校副主任科员
赵水明　角直镇民政助理
徐国雄　郭巷街道党工委书记
胡木泉　长桥街道先锋社区党委书记
吴川英　城南街道办事处副主任
张福龙　越溪街道社会事业科副科长
周林福　横泾街道社会事业管理科科长
莫玉林　临湖镇党委书记
朱　健　东山镇人武部部长
朱炜烨　金庭镇财政所所长
俞炳根　香山街道办事处副主任科员、民政助理
许康明　光福镇人武部副部长
吕炳根　胥口镇镇长
邱伟芳　木渎镇党委副书记
王祉明　苏苑街道党工委书记
朱　洁　龙西街道民政助理
孙传红　穹窿山风景管理区党政办办事员
石学彬　73032部队副政治委员
李　静　73043部队保卫股长
施　博　73803部队检修所所长

周　波　94906部队政治处副主任
陈东海　94891部队副政治委员
朱兴龙　73916部队52分队教导员
万　波　63966部队副站长
刘小龙　94969部队63分队指导员
张　扬　94969部队64分队指导员
李　铁　武警区中队指导员

附件3：吴中区优秀军转干部名单(共10人)

陈菊林　区级机关党工委副书记
唐根福　区信访局副局长
杨三元　甪直镇党委副书记、政协工委主任
赵　山　度假区组织人事和劳动社保局副局长
沈建康　胥口镇工会主席、马舍村党总支书记
周健华　吴中出口加工区服务部主任
朱正超　越溪街道莫舍社区党总支书记
范建华　苏苑街道党建科科长
张春晓　区发改局法制科副科长
朱君贤　区委政法委办公室主任

附件4：吴中区优秀复退军人名单(共16人)

刘　宁　甪直镇招商办会计
沈建新　郭巷街道官浦社区
唐双林　长桥街道城管中队
刘建根　城南街道红庄社区党总支书记
徐金华　越溪街道木林社区党总支书记
顾水明　横泾街道城管中队
许恒祥　临湖镇苏州市佳阳针织服装有限公司总经理
叶补福　东山镇渡口村党总支书记
沈建荣　金庭镇太湖城乡一体化投资建设发展有限公司总经理
蒯德元　香山街道梅舍村党支部书记
姚建忠　光福镇邓尉村村委会主任
顾林虎　胥口镇金利达冲压件有限公司董事长
邱水福　木渎镇西垮塘村村民
赵银弟　苏苑街道办事处主任
杨张一　区城市管理局
朱振华　穹窿景区接驾社区

附件5：吴中区优秀军烈属名单(共22人)

赵炳根　甪直镇淞南村
陆金凤　甪直镇甫田村
张　健　郭巷街道双浜10组
李金方　长桥街道新家社区
施大媛　长桥街道蠡墅社区
陶金媛　越溪街道溪东二区
李士忠　越溪街道龙翔社区
荣建华　横泾街道后巷村
沈阿多　横泾街道新齐村
沈金男　临湖镇石庄村
王华玲　东山镇陆巷村
胡铁林　东山镇陆巷村
马建国　金庭镇衙甪里村
王寿云　金庭镇缥缈村
金永其　香山街道长沙社区
谢根金　光福镇福利村
俞巧金　光福镇府巷村
成水龙　胥口镇新峰村
袁建方　木渎镇同春社区
罗根娣　木渎镇天池村
许共庆　龙西街道吴中二村
吴云妹　穹窿山风景管理区穹窿社区

附件 6：吴中区优秀军嫂名单(共 13 人)

金晓勤　区财政局办公室副主任
金菊华　城南街道新江村
沈慧忠　临湖镇采莲村
严　勤　区人武部
何丽萍　73043 部队
刘　坚　73043 部队
董红英　73032 部队
张晓婷　73032 部队
赵晓芳　73803 部队
杨　艳　94891 部队
徐　卉　94891 部队
詹春艳　94906 部队
张　芸　94906 部队

中共吴中区委员会

综 述

【保持经济平稳较快增长】 认真贯彻落实中央和省、市促进经济增长的政策措施,着力解决经济运行中的突出矛盾和问题,全区经济保持平稳较快增长。全年实现地区生产总值602.3亿元,同比增长13.6%;完成地方一般预算收入突破60亿元,同比增长20%。持续加大有效投入。完成全社会固定资产投资251.4亿元,增长22.2%;新开工项目385个、在建项目900个,建设面积1300多万平方米;115个市、区级重点项目完成投资120亿元,占全区固定资产投资的47.7%。全面拓展各类消费需求。制定出台《商贸业提速升级三年行动计划》,完善落实扩大消费的各项政策措施,积极引导房地产市场健康有序发展。全区实现社会消费品零售总额201亿元,增长19.3%;"家电下乡"、"家电以旧换新"工程销售额超过7000万元;商品房销售面积175万平方米,销售额156亿元;汽车销售额超90亿元,占全市总额的70%以上。着力促进外贸出口稳定回升。抓住国际市场回暖的有利时机,引导企业提高高新技术产品市场占有率,支持加工贸易企业创建自主品牌,加快推进外贸出口转型升级。全区实现进出口总额68.1亿美元,其中出口额43.8亿美元,分别增长35.2%和37.5%;出口超千万美元的企业达65家;高新技术产品出口额增长42.3%。 (区委办)

【加快转变经济发展方式】 在确保经济较快增长同时,坚定不移推进经济发展方式转变,大力发展创新型经济。不断增强自主创新驱动力。完善政府为主导、企业为主体、市场为导向、产学研结合的区域科技创新体系,加快推进吴中科技园二期、吴淞江科技产业园、太湖科技产业园、东创科技园、博济科技创新园等一批创新载体建设,建成国家级孵化器3家、省级孵化器1家;与中科院生物局、同济大学、南京信息工程大学等高等院校和科研机构在生物医药、环保科技、物联网等领域深入开展合作,全区18个企业建立研发中心;全年安排科技专项经费6000万元,启动科技型中小企业发展专项资金。新增高新技术企业7家,专利申请量和授权量分别达4300件和2600件。加快新兴产业集聚和传统产业提升。深入实施"5+2"产业培育振兴计划,出台扶持新兴产业发展相关政策,成功引进三阳光伏、图博节能、卡尔冈炭素等一批投资超千万美元的优质项目,新兴产业新增注册外资占到全区总额的40%,107家新兴产业企业完成产值超250亿元。进一步加大传统产业增资扩产和改造提升力度,伟创力、维讯河东厂、永强科技等一批重点项目投产运营,电子信息、装备制造两大主导产业完成产值超500亿元。全区实现工业总产值1305亿元,其中规模以上工业总产值1014亿元,同比分别增长21.1%和21.5%;完成技改投入62亿元,占工业性投入的72.9%。全面实施服务业新一轮跨越发展。成功举办央企对接会、世博对接会等多场服务业专题招商会，服务业项目到账外资超过2亿美元；全区服务外包企业发展到62家，全年完成服务外包接包合同额7200万美元、离岸执行额3200万美元；出台鼓励文化产业发展的政策意见，太湖文化论坛国际会议中心建成投用，15只市级重点文化产业项目总投资达198亿元，占全市重点文化产业项目投资总额的1/4；全面对接上海世博会，成功举办世博苏州分论坛和世博吴中主题展示周，建成一批新景点，旺山景区挂牌国家4A级景区，全区接待游客1550万人次，实现旅游收入153亿元，分别增长19.6%和38.1%。全区服务业增加值占GDP比重提高到41%。坚持不懈抓好节能减排和生态建设。大力实施绿化造林、湿地营造、生态恢复三大“绿色工程”，全力推进生态建设重点工程，矿山整治完成复绿86.5万平方米，环保重点项目和太湖水污染防治重点项目顺利完成年度计划，东太湖综合整治工程完成退垦还湖、围堰及排水工程。严格控制新开工高能耗、高污染项目，关停并转一批化工企业，“十一五”减排目标任务提前完成。全区集中式饮用水源地、水域功能区水质达标率均达100%，陆地森林覆盖率达29.1%，国家生态区创建通过国家级技术评估。（区委办）

【加快城乡一体化发展步伐】 统筹推进城市化与城乡一体化进程，积极构建工业反哺农业、城市支持农村的区域协调发展新机制。进一步完善各项规划编制。以新一轮苏州城市总体规划修编为契机，全面完成区城乡协调规划、临湖镇和胥口镇总体规划、尹山湖生态商圈和运河风光带城市设计等规划编制工作，深化完善东太湖滨湖新城规划、各镇、街道总规和控规，全区功能定位和产业布局更加优化。着力提高城市现代化建设水平。继续实施老城区“退二进三”、“穿衣戴帽”、“拔高扩容”工程，加快推进中润苏州中心、新苏国际等15个重点高层楼宇建设，城区无障碍改造任务全面完成，中心城区管理水平全面提升；高标准推进越溪城市副中心、尹山湖—独墅湖双湖板块、度假区蒋墩中央商贸区和渔洋山“金三角”等新兴板块建设，南苏州生活广场、香山国际大酒店等功能性项目开业运营；加大轻轨2号线、中心城区、蠡墅片区、吴淞江科技产业园、太湖科技产业园等重点地块拆迁力度，全区共拆除农宅、店面、企业2700多家、104万平方米。加快破除城乡二元结构。继续深化农村改革，在全省率先完成集体林权制度改革，全区各类合作社发展到309家，100%农民成为股民，“五大合作”改革创下8个省级以上第一，湖桥集团成为全国首个依托农民合作社成立的集团公司；全力推进沿太湖高效综合区、西部丘陵生态林茶果区、东部平原传统农业区等现代农业基地建设，“六个一”工程实现产值30.5亿元，粮食储备保供体系逐步完善，建成一批区级示范库；发展壮大镇村集体经济，两级集体总资产超162.7亿元，村均稳定收入达546万元，位居苏州大市前列；年稳定收入超1000万元、3000万元的村分别发展到23个和3个；进一步加大农村环境整治力度，投入5亿元按五种类型开展农村环境综合整治，新增一批卫生村、生态村、示范村，吴中区被列为全省农村环境连片整治首批3个典型示范区之一。强力推进重大基础设施建设。全力推进东山环岛公路、宝带西路延伸段、绕城高速光福互通连接线等交通工程建设，进一步完善供水管网、污水处理、电力、通信、人防等基础设施，全区生活供水保证率达95%；城区、中心镇镇区的生活污水集中处理率分别达到95%和85%，规划保留村生活污水处理率达70%，农村道路通达率、硬化率均达100%，电信宽带网络自然村覆盖率扩大到85%。（区委办）

【坚持教育优先和人才引领】 大力推进教育现代化,加快人才强区建设,以科教人才高地造就产业高地,把科教人才优势转化为发展优势和竞争优势。着力提升教育现代化水平。全年投入教育经费12亿元,增长6%,生均公用经费持续提高;统筹城乡教育一体化发展,全面推进学前教育、义务教育、普通高中教育、职业教育、社区教育等各类教育事业优质均衡发展,全区3周岁以上幼儿入园率达99.7%,初中升学率达99.5%。大力打造人才高地。积极实施人才强区和人才优先发展战略,进一步加大高层次人才引进力度,全区人才总量超7万名,高层次人才总量年增长率连续8年保持在22%以上,具有研究生以上学历或高级职称的人才近5000名,省"双创计划"人才9名、市"姑苏计划"人才11名。（区委办）

【深入推进改革开放】 全面完成政府机构改革。按照"精简、统一、效能"的原则,规范设置了26个政府工作部门、17个挂牌机构,新组建了区发改局等6个部门,进一步理顺了有关机关部门内设机构设置。推进医药卫生体制改革。出台《关于深化医药卫生体制改革的实施意见》,加大医疗服务领域的改革推进力度,加大对公共医疗卫生事业的政府投入,积极推进基本公共卫生服务均等化,全区城乡社区卫生服务机构普及率和人口覆盖率达100%。推动金融体制创新。积极打造吴中金融发展新高地、资本市场新板块,成功引进国发创投、双银国际金融城、中小企业融资服务分中心等一批金融总部,新增8家农村小额贷款公司;加大企业上市融资力度,东山精密、天马精化成功上市。调整优化国有经济结构。加快国有企业改革重组步伐,不断壮大国有企业实力,区属国有投资公司资产总额达145亿元、注册资本48亿元;筹备设立东吴产权交易所,区创投公司参与IPO股权投资获得成功。全面提升对外开放水平。充分利用国际国内两个市场、两种资源,加快开放型经济转型升级,全年新增注册外资11.2亿美元,实际利用外资4.5亿美元;完成中方境外投资1725万美元,新签外经合同额549万美元,完成外经营业额617万美元。（区委办）

【切实保障和改善民生】 牢固树立"民生第一"的发展理念,扎实推进各项惠民工程,努力办好涉及民生的各项工作。保持城乡居民收入稳定增长。通过各种途径增加城乡居民工资性、经营性、财产性收入,城镇居民人均可支配收入达到32109元,农民人均纯收入14527元,分别增长11.3%和12%。坚持统筹推动城乡就业创业。加强特困家庭、高校毕业生等重点人群就业工作,提升劳动力的就业能力和就业水平,全年新增就业岗位5.4万个,其中面向本地劳动力7884个,帮助3060名失业人员就业;发挥"以创业促就业"的联动效应,完善创业鼓励政策,建立健全创业公共服务体系,推动全民多创业、创成业、创大业。进一步完善城乡社保体系。持续提高全民保障水平,城镇五大社会保险净增参保2.9万余人,城乡居民医疗保险筹资标准提高到420元,被征地农民养老保险提高到400元,城乡低保实现历史性并轨,保障标准提高到420元;全年共向2711户、7517名低保户发放低保金1300余万元,向2180名重残人员发放生活救助金750余万元;胥口镇"百企帮百户"活动取得良好效果。全面推进各项民生工程。全面完成17万平方米、1664套保障性住房建设,累计对151户低保家庭和特困家庭实施廉租房保障,对511户低收入的公房危房住户实施解危安置,409户购得中低收入家庭住房;扎实开展住房公积金扩面工作,新增住房公积金缴存职工3.5万人;有序推进老新村改造,完成89幢、17.2万平方米居民住宅改造工程;全区文体教育服务机构实现全覆盖,公益性文化阵地超过 11 万平方米,成功创建全国文化先进区;社区卫生服务站建设改造工程全面完成,新一批乡镇卫生院、养老院建设顺利推进;按照“全区统一领导、部门分工协作、地方分级负责、各方共同参与”的要求,认真做好第六次全国人口普查工作。

(区委办)

【加强民主法制建设和精神文明建设】 积极发展社会主义民主政治。支持人大及其常委会依法履行职能,更好地发挥人民政协协调关系、汇聚力量、建言献策作用,积极支持工、青、妇等群众团体依法创新工作,认真做好新形势下的统战、民族、宗教、外事、对台、侨务、双拥、国防后备力量建设、老干部、老年人、计生、妇女儿童等工作。扎实推进法治吴中和平安吴中建设。积极开展法治建设先进镇(街道)创建活动,临湖镇湖桥村被命名为第四批“全国民主法治示范村”,吴中区连续 4 年被评为“土地执法模范区”;深入开展“三项排查”,重视加强信访工作,有效化解一批信访积案和社会矛盾;全面加强社会管理创新,扎实推进城中村、塘湾里等重点区域社会治安和城市管理突出 7 项问题专项整治;依法打击各类犯罪活动,8 类主要刑事案件发案率持续保持较低水平;认真做好校园安保工作,投入 3000 万元组建全市首个校园护卫大队,成立了应急救援大队;安全生产监管体系逐步完善,连续 5 年无较大森林火灾。进一步深化精神文明建设。广泛开展“迎世博、讲文明、树新风”活动,积极开展文明村镇、文明社区创建活动和市民公共文明教育实践活动,切实抓好未成年人思想道德建设,进一步培育公民文明行为与意识;以诚信建设为重点,不断完善社会诚信体系,建设公平诚信的市场环境,营造社会诚信氛围;围绕公共文明指数测评工作,努力构建文明城市长效管理机制。

(区委办)

【加强和改进党的建设】 以党的执政能力建设和先进性建设为主线,全面加强和改进党的建设,不断提高党建工作的科学化水平,为全区经济社会发展提供坚强的组织保证。深入开展创先争优活动。按照上级统一部署,围绕“转型升级做表率,科学发展当先锋”主题,以“创建先进基层党组织、争当优秀共产党员”为主要内容,扎实开展创先争优活动。全区 85 个单位、34995 名党员围绕中心、服务大局,立足本职、创先争优,涌现出一批先进典型,巩固和拓展了深入学习实践科学发展观活动成果。扎实推进干部队伍建设和人事制度改革。认真做好干部考察和“一报告两评议”工作,优化调整 55 个机关部门、17 个乡镇街道领导班子,新提拔 35 岁左右的年轻干部 36 人、女干部 36 人、党外干部 8 人;积极开展干部挂职、大学生“村官”和选调生工作。进一步加强基层组织建设。认真做好农村(社区)党组织换届选举工作,全区 171 个农村(社区)党组织首次以公推直选和无候选人直选方式,选举产生新一届村(社区)党组织成员 919 名;深入开展先锋镇、先锋村争创工作,新增市级先锋镇 3 个、先锋村 8 个。全面推进反腐倡廉建设和机关作风建设。认真学习贯彻《廉政准则》,积极开展“模范履职、文明执纪”学习教育活动;严格落实党风廉政建设责任制,纵深推进惩防体系构建,持续加大对重大项目建设、重点工作行政效能监察力度,严肃查处一批违纪违法案件,挽回直接经济损失 950.46 万元。狠抓机关作风效能建设,深化行政审批制度改革,大力实施“创新服务”工程,加大明查暗访力度,行政服务中心办件事项平均提速 10.2%。

(区委办)

重要会议

【中共苏州市吴中区委二届九次全体(扩大)

会议】 2010年7月17日，中共苏州市吴中区二届委员会召开第九次全体(扩大)会议。主要任务是：传达贯彻市委十届十二次全会精神，回顾总结上半年工作，分析当前发展形势，研究部署下半年任务，动员全区各级党政组织和广大干部群众，坚持科学发展，加快转型升级，以创新的举措和务实的作风扎实推进“保增速、促转型、惠民生”各项工作，确保全面完成全年各项目标任务。区委书记金海龙作了题为《保增速 促转型 惠民生 为全面完成全年目标任务而努力奋斗》的工作报告。 (区委办)

【中共苏州市吴中区委二届十一次全体(扩大)会议】 2010年12月3日，中共苏州市吴中区二届委员会召开第十一次全体(扩大)会议。主要任务是：认真贯彻落实党的十七届五中全会和省、市委扩大会议精神，回顾总结今年以来工作和“十一五”发展成果，科学谋划“十二五”发展，集思广益、凝心聚力，动员全区各级党政组织和广大干部群众，在新的起点上推进“山水苏州、人文吴中”建设，努力开创“十二五”发展新局面。区委书记金海龙作了题为《在新的起点上推进“山水苏州、人文吴中”建设 努力开创“十二五”发展新局面》的工作报告。 (区委办)

【中共苏州市吴中区委工作会议】 2010年12月30日，中共苏州市吴中区二届委员会召开工作会议。主要任务是：认真贯彻落实中央、省经济工作会议、市委工作会议精神，结合今年全区经济发展情况，客观分析当前和今后一段时期面临的宏观经济形势，科学谋划明年目标任务，动员全区广大党员干部解放思想、凝心聚力，抢抓机遇、乘势而上，努力实现“十二五”发展良好开局。区委书记金海龙作了题为《凝心聚力 乘势而上 努力实现“十二五”发展良好开局》的工作报告。 (区委办)

【其他重要会议】 1月12日 全区第二批学习实践活动整改落实阶段工作会议

1月24日 区政府机构改革工作会议

2月3日 全区党建工作会议

2月21日 区级机关作风效能建设总结表彰大会

2月25日 全区党风廉政建设暨纪检监察工作会议

2月27日 全区2009年度表彰大会

3月2日 全区政法综治工作会议

3月10日 全区城乡一体化工作会议

3月25日 全区学习实践科学发展观活动总结大会

3月30日 全区经济工作推进会

4月26日 全区推进国家创新型城区建设动员大会

6月3日 全区加快经济转型升级推进会

6月24日 全区领导干部会议

6月28日 在全区基层党组织和党员中深入开展创先争优活动动员会议

7月23日 全区人才工作会议

7月29日 全区公共文明指数测评迎检工作推进会

8月2日 吴中区党政主要领导任中“三责联审”进点会议

8月5日 全区区级机关作风效能建设推进会

9月2日 全区城乡一体化工作推进会

9月26日 全区服务业推进大会

10月29日 全区学习贯彻十七届五中全会精神暨经济工作推进会

11月22日 全区领导干部会议

11月26日 全区农村改革座谈会

12月28日 全区信访工作会议

(区委办)

重要决策和活动

【重要决策】 2010年1月6日 区委出台《关于贯彻落实党的十七届四中全会精神进一步加强新形势下的党的建设的意见》

1月23日 区委、区政府印发《吴中区人民政府机构改革实施意见》

3月1日 区委印发《关于在加快经济转型升级中充分发挥人才支撑和引领作用的若干意见》

3月23日 区委出台《关于认真学习贯彻〈中国共产党党员领导干部廉洁从政若干准则〉的意见》

3月31日 区委、区政府出台《关于深入推进区级机关作风效能建设的意见》

4月26日 区委、区政府印发《关于进一步推进吴中区人才计划的若干意见》

6月24日 区委印发《在全区基层党组织和党员中深入开展创先争优活动的实施意见》

8月13日 区委、区政府出台《关于深入推进社会矛盾化解、社会管理创新、公正廉洁执法的实施意见》

10月25日 区委出台《关于进一步加强和改进人大工作的意见》

11月25日 区委、区政府出台《关于建立生态补偿机制的实施意见(试行)》

11月26日 区委、区政府出台《关于深化医药卫生体制改革的实施意见》

12月1日 区委、区政府印发《苏州市吴中区中长期教育改革和发展规划纲要(2010~2020年)》

12月1日 区委、区政府出台《关于加快实现城乡教育一体化现代化的意见》

12月2日 区委、区政府出台《关于2011年度苏州市吴中区城乡居民(农村)医疗保险工作意见》 (区委办)

【重要活动】 1月21日 2010太湖旅游世博年启动仪式

1月29日 区慈善救助金发放仪式

3月15日 2010苏州·吴中洞庭(山)碧螺春茶文化旅游节开幕式

3月18日 2010苏州吴中·太湖(北京)投资环境说明暨央企对接会

3月24日 全区行政权力网上公开透明运行暨电子监察系统开通仪式

3月27日 吴中区重大项目开工开业活动

4月8日 2010中国苏州吴中·太湖(日本大阪)投资说明会

4月13日 城乡一体化改革发展高层论坛(中国·苏州)

4月16日 农村集体“三资”监管平台启动仪式

5月26日 吴中区校园护卫大队成立仪式

6月23日 对接世博 苏州吴中·太湖服务业推介会

8月28日 2010第六届中国(苏州)太湖开捕节

9月11日 穹窿山孙子兵法文化旅游节

9月19日 第八届中国苏州·甪直水乡服饰文化国际旅游节开幕式

10月14日 吴淞江科技产业园奠基开工仪式

10月18日 2010苏州吴中·经贸合作洽谈会暨金秋经贸招商周活动

11月3日 2010中国·藏书羊肉美食节开幕式暨人文吴中·和谐木渎大型文艺晚会

(区委办)

纪检监察工作

【落实党风廉政建设责任制】 2010年，以党风廉政建设责任制为龙头，认真履行组织协调职能，抓实3个环节，强化工作责任，形成工作合力，扎实推进党风廉政建设责任制的落实。抓整改落实环节。年初按照市党风廉政建设责任制检查考核组提出的意见，及时制订整改方案，落实整改任务和要求。抓责任明确环节。对照全区党风廉政建设工作新目标、新要求，结合各单位廉政风险排查中发现的问题，对党风廉政建设的责任范围和内容进行及时调整，确定8大类、35项党风廉政建设重点工作，做到责任目标既有总体共性要求，又有符合各单位实际的个性化内容。抓测评反馈环节。对88个单位的领导班子及成员落实党风廉政建设责任制情况进行民主测评，及时对测评结果进行统计分析，并将测评结果和意见反馈单位“一把手”，督促工作改进。（纪检委）

【领导干部廉洁自律】 打造廉洁文化观览线。将5个具有廉洁从政教育意义的景点串联起来，形成一条廉洁文化教育观览专线，通过参观景点，引导广大党员干部陶冶道德情操，增强自律意识。做好《廉政准则》宣教工作。在全区党员干部中组织开展“六个一”活动，将《廉政准则》宣传学习引向深入。积极营造廉洁氛围。在重要路段张贴大型廉政公益广告，在网上开设“廉吏暴式昭网上纪念馆”栏目，营造廉洁文化氛围。抓好警示教育。组织全区各镇（区）、街道和建设、交通、国土等部门80多人旁听一起涉及该领域的行政人员受贿案的庭审，强化廉政警示教育。开展好“思廉、树廉、讲廉”主题教育活动，设计安排8大项12小项主题教育活动，使主题教育活动取得新成效。（纪检委）

【执纪查案】 年内，全区立案查处各类违纪违法案件56件，其中自办案件23件，基层办案33件；经济类案件20件，涉及乡科级干部案件8件，为集体挽回直接经济损失950.46万元。收信接访128件次，已全部办结。全区纪检监察三级互动接访中心运行情况良好，受理各类信访投诉493件次，已办结480件次，调处办结率97.36%。抓好案件审理工作，对基层27件案件进行两次审理，下达处分建议27条，均被基层党组织采纳。（纪检委）

【纠风与专项治理】 年内，先后3次会同区委农办、区财政等部门对全区落实强农惠农政策开展监督检查，完善农村土地承包经营权流转；会同公安、交通、农业等部门开展6次联合执法，查处超载、超限车辆60多辆；会同区教育局督促各校签订《2010年纠风工作责任状》，将专项治理工作的责任、目标分解落实到基层学校；会同卫生局食品和药品监督管理局抓好食品药品安全监管，完善食品药品安全联络员、协管员、信息员工作职责和考核办法，推进食品药品安全监督网络建设。开展“清理规范行业协会和市场中介组织服务和收费行为专项治理工作”，利用半年左右时间，对行业协会和市场中介组织服务和收费行为进行全面清理规范，制定出台《吴中区清理规范行业协会和市场中介组织服务和收费行为的实施意见》，规范行业行为。深入开展国有及国有控股企业、社会团体“小金库”专项治理，会同区财政、审计等部门重点抽查28家单位，对发现的20多个问题进行跟踪督查，限期整改。（纪检委）

【源头治理】 年内，发布各类政府信息4126条，进驻区行政服务中心的237个审批事项全部实现办事信息在网站上公开。7月，完成对行政权力事项新一轮清理工作，完善行政权力目录库，出台《吴中区行政权力库更新维护办法》，加强和规范行政权力库的动态管理。正式建成并启用区行政权力网上公开透明运行暨电子监察系统，配合出台《吴中区行政权力网上公开透明运行工作考核办法》,规范系统运行。至年底,电子综合监察系统对近6万余条运行信息实施同步电子监察,发现异常、违规事项450件,发出《电子监察交办函》10份,编发《电子监察工作信息》3期,通报系统运行情况,推进系统建设。 (纪检委)

组织工作

【深入开展创先争优活动】 以“转型升级作表率、科学发展当先锋”为活动主题,以创建先进基层党组织、争当优秀共产党员为主要内容,以“推动科学发展、促进社会和谐、服务人民群众、加强基层组织”为总体目标,2010年6月下旬,全面部署启动创先争优活动,全区85个单位、34995名党员参加活动。注重加强组织领导。成立以区委书记为组长的创先争优活动领导小组,15名区委常委、党员副区长与15个镇(街道)、15个区级机关部门建立创先争优活动联系点,签订目标责任书。注重创新活动载体。实施党员关爱行动,组织全区33275名党员和社会各界人士184人,募集3612881元爱心款(金额列各区第一),帮扶全区4976户生活困难群众;开展服务创新创业行动,组织区、镇(街道)两级123个机关党组织分别与123个企业和110个项目结对,开展各类结对活动132次,服务企业项目科学发展。注重培育选树典型,精心筛选全区19个基层党组织和16名共产党员,在吴中报道开设“创先争优·时代先锋”专栏,营造崇尚先进、学习先进氛围。 (组织部)

【领导班子和干部队伍建设】 抓好政府机构改革。通过合并组建、职能整合、机构调整等方式,规范设置26个政府工作部门、17个挂牌机构,新组建区发改局等6个部门,变更区接待办、档案局(馆)为区委直属事业单位,建立水利局、宗教局党委(党组)、纪委(纪检组),加强各镇(街道)政协工委工作力量。选优配强各级领导班子。年内提拔正科职24名,正科级24人,副科职88名,副科级14人。优化调整区级机关、乡镇、街道、穹窿山和林场等72个领导班子,有35个单位涉及“一把手”领导调整;加强两区领导班子配备,年内为“两区”提拔处级干部3名、科级干部21人、交流6人;加强区属企业领导班子建设,提拔11人,交流5人,全区区属企业均配备财务总监;做好换届选举有关工作,配合做好市委组织部对区人大、政府、政协届中调整和党委换届考察工作,部署开展镇党委换届考察工作,谋划配备下年镇党委换届人事安排。抓好年轻干部、女干部和党外干部工作选拔培养。年内提拔35岁左右年轻干部57人、女干部58人、党外干部8人。举办第七期中青年干部赴复旦大学培训班,选任6名年轻干部为区级机关局长助理,选派2人赴宿迁市宿城区挂职,选派2名科级干部上挂市发改局、财政局;启动新一轮双向挂职工作,挑选基层和机关24名后备干部,担任镇长(主任)和局长助理;做好下派挂职干部接收工作,接收省级科技镇长团挂职干部12名、北京下派挂职干部3名、市级机关挂职干部3名、宿迁市挂职干部1名;抓好大学生“村官”和选调生工作,开展分片定岗公开招聘28名大学生村官工作,成立大学生村官联谊会,加强日常管理、考核和培养使用;接收省委选调生4名,选派4名选调生参加省市培训班;抓好后备干部滚动调整工作,挑选了45名科级干部,作为党政正职后备人选,开展局镇级后备干部集中调整工作,选拔235名局镇级后备干部,丰富后备人才储备。 (组织部)

【干部教育培训】 抓好全区干部教育培训工作整体统筹和规划引领,整合各层次培训力量,在办好主体班次基础上,联动推进领导班子中心组理论学习、在职自学、“菜单式”选学、在线学习,不断提高各级领导干部引领科学发展能力水平。年内,组织由100多个单位组成的旁听小组对35家单位领导班子中心组理论学习进行旁听,参与市“菜单式”讲座学习科职干部3500多人次。做好上级调训工作,选送21名干部参加县处级领导干部进修班、产业转型升级专题研修班、正科级公务员任职培训等专题培训。（组织部）

【干部人事制度改革】 严格做好考察环节,规范常委会讨论干部程序,严格实行常委会票决制度,拟选拔任用人选进行多媒体演示,涉及正科职人选按要求征求全委会意见。全年考察干部人选233人次,参加民主推荐人员15256人次,发放考察预告134份。区委共研究干部644人次,全委会征求意见59人次,常委会票决578人次,征求纪检部门意见320人次,干部任前公示226人次。修订完善区管干部职务名称表,明确规定区委管理、委托区委管理以及需要向区委组织部备案的干部职务名称;出台《吴中区科级领导干部民主推荐暂行办法》,规定民主推荐形式、流程和范围,在民主推荐中得票数低于50%的不列为考察对象;制订《科级干部选拔任用和交流工作意见》,对干部选拔任用的资格条件、提拔程序、任职使用等作出明确要求,规范干部选拔任用工作,激发干部工作激情。（组织部）

【干部监督工作】 开展“一报告两评议”工作,对全区干部选拔任用工作及新提拔的机关主要负责人、新任职镇街道党政主要领导进行民主评议和测评。认真执行任前公示制度,提拔使用的人选全部通过“吴中党建”网站公示。配合做好市委组织部、市审计局“三责联审”工作,在区卫生局开展“三责联审”试点,对11名领导干部任期内进行经济责任审计。继续执行好干部试用期制度,全年实行试用期干部48名,开展试用期考核63名,试用考核全部合格。继续实施军转干部安置积分选岗办法,年内接收5名团职转业干部。做好信访工作,全年办理来信来访25件,结办率100%。（组织部）

【人才工作和人才队伍建设】 强化宣传舆论,积极招才引智。积极向外宣传推介区人才政策和创业环境,突出宣传省双创领军人才卜海之、王良友先进事迹。积极承接举办首届生物医药国际精英高峰会,扩大“吴中药港”品牌影响力。会同人事和社会保障局等单位先后组织赴重庆、武汉招聘中高级人才,两场招聘会共吸引4000多名紧缺专业人才。强化载体建设,加速人才集聚。加快推进吴中科技园二期、吴淞江工业园等创新载体建设,不断提高产学研合作层次,促成东瑞制药、药明康德等15家企业加入中科院“创新联盟”,加速高层次人才来吴中创新创业。做好2010年度“国家千人计划”、省高层次人才创新创业基地(开发区)、高层次人才创新创业领军人才及姑苏人才计划申报工作,2名入围第五批“国家千人计划”实地考察,2名通过省高层次人才创新创业领军人才专家初审,1名进入姑苏人才为创新创业人才专家评审阶段。强化资助服务,助推人才创新。加大人才资金扶持力度,对获得省、市、区创新创业领军人才项目进行资助匹配900万元,对8名省“333工程”和34名优秀拔尖人才发放书报津贴费51200元。开展“杰出人才奖”和“人才发展奖”等评选表彰活动,表彰人才发展奖10家、杰出人才奖5名,人才发展奖 15个,奖励资金近200万元。贯彻落实中央和省市人才工作会议精神,召开全区人才工作会议,研究制订吴中“十大人才工程”,出台《吴中区中长期人才发展规划纲要》及10个配套激励实施细则等政策文件,放大加快转型升级、推动科学发

展人才效应。成立吴中区博士联谊会，搭建高层次人才交流沟通平台。 （组织部）

【农村党组织建设】 抓好农村（社区）党组织换届选举工作，全区171个农村（社区）党组织，有155个村（社区）、16个村（社区）首次采用公推直选和无候选人直选方式，选举产生新一届村（社区）党组织成员919名，一批能力强、素质优、群众公认度高的党员干部进入村（社区）党组织领导班子。深入开展第三批"先锋镇"、"先锋村"争创工作，临湖镇等3个镇（街道）和木渎镇尧峰村等8个村（社区）被市委命名表彰为市级"先锋镇"、"先锋村"。科学理顺党组织设置，木渎镇金山村等19个村（社区）建立党的基层委员会。抓好薄弱村帮扶工作，采取召开薄弱村书记科学发展专题座谈会、参加全市村书记提升科学发展能力培训班、组织外出考察学习、加快吴中"富民工业园"开发建设等措施，加快薄弱村脱贫步伐。切实落实村干部激励保障机制政策，11名村干部挂靠事业编制。 （组织部）

【非公经济党组织建设】 开展"提高组建率、提高影响力"为主要内容的"双提高"活动，推行"区域统建"和"网格化管理"模式，新成立7个镇、街道非公经济党委，分片划区设立128个党组织，涵盖1864家规模以下非公企业，年内新建93家非公企业党组织，8家新社会组织党组织。出台《关于实施非公有制经济党建"四有一工程"的意见》，扎实推进有人干事、有章理事、有钱办事、有活动载体，增强党组织活力工程。成立首批63名会员加入的全区非公经济党建协会，加强非公企业党建工作。组织全区30名规模较大的企业业主和党组织书记举办复旦大学高级研修班，组织全区750名企业党组织书记开展专题培训，提升企业管理和开展党建工作能力。制订《关于对全区非公企业党工干部发放岗位津贴的实施办法》，全区706名非公企业党工干部享受岗位津贴70万元。 （组织部）

【社区党组织建设】 加大社区党建品牌培育力度，积极开展"争树党建品牌、争创和谐社区""双争"活动，培育出"党员365工作室"、"空中党校"等29个品牌理念先进、组织机构稳定、工作机制完善、群众基础广泛、社会反响良好的社区党建品牌，形成"一居一品"党建创新格局。召开全区社区党建工作推进会，命名表彰木渎镇香溪社区等10个社区党建工作示范点和18名优秀党务干部，苏苑街道苑北社区、龙西街道新苑社区、木渎镇花苑社区获市社区党建工作示范点称号。扎实开展"在职党员进社区"活动，全区接收报到苏州市在职党员2067人，成立党员志愿者服务队69个，开展党员志愿服务活动203次，提供志愿服务2898人次。 （组织部）

【党员教育管理工作】 下发全区党员发展工作规划和党员教育工作要点，增强党员管理和教育规划性。开展"加强党员管理专题调研"，明确新形势下加强和改进党员管理的对策措施。抓好区级远程教育网站建设和维护，维护好基层党建信息平台，举办全区基层党建信息平台和远程教育站点管理员培训班，积极开展全市远程教育站点互学互查活动，提高站点管理水平。开展流动党员调查摸底，全区有流动党员268名，其中外出流动党员54名，接收流动党员214名。做好建党89周年相关纪念活动。春节前对各类特困党员进行走访慰问，慰问特困党员256名，补助金额90多万元。 （组织部）

宣传思想工作

【概况】 2010年，全区宣传思想工作按照"高举旗帜、围绕大局、服务人民、改革创新”总要求，紧紧围绕市委建设“三区三城”总体部署和区委“走进太湖时代”发展战略，坚持贴近实际、贴近生活、贴近群众，努力使宣传思想工作更好体现时代性，把握规律性，富于创造性，为促进全区经济社会更好更快发展，着力打造高端产业城区、最佳宜居城区和文化旅游强区提供有力思想舆论保证。（宣传部）

【理论武装深化拓展】 以深化学习型党组织建设为契机推动理论学习深入开展。以党员领导干部为主体、以党委中心组学习为重点，扎实抓好理论武装示范工程。年内，区委中心组进行8次专题理论集中学习。以学习旁听制推进中心组学习规范化。先后牵头组织9家单位中心组理论学习旁听。在区四套班子领导中广泛开展“以改革创新精神加快推进经济发展方式转变”专题学习调研活动，形成《发展创新型经济，建设创新型城区》等20余篇调研成果。紧扣区委、政府中心工作，邀请有关领导专家作4场专题辅导讲座。年内组织市、区宣讲团成员赴基层宣讲50场，受教育干部群众近万人。

以基层党校为主阵地扎实推进党员教育。通过制定下发《基层党校考核评比量化标准》、召开党校工作分片会议和培训交流等举措，抓好专职副校长队伍建设。在全区范围内组织开展基层党校工作调研，形成多篇调研成果。先后指导区发改、水利、人社、国资等部门建立党校。在全区范围内扎实开展“百堂党课下基层”活动。联手市、区讲师团、区委党校等部门，组建22人宣讲队伍，突出目前形势任务、社会主义核心价值体系等主题，指导宣讲团成员深入基层开展宣讲。至年底，累计授课百余场，受教育干部群众2万多人次。

以爱国主义教育基地为切入点做好党史工作。开展革命遗址普查工作。通过制定普查方案、召开专题会议、深入基层调研等举措，组织开展全区革命遗址普查工作，普查革命遗址6处，其他遗址4处。做好爱国主义宣传教育。对全区2个省级、7个市级爱国主义教育基地进行深入调研，承办全市爱国主义教育基地建设现场经验交流会。协助苏州青旅开辟红色旅游线路，配合市委党史工办开展“红色之旅”夏令营活动。积极推进“党史下基层”教育活动开展，先后在甪直、长桥、木渎等地开展党史知识专题讲座，深受基层好评。

以课题研究、社科宣传为抓手推进社科工作。社科应用课题研究成效彰显。确定吴中城乡一体化问题、民营经济结构优化升级等19项立项课题。组建社科专家智库，联系落实与区域发展密切相关的10余名专家为区社科联特聘专家。区级立项课题《城乡一体化背景下的产业转型升级(以木渎为例)》和《透视转变经济发展方式背景下我区民营企业的新动向》得到区委主要领导充分肯定。社科宣传普及深入人心。成功举办主题为“倡导低碳生活、建设美好吴中”区第三届社科普及宣传周活动。整合全区社科宣讲力量组建“吴中社科大讲堂”，为基层授课60余场次，受教育群众万余人次。倾力打造孙子文化大讲堂，力推孙子文化“五进”活动深入开展。穹窿山孙武苑获评江苏省社科普及示范基地。年内，编辑《吴中社科动态》11期。（宣传部）

【舆论宣传凸显气象】 引领舆论导向，营造转型升级氛围。年内，先后指导《吴中报道》开设《创新吴中》、《转型升级在吴中》、《民生视角》和《加快转型升级、走进太湖时代》等12个专题报道，全面展示吴中区坚定不移调结构、抓创新、促转型和关注、服务、改善民生所取得的丰硕成果。9月，由苏广电携手央视共同拍摄、重点展示吴中区加快城乡一体化和富民强区进程专题报道《“苏南模式”升级版实验》亮相央视《新闻联播》，引发各界关注。同时，注重发现、挖掘一批致力科技创新、独具发展潜力的“隐型冠军”类企业典型，协调、引导主流媒体进行深度采访、报道。积极参与区委“创先争优”活动宣传报道，指导有关媒体推出《科学发展，创先争优》和《创先争优，时代先锋》两个专题。

助力商贸活动，服务经济外宣。积极策划、参与筹备北京、上海、台湾三地招商，赴日、美招商和’2010苏州吴中·太湖金秋经贸招商周等重要活动，全面更新吴中区投资环境资料、形象宣传片。出色完成外宣资料编辑、会场布置、会务礼仪、新闻宣传等各项招商会务工作。世博会前夕，与中新社合作推出《中国新闻世博专刊》；区“金洽会”前夕，协调亚洲卫视《投资中国》栏目，拍摄制作专题片，为“金洽会”造势。与苏广电合作，开展建区以来首次高清航拍，制作成音乐形象片《飞翔的吴中》，为建区10周年献礼。

拓展外宣平台，提升宣传报道效果。全面对接上海世博会，参与举办世博苏州分论坛和世博吴中主题展示周。携手上海《文汇报》、《新民晚报》、《姑苏晚报》、《江南时报》和《国际商报》等五大媒体开设“吴中专版”，先后以“下一站，大太湖时代”、“推进产业升级，做优苏州南城”等为题进行深入报道，年内，共刊出各类专版30多个。联手《新华日报》、《华人时报》以专版的形式推出《苏州吴中，太湖最美的地方》；携手《苏州日报》评论版，策划开展《人文吴中·太湖文化大家谈》主题征文活动，获得佳作百余篇。

注重以节为媒，服务基层给力。年内组织“碧螺春茶文化旅游节”、“吴中区首届杨梅节、枇杷节”、“甪直江南文化旅游节”等新闻通气会，参与策划碧螺春茶文化旅游节、世博会吴中主题周、穹窿山兵圣文化旅游节等系列大型活动。拍摄制作碧螺春茶电视专题片，在香港有线电视台、新浪网予以播放；先后协调央视5套制作《城市之间——走进苏州吴中》专题片、组织西祠网友代表看西山岛系列活动等。（宣传部）

【文明创建致力突破】 文明创建活动日益深入。文明城市长效管理扎实推进。制定下发《苏州市公共文明指数测评标准及吴中区相关责任分解》、《吴中区加强文明城市长效管理暨公共文明指数测评迎检考核办法》，先后召开全区公共文明指数测评迎检工作推进会、分析会和入户调查工作培训会等。组织协调相关单位开展市容环境、交通秩序、公共卫生和社会文化环境等五大专项整治行动，组织发动全区机关党员干部参加文明交通协勤活动。年内，组织迎接中央、省、市级“公共文明指数”暗访检查8次，较好完成“公共文明指数”测评迎检工作。综合苏州市6次测评结果，吴中区总分位列全市第三名，有效地促进了全区文明城市长效管理建设。深入开展省级文明单位创建。经过推荐、会审、检查、考核，越溪街道旺山村获评2007~2009年度江苏省文明村标兵；木渎镇天平村、胥口镇、区法院等3家单位和横泾街道尧南社区获评江苏省文明村镇、文明单位和文明社区；临湖镇湖桥村等7个村、东山镇等2个镇、龙西街道水香苑社区、区审计系统和区检察院等10家单位分别获评江苏省创建文明村(镇、社区、行业)工作先进村(镇、社区、行业)和文明建设工作先进单位称号。

公民道德素质显著增强。组织全区各行业积极开展“迎世博、迎亚运、讲文明，满意在苏州”优质服务竞赛活动。精心策划“做好客的吴中人”主题活动，推荐区卫生局、工商局、吴中集团3家单位的9个服务品牌参评首批“苏州市行业文明服务品牌”。以“志愿者绿色世博年”为主题，策划组织志愿者世博体验之旅、“志愿者环保行——走进太湖时代”等系列活动。健全全区三级志愿服务网络，开展各类社会志愿服务活动100多次。组建全区道德模范先进事迹巡回宣讲团，先后走进苏苑街道南区社区、横泾街道长远村、苏州市收容教育所等单位,开展宣讲活动。组织开展“我推荐、我评议身边好人”暨2010年度全区新人新事评选活动。胥口镇“百企帮百家”慈善帮扶活动入选2010年度苏州市第十九届精神文明建设十大新事。积极推动“文明在吴中”主题阅读、好书漂流等149项系列活动深入开展,在全区范围内倡导全民阅读理念,弘扬阅读文化。木渎镇开通全国首家镇级市民学习网站等3项读书活动荣膺苏州市优秀活动项目,吴中区被授予“优秀组织奖”。

未成年人思想道德建设扎实推进。区委专题召开全区未成年人思想道德建设工作推进会,评选表彰一批未成年人思想道德建设先进集体、个人和创新案例。研究制订《区未成年人思想道德建设五年工作重点(2011~2015年)》和《2010年净化社会文化环境,加强未成年人思想道德建设工作重点及分工》。加大媒体宣传力度,在《姑苏晚报》刊发“七彩的夏日”活动专版,联手《吴中报道》策划拍摄“七彩的夏日——开启心灵缤纷天地”活动专题片,编印下发《区未成年人思想道德建设创新案例集》。围绕“迎世博、讲文明、树新风,当好文明城市小主人”主题,组织开展走进世博园、世博知识讲座、世博绘画、征文等活动。围绕“七彩的夏日”、“缤纷的冬日”主题,各地共组织开展162项少儿活动。承办市“做一个有道德的人”影评征文比赛颁奖活动。重新命名区社会福利院、西山地质博物馆等12家未成年人校外社会实践基地(场所),规范推进各镇(街道)、村(社区)青少年活动中心和未成年人校外教育辅导站建设。全年制作“阳光地带”栏目49期。（宣传部）

【群众文化再结硕果】 “我们的节日”系列活动有声有色。依托中华民族传统节日,在城乡广泛开展形式多样的民间民俗活动,重点打造苏州穹窿山2010新春祈福庙会、木渎首届吴地(清明)山陵文化节、胥口端午民俗文化节和渔洋山重阳登高活动等民俗节庆活动品牌。其中,“苏州穹窿山2010新春祈福庙会”和“木渎首届吴地(清明)山陵文化节”2项活动被评为苏州市“我们的节日”活动优秀组织奖。

文体阵地建设稳步推进。全区新增公益性文化阵地面积10154平方米,总面积110839平方米,人均0.195平方米。积极构筑巡查联系、考评通报、重点帮扶三大工作机制,加快推进基层文体设施建设。至年底,城区现代文体中心累计完成投资2.5亿元,地面主楼、裙楼封顶,进入室内外装修阶段;区图书馆通过江苏省信息资源共享支中心的检查验收。

群众文化活动精彩纷呈。做靓文化科技卫生“三下乡”、“广场文艺月月演”和数字电影“四进工程”等群众文化品牌。启动区科技文化卫生“三下乡”和优秀评弹《吴宫遗恨》进村(社区)巡演活动。年内组织文艺演出45场(次)。其中国庆广场专题文艺演出5场,文明百村(社区)欢乐行专场演出16场,《吴宫遗恨》赴基层巡演15场,承办第八届中国国际民间艺术节文艺演出6场,数字电影全区全年放映1750场次,观众近20万人次。

文艺精品创作不断涌现。全区创作生产文化产品千余件,区民间工艺家钟火元、须培金、周雪官等的作品获“中艺杯”5个金奖、3个银奖,还获得中国工艺美术“百花杯”优秀作品评比金奖、最佳工艺奖;周建明作品获2010年“中国民间文艺家协会”金奖;叶志明、姚建萍、孙林泉获评“苏州工艺美术特别贡献奖”。《甪直水乡行》获“中华元素”舞台艺术作品(群文)银翎创意奖;《吴宫遗恨》获中国曲艺牡丹奖“节目提名奖”;甪直连厢队参加央视“第二届中国民族民间歌舞盛典”演出。

（宣传部）

统一战线工作

【概况】 2010年，全区统一战线工作在区委正确领导和上级统战部门指导下，认真学习贯彻中央、省市及区委会议精神，围绕中心，履行职能，推进“五大关系”和谐，促进工作创新和落实，狠抓学习，统一思想求共识；加强支持，党派工作抓规范；突出重点，形成合力促发展；打牢基础，创先争优务实效，统一战线呈现团结稳定、和谐发展大好局面。

（统战部）

【推进“1010”建言献策信息“直通车”工作】 “1010”建言献策信息“直通车”建立以来，广大信息员热情参与，及时提出影响经济社会发展的新问题和对策措施，适时提出解决制约经济社会发展问题的对策建议，有效提出推进经济社会发展的前瞻性意见建议。已收到信息50条，编印信息参考3期，其中20条信息得到区委政府领导批示，有的建议被纳入区相应发展规划。推进“1010”建言献策信息“直通车”工作，注重四个加强：加强组织领导，加强信息员队伍建设，加强组织指导工作，加强完善制度措施。（统战部）

【举办党外干部培训班】 8月份，会同区委组织部、党校联合举办党外中青年干部培训班。培训人员35名，培训时间5天，培训对象主要是担任中层正职的党外干部，培训知识涉及党的统一战线理论、领导干部能力提升等内容，通过领导动员、授课辅导、座谈交流、撰写体会、参观考察的方式，切实提高党外干部综合素质和合作共事、建言献策、民主监督、组织协调能力。（统战部）

【调整完善对口联系工作制度】 针对政府机构调整，及时完善对口联系工作制度，与区各民主党派、工商联建立对口联系的部门由原来的8个扩充至12个，重新明确对口联系工作负责领导和联络员。9月份，牵头召开对口联系工作座谈会，对对口联系工作内容、目标、措施责任提出新要求，推动工作向常态化、制度化发展，为党外人士深入了解经济社会运行情况、开展建言献策、参政议政提供良好平台。（统战部）

【建立统一战线“六支队伍”】 通过调查摸底，由统战部牵头组织，在全区民主党派、党外知识分子、民族、宗教、新的社会阶层、港澳台海外代表人士中物色并建立“六支队伍”数据库，以老中青、短中长期相衔接，充实党外代表人士后备名单，形成一支素质优良、结构合理、数量充足的党外代表人士队伍。

（统战部）

【筹建吴中区光彩慈善专项基金】 会同区工商联，通过宣传发动，引导全区非公有制经济人士自觉承担社会责任，开展扶贫济困等社会公益活动，已募集光彩慈善专项基金10万元，纳入吴中区慈善总会资金帐户。响应区政府号召，组织全区会员企业开展“吴中区见义勇为基金”募集活动，募集基金116万元。

（统战部）

【基层统战工作】 年初，区委召开全区党建工作会议，部署以组织、宣传、统战为主要内容的党建工作任务。根据会议精神，制订下发《2010年吴中区统战工作要点》，对全年工作进行细化。在此基础上，召开统战口单位协调会，研究确定《2010年基层统战工作目标管理百分考核细则》，对每一项工作标准进行量化，落实考评内容。每季度，采取分片跑点办法，召开工作碰头会，听取工作意见，部署阶段工作重点。年底，组成考评小组对镇、街道

统战工作进行综合检查评估，切实推动基层统战工作落实。（统战部）

农村工作

【城乡一体化改革发展】 突出富民强村核心,加快体制机制创新,初步形成城乡一体化改革发展新格局。城乡规划布局进一步完善,全面完成全区城乡协调规划、城镇总体规划修编,2个先导区产业布局和土地利用规划修编获区政府批准，新农村村庄规划实现全覆盖。“三集中”步伐加快推进,2010年全区87.1%的农村工业企业进入工业园,67%的耕地实现适度规模经营,28.7%的农户实现集中居住。现代农业进一步提升,全区拥有“三品”农产品总量186个、省级以上名牌农产品15个、星级农家乐47家,农业“六加一”产业实现产值57亿元。保障体系进一步完善,农保和城保全面并轨,16.1万人进入城保体系,其中，到龄退休的2.24万农民每月领取养老金平均达661元，农村医保覆盖率达100%,城乡低保率先实现城乡一体化，农民就业率达97%。社会事业不断进步,镇村农贸市场全面升级改造，电信宽带网络自然村覆盖率达85%。集十大功能于一体的村级社区服务中心基本实现全覆盖，公益性文化活动设施人均面积超苏州市平均水平30%以上。城乡环境面貌不断优化,陆地森林覆盖率达29.1%,农村改水、改厕普及率分别达100%和95.4%,57.8%的行政村实施生活污水处理工程。全区拥有省级卫生村68个、省级生态村45个,省级新农村示范村、先进村7个,市级示范村55个、市级先锋村46个。两个市级城乡一体化先导区建设加快推进，木渎镇城乡一体化格局基本构建，太湖农业示范园区项目全面启动建设。（农　办）

【农村经营管理】 强化农村集体资产经营管理,创新管理机制和经营模式,引导各地通过“退二进三”、政府回购等途径,强强联合、抱团发展等方式,确保农村集体资产保值增值。2010年，全区镇村两级集体总资产为162.7亿元，经营性资产103.98亿元，分别增长16.55%和22.95%,其中村级集体总资产63.5亿元。镇村两级集体稳定收入为8.9亿元,其中村级集体稳定收入为6.99亿元，分别增长12.1%和15.2%。村均稳定收入546万元,23个村（社区）稳定收入超千万元,3个村（社区)超3000万元。全面运作全市首个农村“三资”监管平台,进一步提升全区农村“三资”管理水平和服务水平。强化农村集体土地管理,加快土地规范流转，全年新增土地流转面积2.8万亩,有效推进农业规模化、现代化发展。全区农民人均纯收入14527元，连续8年实现两位数增长,财产性收入占比达36.26%。（农　办）

【农村合作改革】 继续深化农村“五大合作”改革,创新体制机制,优化资源配置,加强考核、督查、指导与服务,不断拓展农村合作经济发展空间和农民增收渠道。全年新增各类股份合作社41家,累计组建农村各类合作经济组织309家,其中社区资产股份合作社132家,土地股份合作社5家,物业股份合作社63家,农产品专业合作社90家,旅游农业股份合作社6家,镇(街道)级合作总(联)社13家。全区各镇(街道)全面完成社区股份合作社改革,量化村级集体资产37.12亿元,农民持股率达100%。合作社进一步做大做强做优,湖桥集团成为全国首家由合作社组建的农民集团,成为合作社走向市场的典范,全区农村合作改革创下省级以上10个第一,农民得到更多实惠，农村各类合作社股金分红达2亿元。（农　办）

机关党建

【区级机关宣传和思想工作】 2010年,区级机关党工委积极督促和指导各区级机关开展创先争优活动。开展党员关爱帮扶生活困难群众活动。机关党工委下属49个基层党组织近2000名党员为支援玉树地震灾区捐款交纳“特殊党费”近44万元;参与关爱基金募集捐款近60万元,充分表达区级机关党员对困难群众的关爱。落实公开承诺工作。按照基层党组织要向党工委和群众、党员、服务对象作出承诺,每名党员要向所在党组织作出承诺的要求,党工委班子成员及时深入联系单位督促抓落实,确保规定动作到位。做好先进典型选树和培育。根据“好中选优,优中选精”要求,向区委创争办推荐上报6个先进党组织和12名优秀党员。举办区级机关“身边的感动”吴中区道德模范事迹报告会,激发广大党员干部创先进、争优秀热情。抓好机关党组织服务创新创业行动。结合作风效能建设“5.2.1”结对帮扶活动,督促各机关党组织深入结对企业和项目,广泛开展调研,了解企业、项目发展需求,听取企业及员工意见和建议,提供相应服务举措。发挥区级机关党员志愿者队伍先锋模范作用。党工委带领广大党员干部积极投身创建文明城市建设。在为期一个月的志愿者交通文明协勤活动中,共组织640人次的党员志愿者参与交通协勤活动。

（机关党工委）

【区级机关党的组织建设】 抓党组织队伍建设。及时调整2个总支和20个支部。全年有3个总支和5个支部按时完成换届改选;调整、增补21个党组织班子人选,计116人次。党员发展工作顺利推进。全年机关党工委审批接收预备党员50名,转正预备党员51名。4月初,举办入党积极分子培训班,242名入党积极分子接受培训。6月25日,在光福新四军太湖游击队纪念馆,组织117名机关新党员举行入党宣誓。9月份,83名机关党务干部接受党建实务指导培训,集体赴浙江学习考察。抓支部工作规范化管理。根据机关党建工作动态化管理要求,在严格“三会一课”制度基础上,重点深化“十佳党日活动”评选。全年对11个机关党支部实施组织生活旁听,提升机关党的组织生活质量和水平。抓党建网站建设,推行党务公开。6月底,机关党工委正式开通《吴中机关党建》网站,全方位展现区级机关党建发展现状,及时报道有关工作动态、先进经验和典型事迹,开展学习交流。

（机关党工委）

【区级机关党风廉政建设】 以落实党风廉政建设责任制为抓手,多形式多手段推进机关党风廉政建设。机关各级党组织坚持“标本兼治,综合治理,惩防并举,注重预防”方针,加强廉政教育和警示教育。通过组织开展廉政文化进机关、知识竞答、一把手上党风廉政建设党课、中心组理论学习等活动,不断提高机关党员干部廉洁从政意识;依照部门及岗位职责,深入开展排查廉政风险点“回头看”活动。通过对工作中廉政风险点排查预测,制订防控风险演变预警、处置、责任追究和长效控制办法,建立和完善廉政风险防控制度和措施,督促全体党员干部人人自觉规避廉政风险;继续丰富和创新机关廉洁文化建设活动方式和活动载体,开展廉洁文化示范点创建、“三廉”教育,机关现场观摩学习,增强机关党员干部严格遵守党风廉政建设各项规定的自觉性。

（机关党工委）

【区级机关精神文明建设】 切实加强精神文明建设,不断促进机关整体面貌提升。按照建设和谐机关、健康机关新要求,深化机关精神文明创建活动,激发区级机关广大干部职工积极投身精神文明建设的活力。广泛开展机关主题教育活动。结合“创先争优”主题教育活动,重点组织开展以“争创五型机关、争做五型干部”、“迎世博,讲文明,树新风”为主要内容的文明建设实践活动。推进机关精神文明建设新进程。区级机关工会积极弘扬先进,注重典型培养,组织开展一年一度的争创“十佳先进工会”评比活动。机关共青团组织积极组织和参与丰富多彩的文化体育活动和主题教育活动。文明志愿者活动、支援玉树地区抗震救灾捐款、“志愿者环保行·走进太湖时代”三大活动成效显著,“青年文明号”创建和管理工作迈出新步伐。机关妇工委在抓好组织建设同时,积极组织开展女性维权及法律咨询活动,在倡导文明科学健康生活方式、培植“和谐家庭”和爱心帮扶活动等方面都取得明显成效。 (机关党工委)

【区级机关党建研究会工作】 围绕“四提升”目标,积极探索机关党建工作研究会新途径。精心总结理论调研成果。组织开展年度性理论调研文章评选,并将30篇优秀调研文章编印成书。积极组织开展片活动和专题知识讲座。按照计划安排,秘书处集中组织开展两次片活动,研究会全体领导全程参与指导。6月份,结合经济社会转型升级主题,专门邀请有关专家作“三区三城”新的发展战略专题辅导报告。抓好《吴中机关党建》会刊编辑工作和对外信息交流。年内,《吴中机关党建》共编辑12期。收到各类稿件400多篇,刊登60篇。其中机关党工委上报各类信息39篇,在《苏州市机关党建网》上刊登24篇、《江苏省党建网》刊登5篇。 (机关党工委)

【区级机关作风效能建设】 年内,机关作风效能建设围绕转型升级目标要求,各个环节得到创新发展。一是促进作风效能建设服务功能转型。大力实施“服务经济、关注民生”创新服务工程。从专项督查调研情况看,获得了预期效果。积极创新服务功能。全面推行“两集中、两到位”,有效解决“名进实不进、人进权不进”、企业办事“两头受理、体外循环”等问题,服务对象对行政服务中心各窗口总体满意度在99%以上。积极创新服务平台。以热线为龙头的便民服务中心网络运行情况良好,9个进驻部门和行业的227项服务事项,办结率和市民满意率都在99%以上。强化“5.2.1”活动督促指导,尽可能帮助企业、农村、社区突破市场、资金、人才等发展瓶颈,用足用好政策。二是促进作风效能建设服务功能升级。强化电子行政监察。重点完善“一网公开,四网运行,七网监察”新模式。着力组织开展明查暗访。年内,区作风办专门组织作风建设监督员开展为期两个月的暗访活动。继续完善考核办法。按照《关于深入推进区级机关作风效能建设的意见》,着力对区级机关年度考核办法、领导干部考核办法及中层干部考核办法进行再修改、再完善。不仅注重创新考核评价过程管理,同时注重考核评价动态体系建设,力求使评议更加客观、公正、合理。三是全面增强机关作风效能建设合力。畅通责任部门联系渠道。发挥相关职能部门作用,在责任分解基础上,形成联席会议制度。畅通机关各部门沟通渠道。机构改革后,及时对区级机关70个单位的作风效能建设分管领导和联络员进行调整,建立相应的人员信息库,建立电子信息交流平台。畅通机关与基层信息互通渠道。通过“345”调研月活动、“147”综合监察网以及“521”挂钩督查等手段,加强与基层的沟通;通过推行“开门评判”,把主要的评判权交给基层、交给企业、交给群众,以便更加直面、透彻地掌握情况。 (机关党工委)

老干部工作

【概况】 2010年,区老干部工作在区委、区政府正确领导下，按照全省和全市老干部工作会议部署要求,围绕“让党和政府满意、让老干部满意、让基层满意”目标,加大工作力度,加强督促检查,着力创新创优,努力探索解决新形势下老干部工作中的重点难点问题,充分发挥老干部在吴中率先发展、科学发展、和谐发展中的积极作用,着力在高龄养老、阵地建设、工作规范等方面有新突破。

至年底,全区离休干部共317人。其中:机关110人,事业77名,企业84名,代管20名,易地出区12名,易地进区14名。

(老干部局)

【加强老干部工作制度】 认真贯彻落实《关于进一步加强新形势下离退休干部工作的意见》精神,完善工作制度、健全工作机制、改进工作方法。加强老干部工作目标考核制度,科学制订2010年度老干部工作目标管理体系和老干部工作规程，年终将各单位目标考核完成情况作为评比先进重要依据。加强与组织部、老干部局、财政局、人保局、民政局、卫生局等与老干部工作联系较为紧密的职能部门的联席会议制度，对老干部工作中离休干部“三个机制”运行、保健疗养、健康体检等有关问题及时研究解决。加强老干部工作督查制度，着力贯彻上级有关政策规定。3月份，对全区老干部工作进行全面检查，做好上级有关文件精神贯彻落实情况自查，落实好老干部各项待遇。 (老干部局)

【落实离退休干部政治待遇】 以深入学习贯彻全国、全省离退休干部“双先”表彰大会和市老干部党建工作争先创优表彰大会精神为重点，从完善工作载体入手，结合老同志特点,采取多种有效形式,把老干部各项政治待遇和制度落到实处。采取“三项措施”,加强支部班子建设,加强学习交流,创新活动载体,切实抓好老干部党支部建设。根据市委组织部、市委老干部局《关于做好为老干部党支部书记配备助理员工作的通知》要求,选配热心老干部工作、责任心强的在职干部兼任支部书记助理员，协助老干部党支部书记开展工作。4月12~14日安排部分老干部党支部书记参加市委老干部局举办的培训班。按照市委、区委创先争优活动要求，组织老干部党支部开展“晚霞灿烂,余热生辉”主题实践活动。注重“六个结合”,与发挥老干部党支部、团队协会自我教育作用相结合,与举办各类报告会、座谈会相结合,与加强宣传教育相结合,与走访慰问工作相结合,与解决实际问题相结合,与发挥作用相结合，切实抓好老干部思想政治建设。有针对性地组织开展政治理论学习活动，组织离退休干部深入学习党的十七大精神和科学发展观,深入开展创先争优活动。坚持组织城区离休干部一个月一次，乡镇街道六个活动室每两个月一次集中学习。全年看望住院、高龄、生活困难老干部和遗属150余人次。重视关心异地安置老同志。7月份,走访慰问居住苏北、上海、杭州等地的7名老干部;9月初,组织对全区70名抗战老同志进行走访。 (老干部局)

【落实离退休干部生活待遇】 巩固和完善离休干部“三个机制”。离休费保障机制运行良好,医药费保障机制运转正常,财政支持机制充分保障。离休费、医药费和政策规定的其他费用全部落实到位。加强转改制单位离休干部管理服务。认真落实离退休干部各项政策待遇。组织全区离休干部和处级退休干部参加南京、杭州、宜兴等地保健疗养活动。建立离休干部特殊困难帮助机制，对有特殊困难的离休干部给予帮助照顾。扎实推进离退休干部居家养老服务工作。针对老干部进入两高期特点,发挥社区资源优势,为老同志开展“四就近”提供服务。定期召开居家养老社区服务工作座谈会。加强社区养老机构建设调研,在木渎镇胥江社区筹建托老所开展试点。

(老干部局)

【加强老干部活动阵地建设】 加快推进老干部活动中心建设。10月底投资逾9千万元,总面积将近1万平米的老干部活动中心、老年大学正式开工建设。下属两所老年大学学员人数超600人,开设有11门老年人喜爱的课程。5月31日,老年大学顺利通过市教育现代化老年大学督导评估组验收。大力丰富老干部活动内容和形式。根据老年人生理心理特点和活动规律,调整活动方式和内容。在重要节日、重大庆典活动中,积极调动老干部团队协会和老年大学班组学员的积极性。

(老干部局)

对台事务

【积极服务对台经济工作】 2010年4月11~16日,区委书记金海龙、区委常委、常务副区长周云祥率开发区、甪直镇、木渎镇、胥口镇及相关部门开展赴台经贸考察(招商)活动。达成涉及一、二、三产业总投资10亿多元的项目合作意向。积极联系有投资意向的台商到开发区、甪直、度假区等地进行商务考察,涉及LED、食品、化学等行业。通过实地走访调研和书面问卷调查等方式赴有关镇区街道相关企业,开展加强服务台商等重点课题调研,发现问题、寻找出路、调整方向,以便更好服务台商。坚持每个月走访部分台资企业,了解掌握企业生产经营情况和遇到困难,想方设法解决或向上反映。如甪直镇永腾电子厂房搬迁中涉及电力、消防等方面协调,部分用电大户台企用电困难问题,部分台资企业在外汇、规划、土地、房产及经济纠纷等方面的问题。认真落实2009“台湾江苏周”达成的成果实施。鼓励部分有条件的企业赴台交流和投资,苏州大福外贸食品有限公司与台湾汉典食品有限公司签订采购项目,达成赴台投资项目意向。

(台　办)

【做好涉台交流交往和宣传】 年内,审批因公赴台56批166人次,其中赴台经贸考察8批45人次,企业技术骨干赴台培训45批117人次、上组团3批4人次。扎实做好接待交流工作,接待张博雅、朱凤芝等台湾地区知名人士和耐斯、双美科技等知名企业以及各种参访人员12批次,其中为开发区、甪直镇等区镇引荐有投资意向的台商5批。加强对台宣传工作。积极配合区有关部门及上级台办系统安排的台湾东森电视台等拍摄甪直、木渎、藏书羊肉等宣传片。加强全区干部当前两岸形势宣传教育,做好涉台刊物征订、赠阅工作。《海峡广角》、《台湾周刊》、《两岸关系》赠送区委、区政府主要领导和分管领导、台属联谊会会长。抓好赴台人员行前教育,特别是企业赴台人员行前辅导,使之清楚了解对台方针政策,并将有关两岸关系的政策、措施及时、有效地向岛内传递。协助做好相关涉台活动。12月底,协助区卫生局、龙西街道等单位做好台湾慈济慈善事业基金会在长桥医院开展为期3天的义诊活动、在美之雅社区举行嘉年华义卖等活动,受到广泛欢迎。(台　办)

【指导台商联谊会开展工作】 切实加强对联谊会工作的指导和管理,按照“服务台商、联系政府、交流联谊、发展经济”宗旨,充分发挥其积极作用,开展形式多样的服务、联谊活动。举办区台商迎新春招待会和中秋联欢会,充分体现区委、区政府对在吴台资企业和台商台胞的关心与支持。组织召开4次理监事会议，举办《海关与商检知识》、《工商与金融知识》、《新劳动法》等培训讲座，组织登山、钓鱼比赛等活动。认真抓好台胞台属联谊会工作，鼓励其通过政协提案等方式参政议政，建言献策。如台胞台属联谊会与政协文史委向政协会议提交保护马岗山英雄冢提案，得到高度重视。积极做好宣传，引导台商热心公益事业，回馈社会。组织台商赴绵竹灾区慰问，捐款15万元定向捐助孝德镇中心小学。与台商联谊会共同举办“六一关爱残疾儿童”活动，向福利院现场捐赠现金和物资。（台　办）

【妥善处理台商台胞信访】 年内，台办受理来信来访和投诉43起，涉及房产纠纷、台商之间纠纷，劳资方面纠纷、工伤事故纠纷等。在处理信访和投诉中，坚持“客观、公正、及时、有效”原则，争取领导支持，依靠地方政府和职能部门，不论企业规模和事情大小，凡有台商投诉和求助都热情接待、认真倾听、及时受理、妥善处理，化解矛盾。能当场解决的当场解决，不能立即解决的理清原委、定性归类，提出处理方案，多做沟通疏导工作，让当事人和有关方面协调处理。做到依法不逾法，维权不越权，有诉必处理，件件有答复，尽最大努力息诉和不产生重复信访。（台　办）

党校工作

【党员干部教育培训工作】 2010年，区委党校重点在提高基层党员干部科学发展能力上加大培训力度。年内，举办各种培训班116期，培训学员9286人次，其中主体班10期，参训学员1678人。在教学中积极探索新的培训方法和教育模式，重点围绕“贴近基层实际、把握时代要求、创出办学特色”等方面提高干部教育培训实效。（党　校）

【党员干部学历教育工作】 根据上级党校安排，党校函授学历教育已停止继续招生。为保证在册学员教育质量，平稳过渡好党校函授向国民教育转轨，更加注重教学管理，强化教师站立式上课和班主任跟班服务。年内，顺利举办07省本、07中本、07(下)大专、06专转本和08(上)省本5个班毕业典礼，毕业学员692人。（党　校）

【教育科研工作】 区委党校坚持以教育培训工作为中心，认真抓好教育科研工作，积极组织教师到上海、南京等地参加业务培训，到科研工作较先进的党校学习，校内定期上公开课，开展评课评教活动，鼓励教师结合地情深入乡镇、街道、工矿企业开展教研、调研活动，鼓励教师踊跃撰稿投稿。全年在省级刊物发表文章5篇，市级刊物发表1篇，区级5篇，完成区级调研报告2篇。（党　校）

【行政后勤工作】 以效能建设为契机，实现行政管理工作新提升。提出树立“六个意识”的工作思路，切实提高机关作风效能建设水平和管理工作力度。规范落实4项管理工作措施：建立以岗位责任制为基础的监督考核措施。针对全校摊子大，人员多，任务重现状，建立以岗位管理为主的全员岗位责任制。建立以意见征求制为重点的责任考核措施。实施意见征求制度，及时了解在培训教学、后勤服务和行政管理工作中的好建议，掌握存在的隐性问题。建立购用分离制度，加强物资采购、物品使用两个环节的相互监督。建立以拾金不昧为前提的奖励激励措施。（党　校）

接待工作

【接待工作情况】 2010年，区接待办公室参与接待中央领导、中央机关和各省、市、自治区考察团(组)共381批19870人次。其中国家领导人22批(次);部级领导27批(次);地市级领导115批(次);大型会议活动33次。

(接待办)

附表:

接待部省级以上领导情况表

日期	带队人	职务
1月8~10日	陆军	原江苏省政协副主席
1月15~16日	吴邦国	全国人大常委会委员长
2月9日	陆军	原江苏省政协副主席
2月17日	陈焕友	原江苏省委书记
3月26~28日	华建敏	全国人大常委会副委员长
4月3日	孟建柱	国务委员、公安部部长
4月5~7日	陆军	原江苏省政协副主席
4月12~14日	李金华	全国政协副主席
4月14日	胡启立	原全国政协副主席
4月22~25日	李岚清	原中央政治局常委、原国务院副总理
5月2日	厉无畏	全国政协副主席
5月10~14日	张榕明	全国政协副主席
5月10~13日	陈昌智	全国人大常委会副委员长
5月15~16日	乔清晨	原中央军委委员、空军司令员
5月15~17日	严隽琪	全国人大常委会副委员长
5月26~27日	高德正	原江苏省人大常委会常务副主任
5月27日	王志珍	全国政协副主席
6月11~13日	厉无畏	全国政协副主席
6月16日	罗富和	全国政协副主席、民进党常务副主席
7月10日	梁光烈	中央军委委员、国务委员、国防部长
8月2日	李玉赋	中纪委副书记
8月20~22日	杨洁篪	外交部部长
8月28日	刘红军	武警总部副司令员
9月19日	周光召	原全国人大常委会副委员长

续表

日 期	带队人	职 务
9 月 22 日	梁保华	江苏省委书记、江苏省人大常委会主任
10 月 5 日	郝建秀	原全国政协副主席
10 月 5~6 日	陆 军	原江苏省政协副主席
10 月 6 日	张怀西	原全国政协副主席
10 月 4~7 日	李建国	全国人大常委会副委员长
10 月 10 日	孙家正	全国政协副主席
10 月 11 日	郝建秀	原全国政协副主席
10 月 28 日	王敏生	原江苏省人大常委会副主任
10 月 28~29 日	陈凌孚	江苏省政协副主席
10 月 28~29 日	高德正	原江苏省人大常委会常务副主任
11 月 1~3 日	周铁农	全国人大常委会副委员长
11 月 14 日	王汉斌	原中央政治局候补委员、原全国人大常委会副委员长
11 月 29~30 日	傅 杰	原中纪委副书记
12 月 6 日	陆 军	原江苏省政协副主席
12 月 17~18 日	张继禹	全国人大常委会委员、中国道教协会常务副会长
12 月 10~20 日	梁保华	原江苏省委书记、原江苏省人大常委会主任

（接待办）

吴中区人民代表大会

综 述

2010年，区人大常委会重点开展四方面工作：(1)开展法律监督。一是开展专项执法检查，组织人大代表对区政府贯彻实施《食品安全法》情况进行执法检查，专题听取区政府贯彻实施《江苏省太湖水污染防治条例》情况汇报，促进相关法律法规贯彻实施。二是加大司法监督力度，专题听取区人民法院关于人民陪审员工作情况汇报，听取和审议区政府关于"五五"普法教育工作情况汇报，组织部分代表参加法院旁听庭审活动。(2)开展工作监督。一是加强对计划、财政预算审查监督，听取、审议区政府关于全区2009年财政决算情况和本级财政预算及其他财政收支情况审计工作等汇报，作出相应决议，听取、审议区政府关于2010年上半年国民经济与社会发展计划执行情况和2010年上半年财政预算执行情况汇报。二是加强对经济社会发展中重大事项监督，听取、审议区政府关于吴中经济开发区及东太湖综合整治工程规划和建设情况汇报，听取和审议区政府关于国有资产运行情况工作汇报。三是加强对人民群众关注的民生问题的监督，组织人大代表专题视察和听取区政府关于全区现代农业发展情况汇报，开展对全区果品产业结构调整、加强"黑车"整治工作情况调研活动，组织常委会组成人员和区、镇两级人大代表，对政府十项重点实事工程建设进展情况进行专项视察。四是依法做好人事任免工作，开展对政府职能部门工作评议。(3)加强代表和基层人大工作。一是加强培训，组织市、区、镇三级人大代表参加如何撰写代表议案、建议业务培训，不断提高代表履职能力。二是组织开展主任接待代表日活动，年内举办5次活动，接待区镇两级代表42名，为充分发挥代表议政督政作用提供良好平台和有效服务。三是做好对区二届人大三次会议议案和代表建议督办工作。四是加强联系指导，推进基层人大工作创新。(4)加强自身建设。一是提高人大审议工作质量，科学合理确定审议议题，做深做细审议准备工作，力求使提出的建议有很强可操作性和针对性，不断提升做好人大工作的责任感和使命感。二是重视效能建设，发扬实事求是、求真务实的思想作风和工作作风，保持密切联系基层联系群众，热忱为基层群众办实事的好风气，树立清正廉洁、勤政高效的良好形象。三是进一步抓好人大对外宣传工作，努力提高宣传水平和信息质量，积极探索人大信息公开工作。四是进一步提高工作程序性和规范性，同时发扬探索精神，根据新形势和要求不断改进和完善工作机制和工作方法，推进人大工作创新发展。 (人大办)

重要会议

【区二届人大三次会议】 2010年1月7~9日

召开。247名区人大代表中239名代表出席会议。会议听取、审议区人民政府区长俞杏楠所作《吴中区人民政府工作报告》、区人大常委会副主任张阿梅所作《吴中区人大常委会工作报告》、区人民法院代理院长钟毅所作《吴中区人民法院工作报告》、区人民检察院检察长王建华所作《吴中区人民检察院工作报告》，审议区发展和改革局局长钟建华受区政府委托书面所作《关于2009年国民经济和社会发展计划执行情况与2010年计划草案的报告》、区财政局局长柯菊明受区政府委托书面所作《关于2009年财政预算执行情况和2010年财政预算草案的报告》，并通过相应决议。会议补选钟毅为区人民法院院长，接受张阿梅、姜宗浒辞去区人大常委会副主任职务。会议期间，代表们认真履行宪法赋予职权，联系实际建言献策，大会收到10名以上代表联名提出议案7件，根据地方各级人民代表大会和地方各级人民政府组织法有关规定，经议案审查委员会审议，将《加快基层文体设施建设，不断完善全区文体服务体系》议案，列入区二届人大常委会审议议程；大会收到代表建议、批评、意见67件。 （人大办）

【区二届人大常委会会议】 年内，区二届人大常委会共举行会议8次。

第十六次会议 2月2日召开。会议听取、审议并通过《区人大常委会2010年工作要点》和《2010年2月~2011年1月主要工作安排一览表》，表决通过有关人事任免事项。

第十七次会议 4月30日召开。会议听取、审议区政府副区长焦亚飞所作《关于全区科技创新工作的情况汇报》，表决通过有关人事任免事项，作出关于接受吴好辞去区二届人大常委会委员职务请求的决定。

第十八次会议 5月24日召开。会议听取、审议区政府副区长周云祥受区长俞杏楠委托提请人事任免报告，经审议，表决通过有关人事任免事项。

第十九次会议 6月29日召开。会议听取、审议区财政局局长柯菊明受区政府委托所作《关于吴中区2009年本级财政决算草案的报告》，听取、审议区审计局局长陶君玉受区政府委托所作《关于2009年本级财政预算执行情况和其他财政收支情况的审计工作报告》，会议以举手表决方式通过关于批准苏州市吴中区2009年本级财政决算决议；会议还通过有关人事任免事项。

第二十次会议 8月17日召开。会议听取、审议区发展和改革局局长岳林芳受区政府委托所作《关于2010年上半年国民经济和社会发展计划执行情况的报告》；听取、审议区财政局局长柯菊明受区政府委托所作《关于吴中区2010年上半年财政预算执行情况的报告》；听取和审议区司法局局长吴开印受区政府委托所作《关于"五五"普法教育工作情况的汇报》；会议还书面印发《关于2010年本级地方政府债券收支安排和调整2010年本级财政预算(草案)的报告》。

第二十一次会议 10月25日召开。会议听取和审议区人民政府副区长周云祥所作《关于区二届人大三次会议议案和代表建议办理情况的汇报》；听取、评议区审计局局长陶君玉、经济和信息化局局长王卫星、住房和城乡建设局局长陈嘉维、粮食局局长顾火泉、卫生局局长蒋连保代表本单位所作关于2008年以来工作情况汇报，听取区人大常委会委员施玉根、汪如萍、钱建伟、金永福、周菊明分别对5个局工作情况的评议发言，组成人员对5个局工作按"满意、基本满意、不满意"3个档次进行投票测评；会议还通过有关人事任免事项。

第二十二次会议 12月22日召开。会议听取、审议区人大常委会代表资格审查委员会主任委员查士宏所作《关于区二届人大四次会议代表资格的审查报告》;听取、审议区人大常委会办公室主任袁中秋所作《关于召开苏州市吴中区二届人大四次会议准备工作情况的汇报》,会议以举手表决方式通过《关于召开苏州市吴中区二届人大四次会议的决定》;会议听取和审议区政府《关于制定苏州市吴中区国民经济和社会发展“十二五”规划纲要(草案)的说明》。

第二十三次会议 12月31日召开。会议听取、初审区财政局局长柯菊明受区政府委托所作《关于苏州市吴中区2010年本级财政预算草案的报告》;听取和审议区人大常委会副主任查士宏所作《关于补选1名苏州市人大代表的说明》,会议审议张阿梅请求辞去苏州市十四届人大代表职务的决定,会议投票选举孙卓为苏州市第十四届人民代表大会代表;会议还通过有关人事任免事项。 (人大办)

【区二届人大常委会主任会议】 年内,区二届人大常委会共召开13次主任会议。

第三十一次会议 1月26日召开。听取办公室主任袁中秋所作《苏州市吴中区人民代表大会常务委员会2010年度工作要点(草案)》,听取人事任免提请说明,并定于2月2日召开区二届人大常委会第十六次会议。

第三十二次会议 3月25日召开。专题听取区人民法院院长钟毅所作《关于人民陪审员工作情况的汇报》。

第三十三次会议 4月20日召开。听取区人大常委会教科文卫工委主任周菊明所作《关于全区科技创新工作情况的调查报告》,听取人事任免提请说明,并定于4月30日召开区二届人大常委会第十七次会议。

第三十四次会议 5月19日召开。听取有关人事任免提请说明,并定于5月24日召开区二届人大常委会第十八次会议。

第三十五次会议 5月28日召开。专题听取区政府副区长焦亚飞所作《关于国有资产运行情况工作汇报》。

第三十六次会议 6月22日召开。听取财经工委主任汪如萍所作《关于2009年财政决算及财政审计情况汇报》,听取人事任免提请说明,并定于6月29日召开区二届人大常委会第十九次会议。

第三十七次会议 7月27日召开。专题听取区环保局局长姚瑞元受区政府委托所作《关于贯彻实施〈江苏省太湖水污染防治条例〉情况的汇报》。会前,与会人员视察三洋能源公司污水和固废处理车间、太湖湿地公园、生态河道修复情况。

第三十八次会议 8月11日召开。听取关于2010年上半年国民经济和社会发展计划及财政预算执行情况调研汇报,听取关于五五普法情况调研报告,听取吴中区人大常委会关于开展2010年工作评议的实施意见,并定于8月17日召开区二届人大常委会第二十次会议。

第三十九次会议 9月21日召开。专题听取区政府关于东太湖综合整治工程和尹山湖生态商圈规划建设情况的汇报。会前,与会人员视察东太湖综合整治工程和尹山湖生态商圈建设现场。

第四十次会议 10月20日召开。听取各相关评议小组负责人对各评议单位调研情况的汇报,听取关于区二届人大一次会议以来议案和三次会议代表建议办理情况调查,听取有关人事任免提请说明,并定于10月25日召开区二届人大常委会第二十一次会议。

第四十一次会议 11月24日召开。专题听取区农业局局长张少华受区政府委托所作《创新机制彰显特色,大力推进全区现代农业转型升级全面发展》汇报。会前,与会人员视察苏州趣普仕农业发展有限公司、苏州众仕达蔬菜食品有限公司、甪直淞南村现代农业生态示范园等农产品加工、种植企业有关情况。

第四十二次会议 12月24日召开。会议通过区二届人大四次会议建议议程（草案）等事项，征求常委会工作报告修改意见，并定于12月22日召开区二届人大常委会第二十二次会议。

第四十三次会议 12月30日召开。会议听取财经工委主任陈晞关于2011年财政预算草案的发言，会议听取有关人事任免提请说明，并定于12月31日召开区二届人大常委会第二十三次会议。（人大办）

法律监督

【贯彻法律实施情况监督】 2010年，组织人大代表开展对区政府贯彻实施《食品卫生法》情况的执法检查，通过现场检查、听取汇报，针对检查中发现问题，要求有关部门进一步增强责任意识，完善监管职能，提高协调能力，严格行政执法，加大食品安全薄弱环节整治力度，并注意加强对食品源头管理。此外，常委会还配合省、市人大检查食品安全法、劳动合同法、档案法等法律法规贯彻落实情况。主任会议听取和审议区政府《关于贯彻〈江苏省太湖水污染防治条例〉情况的汇报》，针对保护太湖水环境过程中存在薄弱环节。会议建议：要加大宣传力度，增强全社会自觉保护太湖水环境意识，切实落实环保优先发展战略；要加大资金投入，一方面要科学规划，新建、扩建污水处理厂，另一方面要高度重视和加强与主管道相配套分支管网建设，尽快形成污水收集管网体系；要加快产业结构调整，转变经济发展方式，严把项目准入关，坚持长效管理，要采取有力措施加强对饮用水源保护，让人民群众吃上放心水。此外，常委会会议还听取区政府关于“五五”普法育情况汇报。（人大办）

【两院监督】 常委会主任会议听取和审议区人民法院人民陪审员工作情况汇报，会议认为，区法院能够把人民陪审员工作作为一项重要工作来抓，在选聘任用、教育培训、制度建设、发挥陪审员作用等方面做了大量工作，人民陪审员认真履行法定职责，较好地发挥陪审作用，为促进司法民主和司法公正作出积极努力。针对目前在实施人民陪审员制度中还存在不足，会议建议：一要加强对人民陪审员制度宣传工作，通过多种渠道多种形式来宣传人民陪审员制度；二要加强对人民陪审员教育培训，切实提高陪审员队伍素质；三要建立健全人民陪审员选任、退出机制，优化人民陪审员结构，保障人民陪审员更好履行职能，为全区司法民主进步作出应有贡献。此外，常委会还组织市、区、镇三级人大代表旁听法院庭审工作。

（人大办）

工作监督

【审议监督】 常委会牢牢把握区委提出的中心工作任务，紧紧抓住全区工作重点，积极发挥监督作用，通过审议、视察、调研，深入了解情况，提出意见建议，促进经济社会又快又好发展。一是加大对区级财政的审查和监督力度，注重从预算编制到执行、决算的全过程监督。听取、审议区政府关于全区2009年财政决算情况和2009年本级财政预算及其他财政收支情况的审计工作等汇报。在审查监督过程中，坚持程序性审查与实质性审查相结合，强化财政监管力度，维护财税法律法规的严肃性。二是加大对城市建设的监督力度,听取和审议了区政府关于吴中经济开发区及东太湖综合整治工程规划和建设情况的汇报。三是加大民生问题的监督力度,常委会针对群众普遍关心的热点难点问题开展一系列监督工作,开展全区果品产业结构调整情况和全区“黑车整治情况的专题调研”。 (人大办)

【工作评议】 按照监督法的精神进一步规范工作评议,对区审计局、经济和信息化局、住房和城乡建设局、粮食局、卫生局5个部门开展工作评议。评议小组深入到评议单位、相关部门和镇、街道开展调查研究,并印发测评表,广泛听取基层单位和区、镇两级人大代表对评议单位的意见。常委会组成人员认真听取评议部门履行职责、依法行政、执行区人大及其常委会的决议决定、办理议案和代表建议、执政为民等方面的情况,对评议单位的工作进行测评,并提出了整改意见。通过工作评议,进一步增强了被评单位的法制意识、公仆意识和勤政廉政意识,推动政府部门更好地为基层服务、为群众服务、为经济工作服务。 (人大办)

【组织视察】 10月15日,区人大常委会组织部分区人大代表开展对政府十项实事工程的视察活动。区人大常委会组织部分区人大代表视察了光福镇文体中心、胥口胥欣农贸市场、木渎实验小学、区森林防火指挥中心等政府实事工程的现场。代表们认为区政府十项重点实事工程涉及群众生产、生活的各个方面,项目量多,工作量大,充分体现了区政府以民为本、为民服务的工作理念。会议建议:要进一步加快工作进度,巩固工作成果,建立长效管理机制,完善后续管理政策,从人民群众最关心的事情入手,选择与人民群众切身利益直接相关、群众能看到实效、得到实惠的事项,尽早谋划明年实事项目。 (人大办)

代表活动

【加强代表工作】 2010年,主动搞好服务,拓宽代表知情知政渠道,常委会制订区人大代表小组闭会期间活动意见,指导代表在闭会期间开展视察、调研等活动。有针对性地组织部分市、区、镇三级人大代表参加如何撰写代表议案、建议的业务培训,各镇、街道人大也开展各种形式的学习培训活动,不断提高代表履职水平。组织人大代表开展“认真履行代表职责,促进和谐社会建设”主题活动,安排代表列席常委会会议70人次,组织代表参加视察、执法检查、工作评议和调研活动300多人次,出席有关座谈会和旁听庭审活动,担任政风行风监督员,为代表订阅送发有关报刊资料,帮助代表了解全局工作,拓宽工作视野,更好地尽责履职,积极发挥作用。 (人大办)

【督办议案建议】 对区二届人大三次会议确定的“加快基层文体设施建设,不断完善全区文体服务体系”议案和67件代表建议,常委会领导高度重视,并把涉及民生方面的建议意见作为人大领导重点督办建议,切实加强与区政府及承办部门联系,组织人大代表实地视察,召开承办单位和代表座谈会,进行跟踪落实,促进及时办理和有效办结。由于区政府高度重视,承办部门认真工作,67件代表建议问题已解决或基本解决44件,已列入政府及有关部门工作计划将逐步解决20件,由于政策、财力、权限等原因目前难以解决3件。从代表反馈意见看,对办理表示满意64件,占95.5%;表示基本满意件3件,占4.5%。

(人大办)

【常委会主任接待代表日活动】 为提高代表

履职能力，增强代表履职效果，加强与代表联系，常委会认真实施常委会领导接待代表日制度，全年举办5次活动，接待区、镇两级人大代表42名，认真听取代表反映情况和问题，能解释的当场作出解释，部分问题经梳理归纳后交政府相关部门办理。（人大办）

【常委会任免国家工作人员情况】 2010年，区二届人大常委会共依法任免国家机关工作人员105人（次）（详见附表）。（人大办）

附表：**2010年吴中区二届人大常委会任免国家机关工作人员名单**

姓名	任命职务	免去职务	日期	届/次
张剑清	吴中区人大常委会郭巷街道人大工作委员会主任		2.2	二届十六次
陈晞	吴中区人大常委会财政经济工作委员副主任		2.2	二届十六次
张小毛		吴中区人大常委会郭巷街道人大工作委员会主任	2.2	二届十六次
金九章		吴中区人民检察院检察员	2.2	二届十六次
张翠珍		吴中区人民检察院检察员	2.2	二届十六次
岳林芳	吴中区发展和改革局局长		2.2	二届十六次
王卫星	吴中区经济和信息化局局长		2.2	二届十六次
王永良	吴中区人力资源和社会保障局局长		2.2	二届十六次
陈嘉维	吴中区住房和城乡建设局局长		2.2	二届十六次
万书勤	吴中区交通运输局局长		2.2	二届十六次
张少华	吴中区农业局局长		2.2	二届十六次
陆建明	吴中区商务局局长		2.2	二届十六次
陶君玉	吴中区审计局局长		2.2	二届十六次
姚瑞元	吴中区环境保护局局长		2.2	二届十六次
程飞	吴中区旅游局局长		2.2	二届十六次
李福林	吴中区信访局局长		2.2	二届十六次
贺悦	吴中区政府外事和侨务办公室主任		2.2	二届十六次
钟建华		吴中区发展和改革局局长	2.2	二届十六次

续表

姓名	任命职务	免去职务	日期	届/次
陆永娟		吴中区审计局局长	2.2	二届十六次
章　敏		吴中区环境保护局局长	2.2	二届十六次
李晓东		吴中区人民法院执行局副庭长	4.30	二届十七次
吕晓东		吴中区人民法院刑事审判庭副庭长	4.30	二届十七次
谢心阳		吴中区人民法院民事审判第一庭副庭长	4.30	二届十七次
肖仁刚		吴中区人民法院立案庭副庭长	4.30	二届十七次
王丽芳		吴中区人民法院民事审判第二庭副庭长	4.30	二届十七次
董德宝		吴中区人民法院审判员、审判委员会委员	4.30	二届十七次
张永平	吴中区人民法院审判委员会委员		4.30	二届十七次
李晓东	吴中区人民法院甪直人民法庭庭长		4.30	二届十七次
吕晓东	吴中区人民法院经济开发区人民法庭庭长		4.30	二届十七次
谢心阳	吴中区人民法院立案庭副庭长		4.30	二届十七次
肖仁刚	吴中区人民法院木渎人民法庭副庭长		4.30	二届十七次
王丽芳	吴中区人民法院民事审判第一庭副庭长		4.30	二届十七次
陆建林		吴中区城市管理局(城市管理行政执法局)局长	5.24	二届十八次
杨和芳	吴中区城市管理局(城市管理行政执法局)局长		5.24	二届十八次
王庆英	吴中区人民法院人民陪审员		6.29	二届十九次
王来庆	吴中区人民法院人民陪审员		6.29	二届十九次
孙春萍	吴中区人民法院人民陪审员		6.29	二届十九次

续表

姓名	任 命 职 务	免 去 职 务	日期	届/次
陆洪明	吴中区人民法院人民陪审员		6.29	二届十九次
滕 刚	吴中区人民法院人民陪审员		6.29	二届十九次
顾炳元	吴中区人民法院人民陪审员		6.29	二届十九次
顾 青	吴中区人民法院人民陪审员		6.29	二届十九次
张 炜	吴中区人民法院人民陪审员		6.29	二届十九次
侯 旻	吴中区人民法院人民陪审员		6.29	二届十九次
周 军	吴中区人民法院人民陪审员		6.29	二届十九次
段莹玉	吴中区人民法院人民陪审员		6.29	二届十九次
毕 震	吴中区人民法院人民陪审员		6.29	二届十九次
彭 昊	吴中区人民法院人民陪审员		6.29	二届十九次
韩琼兰	吴中区人民法院人民陪审员		6.29	二届十九次
李 珍	吴中区人民法院人民陪审员		6.29	二届十九次
叶 莉	吴中区人民法院人民陪审员		6.29	二届十九次
王佩珍	吴中区人民法院人民陪审员		6.29	二届十九次
张 明	吴中区人民法院人民陪审员		6.29	二届十九次
石玉明	吴中区人民法院人民陪审员		6.29	二届十九次
杨利平	吴中区人民法院人民陪审员		6.29	二届十九次
吴宝玲	吴中区人民法院人民陪审员		6.29	二届十九次
胡宝仙	吴中区人民法院人民陪审员		6.29	二届十九次
沈 郴	吴中区人民法院人民陪审员		6.29	二届十九次
孙雪琴	吴中区人民法院人民陪审员		6.29	二届十九次
顾凯健	吴中区人民法院人民陪审员		6.29	二届十九次
陶 璇	吴中区人民法院人民陪审员		6.29	二届十九次
张红梅	吴中区人民法院人民陪审员		6.29	二届十九次
韩 霞	吴中区人民法院人民陪审员		6.29	二届十九次
钱旻雯	吴中区人民法院人民陪审员		6.29	二届十九次

续表

姓名	任命职务	免去职务	日期	届/次
严阿龙	吴中区人民法院人民陪审员		6.29	二届十九次
花伟慧	吴中区人民法院人民陪审员		6.29	二届十九次
邹才根	吴中区人民法院人民陪审员		6.29	二届十九次
郭瑞燕	吴中区人民法院人民陪审员		6.29	二届十九次
徐振海	吴中区人民法院人民陪审员		6.29	二届十九次
马东虹	吴中区人民法院人民陪审员		6.29	二届十九次
华　康	吴中区人民法院人民陪审员		6.29	二届十九次
王　伟	吴中区人民法院人民陪审员		6.29	二届十九次
张　帅	吴中区人民法院人民陪审员		6.29	二届十九次
葛建明	吴中区人民法院人民陪审员		6.29	二届十九次
谢景芳	吴中区人民法院人民陪审员		6.29	二届十九次
杨玉双	吴中区人民法院人民陪审员		6.29	二届十九次
陆华芳	吴中区人民法院人民陪审员		6.29	二届十九次
翁建华	吴中区人民法院人民陪审员		6.29	二届十九次
王丽琴		吴中区人民法院人民陪审员	6.29	二届十九次
王晓娜		吴中区人民法院人民陪审员	6.29	二届十九次
陈新男		吴中区人民法院人民陪审员	6.29	二届十九次
马春妹		吴中区人民法院人民陪审员	6.29	二届十九次
沈夏平		吴中区人民法院人民陪审员	6.29	二届十九次
杨淑瑾		吴中区人民法院人民陪审员	6.29	二届十九次
陈　晞	吴中区人大常委会财政经济工作委员会主任		10.25	二届二十一次
沈和国	吴中区人大常委会郭巷街道工作委员副主任		10.25	二届二十一次
汪如萍		吴中区人大常委会财政经济工作委员会主任	10.25	二届二十一次

续表

姓名	任命职务	免去职务	日期	届/次
张全荣		吴中区人大常委会长桥街道工作委员副主任	10.25	二届二十一次
姚玉泉		吴中区人大常委会郭巷街道工作委员副主任	10.25	二届二十一次
吴龙九		吴中区人民法院审判委员会委员	10.25	二届二十一次
阙宝林		吴中区人民法院审判员	10.25	二届二十一次
巴镇宇		吴中区人民法院审判员	10.25	二届二十一次
周兰平		吴中区人民检察院检察员	10.25	二届二十一次
赵小平	吴中区民政局局长		12.31	二届二十三次
郑　刚	吴中区财政局局长		12.31	二届二十三次
陆月根	吴中区交通运输局局长		12.31	二届二十三次
李　华		吴中区民政局局长	12.31	二届二十三次
柯菊明		吴中区财政局局长	12.31	二届二十三次
万书勤		吴中区交通运输局局长	12.31	二届二十三次
游桂芳	吴中区人民检察院副检察长、检察委员会委员、检察员		12.31	二届二十三次
陈志新	吴中区人民检察院副检察长		12.31	二届二十三次
杨冬妹	吴中区人民法院人民陪审员		12.31	二届二十三次
顾雪荣		吴中区人民检察院副检察长、检察委员会委员、检察员	12.31	二届二十三次
王震宇		吴中区人民法院人民陪审员	12.31	二届二十三次
沈怡众		吴中区人民法院立案庭庭长	12.31	二届二十三次
钱东辉		吴中区人民法院人民陪审员	12.31	二届二十三次

（人大办）

吴中区人民政府

综 述

【国民经济】 2010年，全区经济保持平稳较快发展。全年地区生产总值、地方一般预算收入分别突破600亿元和60亿元，增长13.6%、20%；完成全社会固定资产投资248亿元，增长20.3%。 （政府办）

【新兴产业、高端产业、特色主导产业】 深入实施“5+2”产业培育振兴计划，制订出台综合配套扶持政策，推动产业层次不断提升，完成工业总产值1305亿元，其中规模以上工业产值1014亿元，分别增长21.1%、21.8%。集聚新能源、生物医药等规模以上新兴产业企业107家，实现产值262亿元，增长25.5%，占规模以上工业比重达25.8%；新增省以上高新技术企业23家、产品40个，高新技术产值占规模以上工业比重提高7.1个百分点。引导企业加强技术创新、管理创新、资本创新，加快传统主导产业改造升级。东山精密、天马精化成功上市，11家企业正式进入上市程序，伟创力等一批旗舰项目开工投产。物流、服务外包等现代服务业占服务业比重达60%。中国工艺文化城、光华文化创意产业园、苏州国际影视娱乐城、胥江一号等15个项目列为市级重点文化产业项目，全年实现文化产业增加值16.2亿元，增长35%。精心组织实施“太湖旅游世博年”系列活动，越溪旺山景区创成4A级，宝岛花园酒店晋升五星级，东山碧螺山庄成为全区首家五星级农家乐，穹窿山孙武书院、角直江南文化园等一批旅游设施建成启用，全年接待游客超1500万人次，旅游总收入超150亿元，分别增长15.7%和35%。完成服务外包接包合同额7200万美元，其中离岸执行额3200万美元，分别增长78.8%和38.3%。集聚现代物流企业16家，实现营业额5.2亿元，增长17.5%。实施商贸业提速升级三年行动计划，木渎凯马广场成为国家级商业特色街区，建成市级商业特色街区、商业示范社区各4家，实现社会消费品零售总额199亿元，完成商品房销售175万平方米、销售额156亿元。 （政府办）

【创新载体、创新人才、创新服务体系】 大力实施各类开发园区“二次创业”，集聚创新资源，提高自主创新能力。吴中科技园获评国家级国际科技合作基地，西山中科动物实验开放服务中心扩建等工程进展顺利。吴中科技创业园建成全省首批科技企业加速器，长桥、角直分园竣工投用。同济大学苏州研究院等创新载体加快建设。新增省市企业技术中心17家，建成生物医药和碧螺春茶2个市级优质产品生产基地。大力实施“2124”人才工程，出台科技计划项目资金配套等扶持政策。组织申报3名国家“千人计划”等一批领军人才项目，省“双创计划”人才达9名，市“姑苏计划”人才达11名。成立区博士联谊会，新增省级企业院士工作站4家、博士后科研工作站1

家。知识产权保护和创新成果转化力度加大，吴中实业新药项目荣获省科技进步一等奖，获批市以上科技项目104个，列入省重大科技成果转化项目2个，专利授权量增长120%。新增省名牌产品、著名商标5件。深化政产学研合作，成功举办中科院生物产业科技创新联盟大会等高端科技活动，引进南京信息工程大学苏州数字城市研究院等一批重大科技项目。国家高低压电器检测平台一期建成启用，信息网络产品检验平台启动建设，国家级检测服务机构增至6家，泰怡凯、天马等企业和洞庭山碧螺春茶叶协会成为4项国家专业化标准制订单位，特色品牌优势和辐射带动效应明显增强。（政府办）

【投资结构、增长结构、资源配置结构】 突出政策、措施的导向性，集成资金、资本、资源要素，调整优化经济结构。强化招商选资，精心组织开展金秋经贸洽谈会和北京央企对接会、浙江民资招商会及日欧美生物医药等新兴产业专题招商活动。新增实际利用外资4.5亿美元，其中高技术产业和服务业项目占比达63.6%；新增民资内资注册资本300亿元，增长65%，平均注册资本780万元，增长17%；新增个体工商户9000家，注册资本6.6亿元。完成进出口总额65亿美元，其中出口43亿美元，分别增长28.8%、34.8%。着力优化投资结构，切实抓好重点项目建设，激发社会资本投入活力，提高国资投入质量。115个重点项目完成投资138亿元，占投资总量的比重提高14.2个百分点；完成民资投资138亿元，增长12.5%；完成技改投入62亿元，占工业投资的72.9%；区属国有公司完成投资13亿元，国资经营性资产、股权投资和金融参股步伐加快，总额超18亿元。推动各区域板块加快转型升级，开发区、木渎镇地方一般预算收入分别达22.4亿元、10亿元，度假区地方一般预算收入增幅达43.9%。强化经济运行监测分析，优化资源要素配置。落实科技专项资金6000万元，撬动全社会研发投入超12亿元。加强金融创新，上海联合产权交易所中小企业融资服务分中心、苏州国发创投公司总部成功落户，双银金融城奠基开工，批准设立农村小额贷款公司8家，全年新增金融机构贷款119亿元。大力推行清洁生产，节约利用土地资源，实施节能和循环经济项目21个，盘活存量土地2469亩。（政府办）

【城乡一体化建设】 深化城乡一体化综合配套改革，增强农村发展活力。全面落实农机、农资等惠农补贴，出台实施农村土地流转、规模经营等惠农政策，投入强农惠农财政资金3.1亿元。加快建设太湖现代农业示范园万亩标准化水产养殖等特色基地，调整发展果品产业，农业适度规模经营比例达67%。分解落实苏州城乡一体化改革3427亩增减挂钩周转指标。建立和落实生态补偿机制，镇、村发展后劲增强。实现镇、街道股份合作联社全覆盖，新增村、社区股份合作社19家，试点“政社分离”管理模式，临湖湖桥村组建全国首家股份合作社集团公司。镇、村集体资产达156亿元，增长11.7%，村均可支配收入达560万元，增长12.4%。率先通过全省集体林权制度改革验收。推进就业保障城乡一体化，城乡低保、重残补助标准均提高到人均每月420元；城乡居民医疗保险筹资标准提高到420元，城乡社会医疗救助资金达1599万元；被征地农民城保养老金提高到人均每月661元，被征地老年人员保养金、农保基础养老金分别提高14.3%和28.6%。金庭衙角里、东山陆巷公交首末站建成启用，农村生产生活条件显著改善。（政府办）

【城乡建设规划】 编制完成全区城乡协调规划，土地利用总体规划，中心镇总体规划和中心城区、郭巷北部片区、尹山湖周边地区控制性详细规划,区域规划体系进一步完善。东太湖滨湖新城概念规划不断深化,启动区控制性详细规划加快编制,镇、街道控制性详细规划编制扎实推进。运河风光带、蠡墅片区等重点区域城市设计基本完成。严格规划执行,科学、有序、统筹推进城乡建设。(政府办)

【城市功能提升】 加快中心城区改造升级。新苏国际、恒润大厦等现代高层楼宇竣工投运,文体中心、吴中医院、中润广场等重点项目进展顺利,丹桂路、澄湖西路东段等道路和龙港一村等4个老新村综合改造全面完成。轻轨2号线、冬青路改造等重点地块拆迁安置有序推进,全区拆除各类房屋约104万平方米,76万平方米安置房建成交房。"两区"建设协同推进。越溪副中心吴中商务中心、人力资源大厦等项目及尹山湖、独墅湖生态景观工程加快建设,保利、中海等高端地产商业项目落地开工。度假区中央商贸区等各项建设正在拉开,太湖国际会议中心承办"世博会苏州主题论坛"取得圆满成功,绕城高速光福互通度假区连接线正式通车。城镇面貌日益优化。木渎、胥口等地实施城乡一体化综合改造项目11个。宝带西路延伸段及全市首条山体隧道——凤凰山隧道建成通车,东山环岛公路主体工程基本完成,西山环岛公路加快规划设计,东、西山环岛公路连接线(太湖第二大桥)筹备工作全面启动。浒光运河、苏南运河等航道整治加快实施。完成16个农贸市场升级改造。区人防指挥所建设进展顺利,电力、路灯、通信等设施不断完善。(政府办)

【生态环境建设】 全面完成总投资35亿元的56项年度环境保护和太湖水污染防治重点工程,开展太湖水质长效检测,完成胥口等污水处理厂升级扩建,实施污水管网延伸扩面,太湖一级保护区生活污水处理率达80%。切实加强环境监察,实施城南区域化工企业专项整治,全面实行污染源在线监控。东太湖综合整治一期试验段生态清淤、堤线调整工程进展顺利。疏浚河道121公里,加固圩堤、建设挡墙53公里。成为首批国家级农村环境连片整治典型示范区,越溪旺山村建成全省首个国家级水土保持科技示范园。城市管理"区域式联动,网格化管理"机制全面深化,数字城管初步实现移动指挥智能化和管理网络化,环卫机械化水平不断提高。强化重点区域、重要节点环境长效管理,"三小车"、杂船、卫生死角等七项环境整治工程取得扎实成效。(政府办)

【社会保障体系建设】 组织各类劳动技能培训3.8万人次,新增就业岗位5.3万个,开发公益性岗位545个。有效开展就业帮扶,实现城镇困难人员就业2709名、失业人员再就业3773名,吴中区籍应届高校毕业生就业率达95%,城镇登记失业率为3.1%,劳动关系和谐企业创建工作有序推进。城镇职工养老保险覆盖率稳定在98%以上,企业退休人员社会化管理不断深化,养老金提高到人均每月1494元。建成区社会福利中心、残疾人综合服务中心,镇、街道敬老院改造建设进展顺利。扩面新增住房公积金缴存3.5万人。深入实施保障性安居工程,落实1271户低保、特困和中低收入以下家庭住房保障,完成189户贫困家庭危房改造。(政府办)

【社会事业建设】 各项事业全面进步。吴中区获评省级全面实施素质教育先进区。建成区中小学生综合实践学校、车坊江东小学、越溪实小幼儿园等一批新校,中小学校舍安全工程稳步推进,新增省、市优质幼儿园7所。0~3岁婴幼儿早期教育全面实施,老年大学和老干部活动中心建设进展顺利,吴中电大跻身"全国示范性基层电大"。苏州市首批3

名中小学教育名家吴中区获评1名。基层文体设施标准化建设扎实推进，全面建成镇级文体教育服务机构。深入开展群众性精神文明活动，获苏州创建全国文明城市公共文明指数测评第三名。东山镇晋升为中国历史文化名镇，碧螺春茶制作技艺成为国家级非物质文化遗产。成功举办首届穹窿山兵圣杯世界女子围棋锦标赛，吴中区培养的运动员周春秀卫冕亚运会女子马拉松赛冠军。名列省运会青少年组金牌数第三位。卫生事业加快发展。完成社区卫生服务站标准化建设改造，区精神卫生康复中心和一批乡镇卫生院建设顺利推进。木渎医院骨科、皮肤病医院皮肤科成为市级重点专科。建立区红十字会常设机构。积极开展第六次全国人口普查，人口计生世代服务体系全覆盖。完成《吴中区志》总纂。外事侨务、妇女儿童、档案、科普等事业取得新进步。 （政府办）

【社会管理建设】 深入推进民主法治建设，村民自治持续加强，村(居)委会换届选举顺利完成，实现省级村民自治模范区“三连冠”。完善社区管理，全区和谐社区达标率超95%。深化“平安吴中”建设，严厉打击各类违法犯罪活动，社会治安防控体系不断完善。组建成立全区综合应急救援大队，建立苏州首支纳入公安管理的专职校园护卫大队。社会治安综合治理成效显著，红庄“城中村”整治、木渎“三化”管理经验获上级肯定，全国、全省综治工作现场会在吴中区召开。扎实开展信访、安全、基层基础等“三项排查”，组建区涉法涉诉联合接访中心，“大调解”机制进一步完善，领导信箱等群众来信来访及时有效办理落实。社区矫正、社区禁毒、安置帮教、法律援助和青年志愿者工作不断加强。强化粮食等保供稳价和食品药品安全、工商监管，严格规范市场经济秩序。民族宗教、国防、兵役、保密等工作成效显著，疾病疫病防控、消防、防汛防台等工作全面落实。 （政府办）

【政府建设】 改革创新深入推进。根据上级部署和区委决策，组织实施区政府机构改革，全面完成政府组成部门“三定”工作。稳步实施医药卫生体制改革，基本药物制度正式施行。围绕经济结构调整、产业转型升级和群众关注热点，在科技创新、人才、金融、社会民生等领域集成推出十余项导向性帮扶政策。建立行政服务“绿色通道”项目联系反馈制度和提醒式服务机制，引入电子即时评价系统，服务质量有效提升。公务接待、机关事务管理得到加强。依法行政深入推进。主动接受和邀请区人大、政协监督政府工作，严格执行区人大及其常委会决议，积极听取民主党派、工商联、无党派人士和人民团体的意见建议。认真办理区“两会”议案、建议、提案243件，推行领办制和重点件督办制，办理质量进一步提高。推进“法治吴中”，强化执法监督，深化政务公开，区行政权力网上公开透明运行电子监察系统实现全覆盖，全年发布政府信息1.8万条，审批事项信息全面实现网上公开。创先争优深入推进。全面开展机关作风效能建设“转型升级年”活动，进一步深化“两集中、两到位”行政服务，审批事项事均承诺时间缩减至6.1个工作日，实现提速10.2%。便民热线管理服务制度不断完善。积极开展“百千万工程”、“百企帮百户”、“海关监管一站式”、“国检引航”等创先争优特色活动，“三走进、三服务”不断丰富内涵、创出成效。勤政廉政深入推进。积极发扬勤勉务实作风，形成层层推动、政令畅通的责任落实体系，加强督查督办和跟踪问效，提高政府执行力。全面落实党政机关厉行节约10项要求，进一步压缩刚性支出。试行领导干部“三责联审”，强化监督问责。开展重点项目执法监察28项，完成财政财务审计58项、工程审计660项，核减5.1亿元。深化事业单位人事制度改革，规范编制和

岗位管理。加强机关工作人员教育培训和能力建设,队伍整体素质不断提升。(政府办)

重要会议

【区政府常务会议】 2010年2月5日,召开区政府第十七次常务(区长办公)会议,主要内容:关于《吴中区外资招商项目信息共享暂行办法》,关于《苏州市吴中区镇(区、街道)级政府债务管理暂行办法》,关于提高吴中区有关社会保障对象生活救助(补助)标准的请示,关于吴中区被征地农民置换城保退休人员2010年养老金调整办法的请示,关于加强“三小车”长效管理工作的实施方案,关于报请废止部分政府规范性文件的请示,关于区政府2010年重点实事项目和重点民生工程目标责任分解工作,讨论区人大代表建议和政协委员提案交办工作;布置当前工作。

4月2日,召开区政府第十八次常务(区长办公)会议,主要内容:关于吴中区创建国家生态区工作情况汇报,关于区二届人大三次会议《加快基层文体设施建设,不断完善全区文体服务体系》议案办理实施意见,关于调整各级劳动模范待遇标准的请示,关于调整特困职工生活救助标准的请示,关于调整被征地老年人员保养金标准的请示,关于申请特困家庭毕业生安置补贴的请示,关于调整区、镇(区、街道)社保资金财政负担比例的请示,关于调整区、镇(区、街道)部分民政涉财支出财政负担比例的请示,组织学习《苏州市风景名胜区条例》;布置当前工作。

6月7日,召开区政府第十九次常务(区长办公)会议,主要内容:关于吴中区国民经济和社会发展“十二五”规划基本思路情况汇报,关于国家生态区创建工作进展情况汇报,关于在村(社区)建立环保监管员的请示,关于开展住房公积金扩面工作的请示,贯彻落实市、区转型升级会议精神,关于政府重点实事项目进展情况通报,研究《关于挂牌机构的行政主体资格问题》,组织学习《国有土地上房屋征收和补偿条例(征求意见稿)》,布置当前工作。

7月27日,主持召开区政府第二十次常务(区长办公)会议,主要内容:关于上半年各条线工作情况和下半年工作计划汇报,关于全区重点项目储备及投入情况汇报,关于全区工业经济投入及运行情况汇报,关于全区开放型经济发展情况汇报,关于全区市容环境管理情况汇报,关于全区议案办理及文化产业发展情况汇报,布置当前工作。

8月19日,主持召开区政府第二十一次常务(区长办公)会议,主要内容:关于吴中区加快新能源和新材料产业、医药和生物技术产业、文化产业发展扶持暂行办法,关于吴中区商贸业提速升级三年行动计划(2010~2012年),关于认真做好残疾人专职委员选聘和管理工作的请示,关于将农村孕产妇住院分娩项目纳入区城乡居民(农村)医疗保险支付范围的请示,关于全区军转工作,关于《吴中区区属国有公司工程建设项目监督管理办法》,关于苏州华东镀膜玻璃有限公司股权转让、增资、拆迁补偿实施方案的请示,关于全区金融工作,关于城市管理工作七个重点整治项目,关于“三项排查”有关工作,布置当前工作。

9月28日,召开区政府第二十二次常务(区长办公)会议,主要内容:关于《吴中区深化医药卫生体制改革实施意见和吴中区实施国家基本药物制度工作方案(试行)》,关于《吴中区综合应急救援大队和吴中区综合性(消防)应急救援队伍建设工作方案》,关于《苏州市吴中区区属国有公司政府性建设项目融资费用核算办法(试行)》,关于调整吴中区老城旧镇改造经营性用地土地出让收入分配结算办法,关于提高托管中心改制企业内退人员生活费，关于实行区90周岁以上老年人长寿补贴及敬老金，关于《深入开展创先争优，促进办文提速增效》实施方案，关于全区信访稳控工作，布置当前工作。

12月1日，召开区政府第二十三次常务（区长办公）会议，主要内容：关于《苏州市吴中区国民经济和社会发展第十二个五年规划纲要（讨论稿）》，关于调整事业单位退休人员生活补贴的请示，关于成立吴中区中小企业国际电子商务平台的请示，关于建设《吴中在线》信息平台的报告，关于调整镇村农贸市场升级改造资金扶持政策的请示，关于稳定消费价格总水平保障群众基本生活的举措意见，关于转发《关于进一步加快吴中区农村环境连片整治的实施意见》的请示，关于印发《关于加强校园护卫大队建设的意见》的请示，关于增设社区警务室和增拨人员经费的请示，关于区政府2011年重点实事项目、重点民生工程，组织学习《社会保险法》，布置当前工作。

12月14日，召开区政府第二十四次常务（区长办公）会议，主要内容：关于2011年《政府工作报告（讨论稿）》，关于区政府2011年重点实事项目、重点民生工程，关于执行苏州市政府性资金投资建筑工程预选承包商制度明确相关事宜的请示。（政府办）

【其他重要会议】 1月13日　全区安全生产工作会议

1月14日　全区民政工作会议

1月20日　全区林业工作会议

1月22日　全区投资暨重点项目建设工作会议

2月6日　人民武装工作会议

2月6日　政府工作部门（扩大）会议

2月27日　全区2009年度表彰大会

3月2日　全区政法工作会议

3月3日　全区档案工作会议

3月10日　全区城乡一体化工作会议

3月11日　全区商务工作会议

3月11日　全区2010年度环境保护、人力资源和社会保障、安全生产目标责任工作暨国家生态区创建推进会

3月11日　全区卫生工作会议

3月15日　全区审计工作会议

3月15日　中心城区第三届“吴中市容环卫杯”竞赛活动动员大会

3月29日　全区人口计生工作会议

4月1日　全区农口局长会议

4月26日　国家创新型城区建设动员大会

4月27日　全区对接世博工作动员大会

4月29日　全区政府廉政建设暨综合督查工作会议

4月30日　全区国土资源管理工作会议

5月6日　全区第六次全国人口普查动员会议

5月13日　全区防汛防旱工作会议

6月30日　孙子兵法进军（警）营活动动员大会

7月9日　科技企业孵化协会成立大会暨科技项目资本对接会

7月30日　全区双拥总结表彰大会

8月9日　全区深化安全隐患排查治理工作推进会

8月13日　全区商贸商标工作推进会

8月13日　全区城市管理工作会议

8月20日　全区治理无证无照经营工作会议

8月23日　全区节能工作推进会

8月26日　全区果品产业调整发展工作推进会

8月27日　全区校长代表座谈会

9月2日　全区城乡一体化工作推进会

9月6日　轻轨4号线、2号线支线初步方案汇报会

9月9日　庆祝2010年教师节暨表彰大会

9月20日　“迎中秋、庆国庆暨《归侨侨眷权益保护法》颁布实施20周年座谈会”

9月25日　纪念中共中央9·25《公开信》发表30周年大会

9月29日　第九届村民委员会、第三届社区居民委员会换届选举工作会议

10月11日　2010年征兵工作会议

10月13日　区级机关作风效能建设工作会议

10月26日　中心城区第三届“吴中市容环卫杯”竞赛活动总结表彰大会

10月29日　全区第六次人口普查工作推进会议

11月2日　区政府领导组织区各相关部门有关负责人赴开发区召开现场调研办公会议

11月19日　全区教育工作会议

12月2日　全区水利水务工作会议

12月2日　全区森林防火工作会议

12月22日　全区集体林权制度改革工作总结会议

12月23日　第九届村民委员会、第三届社区居民委员会换届选举工作总结会议

12月28日　全区信访工作会议

12月31日　全区住房公积金扩面工作会议

（政府办）

重要决策和活动

【重要决策】　1月8日　转发《市政府印发关于加强经营性建设用地容积率调整和用地性质变更规划管理的意见的通知》，明确关于经营性建设用地容积率调整和用地性质变更条件程序等内容。

1月12日　印发《苏州市吴中区集体林权制度改革工作实施方案》，公布吴中区集体林权制度改革工作的目标任务、改革内容、配套措施、实施步骤、加强领导等内容。

2月3日　印发《关于分解落实2010年区政府重点实事项目和政府主要工作任务的通知》，公布2010年度区政府重点实事项目和政府主要工作任务的分解落实方案。

2月20日　印发《关于区政府区长、副区长、区长助理分工的通知》，明确区政府区长、副区长、区长助理分工。

2月25日　印发《关于废止部分规范性文件的决定》，公布主要内容与上位法和现行政策规定不一致、适用期已过的11件规范性文件。

3月4日　印发《2010年度吴中区旅游工作要点》，公布2010年度吴中区旅游工作六个方面要点。

3月8日　印发《苏州市吴中区创建国家生态区实施方案》，明确吴中区创建国家生态区的指导思想、工作目标、主要任务、实施步骤和工作要求等内容。

3月12日　印发《吴中区2010年度审计工作计划》，公布吴中区2010年度财政审计、国有企业审计、政府投资建设项目审计、领导干部经济责任审计等相关计划。

3月23日　印发《吴中区2010年度污水管网工程既农村村庄生活污水处理设施建设计划》，明确吴中区2010年度污水管网工程既农村村庄生活污水处理设施建设的工作任务、时间要求、财政扶持及对上争取、工程管理及考核等内容。

3月25日　印发《2009年度人口与计划生育目标管理执行情况》，公布2009年度全区人口与计划生育目标管理执行情况及考核结果等。

3月31日　印发《苏州市吴中区2010年依法行政工作要点》，公布全区2010年依法行政工作的指导思想、主要任务和工作要求。

4月19日 印发《关于认真做好东太湖综合整治工程下阶段各项实施工作的通知》，公布东太湖综合整治工程下阶段各项实施工作。

4月21日 转发《市政府关于鼓励制造业企业分离发展现代服务业的若干意见的通知》,公布市政府关于鼓励制造业企业分离发展现代服务业的若干意见。

5月14日 印发《吴中区2010年食品安全工作意见》，公布吴中区2010年食品安全工作的指导思想和工作目标、工作任务、工作要求等内容。

5月18日 印发《进一步推进行政权力网上运行工作的实施意见》,明确全区进一步推进行政权力网上运行工作的指导思想、目标任务、建设周期和计划安排、工作要求等内容。

6月21日 印发《关于继续深入开展“安全生产年”活动的通知》,公布关于继续深入开展“安全生产年”活动的若干内容。

6月30日 印发《关于开展打击“黑车”经营专项整治行动的实施意见》,明确开展打击“黑车”经营专项整治行动的有关内容。

7月5日 印发《苏州市吴中区人民政府办公室(吴中区人民政府法制办公室、吴中区人民防空办公室)主要职责内设机构和人员编制规定》,公布苏州市吴中区人民政府办公室(吴中区人民政府法制办公室、吴中区人民防空办公室)主要职责内设机构和人员编制规定。

7月5日 印发《苏州市吴中区发展和改革局(吴中区统计局、吴中区物价局、吴中区服务业发展办公室)主要职责内设机构和人员编制规定》,公布苏州市吴中区发展和改革局(吴中区统计局、吴中区物价局、吴中区服务业发展办公室)主要职责内设机构和人员编制规定。

7月5日 印发《苏州市吴中区商务局主要职责内设机构和人员编制规定》,公布苏州市吴中区商务局主要职责内设机构和人员编制规定。

7月5日 印发《苏州市吴中区审计局主要职责内设机构和人员编制规定》,公布苏州市吴中区审计局主要职责内设机构和人员编制规定。

7月5日 印发《苏州市吴中区人民政府外事和侨务办公室(吴中区人民政府港澳事务办公室)主要职责内设机构和人员编制规定》,公布苏州市吴中区人民政府外事和侨务办公室(吴中区人民政府港澳事务办公室)主要职责内设机构和人员编制规定。

7月5日 印发《苏州市吴中区区级机关事务管理中心主要职责内设机构和人员编制规定》,公布苏州市吴中区区级机关事务管理中心主要职责内设机构和人员编制规定。

7月6日 印发《苏州市吴中区经济和信息化局(吴中区中小企业局)主要职责内设机构和人员编制规定》,公布苏州市吴中区经济和信息化局(吴中区中小企业局)主要职责内设机构和人员编制规定。

7月6日 印发《苏州市吴中区科学技术局(吴中区知识产权局)主要职责内设机构和人员编制规定》,公布苏州市吴中区科学技术局(吴中区知识产权局)主要职责内设机构和人员编制规定。

7月6日 印发《苏州市吴中区民政局主要职责内设机构和人员编制规定》,公布苏州市吴中区民政局主要职责内设机构和人员编制规定。

7月6日 印发《苏州市吴中区司法局主要职责内设机构和人员编制规定》,公布苏州市吴中区司法局主要职责内设机构和人员编制规定。

7月6日 印发《苏州市吴中区财政局(吴中区人民政府国有资产监督管理局)主要职责内设机构和人员编制规定》,公布苏州市吴中区财政局（吴中区人民政府国有资产监督管理局）主要职责内设机构和人员编制规定。

7月6日　印发《苏州市吴中区人力资源和社会保障局主要职责内设机构和人员编制规定》,公布苏州市吴中区人力资源和社会保障局主要职责内设机构和人员编制规定。

7月6日　印发《苏州市吴中区交通运输局主要职责内设机构和人员编制规定》,公布苏州市吴中区交通运输局主要职责内设机构和人员编制规定。

7月6日　印发《苏州市吴中区环境保护局(吴中区太湖水污染防治办公室)主要职责内设机构和人员编制规定》,公布苏州市吴中区环境保护局（吴中区太湖水污染防治办公室)主要职责内设机构和人员编制规定。

7月6日　印发《苏州市吴中区民族宗教事务局主要职责内设机构和人员编制规定》,公布苏州市吴中区民族宗教事务局主要职责内设机构和人员编制规定。

7月6日　印发《苏州市吴中区安全生产监督管理局主要职责内设机构和人员编制规定》,公布苏州市吴中区安全生产监督管理局主要职责内设机构和人员编制规定。

7月6日　印发《苏州市吴中区供销合作社主要职责内设机构和人员编制规定》,公布苏州市吴中区供销合作社主要职责内设机构和人员编制规定。

7月14日　印发《苏州市吴中区教育局主要职责内设机构和人员编制规定》,公布苏州市吴中区教育局主要职责内设机构和人员编制规定。

7月14日　印发《苏州市吴中区住房和城乡建设局(吴中区地震局)主要职责内设机构和人员编制规定》,公布苏州市吴中区住房和城乡建设局(吴中区地震局)主要职责内设机构和人员编制规定。

7月14日　印发《苏州市吴中区城市管理局(吴中区城市管理行政执法局)主要职责内设机构和人员编制规定》,公布苏州市吴中区城市管理局(吴中区城市管理行政执法局)主要职责内设机构和人员编制规定。

7月14日　印发《苏州市吴中区水利局(吴中区水务局)主要职责内设机构和人员编制规定》,公布苏州市吴中区水利局(吴中区水务局)主要职责内设机构和人员编制规定。

7月14日　印发《苏州市吴中区农业局(吴中区林业局、吴中区水产局)主要职责内设机构和人员编制规定》,公布苏州市吴中区农业局(吴中区林业局、吴中区水产局)主要职责内设机构和人员编制规定。

7月14日　印发《苏州市吴中区文化体育局(吴中区文物局)主要职责内设机构和人员编制规定》,公布苏州市吴中区文化体育局(吴中区文物局)主要职责内设机构和人员编制规定。

7月14日　印发《苏州市吴中区旅游局主要职责内设机构和人员编制规定》,公布苏州市吴中区旅游局主要职责内设机构和人员编制规定。

7月14日　印发《苏州市吴中区人口和计划生育局主要职责内设机构和人员编制规定》,公布苏州市吴中区人口和计划生育局主要职责内设机构和人员编制规定。

7月14日　印发《苏州市吴中区粮食局主要职责内设机构和人员编制规定》,公布苏州市吴中区粮食局主要职责内设机构和人员编制规定。

7月14日　印发《苏州市吴中区信访局主要职责内设机构和人员编制规定》,公布苏州市吴中区信访局主要职责内设机构和人员编制规定。

7月19日　印发《吴中区关于加强治理无证照网吧工作的实施意见》,明确吴中区关于加强治理无证照网吧工作的指导思想、工作目标、主要任务、职责分工、相关措施、工作要求等。

7月26日　转发《吴中区蓝天工程2010年行动计划》，公布吴中区蓝天工程2010年行动计划的指导思想、主要目标、任务要求、保障措施等。

7月29日　印发《建立健全苏州市吴中区人民政府常务(区长办公)会议学法制度》，明确苏州市吴中区人民政府常务(区长办公)会议学法制度相关要求。

8月10日　印发《做好创建创业型城市绩效考核评估工作的通知》，公布做好创建创业型城市绩效考核评估工作相关要求和任务分解表。

8月10日　印发《苏州市吴中区卫生局(吴中区食品药品监督管理局)主要职责内设机构和人员编制规定》，公布苏州市吴中区卫生局(吴中区食品药品监督管理局)主要职责内设机构和人员编制规定。

9月2日　印发《苏州市吴中区加快发展新能源和新材料产业扶持暂行办法》，明确吴中区关于加快发展新能源和新材料产业的专项基金扶持、税收扶持、鼓励企业技术创新、支持企业项目建设等规定。

9月6日　印发《吴中区加快文化产业发展扶持暂行办法》，明确吴中区重点文化企业认定、财税政策、专项资金补贴和奖励、专项资金申请和管理等扶持文化产业发展相关规定。

10月12日　印发《吴中区关于加快医药和生物技术产业发展扶持暂行办法》，明确吴中区关于加快医药和生物技术产业扶持的支持领域和方向、财税政策、产业培育引导专项资金等规定。

10月22日　印发《关于调整区政府领导分工的通知》，公布区政府区长、副区长、区长助理的分工调整。

11月23日　印发《关于报送2010年度依法行政工作报告的通知》，明确报送依法行政工作报告的有关要求。

12月6日　印发《关于稳定价格总水平保障群众基本生活的通知》，明确关于稳定价格总水平保障群众基本生活的若干措施、要求。

（政府办）

【重要活动】　3月8日　纪念“三八”国际劳动妇女节100周年暨“百年百佳巾帼之星”表彰大会

3月16~19日　赴沈阳、北京举办苏州·吴中洞庭(山)碧螺春茶文化旅游节专场推介会

3月18日　’2010苏州吴中·太湖(北京)投资环境说明暨央企对接会

4月29日　’2010太湖旅游世博年——中国木渎国际旅游节开幕式

5月1日　“2010苏州第四届汽车节”开幕式

6月2日　首届枇杷节

6月19日　在上海世博园苏州馆内举行“吴中主题周”活动启动仪式

6月23日　在上海举办“对接世博”——苏州吴中·太湖服务业推介会

9月11日　’2010中国·苏州穹窿山孙子兵法文化旅游节暨首届苏州穹窿山兵圣杯世界女子围棋赛开幕式

9月19日　第八届中国苏州·甪直水乡服饰文化国际旅游节暨旅游配套项目开园开工仪式

10月15~19日　’2010苏州吴中·太湖经贸合作洽谈会暨金秋经贸招商周活动

（政府办）

人事工作

【人才工作】　2010年，首次组团赴美国、加拿大招才引智，达成就业创业意向10项，并在

美、加成立"吴中区海外招才引智联络处"。圆满完成"2124"人才引进工程,年内引进各类人才9296名,其中博士和留学人才55名。积极承接苏州国际精英创业周,成功举办生物医药高峰会、吴中区科技人才资本项目对接会,5个创新创业项目落户吴中区。研究制订《吴中重点、新兴产业紧缺人才资助办法》和《吴中区高技能人才计划》。成立吴中区博士联谊会,新增省级企业博士后科研工作站1家、企业院士工作站4家。(人社局)

【公务员管理】 配合市局做好2010年公务员招录,认真做好考生报名和资格审查工作,招录公务员37名。完成新招录公务员试用期满登记43人,调任科职领导干部公务员登记15人。参与组织44名副科职领导任职培训,组织新招录的18名公务员参加初任培训,会同区委组织部、区机要保密局组织保密骨干培训班。(人社局)

【事业单位管理】 出台《苏州市吴中区事业单位岗位设置管理实施意见》、《苏州市吴中区事业单位岗位设置管理实施方案》等文件,全面实施事业单位岗位设置管理工作。严格按照政策规定,公开招聘事业单位工作人员16人。(人社局)

【工资审批】 积极配合相关部门做好义务教育学校绩效工资工作。审核448名人员滚动升级、2332名人员两年晋升一档级别(岗位)工资和10548名人员正常增加一级薪级工资的工资变动事宜。做好全区机关事业单位技术工人升级考核培训工作,推荐12人参加2010年度省厅组织的技师等级考核培训。(人社局)

【专业技术人员管理】 完成174人高级职称审核推荐工作,评定中级职称242人、初级职称1203人,完成全国会计专业资格考试1569人。(人社局)

【军转安置】 积极向上争取,实行"阳光安置",圆满完成40名军转干部安置任务。落实2010年企业军转干部调标工作,积极走访困难企业军转干部家庭,继续保持企业军转干部无赴省进京上访良好局面。积极做好自主择业军转干部服务工作,上报的自主择业军转干部典型蒋永庆的先进事迹材料被全国《转业军官》杂志刊登。(人社局)

编制工作

【区政府机构改革】 根据中共中央、国务院和省委、省政府以及市委、市政府关于地方政府机构改革的意见精神和统一部署,我区自2009年下半年起,着手进行区政府机构改革,以转变政府职能为核心,进一步理顺职责关系,明确和强化责任,优化政府组织结构,规范机构设置,完善管理体制和运行机制,推进依法行政,提高行政效能。12月31日,《吴中区政府机构改革方案》获苏州市委、市政府批复同意。2010年1月24日,区委、区政府召开全区政府机构改革工作会议,同时印发《吴中区人民政府机构改革实施意见》。3月4日,区政府召开机构改革工作推进会暨"三定"工作业务培训会议。至7月下旬,全区26个政府工作部门以及涉及机构性质调整的其他5个部门的"三定"规定全部下发。随后,各部门根据"三定"规定积极组织实施。年底,区编委组织开展政府机构改革评估工作,本次政府机构改革基本完成。区政府机构改革后,设置政府工作部门26个,挂牌机构17个,不再承担行政职能的区政府直属事业单位1个,区级社有资产管理机构1个。改革后,政府工作部门核定行政编制

385 名，另定编制 141 名。（编 办）

【“三责联审”工作】 2010 年，吴中区正式启动实施“三责联审”工作。8 月，区委组织部、区编办、区审计局对区卫生局党委书记、局长蒋连保任职期间履行选人用人责任、机构编制责任和任期经济责任情况进行“三责联审”。区编办具体负责机构编制责任审核工作。审核期间，联审工作组听取蒋连保的述职汇报，对其履责情况进行民主测评，召开相关人员座谈会，查阅机构编制工作资料。在此基础上，形成机构编制责任审核报告，经区编委会审议后向区卫生局党委及其本人反馈，要求区卫生局党委针对存在问题制定整改方案，确保整改措施落到实处，取得成效。

（编 办）

【事业单位登记管理】 严格把好申请、受理、审核、核准、发证、公告 6 个环节，依法办理事业单位法人登记工作。年内办理事业单位新设立登记 16 家，变更登记 60 家 86 件次，证书补领 2 家。按照事业单位登记法规规章要求，按时做好事业单位年检工作。至 3 月 31 日，319 家事业单位完成年检，按时年检率 98.8%，合格率 100%。对受理审核的材料及时进行归档，1 个事业单位对应 1 个专用档案盒，依照法人登记证号进行排序、编号，建立检索目录，做到及时存档，及时更新。

（编 办）

【公益性岗位用工管理】 根据区委办、区政府办《印发〈关于加强区级机关和区属事业单位公益性岗位用工管理的意见〉的通知》，坚持严格审批、精简高效、就业优先原则，加强对编外用工的统一管理，严格控制公益性岗位用工数量。区编办与区人社局、财政局、监察局协商联办，建立公益性岗位用工管理联席会议制度，区级机关和区属事业单位需要公益性岗位用工人员，需提出申请，由公益性岗位用工管理联席会议研究核定，所有单位一律不得突破核定数额。至年底，核定公益性岗位用工人员 213 名，实有公益性岗位人员 186 人。

（编 办）

信访工作

【概况】 2010 年，区信访局接待受理群众来信来访 3025 件次，其中：受理来信 643 件，来区上访 774 批 2382 人次。越级去市集访 36 批 984 人次，赴省上访 11 批 183 人次，进京上访 49 批 70 人次。区党政领导接待群众来访 231 批 428 人次，区领导批阅及上级交办的信访案件 218 件，网上公众监督受理 6802 件，受理电话访 36 件。年内，吴中区在全国、省、市“两会”期间的信访稳定工作多次受到江苏省联席会议、苏州市委、市政府通报表彰。2 月份，区信访局被省联席会议、省信访工作领导小组授予“国庆 60 周年期间信访稳定工作先进单位”称号。5 月份，吴中区被省信访工作领导小组授予“2009 年度‘三无’县（市、区）”荣誉称号。全区有 13 个镇（街道）连续 2 年获“四无”镇（街道）称号，全区多人次获得省、市表彰。

（信访局）

【宣传贯彻三个《意见》】 继续认真贯彻中共中央办公厅、国务院办公厅转发《关于领导干部定期接待群众来访的意见》、《关于中央和国家机关定期组织干部下访的意见》和《关于把矛盾纠纷排查化解工作制度化的意见》。把握中央三个《意见》精髓，领导接待做到定期化（每月 10 日，各部门和律师参与），干部下访做到规范化（带着问题下访），矛盾纠纷排查做到日常化（全覆盖的不定期排查）着力解决全区涉及人数多、范围广、影响大的民生问题，切实维护人民群众合法权益。（信访局）

【依法治访】 年内,区信访局借《信访条例》颁布5周年契机,选录国务院《信访条例》、《江苏省信访条例》和《关于进一步加强全市依法治访工作的意见》部分内容,吸纳周边依法治访典型案例9例,编印下发《依法治访》宣传手册2万册,有力震慑无理信访老户,推动全区信访秩序更加规范。在市信访局等五部门联合颁发《关于进一步加强全市依法治访工作的意见》后,专门召开会议研究具体工作部署。狠抓信访违法典型。对经常进京非正常上访的角直镇姚某、顾某2名上访人,依据《意见》规定分别实施治安拘留5日,对信访老户赵某采取警告处分。完善法治建设软硬件。陆续购置录音笔、摄像机,对接访大厅摄像头进行修缮,为及时捕捉有力证据提供硬件保障。邀请公安部门法律专家对全局信访干部进行集中培训。 (信访局)

【完善信访机制】 继续完善信访矛盾纠纷排查化解制度。将信访工作重心从事后处理转移到事前排查化解上来,做到"发现得早、化解得了、控制得住、处理得好"。建立信访稳定风险评估制度。积极探索把信访稳定风险评估纳入新体制、新机制,力求从源头上避免和减少损害群众利益的决策和行为发生,促进决策科学化、民主化。强化源头预防和治理,把信访稳定风险评估引入决策程序。完善信访目标考核机制。转变考核价值导向,把考核着眼点定位在"事要解决",将考核的主要指标从信访量为主逐步转移到"事要解决"上来,在分值上多突出重大活动和特殊时期的信访工作。总结推广信访工作好做法。总结推广角直车坊办事处设立的"农村治安中心户长"工作制,金庭镇建立义务信息员队伍、越溪街道提升村书记信访奖励基金,东山镇实施的《关于2010年度农村支部书记岗位责任考核意见》,横泾街道上林村以《上林村村民服务联系记录卡》开展村干部联系群众等一系列好做法,全面提升全区信访工作水平。 (信访局)

【做好重大活动及敏感时期信访工作】 集中开展矛盾纠纷排查。开展拉网式排查,特别是涉沪的信访问题将予以重点关注。将排查的重点放在农村违章搭建、土地流转、环境污染、道路交通、重大项目征地拆迁、失地农民保障等方面的信访突出问题。狠抓信访重点户稳控工作。区信访工作领导小组办公室专门下发《信访重点户稳控交办单》,集中梳理38件信访热点难点问题及木渎镇、角直镇等8家责任单位共25名信访重点户。加强落实稳控力度。强化进京进沪访劝返接回工作措施。按照市联席会议统一安排,吴中区制订上海世博会应急工作机制,成立应急工作小组,派出4名骨干力量进驻北京值班,及时做好劝返,严防人员倒流。强化信息报送和值班工作。在全国"两会"、上海世博会,国庆节期间再次启动"零报告"机制,全区各地每天下午3时整准时向区联席办、区信访局报送本地本部门信访信息。 (信访局)

【妥善处理关系民生信访问题】 深入开展调查研究。结合本区域群众反映的热点、难点问题,有针对性地进行调查研究,及时写出有情况、有分析、有建议的调研报告,为党委政府民主决策提供借鉴和参考,通过调研建议推动问题解决。大力关注困难群众。把群众吃饭、穿衣、住房、上学、看病等基本生活保障纳入信访工作目标范畴,继续发挥信访救助功效,确保困难信访群众家庭基本生活有保障,家庭合法权益得到及时维护。不断完善各项政策。通过农村征地补偿安置措施、提高城镇房屋拆迁补偿标准、调整农村批地建房政策、对污染环境的企业实行搬迁、减产和关闭等推动问题解决。 (信访局)

【积案化解和督查督办】 今年3月下旬，省信访局集中交办积案13件，市联席办交办8件，经由区联席办定期组织会办，明确案件性质，明确解决途径、明确化解责任，推进和逐案落实"四包"任务，促进"案结事了"。至年底，化解省信访局集中交办的11件，市联席办交办的5件，化解率分别为62.5%和84.6%。

推进"信访查办工作质量行"活动，采取定期与不定期督查相结合、明查与暗访相结合的形式，深入信访事项发生地跟踪督办，在交办信访事项办理、复查复核、无理终结认定和提高查办工作人员素质上下功夫。2010年，复查信访案件3件，领导批示及上级交办信访案件102件，停诉息访100件。 （信访局）

外事和侨务工作

【外事接待】 2010年，累计完成各项涉外接待任务23批296人次。元旦，日本池田泉州银行行长服部盛隆作为新当选"苏州市荣誉市民"来参加苏州寒山寺新年钟声会，区委书记金海龙和区长俞杏楠分别会见服部盛隆一行，对其当选"苏州荣誉市民"表示祝贺。1月14日，日本新泻县副知事神保和男一行到苏州举办旅游推介说明会期间，区委书记金海龙会见客人一行，并对双方今后加强沟通联系，增进相互了解，共同推动双方旅游事业发展提出希望。3月24日，韩国全罗北道太阳能产业交流考察团一行10人到吴中区参观考察。3月26日，香港翔龙制衣有限公司董事长朱恩馀回家乡扫墓。3月28日，南联集团董事局主席、香港江浙同乡会会长、香港吴县同乡会名誉会长、香港太平绅士荣誉获得者周忠继一行回乡扫墓，区委常委、常务副区长周云祥，副区长薛明仁等领导在苏苑饭店会见周忠继一行，并对其致力于区慈善事业和协助吴中区赴港招商表示感谢。5月14日，泰国王族成员黄凤兰一行回家乡探亲。6月18日，美国ECOMPEX公司总裁兼首席执行官姜胡彬考察吴中区。7月4日，美国南加州科工会会长、旅美科技协会洛杉矶分会会长周文生博士到吴中区木渎镇考察投资创业环境。8月7日，国侨办副主任赵阳视察吴中区工作。8月16日，省外办副主任黄锡强到吴中区调研外事工作。区外侨办均做好相应接待工作。

（外侨办）

【因公出国境】 年内，吴中区累计办理因公出国（境）团组61批199人次（其中上组团31批38人次，自组团30批161人次），重点保证各类招商团组和友好团组顺利出访，较好地服务吴中区开放型经济发展。 （外侨办）

【与拉美商会签订伙伴合作关系】 6月16日，区长俞杏楠带队赴美国洛杉矶举办推介会，在全美拉美商会协助下，120多位美国客商出席推介会，吴中区赴美推介会收到很好的效果。为共同推动双方经贸交流与合作，拉美商会主动提出与吴中区签订中国伙伴合作关系，是拉美商会自成立30年来第一次与中国政府组织签订合作协议。 （外侨办）

【对外宣传】 3月18日，日本ABC《朝日放送》上海世博特辑采访摄制组赴东山镇碧螺村，对中国非物质文化遗产洞庭山碧螺春制作技艺传承人之一查恩春进行现场采访拍摄，摄制组详细采集碧螺春茶制作全过程，并于4月10日在日本ABC电台《旅游色拉》栏目播放。在日本举办推介会和召开吴中经贸洽谈会期间，日本经济新闻社记者松林薰分别对区委书记金海龙和区长俞杏楠就投资环境和产业政策招商等内容进行专题采访，并在日本经济新闻杂志上刊登。利用《华人时刊》和全球华人咨询网等对外宣传平台，开展吴中区对外宣传和推介。2010年,《华人时刊》连续刊登《苏州吴中:太湖最美的地方》、《旺山:低碳绿色生态村》、《角直:文化旅游绚丽多彩的奇葩》、《苏州木渎:在新起点上跨越腾飞》、《漫步雕花楼》等专稿,《寻梦太湖、情归吴中》、《天下第一智慧山——穹窿山》、《江南第一楼——苏州洞庭东山雕花楼》和《苏州木渎》等宣传片在江苏经济频道和全球华人咨询网视频栏目循环播出。　　（外侨办）

【对外交往又添新伙伴】 吴中区在保持原有结好城市基础上，努力拓展新的对外友好交流城市关系。2010年,新增美国加州大洛杉矶区贝尔戈登市、唐尼市、亨廷顿公园市、德州南湖市及加拿大安大略省圣·托马斯市5个友好交流关系城市。　　（外侨办）

附表：　　吴中区与外国城市(区、町、协会)结好一览表

性 质	国　家	城市(区、町、协会)	结好日期
友好城市	德国	里萨市	1999年8月16日
	新西兰	罗托鲁瓦市	2000年2月18日
友好交流关系	日本	大山町农协	1992年6月1日
	日本	阪南市友协	1993年12月
	日本	崎玉县小川町	1994年1月
	日本	琵琶町	1994年5月
	日本	新潟县新潟市	1999年2月
	日本	生驹市	2001年5月21日
	澳大利亚	旺加拉塔市	2003年8月29日
	日本	川崎市中原区	2004年8月6日
	韩国	大邱广域市东区	2005年5月11日
	法国	欧贝维利耶市	2005年10月17日
	加拿大	斯特拉福德市	2005年11月11日
	阿根廷	拉班达市	2006年4月4日
	日本	和歌山县太地町	2008年10月19日
	美国	加州大洛杉矶区贝尔戈登市	2010年1月18日
	美国	加州大洛杉矶区唐尼市	2010年1月18日
	美国	加州大洛杉矶区亨廷顿公园市	2010年1月18日
	加拿大	安大略省圣·托马斯市	2010年6月8日
	美国	南湖市	2010年11月13日

（外侨办）

【友好互访】 5月19日，副区长焦亚飞率团赴美国南湖市进行友好访问，商谈两市建立友好交流城市关系。5月20日，应澳大利亚旺加拉塔市朗·韦布市长和新西兰罗托鲁瓦市市长凯文·温特斯邀请，区委副书记孙卓一行6人赴旺加拉塔市和罗托鲁瓦市进行友好访问。6月8日，罗托鲁瓦市副市长特雷弗·麦斯威尔率友好代表团访问吴中区。10月8日，区委常委、宣传部长乐江率团赴韩国大邱广域市东区参加东区读书节活动。10月22日，韩国大邱广域市东区厅长李在晚对吴中区进行友好回访，区委常委、常务副区长周云祥，区委常委、宣传部长乐江，副区长周晓敏等在溪江会所会见客人一行，双方对2011年继续开展中小学生友好交流达成共识。 （外侨办）

【推动教育国际交流合作】 3月10日，吴中区中小学校长教师培训团赴澳大利亚旺加拉塔市歌本欧文斯学院进行培训。5月6日，韩国又松学园教育集团代表团访问木渎中学，金圣经理事长并代表又松大学向木渎中学校长王海赳颁发又松大学国际商学院教育顾问聘书。9月7日至14日，韩国大邱广域市东区智妙小学的10名学生在校长金东洛带领下，走进吴中区苏苑实验小学校园，开展为期8天的友好交流活动。区长俞杏楠会见交流团成员。阪南市日中友好协会成立20周年之际，10月23日，吴中区组派中小学艺术代表团赴日本阪南市进行友好交流演出，活动受到各界友好人士的大力支持和重视。

（外侨办）

【"侨之家"工作网络建设】 12月21日，临湖镇"侨之家"成立。12月23日，胥口镇"侨之家"成立。临湖镇和胥口镇分别选举产生第一届"侨之家"、"侨联分会"委员、主席、副主席和秘书长名单。随着临湖镇和胥口镇"侨之家"成立，吴中区为侨服务机构覆盖至所有镇（区），并逐步延伸至社区，是全区推进"社区为侨服务，侨为社区作贡献"活动的又一成果。

（外侨办）

【侨法宣传】 9月20日，吴中区召开迎中秋、庆国庆暨《中华人民共和国归侨侨眷权益保护法》颁布实施20周年座谈会。积极组织参与市侨办举办的"纪念保护法颁布20周年征文"活动，多篇上报征文获奖。10月26日，举办"全区侨务知识讲座"，83名来自镇（区）、部门和社区的侨务工作者参加培训。在"12月4日全国普法宣传日"广场普法宣传活动中，通过现场发放侨法宣传资料，接受侨法咨询，扩大侨法社会知晓率。9月1日，苏苑街道在江苏省侨务系统"五五普法"侨法宣传总结会议上被授予"全省社区侨务工作示范单位"荣誉称号。

（外侨办）

民族宗教事务

【概况】 2010年，吴中区有常住少数民族人口1754人，流动少数民族人口8000余人，族别数39个。经批准设立的宗教团体4个，分别是佛教协会、道教协会、天主教爱国会、基督教三自爱国运动委员会。经批准对外开放的宗教活动场所60处，其中，寺观教堂13处，固定处所47处。全区宗教教职人员218人。区民族宗教工作在区委、区政府正确领导下，认真贯彻落实新时期党的民族政策和宗教工作基本方针，围绕"保稳定、求和谐、促发展"目标任务，创新民族宗教事务管理方法，着力做好民族宗教服务管理和维护社会安全稳定工作，在促进民族团结、宗教和睦、社会和谐方面作出积极努力。 （民宗局）

【少数民族服务管理】 切实为少数民族同胞办实事、解难事、做好事。春节期间开展"访百家、送温暖”活动,分别走访慰问100家贫困户。组织发动宗教团体与少数民族特困户结对“一帮一”帮扶活动。区道教协会和佛教协会分别出资3.4万元和3.6万元为两家少数民族特困户翻修危房,区基督教三自爱国会与城西中学一名特困中学生结对帮扶。着力做好少数民族服务管理工作。做好少数民族人员信息、拉面店经营状况调查统计工作,建立少数民族人员电子信息档案,实施动态管理。全区统计到回民拉面店142家,从事经营回民人员467人。着力推进社区民族工作,培育社区民族工作典型。重点在少数民族人员居住相对集中的乡镇筹建少数民族联谊分会,建立工作机制,开展正常活动。木渎镇建立少数民族联谊分会,并举行成立仪式。加强与基层党委政府、公安、工商、城管部门联系联络,信息互通,共同做好矛盾纠纷协调处置、城市管理和环境整治工作。全年会同相关部门及时妥善处理因民族因素而引发的各类矛盾纠纷9起。着力推进宗教事务社会化管理。按属地管理、分级负责原则,健全区、镇(街道)、村(社区)三级宗教管理网络,制定《吴中区2010年度基层民宗工作目标管理百分考核细则》,完善政府有关部门履职尽责、协作共管机制,推动基层组织加强对当地宗教活动场所的联系和监管,把宗教事务管理从部门单一推动向各方齐抓共管推进,实现社会化管理。(民宗局)

【宗教场所规范化管理】 规范宗教场所基建管理。在宗教场所新、扩、改建等基建项目申请报批工作上,严格按照《吴中区宗教场所基本建设项目管理意见》规定要求审查把关,按照受理程序审批,坚决杜绝滥建和违规建设。规范宗教场所财务管理。狠抓《吴中区宗教场所财务管理指导意见》贯彻落实,对全区宗教场所财务管理实行“三个统一”措施。规范教职人员管理工作。对全区场所主要教职人员和常住宗教教职人员进行重新登记、认定备案,建立教职人员档案信息库。抵御渗透工作措施扎实到位。依法加强涉外宗教事务管理,严格落实境外人员和外来人员在本区过宗教生活登记报备制度、讲经传道制度和捐赠审批制度。加强与公安部门、镇(街道)民宗助理联系联络,健全完善抵御渗透信息互通机制,确保反渗透信息渠道畅通,抵御渗透工作及时有效。年内成功阻止基督教非法聚会活动4起。抓紧抓好乱建寺庙“回头看”复查治理工作。及时将市、区委二级民族宗教工作领导小组文件精神传达到各镇、街道,组织召开全区专项治理乱建寺庙“回头看”复查工作动员部署会议,深入开展专项治理工作,落实目标责任和制止乱建寺庙长效管理制度。全区共拆改建非法土庙37个。严格执法检查,及时妥善处置上访投诉事件。加大对假僧假道乱做佛事道场和非法宗教场所利用宗教敛财等违法违规事件打击力度。年内,查处旅游景点利用宗教敛财投诉事件8起,对旅游景点和假僧假道实施行政处罚5次。积极开展文明宗教场所评先创优活动。会同区旅游局在全区宗教场所开展讲文明、树形象,争创“和谐寺观教堂、文明宗教场所和创建工作先进个人”活动。按照考评细则,组织民宗局干部、当地党委政府民宗工作分管干部、宗教团体负责人、场所教职人员和常住寺观居士对各场所负责人在德、能、勤、绩、廉、学等6个方面实行民主测评考核,加强民主监督管理,促进宗教团体加强作风建设、道风建设和信德建设,遵守戒律,树立良好形象。(民宗局)

【宗教重点项目建设】 发挥宗教文化旅游独特魅力和作用,积极改善作为旅游景点的宗教活动场所软硬件环境,做好游客接待工作,打造吴中宗教文化旅游特色品牌。指导穹窿山上真观加快装饰进度,早日竣工对外开放。督促东山灵源寺加快修复建设进度。重点帮助金庭观音寺协调各方关系，促使其尽快开工建设。加快推进七子山乾元寺恢复建设工作，为增加旅游新亮点，促进全区文化旅游事业发展多作贡献。（民宗局）

【宗教文化保护和传承】 充分发挥宗教文化在建设“三区三城”中的积极作用，大力推进宗教文化挖掘和宗教旅游开发，指导各宗教团体对本宗教文化进行研究挖掘，使之与当代社会相适应、与现代文明相协调。指导寺观教堂健全文化功能，打造文化品牌，提升文化品位。指导帮助吴中佛协编辑出版《吴中佛教》等宗教文化系列丛书，制作吴中宗教文化旅游宣传资料，加大宗教文化旅游宣传促销力度。（民宗局）

【服务民生工作】 积极引导宗教界参与慈善公益事业建设，树立乐善好施社会形象。全年区宗教界开展回报社会、慈善公益活动，先后为贫困群众、弱势群体和玉树地震灾区捐款捐物达20多万元。积极组织协调好大型宗教活动。依法批准各教派举办弘扬传统优秀文化，倡导与人为善，积善成德，抑恶扬善思想，营造和睦和平氛围的宗教庆典活动和讲经活动。指导帮助光福圣恩寺、金庭包山寺等宗教活动场所成功举办大型宗教活动和各类宗教庆典活动16场次。协助有关部门做好灵岩山寺大年初一烧头香大型宗教活动安全保障工作。指导区佛协、道协邀请省讲经团到包山寺和上真观讲经演讲，深受宗教界人士和广大信教群众的欢迎。（民宗局）

机关事务管理

【公共机构节能】 2010年，按照省市区关于公共机构节能工作部署要求，印发《关于加强全社会节能工作的通知》、制订《节能降耗工作管理制度》、《公共机构节能联络员工作制度》，对相关区级机关及乡镇、街道等公共机构“水及能源消费情况”、“建筑基本情况”、“建筑能源消费情况”进行统计汇总。实施行政大楼中央空调节能改造、水龙头更新等设备节能措施。（机关事务管理中心）

【后勤保障】 年内，完成“两会”、“区文体中心奠基典礼”、“金秋洽谈会”等区大型活动后勤保障。为四套班子和区级机关相关部门提供各类会务、演出保障服务305场次，收发文件信函70余万份，分发报刊140万余份，进行水、电设施设备检修维护371次，办理车辆绿标50张、世博通行证30张、省级机关大院通行证4张、市级机关大院通行证45张，妥善处置5人以上上访37批次，749人次。分别配合市、区两级审计局完成对组织部党费户、大型会议户及基建改造工程专项审计；团委、机关党工委、文联、行政服务中心等9个机关部门的领导离任审计、责任审计。做好“两会”、“金秋洽谈会”、“北京央企对接会”等9个重大节庆、会议经费专户结算、结账工作。（机关事务管理中心）

【商务中心项目管理】 加强与国裕公司及商务、环保等23个机关部门联系沟通，对吴中商务中心入驻单位人员、科室及专网需求等情况进行统计。围绕区领导“社会化服务、企业化管理”思路，按照吴中商务中心工作小组责任分工，认真开展调研论证，初步形成《苏州市吴中商务中心后勤保障项目管理方案》。（机关事务管理中心）

【房产物业管理】 年内，完成10个机关部门、单位的水电费回收、60户房租金收缴及25户出租户租赁合同续签等日常工作。先后组织开展对市区30户承租户基本情况、住房分配来源、分配性质、享受优惠购房情况和住房补贴情况的排查以及腊梅里2户住房的修缮工作;做好吴县、东吴2个小区苗木修剪,路面、楼道垃圾清扫,秩序维持以及各类综合性维修工作。累计更换老化、损坏垃圾桶20只,进行房屋筑漏、水电维修300余次,配合苏州市公共文明指数测评迎检,突击完成部分楼宇外墙、楼道粉刷2800平方米。

(机关事务管理中心)

【离退休人员管理】 按照相关政策和中心内部规定,相继完成247名经营性事业退休人员医药费核对报支、10名转企改制"协保"人员待遇调整等工作。组织开展健康体检和重阳登高活动。年内指导、协助2个离退休党支部开展党日活动8次。

(机关事务管理中心)

政协吴中区委员会

综 述

2010年初，区政协第二届苏州市吴中区委员会共有委员263名，常务委员42名，主席、副主席、副调研员、秘书长共8名。区政协二届三次全会选举张阿梅为政协主席，增选潘建林为政协常委。二届十次、十一次、十二次、十四次常委会共增选19名政协委员，免去10名。2010年底，共有委员272名，常务委员43名，主席、副主席、调研员、副调研员、秘书长共9名。下设办公室和6个专门委员会。

围绕中心，服务大局，为经济社会发展尽心尽责。区政协把促进发展作为履行职能第一要务，思科学发展之策，谋协调发展之计。年内，向区政府递交《关于改善环境质量，建设生态吴中的建议案》、《关于转变经济发展方式，做大做强先进制造业的建议案》、《关于促进农村股份合作社经济发展，保障农民持续稳定增收的建议》、《抓住转型机遇，探寻发展跨跃，加快推进我区传统产业转型升级步伐》、《引导宗教界促进经济社会发展的几点建议》、《城乡一体化发展务必强化生态建设》等调研报告，为区经济社会发展发挥积极作用。

体察民情，关注民生，为维护群众利益献智出力。区政协把关注民生作为义不容辞的职责，努力体察民情，关注民生，议政为民。积极建言献策，全年在经济建设、社会事业建设、城乡建设与管理、民主法制建设等方面提交提案234件，立案178件，社情民意37条。区政协在提案督办工作中，结合领导分工，确定33件提案为领导重点督办提案，强化责任，提高办案质量。发挥优势，凝聚力量，为富民强区多作贡献。区政协努力创造条件，搭建平台，认真贯彻“长期共存，互相监督，肝胆相照，荣辱与共”方针，加强与各民主党派和工商联联系，充分发挥优势特长，开展政协各专委会工作，提升基层政协工委工作实效，完善工作制度。广大委员参政议政，建言献策，兴办实业，关心社会。据统计，政协委员引进项目21个，兴办企业23家，投资和增资23.5亿元，捐款117万元。（政协办）

重要会议

【政协二届三次会议】 2010年1月6~8日，政协第二届苏州市吴中区委员会第三次会议在区大会堂举行。应到委员263名，实到委员252名。会议听取和讨论区委书记金海龙在开幕会上所作的重要讲话；听取和审议《政协第二届苏州市吴中区委员会常务委员会工作报告》和《政协二届二次会议以来提案工作情况报告》；与会委员列席区二届人大三次会议，听取和讨论《政府工作报告》及其他报告；会议选举张阿梅为政协第二届苏州市吴中区委员会主席，增选潘建林为常务委员。会议期间，委员共提交提案223件，立案175件。会议通过大会决议，表彰2009年度先进政协工

委(城区小组)、提案办理工作先进单位、优秀提案及社情民意信息和2008~2009年度优秀政协委员。（政协办）

【常委会议】 2010年,区二届政协共召开5次常委会议。

二届十次　3月2日召开。会议审议通过《区政协常委会2010年工作要点》,及有关人事任免事项,增补戚建明、吴仁林、张永康、周阿四、魏苏涛、沈斌、查伟峰为二届政协委员,免去仲益民、张剑清、张忠霖、许雪生、杨霞二届政协委员。

二届十一次　6月18日召开。政协常委对东太湖综合整治以及湖滨新城规划建设情况进行实地考察,听取吴中开发区管委会主任李永泉对整治和建设情况的详细介绍。会议听取区政协两个调研组关于"改善环境质量,建设生态吴中"、"转变经济发展方式,做大做强先进制造业"调研情况汇报,审议通过有关《建议案》(草案)。会议还审议通过有关李青任光福镇政协工委主任的任命事项。

二届十二次　8月11日召开。全体常委视察了度假区渔洋山景区。会议听取度假区管委会副主任许兴林关于度假区上半年度工作情况的介绍;听取区委常委、区政府常务副区长周云祥关于全区上半年度经济社会发展情况的通报。

二届十三次　12月24日召开。区委常委、常务副区长周云祥通报2010年度全区经济社会发展情况和政协委员提案、建议案、建议办理情况。会议讨论审议《政府工作报告》(征求意见稿)、《苏州市吴中区国民经济和社会发展第十二个五年规划纲要》(征求意见稿)、《区政协常委会工作报告》(讨论稿)、《提案工作报告》(讨论稿)和区政协二届四次会议其他有关事项。审议通过《关于表彰2010年度先进基层政协工委(城区小组)、提案办理工作先进单位、优秀提案及社情民意信息的决定》(讨论稿)。会议增补何宜祥、钱家荣、戴三男、刘庆、李君图、庄建华、许建华、王西春、陈国闩为二届政协委员,因工作调动,免去李甲林、粟稷、曹雪琴二届政协委员。

二届十四次　12月30日召开。会议增补石钟琪、陆增林为二届政协委员,因工作调动,免去顾雪荣二届政协委员。（政协办）

【主席会议】 2010年,区二届政协共召开7次主席会议。

第二十六次会议　2月21日召开。协商讨论召开二届十次常委会议日程安排,明确区政协领导分工、分片和机关人员联系委员等有关事宜。

第二十七次会议　3月16日召开。就当前工作进行布置,确定调研课题。

第二十八次会议　6月1日召开。协商讨论二届十一次常委会议日程、议程等有关事宜,并部署当前工作。

第二十九次会议　7月12日召开。协商讨论区政协分片工作会议有关事宜,要求各基层政协工委、委员联系小组、各专委会和办公室认真总结上半年工作情况,做好下半年工作打算。

第三十次会议　10月11日召开。就有关人事情况作了说明,讨论增补委员事宜,对当前工作进行布置。

第三十一次会议　11月4日召开。政协主席张阿梅传达学习区委有关会议精神,布置当前工作,要求做好二届四次全会准备工作。

第三十二次会议　12月13日召开。布置落实二届四次全会准备工作及当前工作。

（政协办）

协商议政

【政治协商】 2010年,区政协紧紧围绕区委、区政府中心工作，着重就做好“四大工程”、“走进太湖时代”和建设国家生态区等有关方面开展深入调研。组成专题调研组，先后赴相关政府职能部门　、镇、街道、企业进行调研，赴江阴、浙江萧山、安吉等地学习，形成《关于改善环境质量，建设生态吴中的建议案》和《关于转变经济发展方式，做大做强先进制造业的建议案》，提出关于“强化环境营造，不断优化企业服务”，“改善环境质量，建设生态吴中”和“强化产业引导扶持，提高产品市场竞争力”，“强化规范布局，加快产业集聚区和特色基地建设”，“强化扶优扶强，培育一批带动能力强的大项目、大企业”，“强化技术创新，加快推进转型升级步伐”等建议，区长俞杏楠专门批示并要求分管区长抓好具体落实工作，区政府分别以 99 号和 108 号文件作出答复。（政协办）

【参政议政】 以农民增收和经济社会发展为课题，组织部分常委和委员，邀请各民主党派、工商联和区农办等有关部门进行调研，形成《关于促进农村股份合作社经济发展，保障农民持续稳定增收的建议》，提出关于“进一步增强信心发展农村股份合作社”、“进一步加大对农村股份合作社的扶持力度”、“进一步规范发展农村股份合作社”等 10 条建议，得到区委、区政府领导的充分肯定，区长俞杏楠、区委副书记孙卓对建议作专门批示。（政协办）

民主监督

【加强提案办理工作】 2010 年，区各民主党派、工商联，各人民团体、政协专委会和政协委员，紧紧围绕区委、区政府中心工作，结合全区经济社会发展中重大问题和难点、热点问题，积极建言献策，全年提交提案 234 件，立案 178 件。民进吴中区委《关于组建区级文体行政综合执法机构的建议》、《关于整治大运河（吴中段）的建议》，民盟总支《关于为中小型民营企业转型升级提供人才“软”配套服务的建议》、《农村生活污水治理设施长效管理的建议》，九三吴中支社《关于加强对青少年健全人格教育的建议》，工商联《关于加强企业知识产权保护的建议》，知联会《关于重视解决新农村建设中的环境保护问题的建议》，金庭镇政协工委《关于加强太湖大桥交通安全的建议》，城区四组《关于进一步加强农村社区服务中心规范化建设的建议》，区政协经科委《关于吴中区经济转型产业升级的建议》，港澳台侨民族宗教委《关于加强高层住宅消防安全管理的建议》，委员张增兴《关于取缔西塘河塘湾里住家船只的建议》，委员吴时欣《关于促进吴中新型产业及产业联盟形成与发展的建议》被评为 2010 年度优秀提案。经全区各承办单位共同努力，所有提案均得到办理答复，委员们对办理结果满意的有 176 件，基本满意 2 件。（政协办）

【广泛了解和反映社情民意】 年内，把收集和反映社情民意作为一项重要工作，健全完善工作机制，广辟信息来源渠道，向委员寄发征集社情民意通知和社情民意专用稿笺，对社情民意收集、发送、反馈实行专人负责，保证社情民意工作正常开展。年内，收到社情民意 37 件，通过认真办理，许多问题得到妥善解决。光福镇政协工委提出“关于解决农民农保金领取难问题的建议”，经区人力资源和社会保障局多方协调，已基本解决；横泾街道政协工委提出“关于改造横泾农贸市场的建议”，得到街道党工委办事处高度重视，新规划的农贸市场将开工建设。委员徐卫东《关于加强环太湖路大风车区域游泳管理的建议》被评为优秀社情民意信息。（政协办）

【视察活动】 6月,组织全体政协常委和基层工委主任、联系小组组长视察东太湖湖滨新城开发建设情况，听取开发区对东太湖湖滨新城综合整治和建设情况的详细介绍。8月份,视察度假区规划建设情况,听取度假区上半年工作情况介绍。视察活动,让委员感受到“两区”在推进发展中的努力和成绩,增强履职责任感和使命感，同时也为委员拓宽参政议政渠道提供平台。 (政协办)

民主党派·工商联·人民团体

民进吴中区委员会

【概况】 2010 年,民进区委新增会员 7 人,转入 2 人,转出 2 人,共有会员 115 人。市级政协委员 2 人,区级政协委员(含常委)共 29 人,区级人大代表(含常委)3 人。民进区委荣获“2006~2010 年民进江苏省委先进地方组织”称号;民进区委文艺二支部荣获“2006~2010 年民进江苏省委先进基层”称号;医卫支部、综合一支部被评为“民进苏州市先进基层组织”。会员金玉明、万金声被评为民进江苏省委先进个人。（民 进）

【参政议政】 2010 年,民进吴中区委在区政协二届四次全会上提交提案 33 件,其中集体提案 16 件,政府督办 3 件,主席督办 4 件。10 月 10 日,举办第四届“我看吴中”议政论坛,5 个课题调研组从不同角度阐述独到看法,为吴中区城乡一体化发展献智献计。（民 进）

【加强学习和宣传】 民进区委认真组织基层支部会员参加中共中央宣传组织编写的《六个“为什么”对几个重大问题的回答》,认真做好民进中央网站《六个“为什么”》有奖征答。2010 年《吴中民进》会刊出 6 期,其中一期为《我看吴中》议政论坛专刊。专刊录用会员稿件 8 件,发往全省兄弟民进和友好地方组织、中共吴中区委、区政府及各部委办局 60 份。会刊成为会内学习理论、宣传政策、探讨问题、沟通信息、介绍经验、表彰先进和进行政治思想建设的重要阵地。会内网站进一步拓宽稿件的来源渠道,注重时效性,扩大影响力,增强吸引力,上网人数 12700 多人次。（民 进）

【服务社会】 2010 年,民进区委倡议,在吴中区农村社区建立一所“开明”图书室,送文化,送好书,为老百姓做一件实实在在的好事。全体会员积极行动,企业家会员捐资 28000 元,区委捐资 10000 元,全体会员捐书 400 多册。活动得到民进中央《民主》杂志社大力支持,特意为“开明”图书室赠送近 200 多册民进名人名史书籍。6 月,民进区委创办的第一家“开明图书室”在横泾街道尧南社区落户。全国政协副主席、民进中央常务副主席罗富和,全国人大常委、民进中央副主席朱永新,民进江苏省委、民进苏州市委领导等为“开明图书室”揭牌。响应民进苏州市委发起的关爱帮扶困难群众行动倡议,给民进苏州市委捐资 10000 元,向玉树地震灾区捐资 4200 元。（民 进）

【组织建设】 全年,民进区委按民进中央《关于开展创建全国先进地方组织、先进基层组织的意见》和民进苏州市委《进一步加强基层组织建设的意见》精神,促进基层支部民主换届工作。民进区委根据实际情况,制订《关于基层支部换届实施意见》,对新一届支部领导班子的选拔制订具体操作办法。给每位会员下发“支部班子民主推荐表”,以无记名投票方式,推荐支部领导班子候选人,然后产生新一届支部领导班子。 (民 进)

【岗位业绩】 年内,民进会员立足岗位,勤奋工作,在平凡的岗位作出不平凡成绩。会员庄梅、赵旻夷获“吴中区优秀教育工作者”称号,会员陆希明、王芳被评为“吴中区青年学科带头人”,会员王酉春被评为2010年苏州市工商会优秀会员,会员陈福元所领导的木渎人民医院急诊科在2010年全省急救医疗工作专项检查中获第三名,会员高兰平、陈福元被授予首批“吴中名医”光荣称号。文艺界、教育界、医卫界的民进会员还取得了许多令人瞩目的成果。会员万金声的中篇弹词《吴宫遗恨》获中国第六届牡丹奖编剧提名奖,散文《吴中风雅如诗画》发表在《民主》杂志第二期;会员钱国华主演的中篇弹词《吴宫遗恨》获中国第六届牡丹提名奖;会员赵锟、卢月龙作品入选入展中国书法名城苏州书法作品晋京展——徐州·南京巡回展;会员蔡云娣在上海世博会苏州馆进行2次现场表演,2010年参加民进苏州市委海联会组织的赴中国台湾书画交流巡展活动,在台期间,受到中国国民党副主席江丙坤接见;会员李伯庆作品《春满枝头》入选中国美协主办的2010年全国中国画展;会员曹仁容作品《苏州园林名胜图》由古吴轩出版社出版,《苏州寺庙园林》作为明信片由中国邮政出版;会员朱咏梅的《感爱·感悟·感谢》文章发表在《江苏民进》杂志,《引发教学生成的几点思考》在江苏省刊物《东方教育》上发表;会员陆希明的《精设训练点,提高低段学生语言综合素质》获“全国中小学优秀教学设计”二等奖;会员陆明观在《民主》杂志2010年第二期发表题目为《创新机制,提升能力,提高水平》文章;会员朱国宝在《江苏民进》杂志发表《树立和践行社会主义核心价值体系应注重反对封建主义”》文章;会员钱家荣在《江苏民进》发表《与时俱进开拓创新引路人——记民进吴中区委主委、苏州市吴中区政协副主席钱鹤平》、《开明书屋走进社区,阅读花开万家——民进苏州市吴中区委创设开明图书室”》等文章。郭瑞春、刘燕山被评为民进苏州市先进个人。钱家荣被江苏省人民政府授予“江苏省特级教师”荣誉称号。金玉明被评为“苏州市优秀教育工作者”。姚建萍出席第十次全国妇女代表大会。吕素娟获“江苏省优秀注册价格鉴证师”。徐琴华被苏州市人民政府表彰为2006~2010年苏州市充分就业先进个人。周黎敏、李卫分别被评为2010年吴中区机关效能建设先进和区级机关“争做五型干部”先进荣誉称号。 (民 进)

民盟吴中区总支

【概况】 2010年,民盟吴中区总支委员会新增盟员3人,转入盟员1人,转出盟员1人,至年末,有盟员82人。盟员中有省政协委员1名;市人大代表1名,市政协委员2名;区人大代表2名,区政协委员20名(含副主席、常委)。有8名盟员被聘为市、区特约检察员、特约审计员、特约党风监督员、人民法院陪审员等职。被民盟江苏省委授予“社会服务工作先进基层组织”荣誉称号。 (民 盟)

【参政议政】 年内,民盟总支在区政协二届三次全会上共递交集体和个人提案20件,其中《关于为中小型民营企业转型升级提供人才“软配套”服务的建议》、《关于加强农村生活污水治理设施的长效管理的建议》、《关于将吴中区旅游纪念品形成产业链的建议》等3件被评为区优秀政协提案;《关于清理存量建设用地的建议》等6件提案,被列为区政府领导重点督办提案。22名担任市、区政协委员的盟员，向区政协递交提案和社情民意20件。在民盟苏州市委组织的“社情民意信息”征集活动中，民盟总支推荐的24件涉及经济、科技、民生、旅游、生态等方面的建议，得到民盟市委的认可和表彰。盛林华、袁月英、周钰华、王健、宋银林、任建兴等6位盟员荣获“社情民意信息工作”二等奖。（民　盟）

【组织建设】 按照民盟苏州市委发展新盟员规程规定，上半年，发展当代著名核雕艺人、国家级非物质文化遗产“光福核雕”项目代表性传承人宋水官入盟。下半年，发展了2名政治素质好、业务水平高、活动能力强的年轻知识分子入盟。民盟总支对优秀后备干部，积极与有关部门沟通、推荐，年内有2名盟员提拔为正科职、副科职，2名盟员提拔为正股级。

（民　盟）

【宣传教育和研究】 年内，民盟总支把树立和践行社会主义核心价值体系作为支部和盟员政治学习的重要内容，在《吴中盟讯》上开设学习专栏。在民盟苏州市委“树立社会主义核心价值体系”、“纪念费孝通诞辰一百周年”征文活动中，民盟总支均获‘优秀组织奖’；胡金楠、李和明撰写的《新世纪盟员应该怎样展示自身形象》、《公民——熟悉而陌生的现代名片》分别荣获一等奖、二等奖。赵建明、盛林华、袁月英、潘力行、戴嘉禾、胡金楠等6人11篇文章入选江苏民盟、苏州政协专辑《费孝通百年诞辰纪念文集》；6人9篇文章，分别荣获特别奖、一等奖、二等奖、三等奖。全年被《江苏民盟》、《苏州政协》、《苏州民盟》、《吴中政协》、《苏州日报》、《姑苏晚报》等录用的文章30余篇。（民　盟）

【挖掘人文资源　服务特色经济】 总支文史工作小组盟员，发挥熟悉、研究吴地历史文化优势，深挖人文资源，为全区文化产业发展和文化旅游拓展提供服务。盟员胡金楠参与甪直江南文化园考察，对景区文化建设，提出建设性建议；参与严家花园严氏家族史馆再版工作，并撰写“严氏人文精神概要”等系列内容。对姑苏十二娘风情园建设、木渎山塘古街整治、白象湾景区文化建设、藏书羊文化的弘扬和发展等，提出有益的建议。盟员胡金楠还参与区吴地历史文化研究会关于“坚持科学发展，打好‘山水苏州，人文吴中’战略品牌”专题调研；参与《帝王与吴中》文化专著编写，在广搜资料基础上，撰写《乾隆南巡与吴中缙绅文人》等系列文章，并撰写《关于打造建文帝隐居穹窿山旅游新亮点的建议》的提案。总支赵建明主委参与策划“兵圣杯中国苏州穹窿山世界女子围棋赛”，为全国规模最大的国际女子围棋比赛。总支委员戴嘉禾与文卫、经科支部的盟员2次考察香山街道文化产业，现场踏勘舟山和郁舍2个特色文化自然村，撰写《关于保护香山街道舟山核雕自然村原生态风貌的建议》、《关于大力扶持和发展郁舍书画村特色文化产业的建议》、《关于增设“郁舍书画市场”公交站点的建议》3件提案。

（民　盟）

【民主监督　社会服务】 民盟吴中区总支倡导全体盟员服务社会，8名被聘为特约人民法院陪审员、特约检察院、特约审计员、特约党风监督员的盟员，认真履行职责，参加各项检查、调研和监督活动，较好发挥参政议政、民主监督作用。2010年被授予“民盟江苏省社会服务工作先进基层组织”荣誉称号。盟总支积极探索新的社会服务形式，与吴中开发区民工子弟学校求真小学配送“科普套餐”，改善科学素质教育状况，提升科学文化素质。青海玉树地震发生后，盟总支及时组织盟员进行捐款活动，金额达3.8万元人民币。教育、经科、文卫、综合4个支部分别开展结对帮困助学活动，每年捐助4名助

学对象8000余元。（民　盟）

【岗位业绩】 年内，民盟吴中区总支盟员立足岗位，建功立业。全国核雕业中唯一的国家级非物质文化遗产代表性传承人宋水官，被世界民间文艺家协会和中国民间艺术界联合会授予“世界民间艺术工艺美术大师”荣誉称号，其核雕作品获中国工艺品最高奖“山花奖”，被中国民间艺术家联合会特聘为中国民间艺术家联合会名誉主席。高坚强当选新一届中国特种加工学会常务委员，他负责研发的“数字化集成脉冲电源芯片”获国家发明专利授权，被江苏省人才领导小组授予“江苏省333高层次人才培养工程”中青年科学技术带头人，承担的“自适应数字化高频脉冲电源系统及中走丝机床”项目通过苏州市立项，申报2010年国家中小企业创新基金。肖梅撰写的3篇论文发表在全国教育类核心期刊，荣获苏州市“指导学生自学先进教师”称号。宋银林荣获2007~2010年江苏新型农村养老保险先进个人。王巧珍荣获江苏省巾帼植绿护绿先进个人，苏州市“百名优秀创业女性”。张炳元荣获江苏省“五五”普法先进个人。周玉珍荣获苏州市卫生系统“百名医德医风标兵”、吴中区“十大行业巾帼之星”。潘力行、胡金楠分别在省级、市级刊物发表文章20余篇。蒋红萍荣获区妇联“百年百佳巾帼之星”称号。朱妍荣获苏州市文化产业统计先进个人。

（民　盟）

九三学社吴中区支社

【概况】 2010年，支社发展3名新社员，现共有社员32人，其中7人担任市、区两级政协委员，4人担任市、区两级人大代表。市、区两级人大代表和政协委员的支社成员，在区政协二届三次全会上共提交提案23件，其中集体提案8件；市人大建议3条。在全会休会期间，九三成员撰写3条社情民意，2条平时提案，1010直通车建议稿2条，九三市委建议稿2条；区政协调研文章一篇《经济稳步向好发展压力犹存》。（九三学社）

【参政议政】 4月召开的九三市委会上，支社被九三苏州市委评为2009年度专题调研先进集体，沈耀明、胡惠萍被评信息工作先进个人二等奖。支社提交的《关于规范体检市场，规范健康体检服务质量》被评为苏州市2009年度优秀政协提案，《关于进一步加强村级干部执政为民能力建设的建议》、《关于切实加强农村环境整治考核的建议》、《关于进一步加大对食品安全监管力度的建议》、钱宏法委员《关于关于规范地名的建议》被评为吴中区“2009年度优秀提案”得到表彰。

（九三学社）

【组织建设】 组织社员开展形式多样学习活动。参加各类形式多样的培训班、专题学习会。全年共开展了8次活动，学习《社会主义核心价值体系学习读本》，并就此开展一系列讨论，努力加强思想建设。11月17日，支社进行5年一次的换届选举工作，会上，总结支社第二届委员会5年来所做的工作与取得的成绩，通过社员无记名投票选举出第三届委员会，吸收朱彩萍、韩蓓2位年轻新委员，2位老委员因年龄问题退居二线。（九三学社）

【社会服务】 结合社中央第二十一届国际科学与和平周活动，与苏州市统战部，九三苏州市委、吴中区统战部等单位联合举办义诊、法律咨询活动，受到当地群众欢迎。支社还组织为青海玉树灾区捐款献爱心，其中个人在本单位及其他社会机构捐款总额为6230元，特殊会费1200元。（九三学社）

【岗位建功】 2010年，苏州市医疗事故鉴定专家库、苏州市医疗设备招标采购专家库成员，苏州市医学会呼吸病专业学组委员主任医师钱宏法撰写学术论文《超敏C-反应蛋白在老年下呼吸道感染中的应用》参加中华医学会第十一次全国呼吸病学术会议交流，并通过《临床肺科杂志》核心期刊审稿录用，拟申报吴中区科技奖。张旺等撰写的研究论文《苏南地区晚熟粳稻杂种优势及其亲本配合力分析》发表在国家级刊物《作物学报》上。胡其峰撰写3篇医学专业方面的学术论文《腹部外伤合并休克78例外的治疗体会》、《肝破裂48例诊治体会》、《外伤性脾破裂50例治疗体会》分别发表在国家级医学杂志《中国社区医师》和《医学信息》上。胡惠萍被吴中区妇联评为“百年百佳巾帼之星”。杨学兰作为苏州市人大代表参加市工商局、检察院的调研考察活动，从建设规划方面提出指导性意见。

（九三学社）

吴中区工商业联合会(商会)

【概况】 2010年，吴中区工商联(商会)有各级基层、行业组织21家，其中：基层商会13家，行业商会8家。新增会员113个，会员总数1330个，其中：企业会员1227个，团体会员21个，个人会员82个。担任市、区两级政协委员52人，市、区两级人大代表22人。东山精密、天马精化2家民营企业成功上市；江苏吴中集团在2010中国民营企业500家中位列239。江苏吴中集团、角直热电厂、南环桥市场被评为“2009年度苏州市百佳民营企业”，区工商联常委、苏州少士电子科技有限公司执行董事吴时欣被评为“2009年度苏州市十佳民营企业家”，苏州市吴中区长桥锦阳渔港大酒店董事长吴菊方、苏州康民医药有限公司总经理陈建恒被评为“2009年度苏州市优秀创业者”。48位民营企业家荣获“2008~2009年吴中区优秀中国特色社会主义事业建设者”称号，光福增发化纤纺织有限公司董事长顾增发荣获区社会主义精神文明建设十佳新人称号。

（工商联）

【参政议政】 “两会”期间，工商联界人大代表、政协委员围绕区委区政府中心工作和社会关注热点问题，积极撰写议案、提案。工商联界人大代表提交议案6件，政协委员提交提案22件，其中集体提案7件、个人提案15件，《关于加强企业知识产权保护的建议》、《对促进郭巷吴东路汽车一条街发展的建议》被列为主席督办提案。利用“1010工程——建言献策直通车”，及时反应企业意见，积极为会员企业排忧解难。其中关于合理解决企业用电、用地、规范郭巷路标指示牌等建议引起区政府相关部门和郭巷街道的党委政府充分重视，经多方协商妥善得到解决。组织专题调研。《抢抓转型机遇，探寻发展跨越，加快推进我区传统产业转型升级步伐》的专题调研报告得到区委区政府高度重视，区长俞杏楠批示并召开专题座谈会，为区委区、政府研究制定相关政策意见提供有力依据。还组织医药行业自主创新、基层商会建设专题调研。

（工商联）

【组织建设】 开展“组织建设年”活动，与区委统战部联合下发《关于加强商会组织建设的实施意见》，完善基层、行业商会百分考核实施细则。各商会努力打造“一会一品”，胥口商会的“百企帮百家”、木渎镇设立全区首个镇级中小企业发展专项扶持基金、开发区商会的纺织服装行业“技术骨干突击队”、角直商会的“女企业家爱心妈妈团”等。加快商会组建。4月12日，组建成立舟山核雕行业协会；7月28日，区机电行业商会组建成立；12月28日，区青年企业家商会筹建成立。推广行业自律。加强商会之间的沟通合作,4月29日,与临湖镇政府在湖桥村联合举办“迎世博、看临湖、话发展——吴中区行业商会大型主题活动”。推动行业发展。区房地产商会“加大对开发区板块的宣传推介”、汽车商会“关于促进郭巷汽车一条街发展的建议”、医药商会就企业自主创新的调研,有效发挥行业商会作用,推动行业商会健康发展。羊毛衫行业商会积极打造行业集聚品牌,临湖镇被江苏省纺织工业协会评为“江苏羊毛衫名镇”,并被确定为全省第八批纺织服装产业集群试点单位。 (工商联)

【教育培训】 以引导非公有制经济人士健康成长、促进非公有制经济健康发展为目标,4月6~10日,与非公经济党工委联合举办为期1周的“吴中区非公企业主和党组织负责人复旦大学高级研修班”,40名青年企业家参加培训。7月10日,与区委组织部共同组建成立“苏州市吴中区非公有制经济党建协会”。开展学习“信义兄弟”活动,积极引导民营企业家树立“义利兼顾,诚信为先”理念,大力倡导和弘扬守诚信、重信誉、明道义、奉献社会、履行社会责任良好风尚。组织会员企业参加“首届苏商500强(苏州)峰会”和“2010年中国创业家(苏州)峰会”,听取知名专家关于建立现代企业制度、打造企业品牌、发展企业文化等方面的专题报告。组织青年企业家参加由市人力资源和社保局、工商联和广电总台共同主办的“2010年苏州市创业创新带头人竞赛”。 (工商联)

【服务会员】 深化四大服务平台功能。校企合作平台。6月10日,会同区科技局组织上海东华大学与甪直纺织印染行业的产学研对接会,邀请纺织面料、染整工程技术等方面的专家,开展转型升级互动交流活动,并就建立东华大学工学研究生实习基地进行初步协商。7月15日,组织西安交大苏州研究院与机电行业商会的产学研对接,成立“产学研合作联盟”,并就在商会企业内建立技术研发中心进行协商。江苏神王集团积极与东南大学合作,加快企业技术改造,提高产品竞争力。政企沟通平台。发挥区民营经济发展联席会议制度作用,加强与工商局、经信局、科技局、人社局、质监局等职能部门对口联系,建立合作机制,积极帮助企业解决实际困难。积极参与“劳动关系三方协调机制”活动,全面开展劳动关系和谐企业评比。各基层、行业商会积极响应,注重加强劳动合同、工资集体协商、职代会等制度建设,开发区、餐饮、宾馆等商会统一制订《劳动手册》、《劳动用工管理办法》。各行业商会全面建立行业劳动争议调解委员会,切实维护职工合法权益,促进企业健康发展和劳动关系和谐稳定。融资服务平台。分别与中国银行吴中支行中小企业部、建设银行吴中支行小企业经营中心、邮政储蓄银行苏州小企业信贷中心、民生银行吴中业务部等金融机构合作,深入企业了解需求,多次召开融资座谈会,为60多家会员企业牵线搭桥,为企业融资提供便捷服务,解决资金需求。其中,民生银行分别与木渎、甪直、长桥、横泾商会、汽车行业商会及区青年企业家商会签订授信协约,解决融资3.6亿元。法律服务平台。充分发挥民营经济法律服务站作用,聘请8名专职律师与各基层、行业商会挂钩联系,帮助企业处置相关法律问题;协调并促成江苏力信律师事务所与金庭镇商会深化合作的事项。9月17日,配合区保密局等部门在泰怡凯电器(苏州)有限公司开展“商业秘密保护进企业”系列活动。11月17日,与吴中地税局联合召开“吴中地税民企携手共谋发展”座谈会。 (工商联)

【经贸交流】 4月27日,组织企业赴温州参加“2010苏州吴中(温州)民资投资活动”,走访考察温州部分民营企业;6月21~23日,组织企业赴南通、宿迁学习考察;9月27~28日,组织部分会员企业赴常州市武进区参加“2010武进科技经贸洽谈会”;10月18日,组织老字号商贸企业参加区经贸合作洽谈会暨“2010苏州吴中区现代服务业推介会”;11月21日,组织会员企业参加“中国领跑者企业2010江苏年度盛会”;配合区人力资源和社会保障局组织企业赴贵州、安徽招工,努力为会员在引进人才、开发市场、经贸合作等方面提供服务。建立友好商会,年内分别与扬州市广陵区、南通市港闸区、宿迁市宿城区工商联缔结为友好商会。引导实施“走出去”发展战略。8月18日,组织召开安徽省灵璧县农业产业投资环境说明暨重点项目推介会;9月14~21日,组织会员企业赴新加坡、菲律宾学习考察,实地参观新加坡仁恒集团、菲律宾SM集团。

（工商联）

【光彩事业】 青海玉树发生7.1级地震后,会员企业和个人积极向灾区捐款捐物,总价值超过200万元。开展“光彩助学、慈善帮困”系列活动。“六一”期间,据不完全统计,区会员企业和个人为区内各小学校捐献爱心助学款58万元人民币。其中,木渎镇、临湖镇商会爱心助学款超出10万元。天马医药在木渎三小、天烨机械在藏书中小学分别设立教育奖学金。8月25日,区工商联设立“吴中区商会光彩慈善专项基金”,并在全区举行的2010“和谐吴中、慈善助学”救助金发放仪式上捐助10.25万元。胥口镇举行“百企帮百家”慈善帮扶活动。甪直镇商会由13位企业家的家属与13位贫困学生结对开展“爱心助学、结对帮扶”活动。金庭镇商会踊跃捐款,为庭山村白血病儿童献爱心。郭巷街道商会22家企业的24位企业家,结对帮扶28位学生。响应区委、区政府号召,为“苏州市吴中区见义勇为基金”募集120万元。区工商联系统全年参与光彩事业,捐款捐物总计858万元。

（工商联）

吴中区总工会

【概况】 2010年,全区各级工会积极拓展工会组建新领域,加快工会组建工作。全年组建工会547家,完成全年任务的130%,其中:独立建会150家,完成率107%;覆盖建会397家,完成率141%。新增会员1.9万人。

（总工会）

【宣教工作】 扎实开展“两争一树”活动。区总与区文明办联合开展评选“2008~2009年度文明班组、文明职工”活动。苏州东吴美而高工艺服饰有限公司裁剪车间冲床班等49个班组被评为吴中区“文明班组”;朱毅琴等50名职工被评为吴中区“文明职工”。苏州江南航天机电工业公司总装车间电工班等10个班组被评为吴中区“十佳文明班组”;张梅等10名职工被评为吴中区“十佳文明职工”。日立电线(苏州)有限公司制造部等4个班组被评为苏州市第五届“五一文明班组(岗)”;张卓等4人被评为苏州市第五届“百佳文明职工”。推进职工读书站建设,培育和选树职工读书站25家,吴中供水有限公司职工读书站被评为省级“职工书屋”示范点,临湖镇湖桥村职工读书站等8家被评为市级示范点。开展“送知识、送文化下乡”活动;“学知识、强素质”读书征文比赛。广泛开展职工文体活动,区总工会和三洋能源(苏州)有限公司、苏州飞华铝制工业有限公司联合举办吴中区职工庆“五一”“三洋杯”篮球邀请赛、“飞华杯”乒乓球邀请赛。举办吴中区职工“迎国庆”第二届羽毛球比赛。加强工会舆论宣传,扩大工会影响。在《江苏工人报》、《苏州日报》、省总网站等平面媒体上刊登组建工会、劳动竞赛、维

权帮困、素质工程等重点、亮点工作文章 75 篇,编辑《吴中工会信息》22 期。（总工会）

【维权机制建设】 加大企业工资协商力度,全区新签集体合同 172 份,完成全年任务的 101.2%,百人以上签订工资专项合同 405 份,为全年任务的 123.8%。积极举办行业(区域)工资集体协商与劳动争议调解培训班,中间层次与基层工会 80 余人参加培训。区总撰写的《现行集体合同制度的反思》被评为全省工会系统优秀调研成果(论文)一等奖。提升企业民主管理水平,全区百人以上企业建立职代会制度 380 家,为全年任务的 105.6%。区总工会被评为江苏省推动厂务公开民主管理工作先进集体。普法宣传大力加强,区总在吴中商城举办庆"五一"法制宣传活动,发放资料 4000 份,接受职工咨询 380 多人次。区总获苏州市工会"五五"普法宣传展版竞赛一等奖,荣获全国工会系统"五五"普法先进单位。完善劳动争议调处机制,区总工会建立劳动争议调解中心,成立全区劳资矛盾预警信息管理领导小组,并建立全区 1400 多人的企业工会劳资矛盾信息员队伍。区总工会与区人社局联合下发《关于建立健全我区企业劳动争议调解机制的工作意见》,建立企业劳动争议由企业先行调解的工作机制;联合区人社局召开企业劳动争议调解工作推进会,进一步规范企业的劳动争议先行调解工作;就劳资纠纷突发事件建立每天动态联系制度,参与区内重大劳资纠纷处理。（总工会）

【扶贫帮困工作】 帮扶机制建设日趋规范,继续做好 2010 年度特困职工的认定工作,为 58 名特困职工发放救助证。全年,帮扶中心接待来访职工群众 110 名,来访电话 560 多个,为 49 名困难职工解决实际困难;为 82 家建筑企业办理担保手续;配合区镇两级政府帮助 32 名农民工追讨欠薪 26.32 万元。全区各级工会在元旦、春节期间采取多形式、多层次慰问困难职工。其中:区总慰问困难职工 333 户,慰问困难劳模 15 户,发放慰问款物总额 29.9 万元。春运期间开展的"平安往返、共创和谐"为主题的帮助农民工平安返乡活动,帮助农民工平安返乡 22300 人次,为农民工返乡争取经济补贴 32 万元。开展金秋助学活动,对领取特困职工救助证的困难职工家庭子女及部分生活出现一定困难的职工家庭子女助学 100 人,发放助学金 10.57 万元。区总与吴中区人才市场服务中心、开发区人力资源市场联合组织困难职工家庭中近 2 年的往届及应届高校毕业生参加 2 场招聘会,66 名困难职工和特困职工家庭的高校毕业生参加招聘,两场招聘会进场人数达 670 多人次。开展工会干部与困难职工帮困结对活动。其中:区总党员干部与 18 名困难职工结对子,"五一"节发放慰问金 10800 元。（总工会）

【劳动竞赛和生产保护】 扎实开展经济技术创新活动。围绕政府实事工程建设,区总工会联合区交通运输局在东山环山公路扩建工程中开展劳动竞赛;围绕城市环境建设,区总与吴中区城市管理局等单位联合开展第三届"吴中市容环卫杯"竞赛活动;围绕提高服务质量,区总工会和吴中区地方税务局联合开展吴中地税纳税服务技能竞赛;围绕职工学技术、练技能,区总继续开展十万职工大练兵活动,区总、区交通局和区人社局联合举办全区汽车维修行业技能竞赛;围绕产业升级,广泛开展以"降本增效、节能减排"为主要内容的"六小"创新竞赛活动,全年完成群众性技术革新、技术攻关、发明创造成果 846 项,创造(节约)经济效益 2.7 个亿,申请国家专利 139 项;围绕发展创新型经济的战略目标,开展"我为企业创新发展献一计"合理化建议活动,全年征集职工合理化建议 5134 条;围绕"十一五"规划及企业经济发展目标,继续深入开展“工人先锋号”活动。全区申报创建区级“工人先锋号”59家。2010年,区总加强对80家职业危害专项整治重点企业监督，企业职业危害专项检查25家。全年签订劳动安全卫生专项集体合同212家。全区开展“安康杯”竞赛活动的企业达1310家,52家企业参加苏州市安康杯竞赛活动。参与“安全生产月”的版面宣传和现场咨询活动,《发放企业职工劳动保护安全生产知识问答》一书17700本,发放《劳动合同法》、《就业促进法》、《农民工维权须知》等宣传材料近千份。区总与人社局联合开展夏季高温劳动保护专项检查活动,共检查企业102家,涉及17个乡镇街道。同时,走访慰问吴中区交警大队等19家单位和吴中交通文明协勤，送去防暑降温品价值近6万元。（总工会）

【劳动模范管理】 认真做好全国劳模、五一劳动(荣誉)奖状、奖章的推荐评选工作。沈秧生被评为全国劳动模范。召开区劳模协会会员代表大会,选举产生新一届理事,审议通过《吴中区劳动模范协会章程》的修改。成立“富民劳模创新工作室”和“顾铁群劳模创新工作室”。认真落实劳模政策,为历届省(部)级、市级劳模发放一次性慰问金9.85万元；为158名达到退休年龄的企业和农民劳模发放荣誉津贴18万元,发放农民劳模医疗补贴1.36万元;为9名劳模补办补充养老保险和游园证;为8名省(部)级劳模发放特困帮扶金2.4万元，为11名市级劳模发放特困帮扶金2.1万元;给予 24位特困劳模临时救助,分别发放1000~2000元不等的慰问金。调整劳模待遇标准，全年补贴总额达35.64 万元。为关心劳模，切实为劳模办实事，区总组织劳模赴常熟、昆山参观学习,组织开展“百名劳模进世博”和组织部分劳模疗休养;开展吴中区百名劳模“送温暖、献爱心”活动,募集善款11.86万元。（总工会）

共青团吴中区委员会

【概况】 2010年,全区有基层团(工)委39家,其中乡镇、街道团(工)委17家(含开发区、度假区团工委),学校团委12家,企业团委2家,区级机关团(工)委8家,共辖支部822个(含团总支93个),团员60477名。发展新团员3682名,超龄离团、出团943名。全区申请入党团员1864名,各基层团组织“推优”350名,其中经“推优”入党245名。吴中区青年联合会现有委员108名,有青年书友会、区级机关青联、财政青联、审计青联、木渎镇青联等5家团体会员。吴中区少先队工作委员会下辖中学少先队大队部18个,小学少先队总部31个。（团区委）

【共青团苏州市吴中区第四次代表大会】 10月27~28日召开共青团苏州市吴中区第四次代表大会，大会认真总结区第三次团代会以来的共青团工作,部署了今后三年工作,并选举产生共青团苏州市吴中区第四届委员会。在随后的四届一次全委会上，选举产生团区委新一届书记、副书记人选,圆满完成预计的各项任务。（团区委）

【基层组织建设】 做好基层换届指导工作。下发《共青团苏州市吴中区换届实施意见》、召开换届工作说明会和推进会、公开换届工作基础知识培训提纲、实施面对面、一对一、点对点指导,通过书面指导、基层调研、答疑解惑等多种手段，确保基层组织换届顺利完成。通过换届,一批年轻有为、朝气蓬勃的团干部充实到队伍中,以老团干为带动,大学生村官、企事业职工等新兴群体为扩展的团干部队伍正在形成。以团省委推进分类分批团建工作为契机,选取东山镇团委、郭巷街道汽车一条街团支部、龙西街道社区信息港团支部分别作为农村基层团组织建设、新社会组织团组织建设、互联网团组织建设3种类型的省级试点单位,重点引导团组织建设10种类型的推进。联合区工商联,对各行业协会进行摸底,探索行业建团的可行性、调研行业建团的实际操作办法,在行业建团工作开始之初做好充分准备工作。有效融合非公团工委、到村任职高校毕业生联谊会、区级机关青年联合会等团内青年组织,以团的活动带动青年组织,以青年组织建设促进团的不断发展。强化团干部作风建设。将《廉政准则》的学习与实际工作相结合,在充分调研的基层上,遵循"服务为先、廉洁为先"的原则,制订《吴中区团干部"五要十不准"行为准则(试行)》,明确团干部"要坚持学习,探索创新;要心系团员,服务青年;要艰苦奋斗,勤俭节约;要真抓实干,团结拼搏;要作风正派,廉洁从政。"将准则内容印制成卡片发放团干部手上。

(团区委)

【纪念活动】 纪念五四运动91周年。为青少年成长成才搭建舞台,组织开展并参与到团系统各项先进评选,选树一大批青少年典型。开展"五四之星"评选表彰活动,立足全区共青团工作各条战线挖掘代表人物,评选出7名不同条线的"青年之星",并以访谈形式挖掘先进人物的心路历程,实现对传统事迹宣讲的突破与创新。纪念少先队建队61周年。以吴文化为主线,坚持打造"吴韵飞扬"品牌,通过"吴韵飞扬"俱乐部这一成熟载体,在广大少先队员中开展吴文化传承教育活动。成功开展"雏鹰小导游风采大赛",为全区优秀小导游搭建平台,展现风采。 (团区委)

【开展多种活动】 "放养花白鲢,呵护母亲湖"行动。深化责任意识教育,以"小生命、大行动——放养花白鲢 呵护母亲湖"系列活动为起点,通过义卖、捐款、放生等形式,引导少先队员从我做起、保护环境,活动募得善款5万余元,全部购买花白鲢鱼苗用于保护水环境。青年文明号结对行动。加强对全区各级青年文明号的考核、培训与指导,组织市级以上青年文明号集体走进百姓人家、结对贫苦少年,并成功结成10对,形成长期化帮扶效应。志愿者绿色世博年活动。紧密围绕"走进太湖时代"做好文章,策划"志愿者绿色世博年"主题活动,组织全区广大志愿者积极参与世博、环保、绿色、低碳宣传活动。全年全区志愿者累计超千余人投入到学雷锋月、植树、助残、防灾减灾、交通文明、应急救援等志愿者工作中。青少年维权岗服务月活动。开展青少年维权岗普查工作,排查摸清历年来全区青少年维权岗的基本情况和工作现状,掌握基层在青少年维权工作中的难点和突出问题,引导青少年维权保护工作的系统性开展,并在此基础上,开展"青少年维权岗服务月"活动,在一个月内,集中开展各项青少年维权服务工作,不断提升全区青少年维权工作的覆盖面和影响力。延伸"青春相约"品牌。联合苏州广播电视报社、新苏国际商场举办"携手新苏 青春相约"——苏州第一相亲会吴中区专场,在随后的"全城热恋"、"凯马广场专场"活动中,吸引全市近千名单身青年热情参与,体现团组织履行服务青年的工作宗旨,探索吸引青年的有效形式。深入开展各类爱心捐助活动。在西南旱灾和玉树地震发生后,第一时间发出倡议,动员基层团组织和少先队组织,在广大团员青年和少先队员中开展"为灾区捐出一瓶水"、"抗震救灾献爱心"等活动,募得善款290200余元,款项全部汇入红十字会、慈善总会、苏州市青少年发展基金会等指定账户。

(团区委)

吴中区妇女联合会

【概况】 2010年,全区有乡镇妇联7个,街道妇工委8个,度假区、开发区、穹窿山风景管理区妇工委各1个,区级机关妇工委1个,系统党委妇委会13个,村、社区妇代会151个,社区妇联20个。区妇联荣获江苏省2008~2009年度农村妇女“双学双比”竞赛活动先进集体、江苏省2010年度《莫愁》杂志宣传工作先进单位、江苏省《莫愁》25年宣传工作贡献单位、苏州市“三八”红旗集体荣誉称号,获得“宁波银行·感动苏州”十大好夫妻寻访活动优秀组织奖。“维稳妈妈队”推动“平安吴中”、“和谐吴中”建设,获得2010年度苏州市妇女工作创新奖和2009~2010年度苏州市社会治安综合治理和平安建设创新成果奖鼓励奖。（妇 联）

【“三八”节庆祝活动】 召开以“平等·发展·和谐”为主题的纪念“三八”国际劳动妇女节100周年暨“百年百佳巾帼之星”表彰大会。区委书记金海龙出席大会并作重要讲话。大会表彰全区包括教育、医务、政法、科技、文体、旅游服务等行业女性、创业女性及好母亲、女村官、妇联干部在内的100名先进女性,举行“芬芳时代,春满吴中”为主题的大型文艺表演,展播纪念“百年三八”优秀吴中女性宣传短片,下发《百年妇运,吴中回眸》纪念册。还分别于3月3日、3月12日举办吴中区“‘三八’架金桥·春风送岗位”女性招聘专场、女企业家联谊等系列庆祝活动。（妇 联）

【“和谐家庭”创建活动】 成立“维稳妈妈队”。5月13日,以“5·15”国际家庭日为契机,在郭巷街道国泰社区召开吴中区“和谐家庭”创建工作推进会暨“维稳妈妈队”成立仪式,表彰2009年度吴中区“和谐家庭”标兵户10户及“和谐家庭”100户。“维稳妈妈队”是吴中区首支由基层普通妇女本着自愿原则参加的维稳队,主要任务是社会治安维护、矛盾调解、法律宣传等,旨在发挥妇女在促进家庭和美、邻里和谐、乡风淳朴、社区平安等方面的积极作用。开展“廉洁文化进家庭”活动。制定并下发《2010年吴中区“廉洁文化进家庭”教育活动方案》,开展全区副科职领导干部家属培训班,发放廉政读物。（妇 联）

【其他活动】 “双学双比”活动。9月28日,在甪直镇江湾村举办“水八仙迎八方客 水乡妇女展风采”——“迎国庆·双学双比竞赛活动”,开展采红菱、挖莲藕、剥芡实、削荸荠等4项比赛,评出团体及个人一、二、三等奖以及参与奖。来自甪直镇的6支队伍,48名农村妇女参赛。“巾帼建功”活动。通过举办“‘三八’架金桥·春风送岗位”女性招聘专场,举办争创“巾帼文明岗”负责人培训班、SYB创业培训班,带领女大学生、女大学生村官走进“巾帼就业创业实践基地”企业,全面推进妇女小额担保贷款工作推动女性创业就业。与苏州英格玛人力资源有限公司合作成立“吴中区好勤嫂创业就业服务中心”,签订项目合作合同,以城镇失业妇女、贫困家庭妇女、农村失地妇女、富余女劳动力、应往届女大学生等为主要服务对象,开展妇女就业、创业、培训、心理咨询、后续跟踪以及与妇女相关的公益服务等全方位服务。（妇 联）

【全国妇联第三期中国妇女社会地位调查】 11月下旬开始妇女社会地位入户调查工作。此次调查是全国妇联和国家统计局联合进行的全国规模的重要国情和妇情调查,调查内容包括健康、教育、政治、经济、社会保障、婚姻家庭、生活方式、法律权益和认知以及性别观念和态度9个方面。区妇联调查员按照上级妇联部署,在完成调查宣传、编制居(村)委会家庭户清单、抽取被访户、被访人等前期准备工作后,深入社区对全区75户家庭样本进行调查,之后再进行复查、编码、复核及上交,调查工作于年底前完成。 (妇 联)

【维护妇女儿童权益工作】 在“三八”妇女节、“11·25”反家暴日、“12·4”法制宣传日期间开展法律宣传活动。全年发放相关法律法规宣传资料17000余份,接待群众现场咨询50余人。发挥区妇女儿童法律援助站作用,接待妇女来信来访48件,办结率为98%。3月10~12日与区人社局、总工会等单位组成联合检查组,对18家企业进行职工劳动保护专项检查,从女职工劳动保护措施、孕期、产期、哺乳期“三期”特殊待遇落实、签订劳动合同、社会保险缴纳及其他有关劳动保护的法律、法规执行等方面进行检查,督促企业完善女职工保护措施。在“8·26帮困助学行动日”期间开展贫困家庭学生暑期夏令营活动,向孩子们发放爱心助学教具并组织爱心结对。木渎镇举办大型慈善晚会,成立镇“爱心助学基金”。“8·26”期间,全区妇联系统发动社会各界募集善款和捐资捐物折合金额40余万元。 (妇 联)

【推动未成年人健康成长】 加强未成年人思想道德建设力度。依托吴中女性课堂、苏州市“和谐家庭乡村社区行”和专家志愿者团,充分发挥学校作用开展家教讲座,普及科学家教知识。开展活动丰富未成年人课外生活。“六一”儿童节期间,区妇女儿童活动中心举办“快乐童心 畅想六一”少儿书画围棋现场大赛,260多个小朋友参加书法、绘画等项目比赛,度过快乐的儿童节。各级妇女组织开展“七彩的夏日——未成年人暑期系列活动”、为青海玉树地震灾区捐款活动、“我为环境大树添绿叶”环保宣传活动、“走进军营,体验军魂”拥军夏令营活动等各具特色的教育活动,让孩子们既体验到课外活动的乐趣,也受到爱国主义、尊老爱老、低碳节约等理念教育。 (妇 联)

【自身建设】 开展全区妇联系统争创“学习型”妇女组织活动。制订并下发《关于开展争创“学习型”妇女组织活动的意见》,明确“三个新”、“五个一”要求,“三个新”即学习理念要更新、争创机制要创新、活动方式要求新,“五个一”,即要建立一项学习制度、制订一个学习计划、记好一本学习笔记、写好一篇学习心得、举办一次学习培训。将“学习型”妇女组织建设作为年度妇女组织考核内容之一。制订并实施《吴中区妇联争创“学习型”妇女组织学习制度》、《吴中区妇联争创“学习型”妇女组织学习计划》。全年共建立镇、局级妇女学习小组40余个,开展各类学习活动270余次,参与妇女2600余人次。开展“姐妹牵手,相约春天”百名妇联干部进百村(社区)活动,深入善人桥村、西跨塘村、国泰社区乾生元食品有限公司、芳华工艺服饰有限公司开展调研。健全组织网络。新建立水利局、人社局、发改局妇委会,走进吴中区制氧有限公司、苏州市飞昵长马服饰有限公司、三洋能源(苏州)有限公司等企业开展调研,推进非公企业妇女组织建设。助推妇女干部发展。2010年村(居)“两委”换届后,女性进村(居)党支部比例较上一届提高2个百分点,女性进村(居)委326名,占40.2%,比上届提高8.5个百分点,并实现村妇代会主任100%进村“两委”的目标。 (妇 联)

吴中区科学技术协会

【概况】 2010年,贯彻落实国务院颁发的《全民科学素质行动计划纲要》,成功举办“吴中区第十届科普宣传周”、“全国科普日”系列活动，深入开展学术交流、科技素质培训、“厂会协作”、送科技下乡等科技活动，在全区上下进一步营造“学科学、用科学、讲科学、爱科学”良好氛围，较好地发挥党和政府联系广大科技工作者的桥梁和纽带作用，为全区经济社会又好又快发展作出积极贡献。

（科　协）

【全国科普示范区创建】 根据中国科协、省市科协“关于开展2011~2015年度全国科普示范县（市、区）创建工作的通知”精神，吴中区开始新一轮创建工作。经区委、区政府研究决定，3月30日区政府正式向省科协行文《关于吴中区申请创建“2011~2015年度全国科普示范县（市、区）”的请示》。5月4日，区政府专题召开创建全国科普示范区动员会。加强基层科普基础工作。2010年2月，香山街道、横泾街道尧南社区2家单位顺利通过市级创建，被命名为第三批苏州市科普文明示范街道（社区）。宝带实验小学、临湖第一中学、临湖第二中心小学、区旅游职业学校、木渎实验小学、木渎第二小学、甪直叶圣陶实验小学等7所学校被区科协、教育局命名为第二批“吴中区青少年科技教育特色学校”。10月，苏州碧波实验小学被省科协、省教育厅命名为首届“江苏省青少年科学教育特色学校”。同时，由区科技局牵头，会同区科协、区教育局等部门联合组织开展“吴中区科普教育基地”申报创建工作，共有14家单位积极申报创建。11月，经调研评审，甪直镇淞南村现代农业示范园、苏苑街道南区社区、区健康教育园、区现代渔业示范基地、长桥中心小学等7家单位被命名为区级科普教育基地。区科协在重点推荐甪直镇江湾水生蔬菜基地、白象湾生态园、苏州海洋馆、太湖西山国家地质公园博物馆和洞庭山水文化展示中心等5家单位申报创建“苏州市科普教育基地”，均通过苏州市科普领导小组调研评审并获得命名。

（科　协）

【第十届科普宣传周活动】 5月15日，在香山街道香山花园隆重举行苏州市吴中区第十届科普宣传周开幕式暨科技文化卫生“三下乡”活动。来自30个科普宣传周协调小组成员单位的100多名医务专家和科普工作人员以及科普志愿者纷纷开展宣传咨询服务，展出各类科普展板142块，发放科普书籍、科普资料104种28380份；通过医务专家为群众义诊，免费发放近60种价值9800多元钱常用药品。结合科普宣传周“坚持科学发展，走进低碳生活”活动主题，区科协发动16个镇（街道、景区）科协、24个学会（协会）、33个局机关、全区中小学共同参与；举办各类科普活动202场次、参加人数8.2万人次；张贴科普宣传标语100条，悬挂科普横幅90多条，发放各类科普宣传资料7万余份，展出科普版面600余块，受教育人数达30多万人次。各类科普教育基地、科普场馆和文体中心也在科普周期间免费向市民开放。（科　协）

【全国科普日系列科普活动】 根据上级科协组织的统一部署，区科协下发“关于认真组织开展2010年全国科普日活动的通知”。9月18~24日期间，区科协紧紧围绕“走近低碳生活，你我共同参与”的活动主题，在全区各镇、街道以及各青少年科技教育特色学校、科普教育基地、区全民科素质领导小组成员单位中组织开展科普影视“进农村、进社区、进机关、进学校、进机关、进军营、进企业、进基地”等科普影视“八进”活动。区科协制订《吴中区科普影视展映周活动方案》以及播放时序计划，制作并下发科普影视教育光盘70套2100张，免费发放。影视周期间，放映科普影片270场次，受益群众6万多人。（科　协）

【全民科学素质实施工程】 5月27日，市政府督查组检查苏苑街道南区社区、碧波实验小学等单位开展全民科学素质工作实际情况。6月7日下午,由省教育厅副厅长胡金波为组长、省卫生厅、省妇联、省科协等部门领导为成员的省政府督查组一行5人，到吴中区检查指导国务院《全民科学素质行动计划纲要》实施工作。督查组听取区全民科学素质工作领导小组组长、区政府副区长焦亚飞关于近几年来全区贯彻实施《纲要》有关工作情况的汇报,查看工作台账和吴中科普网站,实地考察了吴中区科普教育基地——苏州海洋馆。督查组对吴中区《纲要》实施工作成效给予高度评价。开展"走进世博"科普知识网络大赛活动,精心组织,广泛发动,引导广大市民走进"世博",借"世博"这一盛事提高科学文化素质。全区共有6397名市民参加2010苏州市"走进世博"网络大赛。区科协和木渎镇科协荣获"世博"知识竞赛优秀组织奖。6月,组织3批次科技人员去参观上海世博会,共享"经济、科技、文化领域内的奥林匹克盛会"。 (科 协)

【"科技专家进村入户兴农富民"工程】 积极组织实施吴中区兴农富民工程新三年计划。根据省科协〔2010〕31号《关于开展"科普惠农计划" 总结和回访表彰对象工作的通知》要求,3月5日，区科协分管领导和科室分别对金庭镇衙角里茶果股份合作社董事长——马国良和临湖镇浦庄新南渔场进行回访，并要求先进单位按照省科协要求年内要率先建成省科普惠农服务站。4月,省科协《关于组织开展2010年"科普惠农兴村计划"项目申报推荐工作的通知》精神,区科协通过发动,横泾街道尧南葡萄股份合作社等一批单位分别对照申报要求积极申报2010年省和全国"科普惠农计划"项目（先进农村专业协会、产业基地、科普带头人）。后经区、市科协认真筛选,由"吴中区碧螺春茶业协会"申报全国"科普惠农计划"项目——先进农村专业协会。6月,中国科协、国家财政部表彰获奖项目。金庭镇衙角里茶业专业合作社惠农服务站、临湖镇浦庄新南渔场科普惠农服务站已正式向省、市科协申报,区洞庭山碧螺春茶业协会东山科普惠农服务站基本建成。临湖镇浦庄新南渔场科普惠农服务被省科协正式命名为"江苏省科普惠农服务站"。组织开展农民实用技术培训120期，培训农民1.3万人次,发放培训技术资料1.6万余份,顺利完成全年农民实用技术培训任务，达到省厅农民实用技术培训项目同期指标要求。做好"兴农富民工程"对接项目示范工作,农民科学种养技术水平明显提高。12月,由苏州市科技局副局长张志军、市科协副主席柏京红带队的苏州市"兴农富民工程" 调研组一行5人深入吴中区农业生产一线——东山镇雨花绿蔬菜基地和甪直镇车坊江湾村调研指导2009~2011"兴农富民工程"市级对接项目。市调研组对吴中区现代农业建设表示满意。 (科 协)

【科技学术交流活动】 水产学会结合 "倒春寒"实际情况及时组织专家,针对当前生产过程中发生的问题对50余养殖户进行培训。4月,计生协会召开协会工作会议,并在龙西街道龙华社区举办"我为国策做贡献、我为协会尽责任、我为事业添光彩"主题街头咨询宣传活动及生殖健康适宜技术项目培训。医学会举办2010年度学校卫生业务培训和医学发展与信息化建设专题讲座。粮食学会、水利学会分别举行晒书会、"节水进街道" 等科普活动发放各类资料1000余份。财政会计学会在年初建立重点课题组,落实调研方向。11月举办调研课题成果报告会，精心编印《吴中财会》,把主题导向低碳经济和低碳生活。同时举办王继洲博士主讲的 "当前经济形势与苏州经济转型"讲座。12月,区现代农业协会60

多位科技工作者，按照苏州第六届学术年会的安排，在区财会培训中心举办《吴中区农业设施论坛》。区现代农业协会在2010年确定以“设施农业”为主题。组织有关人员，深入基层，进行深入细致的调研，并在年会上就《浅谈吴中区现代农业设施建设的成效和续建措施》等7篇论文进行学术交流。积极开展优秀科技工作者和各类评选推荐工作。区碧波小学校长陆建荣被评为省优秀科技工作者。苏州圣苏新药开发有限公司卜海之荣获2010年“苏州十佳魅力科技人物”称号。推荐颜惠珍、黄争鸣、曹明刚为新一轮“吴中区专业技术拔尖人才”候选人。征集2008~2009年度自然科学优秀论文129篇参加了市科协评选，其中8篇获奖。组织申报苏州市科普论坛——科普论文征集7篇，其中3篇被评为优秀论文。麻风病防治协会举办2010江苏省中西医结合皮肤性病学术交流会暨中西医结合皮肤性病医疗新进展学习班。组织申报2010年省科协“金桥工程”项目3个。

（科　协）

【青少年科技教育活动】 加强领导，不断推进青少年科技教育工作。6月22日，吴中区科技教育工作推进会在区科技教育特色学校——临湖一中会议室召开。9月19日，吴中区科技教育工作会议暨科普影视展映周启动仪式在长桥中心小学举行。突出创新，精心组织各类科普教育特色活动。区青少年科技教育特色学校——木渎实验小学特邀著名童话作家王一梅老师到校为680名中小学生讲授题为“阅读伴我成长”主题科普讲座。临湖镇科协邀请苏州市企业信息化促进会刘云柏博士为临湖一中430名学生作题为《低碳经济与日常生活》的主题报告会。东山实小特邀“苏州市未成年人科普流动图书大篷车”开进校园，积极为学生服务。9月13日下午，中国棋院院长刘思明、中国国家围棋队领队华学明、中国棋院网络部主任武力以及中国女子围棋队参赛选手宋容慧、李赫、王晨星等一行6人在区科协邀请下走进城西中学，参加“全国中小学棋类教学实验基地”揭幕仪式。区科协在角直中学举办“观科普影视、学科普知识、展科学未来——科普影视进学校有奖竞猜活动”。角直中学300余名学生观看《走进低碳新生活》科普电影。11月15日，上海世博会英国馆馆长马丁·大卫带着世博会“种子圣殿”摘下的第一颗种子，来到横泾中心小学，参加学校组织的以“世博传递友谊 种子孕育希望”为主题的上海世博会英国馆种子标本授赠活动。11月20日，中国科学院方成院士参加长桥中心小学“天文望远镜家庭轮值”项目启动仪式。活动中，校长高全荣向方成院士等天文科普专家颁发“长桥中心小学科技教育高级顾问”聘书。2010年，FLL机器人华东科技竞赛中，碧波实验小学机器人队通过展示《交通安全你我他》、科普报告陈述《校门拥堵解决方案》以及现场机器人竞技的技术答辩等精彩表现，获得全能一等奖。临湖一中在“2010年苏州市青少年航海模型科技竞赛”与“第四届苏州市科技辅导员创新竞赛”中荣获中学组科技团体三等奖。在第二十五届全国青少年科技创新大赛中，郭巷中学何益民老师的作品《“吹断铁丝”演示装置》荣获全国科技创新二等奖。度假区中心小学在苏州市无线电测向科技竞赛中夺得7项冠军。在江苏省青少年“金钥匙”科技竞赛中，共获特等奖18人，一等奖42人，二等奖84人，并荣获先进集体称号。“吴中杯”第十届中小学生科技创新大赛于12月15日在碧波实验小学如期开幕，全区各校共选送201件作品参加本次比赛。比赛共评出一等奖36件。二等奖54件，三等奖71件。澳大利亚布里斯班举行的第十二届国际机器人奥林匹克竞赛中，碧波实验小学参赛选手韩洪正等3名学生获得“机器人舞蹈”金牌。学校机器人代表队自

2003年参加该项赛事以来,累计获得17金4银1铜, 2004年以来连续7年夺得该项赛事的金牌,实现“七连冠”。 (科 协)

吴中区归国华侨联合会

【概况】 2010年,吴中区旅外华侨华人及港澳同胞3000余人,主要分布在美国、英国、法国、澳大利亚、日本、新加坡等18个国家和地区,出国出境的新华侨华人和留学生300余人,归国留学人员和新华侨华人100余人,归侨10户11人,侨眷5000余人。全区共成立基层侨联分会11个,社区“侨之家”和“三胞眷属联系小组”22家。 (侨 联)

【二届六次全委(扩大)会议】 1月28日,区侨联二届六次全委(扩大)会议在吴中经济开发区召开。区政协副主席、区委统战部部长刘克平、区开发区管委会副书记罗骏德、区政协港澳台民宗委主任严双喜、区委统战部副部长孙玉林,以及镇(街道)、区分管侨联工作的领导和各分会负责人共44人出席会议。大会表彰2009年度基层侨联工作先进集体和信息工作先进集体。会议选举增补于立初为区侨联委员、秘书长。 (侨 联)

【省侨联文化宣传工作会议】 6月9日,全省侨联文化宣传工作会议在苏苑饭店召开。省侨联主席郁美兰、副主席史宇出席会议并讲话。各市、县(区)侨联主席及负责文化宣传工作人员共80多人参加会议。会上,省侨联副主席史宇传达中国侨联文化宣传工作会议精神;各市侨联总结交流近年来文化宣传工作的经验和做法,苏州市侨联主席张乃平作《开展具有鲜明“侨”特色和浓郁地方特色的侨联文化宣传工作》交流发言,区侨联作《发挥部门优势,加强侨联文化宣传工作》书面交流;省侨联主席郁美兰全面总结江苏省侨联文化宣传工作的成绩和经验,认真分析侨联文化宣传工作面临的形势和任务,提出下一阶段江苏省侨联文化宣传工作的思路、目标和任务,并就做好江苏省侨联文化宣传工作提出具体要求。会议期间,与会人员参观视察吴中区侨联文化宣传的主要阵地东山镇方志名人馆和江苏省华侨华人文化交流基地——胥王园。 (侨 联)

【南通市崇川区侨联来区交流考察】 11月10日,南通市崇川区政协副主席、统战部长刘勇、区政协秘书长顾俊杰、区侨联主席李小萍一行14人到吴中区参观考察侨联工作。期间,崇川区侨联一行听取区侨联关于侨联工作的情况介绍,参观东山雕花楼、东山启园2处景观,座谈交流新形势下如何围绕经济建设进一步加强海外联谊、扩大招商引资及维护侨益等方面的工作。崇川市侨联一行对全区良好的自然环境、投资环境及侨联近年来的工作成效留下深刻印象。并表示愿意搭建两地侨联交流平台,发挥各自资源互补优势,取长补短,共同为构建和谐社会作贡献。

(侨 联)

【区侨联临湖、胥口镇分会暨临湖镇“侨之家”成立】 12月21日,吴中区侨联临湖镇分会、临湖镇“侨之家”成立大会在临湖镇会议室召开。临湖侨联分会的建立,增强侨联组织的凝聚力向心力,把归侨侨眷组织起来、活跃起来,为当地经济社会的发展更好地服务。12月23日,吴中区侨联胥口镇分会暨“侨之家”成立大会召开。胥口镇辖区共有侨眷和留学生家属44户55人,主要分布在美国、英国、德国、加拿大、澳大利亚、日本、港澳台等国家和地区。胥口镇侨联分会和“侨之家”的成立,有利于密切镇党委、政府与全体侨界群众联系,有利于侨界群众发挥与海外联系优势、有序

参与胥口镇经济社会建设，有利于依法维护侨界群众合法权益。（侨 联）

吴中区文学艺术界联合会

【概况】 2010年，坚持“二为”方向、“双百”方针和“三贴近”原则，团结全区文艺工作者，与时俱进，开拓创新，着力抓好文艺创作，积极开展文艺活动，不断培育文艺人才，配合中心宣传，面向基层服务，为繁荣文艺事业、推进三个文明建设，促进吴中“三区三城”建设发挥应有作用。区文联被市文联授予“2009年度苏州市文联系统先进集体”称号。

（文 联）

【作协创作】 年内，作协会员作品共获省级以上奖项6个，市级奖项2个。李洲芳的《苏派建筑香山帮》获《第二届全国中山图书奖优秀奖》，张瑞照的长篇小说《太湖游击队》获第二届中山图书奖，周永逊的《太湖之滨渔家女》获全国散文作家论坛征文一等奖，《天堂的“黄梅雨”》获2010《中国作家》金秋笔会全国征文一等奖，《苏州的后花园》获中国散文学会2010年“中国当代散文奖”，丁古萍的《致富书记邱云根》获2010《中国作家》金秋笔会全国征文一等奖。黄霞君、许强、葛芳、张文献、张瑞照等在各级期刊、报纸、杂志上发表众多文学作品，出版文学著作5部。杨维忠出版报告文学《东山教授》。（文 联）

【美术创作】 区美协沈默、秦学研、曹仁容等出版了作品集、画册，沈默、柳美珍等举办个人画展。沈默在澳大利亚悉尼举办个人画展，作品大胆创新，在传统笔墨基础上渗透现代元素，获得广泛好评。秦学研、蒯惠中等人作品入选国家级画展、世博会相应展示等。

（文 联）

【书法创作】 区书协张少怡、陆云翔、赵锟、盛静斋、卢月龙、王雷源、高建春、张文新等作品入选建国来苏州书协较为重大的展览——《吴门书道中国书法名城苏州作品展》，在南京、徐州循环展出。张少怡、高建春、朱宏观、沈伟、周均安、周赓泉、彭森华、黄林森、金溢清、陆寅生作品入选市文联等主办的“苏州市书法特色乡镇作品联展”。区书协副主席赵锟作品入展中国书协主办的“全国第三届扇面展”，完成书法教学专著《徐渭与自书诗册》等。年内区书协集结出版《吴中书法精品集》。

（文 联）

【摄影创作】 摄影协会会员作品共获省级以上奖项22个，市级奖项100多个。张炎龙《南极精灵》、江全官《一阵恼人的秋风》获第二十三届全国摄影展优秀奖，江全官《卓玛》入选第十届上海国际影展和江苏省第二十届影展，张炎龙《海鸥与浪花》获第十届上海国际影展优秀奖，新会员葛全南、吴伟的《思》、《请教》分获江苏省第二十届影展优秀奖和入选等。（文 联）

【音舞创作】 区音舞协会会员配合各地创作词曲作品颇多，文化馆戴海英创作的女声独唱《吴中太湖最娇媚》，苏苑街道黄国声创作的舞蹈《春雨时节》，木渎创作的评弹小组唱《姑苏十二娘》，横径街道创作的女子组唱《生态横径，金色家园》、女子说唱《新风吹来万家春》，金庭镇创作的歌舞《太湖仙境觅芳菲》，香山街道创作的女子组唱《太湖雨》，娄燕娟创作编舞的《舞在家乡》等节目参加苏州市新人新作比赛，获得好评。戴海英创作的《水乡外婆桥》、姜兴龙创作的《韵动中国》获苏州市“五个一工程奖”。（文 联）

【戏曲创作】 评弹团以历史名人孙武将军为题材的中篇评弹《武圣》完成提纲。由文化馆选送,万金声创作的小品《城管来了》参加苏州市第六届小戏小品大赛。中篇弹词《吴宫遗恨》深入到15个乡镇的村、社区,下乡巡回演出15场,受到基层群众的欢迎。1月份,《吴宫遗恨》获第四届中国苏州评弹艺术节“优秀书节目奖”,受到江苏省文化厅嘉奖,并获全国戏曲牡丹奖提名奖。 (文 联)

【工艺创作】 区民间工艺家协会主席叶志明创作的大型石雕《商圣范蠡》在长桥街道范蠡公园落成。杭州“天工艺苑”百位当代国家级工艺美术大师500余件精品的拍卖专场,宋水官、周建明的作品4件入选。在第八届中国工艺美术博览会暨古典家具·收藏博览会上,钟火元、须培金、周雪官等作品获“中艺杯”5个金奖、3个银奖,获得中国工艺美术“百花杯”优秀作品评比金奖、最佳工艺奖。周建明作品获2010年“中国民间文艺家协会”金奖。叶志明、姚建萍、孙林泉荣获“苏州工艺美术特别贡献奖”。吴福云、须培金获苏州非物质文化遗产(金山石雕)(光福核雕)代表性传承人。蔡金兴、蒋雪英、陈素英被确定为江苏省非物质文化遗产(砚雕、苏绣、光福核雕)代表性传承人。叶志明一系列著作、论文出版、刊登并在苏州相关论坛上发表。蔡金兴被诸多媒体采访拍摄,并赴澳门讲学。姚建萍作为“苏绣”界代表,其作品在上海世博会、天津“第二届北洋文化节(天津大学115周年华诞)”、第六届中国(深圳)国际文化产业博览交易会、“台湾江苏周”活动、第一届两岸“根与魂·中华非物质文化遗产大展”中频繁亮相。姚建萍、陈忠林、蔡金兴、孙林泉、周建明、钟火元、周雪官、谢才元、宋水官、许忠英等在“2010江苏省工艺美术精品博览会”上获奖10项,其中蔡金兴摘取桂冠。 (文 联)

【开展文艺活动 服务中心大局】 区作协与吴中区图书馆、吴中区女企业家协会联合举办“乾生元杯”古韵乡情征文活动,激发广大会员与文学爱好者的创作热情,讴歌吴中,讴歌生活。区美协参与吴中区美术作品展赴浙江嘉兴美术馆两地展、庆建国61周年美术展、“苏州江南画院作品展”等活动。区书协积极支持和协助社会公益和有关艺术活动,多次向学校、社区等单位捐赠和赠送书画作品。参与为患再生障碍性贫血的儿童谢基募集医疗费用的“个十百千万”书画作品爱心义卖活动,组织赴苏苑社区为群众义务写春联,协助吴中区财政局举行“迎七一”廉政书法绘画摄影比赛,指导苏州市第二届中小学艺术展吴中区级评选,被评为“优秀指导奖”,指导的吴中区特殊教育学校的“篆刻班”特色教育项目,王宝琦、胡辰浩、罗力、刘龙高、凌晔文5位同学的篆刻作品获得“特等奖”。区摄协参与“金秋经贸洽谈会”、“太湖开捕节”、“世博苏州论坛”、“角直旅游节”、“木渎羊肉美食节”、“碧螺春茶文化节”、“白象湾文化节”、“穹窿山健康文化节”以及各级各类社区文化活动等服务工作20多项,参与服务300多人次,收集留存作品资料2000多幅,并在《吴风雅韵》、《生态吴中》、《尹山湖印象》、《角直旅游节》、《走进太湖邮政图册》等画册上使用。举办“生态吴中”摄影展,很好地展示吴中区自然、人文环境保护开发和经济社会建设的成就变化。区音舞协会、戏曲协会,在吴中区第十届科普宣传周开幕式暨科技、文化、卫生“三下乡”启动活动中,文化下乡巡演由戏曲、音舞协会会员较为集中的沪剧团和评弹团具体负责实施完成,演出16场,受到广大群众的热烈欢迎。在纪念建党89年之际,参加“加强基层组织,推动科学发展”走进社区、走进农村、服务基层系列文体活动,去越溪张家村、苏苑嘉宝社区和胥口镇三洋公司,小品《卖爹》和评弹《清廉勤政永留芳》现场获得阵阵好评。音舞、戏曲协会广大会员参与各项招商引资活动,慰问中央领导、海内外文化交流演出。音舞协会会员还积极配合组织各类活动，如区妇联“庆祝妇联成立100周年”活动、区卫生系统大型歌会、区计划生育委员会庆祝文艺演出、中小学教师唱校歌比赛，吴中区“群英荟萃，和谐吴中”优秀业余文艺团队展演。10月，第八届国际民间艺术节在木渎和甪直巡演期间，音舞协会会员与来自苏格兰、巴西、韩国、库克群岛、阿根廷、埃及等国代表团同台演出。娄燕娟创作编导的舞蹈参加苏州市老年艺术节的展演。姜兴龙编曲、娄燕娟编舞的舞蹈《走江苏爱江苏》获苏州市舞协一致好评，并力荐送江苏省莲花杯舞蹈大赛审核。区民间工艺家协会继续赴吴中东湖小学举办“手艺太湖——中国核雕展”，与孩子们共度“六一”节日。使学生们零距离触摸中国传统文化。这活动是民艺家协会“传统文化进校园”的第四届活动，协会中有12名会员被学校聘为辅导员，协会在东湖小学建立“基地”，每年推出一个传统技艺项目。民艺协会叶志明策划并主持“世博刺绣研讨会”，推动传统刺绣艺术传承与创新，并在梁雪芳刺绣艺术馆建立“清华大学美术学院纤维艺术研究所织绣创新中心”、“苏州工艺美院产学研创新基地”，通过创新的绣制，使“研究中心”和“产学研创新基地”成为自主创新成果的“体验场”，产业发展的“风向标”和“孵化器”。姚建萍为使“苏绣”非物质文化遗产通过生产方式实现活态保护和可持续发展，与区职教中心校签订合作办学协议，从2010年秋季起，开设“苏绣艺术与设计”专业（三年制中专），冠名“姚建萍苏绣艺术与设计班”，为姚建萍刺绣艺术馆培养人才。（文　联）

【队伍建设与人才培养】 区作协、区美协多次组织作家、画家赴区内外采风。作协会员葛芳、许强被江苏省作家协会聘为签约作家，签约期2年。区书协以“吴中区书法家协会”新浪博客作为联系会员的桥梁与纽带，随时让会员们了解区书协的动向和有关信息。将各项活动在书法报、书法导报、美术报、以及“中国书法家论坛”“书法江湖”等网络论坛及时报道，有效团结会员，扩大吴中区书法家协会对外宣传和影响。区书协还增加4名会员。区摄协组织会员参加“世博采风”、“沙钢采风”、“望亭发电厂采风”、苏州轻轨建设拍摄等活动，会员们分别到安徽、浙江、青海、四川、甘肃、内蒙等地采风。协会主动和吴中区检察院加强联系，通力合作，多次精心策划，郑思年作品《关爱外来人员子女》和邹小青作品《开庭》发表于《中国检察日报》。协会举办观片会，为老年大学摄影爱好者、吴中地税局摄影俱乐部举办摄影讲座及现场拍摄指导，指导吴中地税、东吴广电中心等单位、企业、社区的各类摄影比赛。年内，吸收邹小青等5人加入摄影家协会，张平被批准加入中国摄影家协会。在郭巷成立“尹湖之春”摄影俱乐部。吴中区摄影协会会员人数过百。区戏曲、音舞协会：周菊坤、唐峥嵘、戴海英、姜兴龙、潘向红、汤晓敏、高谊等人参加苏州市音乐协会第八次会员代表大会。认真推荐音协会员加入全国音协，壮大音协队伍，增强工作活力。推荐黄国声加入全国会员，推荐于小燕等3人加入区会员。区民艺协会：4月，叶志明、姚建萍参加“苏州工艺美术协会”、“苏州工艺美术学会”换届大会，经选举叶志明再次连任副理事长，姚建萍当选新一届副理事长。7月，“江苏省工艺美术协会”、“江苏省工艺美术学会”在南京换届，叶志明、姚建萍、陈忠林、蔡金兴、孙林泉、周建明当选新一届理事。（文　联）

【区文联艺术展馆开馆】 区文联与长桥街道合作建设吴中区文学艺术界联合会艺术展馆。9月27日，区文联艺术展馆在长桥街道特色文化产业园开馆。为全区文艺家开辟一处长久活动阵地，也促进文化与产业的融合，推动吴中区文化事业的发展。为庆祝建国61周年,开馆当日起举办“吴中区美术、书法、摄影精品展”,展出全区各地美术家、书法家、摄影家新创作的120余件精品力作,全面反映新中国成立61年来吴中区的辉煌业绩,展示全区美术、书法、摄影创作成果。　（文　联）

【吴中美术作品浙江两地展】 5月18日,吴中区文联、苏州市美术家协会与浙江省嘉兴市美术家协会共同举办的《“山水苏州·人文吴中”——苏州吴中美术作品展》在浙江嘉兴美术馆开幕。此次展览是吴中区首次出省举办的艺术展,是吴中区与浙江省嘉兴市美术作品两地展的首展,全面展示吴中深厚的历史文化底蕴和近年来吴中大地经济社会政治文化等全方位建设发展的成果,为加强和发展吴越文化交流、扩大“山水苏州、人文吴中”知名度、营造良好发展外部环境、提供相互学习借鉴的机会。　（文　联）

【区文联二届七次全委会】 4月16日,召开文联二届七次全委会。在认真总结2009年工作基础上,明确2010年文联工作重点,表彰先进集体和先进个人。区文联主席柯德银向大会作工作报告,总结一年来文联机关以及下属7个协会的工作,同时强调在新的一年要着力强化“五大意识”,做好5个方面工作:强化使命意识,推动繁荣先进文化;强化责任意识,推进创作文艺精品;强化品牌意识,积极参加文艺活动;强化人才意识,注重建设文艺队伍;强化服务意识,提升文联科学化水平。区委副书记孙卓出席会议,对文联2009年度的工作给予充分肯定,并对新的一年文联工作提出5点要求:围绕中心、突出重点,全力推进文化事业、文化产业发展;打造品牌,加大精品创作力度;加强队伍建设,建成一支德艺双馨队伍;发挥优势,加强协作交流活动;抓好建设,提高文联服务能力。　（文　联）

吴中区残疾人联合会

【概况】 2010年,全区共有残疾人34463人,占总人口的6.05%。其中视力残疾6494人,占残疾人总数18.8%;听力残疾5729人,占残疾人总数16.6%;言语残疾329人,占残疾人总数1%;智力残疾3899人,占残疾人总数11.3%;肢体残疾12814人,占残疾人总数37.2%;精神残疾3498人,占残疾人总数10.2%;多重残疾1700人,占残疾人总数4.9%。2月份召开区残联二届三次主席团会议,增补区政府办副主任席与翀等5人为二届主席团委员,提名通过席与翀、周晓红、顾鹏飞为主席团副主席,增选推举沈金林为区残联副理事长。年内区政府及时调整残工委组成人员。全区15个镇、街道配齐充实残疾人专职委员(专干),170个村(社区)分管残疾人工作的协管员和残疾人专职委员全部选聘到位。　（残　联）

【残疾人就业和培训】 年内,为130名残疾人进行求职登记、260名残疾人提供就业咨询。通过培训和求职指导,新安置110名残疾人上岗就业。全年对2725家企业单位征缴残疾人保障金2300万元,对240家机关事业单位征缴保障金220万元,有520家单位共安排残疾人950人,抵扣保障金 1557万元。年内举办办公自动化、厨艺(苏式糕点制作)和创业(3D摄影)培训班,共培训残疾人95名。　（残　联）

【残疾人康复】 全年,完成白内障复明手术142例,聋儿语训72名,安装假肢和矫形器16例,肢残训练236名,低视力配戴助视器3名,智残训练62名,发放轮椅976辆,发放辅具477件,为52名0~6岁残疾儿童进行抢救性康复，为15名18周岁以下听障人群免费配发助听器，为425名贫困精神病人免费给药。对30个城镇社区、24个社区卫生服务站康复室配发一套康复器材。对16~60周岁的贫困家庭1089名残疾人进行免费体检。全区残疾人无障碍设施进家庭100家、辅助器具进家庭200家、康复知识进家庭200家。5月份，区聋儿语训康复中心在苏州市受训聋儿康复评估中，15名参评聋儿，取得12名一级康复，3名二级康复好成绩。（残　联）

【残疾人文体工作】 在江苏省第八届残疾人运动会上，全区5名残疾人运动员参加轮椅击剑、田径、盲人门球等项目比赛，肢残运动员陆琪夺得轮椅击剑佩剑（B级）金牌、花剑（B级）银牌；沈亚琴夺得女子盲（B13）100米、200米、400米3枚银牌；顾荷珍夺得女子肢体（F44）铅球、铁饼2枚银牌；王芳夺得女子盲（B12）标枪1枚银牌；蔡宇夺得盲人门球团体第六名。在南京举行的2010年全国残疾人轮椅击剑锦标赛上，肢残运动员陆琪获得男子佩剑团体金牌、男子B级佩剑个人铜牌和男子B级花剑个人铜牌。5月份，区残联和区文体局联合举办"吴中区第一届残疾人趣味竞技体育比赛"。全区各镇、街道和特殊教育学校18个单位的残疾人运动员、教练员、裁判员共110人参加轮椅飞镖、中国象棋、盲人乒乓球等3个项目比赛。（残　联）

【残疾人社会保障】 全区残疾人低保户1560户、2340人，低保边缘残疾人515人，年内生活救助金全部发放到位。为全区2185名重残人员发放生活救助金754万元。会同区财政局下发《苏州市吴中区残疾人参加团体人身意外伤害商业保险的办法》（试行）对残疾人参加意外伤害保险给予50%~100%的补贴，全区参加团体人身意外伤害商业保险5154人，补贴费用16万元。根据《关于对吴中区下肢残疾人营运车主给予进一步帮扶的实施意见》，给予99名下肢残疾人营运车主帮扶补贴71万元，根据《关于吴中区聋人无障碍短信信息补贴办法的通知》，为全区129名聋人发放短信信息补贴4.47万元。（残　联）

【创建全国残疾人工作示范城市】 根据苏州市创建全国残疾人工作示范城市任务安排，区残联认真制定工作计划，明确各阶段的重点工作，采取倒计时办法，一项一项抓落实。创建中，把提升残疾人工作力度作为创建工作的机制目标，把提升残疾人生活水平作为创建工作的首要任务，把提升残疾人康复服务作为创建工作的重要内容，把提升残疾人教育培训水平作为创建工作的重要抓手，把提升扶残助残环境作为创建工作的重要基础，把提升残疾人事业城乡一体化作为创建工作的重要突破口。全区多次召开布置会、推进会，认真做好迎接苏州市政府残工委对创建工作的中期检查，启动台账资料收集整理编印工作。对照《全国残疾人工作示范城市（东部地区）标准》进行自查和整改并向苏州市政府残工委和创建领导小组提交达标验收报告。倾力做好迎接国家验收的准备工作，全面部署迎接国家检查验收阶段各项工作的落实。11月29日吴中区顺利通过国家验收组的检查验收。（残　联）

【成立残疾人综合服务中心】 吴中区残疾人综合服务中心是2009年政府实事工程，总投资1800万元，地处苏苑街124号，占地面积2438平方米，建筑面积3247平方米。设盲人按摩室、电脑培训室、盲聋人乒乓室、轮椅飞镖室、轮椅击剑室、沙狐球室、台球室、作品制作室、舞美中心等，是一所集残疾人教育、就业、康复、培训、文体等一体的综合服务场所。该中心于2010年12月正式落成投入使用，满足全区残疾人的康复服务指导、聋儿听力语训

与智障咨询指导、就业服务、职业培训、辅助器具供应、盲人按摩、法律援助、文体活动等“八位一体”的综合服务需要。（残　联）

【第二十次“全国助残日活动”】 2010年助残日期间，区镇两级党政领导走访慰问200余户残疾人贫困户、区社会福利中心、区特殊教育学校、区聋儿语训康复中心和长桥残疾人托养中心等，送去慰问金、慰问品40多万元。在区特殊教育学校，区残工委主办“发展特殊教育·激情点燃梦想”为主题的庆祝第二十次“全国助残日”活动暨区特殊教育学校第二届学生艺术节作品展剪彩仪式，区四套班子分管领导及市残联领导出席活动并剪彩，全区残疾人代表、特校师生、区残工委成员单位及社会各界300多人参加了活动。区残联、区人力资源和社会保障局联合举办“阳光助残，放飞爱心”残疾人就业招聘专场。全区58家单位、140名求职残疾人参加现场招聘。用人单位共推出180个就业岗位，有40名求职残疾人与用人单位达成录用意向。全区开展的助残献爱心募捐活动共募集助残基金50多万元。（残　联）

【吴中区代表苏南地区接受“全国白内障无障碍省”专家组检查验收】 9月28日下午，由中残联康复部副巡视员杨津惠、河南省郑州大学第二附属医院院长眼科教授雷方、中残联康复部朱小龙、上海市残联康复处处长虞慧炯组成的“全国白内障无障碍省”检查组在省残联副理事长蔡新成、东南大学附院中大医院眼科主任栾洁、省残联康复处副处长张跃、市残联理事长蔡建军、市卫生局副局长陈小康等领导的陪同下对全区白内障无障碍创建工作进行检查。区政府副区长焦亚飞、区政府办、区残联、区卫生局等部门领导陪同检查，苏州市政府副市长周玉龙参加接待。首先，由检查组杨津惠副巡视员下达检查的内容和要求。其次，区政府副区长焦亚飞汇报区2007~2010年的白内障无障碍区创建工作。最后，检查组逐项逐条全面查阅创建工作台账资料，实地检查全区白内障复明定点医院——苏州市眼视光医院的软硬件设施，对抽检的临湖镇、长桥街道白内障复明手术人员徐惠珍、邵根珠等4人进行手术后的回访和座谈交流。杨津惠副巡视员代表检查组对全区白内障创建工作进行点评，认为区委、区政府对区“白内障无障碍区”创建工作高度重视、周密部署、精心组织、多措并举、成效显著，较好地完成创建工作的各项任务指标。这次全国检查验收组来江苏检查验收，在全省100多个县级（市、区）中共抽检吴中区、泰兴市、泗洪县分别代表苏南、苏中、苏北3个地区接受“全国白内障无障碍省”专家组检查验收。（残　联）

吴中区哲学社会科学联合会

【概况】 2010年，确定吴中城乡一体化问题、民营经济结构优化升级等19项立项课题。组建社科专家智库，联系落实与区域发展密切相关的10余名专家为区社科联特聘专家。区级立项课题《城乡一体化背景下的产业转型升级（以木渎为例）》和《透视转变经济发展方式背景下我区民营企业的新动向》均得到区委主要领导的充分肯定。（社科联）

【社科宣传】 成功举办主题为“倡导低碳生活、建设美好吴中”的区第三届社科普及宣传周活动。整合全区社科宣讲力量组建“吴中社科大讲堂”，为基层授课60余场次，受教育群众达10000多人次。倾力打造孙子文化大讲堂，深入开展孙子文化“五进”活动。穹窿山孙武苑获评江苏省社科普及示范基地。全年共编辑《吴中社科动态》11期。（社科联）

军事·政法

地方军事

【人武工作概况】 2010年,人武部按照“振奋精神、爱岗敬业、争先创优、安全和谐”的工作思路,推进军事斗争常态化准备,依法从严治部,确保人武部安全稳定和高度集中统一。抓好创建学习型党委、学习型机关、党委班子岗位练兵和主题教育活动。开展“四个一”活动,利用民兵应急分队封闭式训练作一次学习理论辅导、结合主题教育组织一次考核、组织一次学习成果交流,开展一次教育大讨论。年内,区长俞杏楠被南京军区表彰为人民武装工作好主任,人武部被苏州市表彰为国防后备力量建设先进单位。 (人武部)

【民兵组织整顿】 整组全区8个镇(区)、1个厂(集团)、6个街道人武部。工作相对稳定的多编、一般工作岗位的多编、常日班的多编、居住稳定的多编;退伍军人优先、党团员优先、已训人员优先、与军事专业对口人员优先、身体素质好的优先。整顿后,全区民兵总数57672人,占全区总人口的10%,其中基干民兵4015人,占民兵总数的7.047%;基干民兵中退伍军人995人,占基干民兵总数的24.7%,训练合格人员1109人,占基干民兵总数的27.6%;专业技术分队人数1208人,占基干民兵总数的30%;党、团员分别占基干民兵总数的15.2%和67.9%。从3月24日至4月7日,部成立2个小组,电话抽点和集中点验相结合,点验14个基层单位重点分队,到点率均100%。4月,军分区组织对横泾街道、开发区、长桥街道、苏苑街道、龙西街道基干民兵193人进行全额点验。 (人武部)

【军事训练】 开展“岗位练精兵、质量排座次”活动,高标准完成省军区下发的《机关业务技能练习册》,打牢业务素质基础。先后组织森林防火分队、抗洪抢险分队(30人,7天),应急分队(90人,15天)的训练,配合协助地方有关部门巡逻和卡点,确保清明期间未发生火灾。以抢险救灾为课题,组织军地联合指挥机构演练。参加省军区比武考核竞赛,全程封闭,逐步淘汰选拔,组织民兵骨干70人参加分区比武;组织民兵应急分队近50人在七子山国防教育中心进行20天封闭式训练;参加省军区在泰州组织的比武竞赛活动。 (人武部)

【征兵】 年内,全区征兵任务数241名,其中解放军124人,武警部队107人。全区送检968人,合格人数327人,其中大专以上学历84人,占26.5%。深入调查摸底,组织镇(街道)人武部登记应征对象;会同区民政局、司法局检查现役军人优待金落实情况;成立征兵宣传工作组、纪检组、征兵咨询站,在苏州电视台第五套节目《吴中报道》、吴中气象视频平台设立征兵工作宣传栏,编印《征兵工作简报》7期;10月28日,组织政审、体检和全区征兵人员召开征兵工作廉洁会议，设立纪检组，公布举报电话36部、举报信箱15个，监督征兵工作。12月8日，召开吴中区首批新兵欢送大会，向部队输送合格兵员241名。

（人武部）

【民兵预备役建设】 调整组建“合成化民兵应急救援连”。依托木渎、香山、开发区“三位一体”民兵应急分队，调整组建苏州市“合成化民兵应急救援第二连”，并根据遂行任务需要，在3月和9月分别组织15天的应急抢险、救灾等针对性应急训练。规范村、社区民兵营(连)。指导木渎镇姑苏村、横泾街道长远社区拟制民兵营(连)规范化建设方案，按照“七个一”(一块牌子、一面旗子、一张桌子、一个柜子、一本簿子、一套资料、一个活动场所)标准要求。10月，检查全区村、社区民兵营(连)部建设，132个村(社区)民兵营达到规范化建设标准。强化基层武装机构规范化建设。吴中集团基层武装部举行挂牌仪式。抓好民兵预备役思想政治。结合民兵组织整顿点验，依托吴中穹窿山“孙子兵法”诞生地，组织200余名民兵进行宣誓。规范经济开发区武装部，并升级改造民兵应急分队数字化建设。7月10日，军委委员、国防部长梁光烈到吴中区视察吴中经济开发区武装部，观看民兵应急分队数字化建设演练。

（人武部）

【武警中队概况】 年内，武警吴中区中队以总队、支队党委扩大会精神为指导，依照“打基础、保安全”工作思路，落实支队正规化现场会要求和创建“六型警营”，学习新条令条例，狠抓执勤和经常性思想工作，确保内部安全稳定和中心任务完成。年内安全执行押解勤务70多起，出动兵力2000余人次，总行程25000余公里。至年末，已连续27年确保执勤目标安全无事故。

（武警中队）

【重大临时勤务】 中队统筹规划、合理分工，完成各项任务。年初，中队将思想好、素质硬的同志选派到世博一线参加上海世博会安保任务。在处置“7·16”苏州市通安群体性事件中，中队长曹荣朋带领13名队员，不怕苦、不怕累，敢打敢拼，完成此次重大勤务。

（武警中队）

【按纲施训】 中队长和各班长一起制定训练计划，严格按照纲要和月训练计划组织实施训练。训练中注重参训率的落实，根据实际情况采取结对子帮助训练。全年，中队完成执勤分队勤训轮换、特战集训、狙击手集训、射击集训、预提士官集训等各类集训。在岗位大练兵考核中，上等兵曾俊腾在执勤能手考核中取得全支队第一名，多人在被评为执勤能手、训练能手等。

（武警中队）

【消防大队概况】 2010年，消防大队开展“世博”安保攻坚战、推进“防火墙”工程建设、“四个能力”建设、“打造消防铁军”等工作，抓好预案的制定与演练工作，开展不间断“实警拉练”活动，对3家“涉博”单位、人员密集场所、易燃易爆场所等重点单位开展“六熟悉”训练。全年，全区消防部队接处警563次，出动消防车1224辆次，消防官兵6991人次。抢险救援和社会救助82起，抢救被困人员46人，抢救财产价值约1022.5万元。

（消防大队）

【“防火墙”工程建设】 召开重点单位“四个能力”达标验收现场会。组织干部分5批对9类场所召开达标验收现场会。检查验收各单位消防硬件设施、消防安全管理制度、档案台账、第一第二预案、“三提示”标示设置及员工“四个能力”知晓率。培训企业单位负责人和和员工“明白人”。全年举办培训班15期，培训人员7000余人，签订《责任书》500份。夯实农村社区"四个基础"建设。推进社区消防"四个基础"工作的开展,排查重点区域和重点行业消防安全。角直镇澄东村和淞南村因厂房布局、建筑结构不合理,公共消防设施严重缺乏,存在较严重火灾隐患。大队及时将问题向区政府汇报。区政府于9月在角直镇现场办公,对两村存在严重火灾隐患落实相关人员责任,限期整改。强化督查指导。深化重大火灾隐患挂牌督办工作。落实苏州永腾电子制品有限公司在搬迁前的消防安全管理责任和临时防范措施。加强重点区域、重点场所的综合整治。专项督办南环桥市场,制定整改方案。将木渎、角直和城南等地的私房出租屋和"三合一"场所列为重点整治区域,分类落实整改措施。(消防大队)

【专项整治】 根据重大节日、重大活动以及季节变化等条件和特点,开展人员密集场所及"三合一"场所、中小学幼儿园、易燃易爆场所、建筑消防设施和火灾隐患排查五项专项检查,开展重点单位、重点领域专项整治工作。做到监督检查到位,法律文书到位、隐患整改到位、责任落实到位。全年检查单位1054个,发现火灾隐患558处,填发法律文书457份,督改火灾隐患和消防违法行为397处。责令三停2家,实施临时查封3家。排查消控室101个,消控室已编身份证号单位101家,其中挂铜牌单位37家;排查建筑206幢,其中高层建筑53幢,地下建筑9幢,其他人员密集场所65幢,其他设有消防设施的建筑63幢,在建工程16幢。(消防大队)

【社区消防警务】 制作下发20套社区警务室管理制度牌和组织网络图,将消防监管责任落实到人,并督促、指导各社区和行政村组建志愿消防队和联防消防队,切实加强初起火灾的扑救能力。大队先后7次组织消防民警、协管召开社区警务平台培训会,就社区警务平台通用流程和消防安全知识进行讲解,对社区警务平台操作方面的存在的问题及时跟踪汇报并解决。(消防大队)

人民防空

【人防工程建设】 2010年,人防工程立项12个,立项面积132688平方米,开工面积98753平方米;竣工面积67951平方米,超额完成全年工程任务。至年底,全区立项人防工程133个,总建筑面积792765平方米;竣工工程65个,总竣工面积306062.4平方米,在建工程52个,建筑面积417820平方米。普查全区792765平方米人防工程,建立档案;维护管理和加固改造8733万多平方米;开发利用人防工程8万多平方米。开工建设人防指挥所项目,总建筑面积18072平方米,按抗核武器4B级,抗常规武器5级,防化等级为乙级设计,总投资1亿元,建成后增强防空防灾的综合救助能力,为及时处置突发性公共事件提供一个安全、可靠的指挥平台。(人防办)

【指挥通信】 修订《吴中区防空袭方案》和保障计划,完成全区重要经济目标防护方案的调研和人防指挥所信息通信系统项目招标。加强防空警报网建设。组织"4·27苏州解放日"和"5·12防灾减灾日"警报试鸣活动,全区27台防空警报器完好率、参试率、鸣响率100%。年内,投资3万多元新增2台电声警报器,更新改造2台警报器主机,投资18.4万元集控改装全区防空警报器,实现防空警报发放自动化、报知手段多样化。加强人防专业队伍建设和疏散基地建设。人防专业队伍整组140人、骨干训练30人,巩固完善人防疏散基地1个。(人防办)

【宣传教育】 在盘蠡苑社区开辟《人防信息》

专栏，宣传人防政策法规，传授防灾救灾知识。征订发放中学生人防知识课本3200册，居民应急防护手册1000册。成立全区首支人防志愿者队伍30人，深入社区、学校、企业，义务讲授人防知识，参加防空防灾和突发公共安全事件和应急救援。组织民防知识竞赛，全区初中二年级学生和机关、社区、企业4300人参加。完成3200名初中学生的防空知识教育；“庆祝人民防空创立60周年”期间组织开展一次上街宣传、一次进社区宣传、一次知识竞赛、一次媒体宣传、一次巡回展览的“五个一”活动；印发相关法律法规宣传资料5000余份、接受群众咨询300余人次。（人防办）

政法综述

【概况】 2010年，区委政法委以上海世博安保为主线，推进社会矛盾化解、社会管理创新、公正廉洁执法等重点工作，维护社会大局稳定，提升全区政治、经济、文化、社会等各领域法治化综合管理水平，为全区经济社会又好又快发展创造良好的法治环境和社会环境。2010年，吴中区被评为全省社会治安综合治理先进县（市、区）、省平安县（市、区）和2008~2009年度法治苏州建设先进集体。

（政法委）

【“三项排查”工作】 区委办、区政府办转发区综治委《关于进一步深入开展“三项排查”工作的实施意见》，建立组织领导、牵头负责、定期排查、定期研判、信息报送、考核奖惩等6项工作机制。健全区每月、镇（区、街道）每半月、村（社区）每周排查工作机制，梳理分析矛盾纠纷、治安突出问题和高危人员，掌握动态信息。2010年，全区排查各类矛盾纠纷2430起，成功调解2394起，调解成功率为98.5%；排查高危人员91名，全部落实“一帮一”帮教措施。（政法委）

【社会治安重点地区和突出问题整治】 成立区综治委社会治安重点地区排查整治工作领导小组，出台《全区社会治安重点地区排查整治工作方案》，确定10个重点地区，营造主动进攻、重拳整治的工作态势。完成塘湾里泊船整治、南环桥批发市场综合整治、木渎花苑街专项整治行动。木渎镇深化城中村“三化”管理内涵，以自然村为单位设立管理服务区，内设基层党组织、管委会，负责辖区信访、司法调解、社会治安、民政、社保、卫生、安全生产、计划生育等行政工作，派驻公安民警、城管和联防队员，实行24小时值班制，确保“城中村”整治工作实现长效管理。城南街道推广“红庄整治”模式，在东湖社区、钱家花园等地大力开展集中整治，扩大“城中村”整治战果，群众安全感和满意度大幅提升。中央、省、市综治工作简报和《人民日报》、《长安》杂志相继刊登吴中区“城中村”整治经验，被评为苏州市社会治安综合治理和平安建设创新成果一等奖。9月，全省社会治安重点地区排查整治工作现场推进会在吴中区召开，区综治委就“城中村”整治工作上台作交流发言；11月，全国部分（区、市）社会治安重点地区排查整治工作座谈会在吴中区召开。（政法委）

【全国部分省（区、市）社会治安重点地区排查整治工作座谈会】 11月8~9日，全国部分省（区、市）社会治安重点地区排查整治工作座谈会在吴中区召开。会议由公安部副部长黄明主持，省委常委、政法委书记林祥国到会致辞，中央各有关部门司局负责人、各省（区、市）综治办主任和公安厅（局）分管副厅（局）长参加。会上，各省（区、市）代表详细汇报社会治安重点地区排查整治工作开展情况，公安部副部长黄明深入分析当前社会治安形势，动员部署开展排查整治行动。中央综治委副主任、中央政法委副秘书长、中央综治办主任陈冀平强调，加强社会治安重点地区排查整治是维护社会和谐稳定和广大人民群众根本利益的一项重要工作，是一项长期艰巨的工作任务，各地综治办要建立长效机制，认真实行一票否决、领导责任查究以及挂牌工作。要加大宣传力度，要坚持“城中村”整治与城乡一体发展相结合、与维护人民群众切身利益相结合、与创新社会管理相结合、与加强基层基础建设相结合、与落实责任相结合。与会人员实地参观考察城南街道红庄社区“城中村”整治工作、横泾街道尧南社区农民拆迁安置小区综治工作以及木渎派出所科技强警工作。（政法委）

【重点人员管控】 制订《吴中区肇事肇祸精神病人排查行动实施意见》，开展高危人员排查管控工作，定期组织召开排查管控会议，集中梳理高危人员。采取规范人矫衔接、加强日常监管、建立担保制度、开展多样式教育等措施，提升社区矫正工作水平。落实管控措施，掌握辖区肇事肇祸精神病人底数及相关情况，为救治、康复、管理和有效预防精神病人肇事肇祸打牢基础。（政法委）

平安吴中建设

【社会矛盾纠纷大排查】 2010年制订《全区集中开展社会矛盾纠纷大排查活动方案》，成立区综治委集中开展社会矛盾纠纷大排查活动领导小组，镇（区、街道）、相关部门分别组建相应工作机构。建立区综治办、镇（区、街道）综治办和派出所、村（社区）警务室三级社会矛盾纠纷排查信息录入工作网络。定期召开全区集中开展社会矛盾纠纷大排查活动分析研判例会，集中梳理分析矛盾纠纷，提出处置意见，明确调处责任。（政法委）

【大调解组织网络】 针对交通事故频发引发大量矛盾纠纷情况，建立交调对接机制，在交警中队设立调解室，配备专职调解员专门负责交通事故纠纷调处。出台《关于建立健全劳动争议调解工作机制的实施意见》，在区劳动争议仲裁委员会设立人民调解工作室，镇（区、街道）相应设立驻劳动保障服务中心调解工作室，逐步向村（社区）、企业和行业延伸。甪直镇在苏州市首创建立“派出所+法庭”纠纷联动协调机制，实现“能动司法”与“民生警务”有机结合。（政法委）

【校园安全保卫】 出台《苏州市吴中区中小学幼儿园安全管理办法》，5月，在全市率先建立校园护卫大队，区财政投入2800万元。组织力量对全区中小学、幼儿园进行拉网式排查，在派出所设立护卫中队加强校园安保力量日常管理，建立完善护卫大队、中队日常管理和考核制度，对学校实行24小时全天候守护，确保校园安全长效管理，深化校园安保工作。联合开展无证幼儿园专项整治工作，采用疏导结合的方式，保障全区无证幼儿园取缔分流工作安全平稳开展。（政法委）

【流动人口服务管理】 全区登记在册房屋出租户54594户、流动人口72.6万人，通过流动人口管理破获刑事案件536起，查处治安案件796起，抓获各类违法犯罪人员1653人，抓获网上逃犯219人。加强流动人口信息研判，掌握人员结构和活动轨迹，为现实斗争提供服务。（政法委）

【综治基层基础建设】 指导各地加强软件建设，优化人员配置，畅通运行机制，确保最大限度发挥综治中心效能。重点培育横泾街道、苏苑街道、光福镇综治中心，推荐申报苏州市一级综治中心。村（社区）全部建立集综治、警务、外管、治保、调解于一体的“五位一体”综

治办。开展村(社区)“五位一体”综治办星级评比活动,全区五星级村(社区)“五位一体”综治办 37 个。(政法委)

【群防群治队伍建设】 率先在全市建立治安中心户长队伍，获苏州市社会治安综合治理和平安建设创新成果二等奖。在郭巷街道国泰社区试点建立“维稳妈妈队”,强化基层治安管理、政策法规宣传和矛盾纠纷调解等工作。胥口镇整合胥口物业 800 余名保安参与社会治安综合治理工作，成为又一支平安建设的生力军。年底,全区整合包括联防、协管员、治安中心户长、110 志愿者等在内的群防群治力量 14000 余人，织密全区社会治安防控网络。(政法委)

公 安

【概况】 2010 年，全区公安机关围绕世博安保这个中心，坚持稳定压倒一切，开展“四做”、推动公安工作转型升级优化发展,深化“三项重点工作”，社会治安大局保持持续平安稳定。2010 年，全区破获各类刑事案件 1096 起，打击处理 1519 人，其中逮捕 1129 人、直诉 258 人、劳教 132 人;行政拘留 2451 人,抓获网上逃犯 621 名,年内发生的 14 起命案全破。破获经济案件 112 起,追回赃款挽回经济损失 7213 万元。加大毒品犯罪打击力度和涉毒人员的动态管控，破获毒品刑事案件 42 起,缴获毒品折合海洛因 1943.51 克。年内，完成斐济总理姆拜尼马拉马来苏访问等一级警卫工作任务 3 次、二级警卫工作任务 8 次、三级警卫工作任务 5 次,大型活动的安全保卫工作任务 34 次。(公安分局)

【世博安保】 细化落实世博安保措施。制定世博安保总体方案，抽调人员建立世博安保指挥部，健全世博情报信息每日动态研判机制,扎实落实各项世博安保措施,完成人员背景审查 27878 人，发放世博通行证 14925 张;围绕重点地区、重点领域、重点行业场所、重点单位、重点群体,排摸梳理各种社会不安定因素,排摸掌握全区 67 名重点人员,全部按照“一人一案”建档,落实责任人和管控措施,全力维护社会稳定和治安安定,圆满完成世博安保任务。加强不安定事端化解处置。健全完善情报信息预警研判、社会稳定风险评估、突发事件应急处置以及网上舆情引导等维稳工作机制,加强特勤队建设,全天候 24 小时备勤,处置“5·19”南区维讯公司员工停工、南区碧波中学学生跳楼等一批规模大的群体性事件,有效掌控社会大局；确定各单位 50 名民警作为新闻舆论引导的网络评论员,加强网络舆情引导,较好平息开发区企业环境污染、“5·3”长桥龙西葛庄拆迁事件和越溪小石湖命案等案事件引发的不稳定事端。(公安分局)

【创意警务】 将创意警务作为公安工作转型发展的推进器,成立创新创意警务办公室、建立“吴中创意警务”网上平台、实行创意警务每月通报和每季考核制度，开展各单位创意警务联络员、研究员的业务培训,强化组织推动,不断放大创意警务的效应。年内,分局在市局“创意警务之窗”发帖数位居市区分局前列,31 个“金点子”被评为市局“点子精品”,23 个“金点子”进入市局“点子实验”;分局被评为季度“创意警务优秀组织奖” 2 次,在首届全市公安机关社会管理创新创意评选活动中获创意警务优秀组织奖;获 2010 年度全市公安机关创意组织奖。(公安分局)

【社会治安防控体系建设】 年内，全区接报各类有效警情 130827 起,共接报违法犯罪警情 20206 起。加强两级指挥系统日常管理。落实勤务指挥室领导在岗在位、警情管理、四色布警、接处警录入等工作规范,修订完善警情研判、案件分析跟踪、查证指令、情报联勤研判等工作流程和规章制度,提高研判针对性、实效性。加强监控系统和智能卡口抓拍系统建设维护工作。提升监控员素质,年内组织开展3期全区监控员培训班,通过PPT演示、互动交流等形式提升业务素质;排查全区监控摄像头日常运行和联网接入分局指挥中心情况,对发现不能联网的,及时与相关建设单位联系,实现与指挥中心联网1300余个监控摄像头;通过实地测试,联系建设单位维修存在故障、不能正常运行的25个抓拍系统,确保发挥实战作用。全年分局通过视频监控系统抓获现行违法犯罪嫌疑人422名,破获案件305起。 (公安分局)

【场所行业管控】 采取日常检查、对口检查、异地检查、重点抽查及集中清查等形式,实行弹性工作制,加大对旅馆、网吧、游戏机房等场所行业的检查管控力度,狠抓旅馆登记率、上传率和网吧实名登记率等基础信息工作,同时在互联网建立旅馆、网吧、危化单位3个QQ群,提高公安部门与行业之间交流互动。综合运用阵地控制、突击检查、情报线索经营等手段,加大对娱乐休闲场所涉黄涉赌查处力度,全区全年处罚不按规定登记的旅馆、网吧84家,通过旅馆信息系统报警及网吧上网人员实名登记抓获网上逃犯71名。查处赌博刑事案件16起、卖淫嫖娼刑事案件20起;查处各类违法犯罪嫌疑人员672人,摧毁地下赌场16个。 (公安分局)

【社区警务机制改革】 推行"一社区一民警、一单元一辅警"的警务模式,召开改革社区警务工作推进会,各派出所结合实际开展社区单元划分工作,全区118个社区划成1092个责任单元,每个社区、单元落实社区民警和治安辅助人员,开展社区民警和辅警业务培训,建立日常管理和考核制度,推动社区警务工作精细化发展。建立社区民警岗位相对固定制度。制定社区民警岗位调动制度,明确社区民警岗位的变更和调整须报分局党委审批,将做精社区落到实处。 (公安分局)

【实有人口服务和管理】 以第六次全国人口普查工作为契机,整合各地拆迁办、人口普查办等社会资源及力量,开展人口信息采集,加强派出所实有人口管理,全年,户口整顿工作入户核对本辖区常住户口166578户;通过社会化采集共登记在册流动人口701695人,房屋出租户52002户;通过流动人口管理,抓获上网通缉的在逃人员219人,收缴假身份证170张。加强高危人员管控工作,通过信息平台预警2186人,主动输入1016人,纳入管控335人,打击处理13人,挤压离开本地803人。 (公安分局)

【和谐警民关系构建】 建立南区红庄、木渎西跨塘警务室2个警民恳谈随岗培训基地,警民恳谈面对面培训115名社区民警;采用座谈会、流动车及现场会等形式与辖区居民交流和沟通。全年,组织恳谈263场次,参加恳谈5575人次,解决群众实际困难55件。全力推进网上公安机关建设,制订《"网上公安机关"工作规范》,加强组织领导,明确职责任务,加强督查通报,通过强化网上公安机关建设切实提升效能、改进工作,更好地便民利民、加强警民沟通、提升公安形象。 (公安分局)

【道路交通安全概况】 年内,全区发生上报道路交通事故198起,死亡45人,伤224人,直接经济损失99.8万元。发生重大交通肇事逃逸事故7起,侦破7起,侦破率100%。全区未发生涉及客车、危化品运输车、校车、涉外等重大影响的恶性事故。结合世博安保,强化对过境长途客车、出租车乘员上网比对和可疑物品检查力度，查获一大批违法犯罪嫌疑人和涉案物品。改革单纯交通管理模式，推进道路交通、治安动态巡查执勤机制运作。加强突发性案件预案处置等，提高快速反应和抓获现行能力。年内抓获各类违法犯罪人员191名，其中刑事拘留79名(含网上追逃人员37名)，行政拘留112名。重视科技强警，率先在木渎中队建立电子监控和抓拍室，整合利用派出所治安探头对全镇的主要道路、路口实施网上抓拍，提高非现场执法水平。

(交巡警大队)

【道路交通安全管理】 整治城区重点交通违法行为。采取定人定岗，分片分段包干和落实责任等方式，强化建城区和重要集镇主要路口、路段交通秩序管理，重点整治上下班高峰时机动车、非机动车以及行人违反交通信号灯通行。利用辅警、交通协管员等整治非机动车在机动车道内骑行和行人乱穿马路等交通违法行为。查纠各类道路交通违法行为106652起，其中处罚非机动车和机动车闯红灯41627起，机动车违法停车40135辆次。强化重点道路交通管理。以227、343、230省道、苏震桃一级公路、东方大道、东山大道、吴中大道、环湖路和农村道路为重点，实行异地交叉执法，加大对超速、超载行驶、酒后驾车、无证驾驶、疲劳驾驶等严重交通违法行为的查处力度。对无牌无证、报废车、拼装车以及无证驾驶机动车等交通违法行为，强化现场查处力度，及时消除事故隐患。年内，查扣无牌无证、报废、拼装车和“三小车”5987辆。

(交巡警大队)

【事故隐患排查整改】 组织排查道路基础设施、安全设施以及其他影响交通安全的情况，梳理并制订治理方案和整改措施，按照属地化管理，区分责任，及时向政府和上级部门报告。年内，排查63个行政村，48个社区，重点单位64家，学校50所，重点车辆1329辆，各类交通隐患284起，与2147名驾驶员签订责任状。联合教育部门，对全区所有校车和驾驶人统一建立安全管理台账，落实监管责任部门和人员，定期开展安全宣传和检查指导，对存在安全隐患的，及时发出整改通知书，落实整改措施，消除事故隐患。年内，查处校车超载8辆次，取缔无接送资格的校车15辆、驾驶人15名。

(交巡警大队)

【基础设施建设】 及时重新漆划连接电视塔环岛的太湖路标线，渠化环岛路口，添加隔离护栏；调整友新高架出入口的路面车道、标志标线及信号灯的配置，渠化苏福路灵天路口、苏福路金山路口。年内，全区新增设交通信号灯6组，增添和更换交通标志168块，漆划道路标线25600余米，安装隔离带4000米，安装减速带950米。

(交巡警大队)

【“三小车”、“黑车”集中整治】 开展“三小车”、“黑车”联合专项整治行动，成立“三小车”、“黑车”整治办公室及专项整治小分队。治理城乡结合部、城中村、背街小巷、学校门口、新村门口、车站附近等“三小车”聚集地。以木渎地区为试点利用路面视频监控设备，采用网上巡逻、网上抓拍的方式，加大对乡镇集贸中心、商业中心等地区黑车的查处力度，打击黑车的嚣张气焰。专业小分队采用24小时工作制，天天开展“零点”行动。年内，查扣各类“三小车”1200多辆，查扣涉嫌非法营运“黑车”40辆，其中列入“黑名单”的12辆。

(交巡警大队)

检 察

【概况】 2010年，区检察院受理提请批捕各类刑事案件919件1462人，批准逮捕973件

1264人;受理起诉案件870件1398人,审结起诉877件1387人。所办案件均在法定时限内办结,无捕后不诉、捕后撤案、捕后未执行等情况,起诉案件法院均作了有罪判决。反贪污贿赂局查办职务犯罪案件11件,均为大案,其中查处副科级以上干部6人,反渎职侵权局查处渎职犯罪2件,较去年增长100%。监所检察创新工作机制,发放《劳教所执法教育管理情况调查表》、接受劳教人员咨询、受理对劳教侵权的控告和投诉,从执法、教育、劳动、卫生、食宿等10个方面全面了解、掌握执法管理动态,纠正违法违规现象、及时化解警教矛盾,维护劳教人员合法权益和劳教所正常的执法监管秩序。民行检察全年一审申诉立案14件,督促支持起诉35件,息诉、和解20件,提请抗诉5件,发出再审检察建议2件。（检察院）

【平行调解机制】 旨在保障检察调解与诉讼活动同步,实现人民调解与检察业务快速、有效对接,将检察调解工作从业务部门中分离出来,交由检察人民调解委员会承担,检调分离运作、同步进行。检察调解委员会作为常设机构,聘请辖区内8名经验丰富的人民调解员作为检察调解员,建立检察调解员动态管理机制,体现检察调解的专业性。在办案中符合条件的调解事项及时由办案部门移送检调委,检调委调解后将结果返还办案部门,为办案部门的不捕、不诉、量刑建议等工作环节提供事实依据,体现检察调解的及时性。平行调解机制延伸调解领域,从源头上减少涉检信访,缓解“任务重、人员少”的矛盾。全年成功调解案件29件,调解金额近200万元,《检察日报》、《江苏法制报》、《吴中报道》等媒体报道平行调解的成功经验。（检察院）

【认罪案件刑事检察室成立】 完善认罪案件刑事检察工作,成立认罪案件刑事检察室,采用捕诉联动模式,实现认罪案件统一、集中办理,打造优质、规范、高效办案平台,被评为吴中区2010年度社会主义精神文明建设十佳新事。召开认罪案件工作推进会,与区公安分局、法院、司法局等相关部门交流在办理认罪案件过程中存在的问题,会签《关于共同规范认罪案件快速办理工作机制的规定》。搭建认罪案件多元处理新平台,推进检调对接,探索附条件不起诉制度,试点管护教育基地。

（检察院）

【未成年人工作】 成立未成年人案件刑事检察综合办公室,负责所有未成年人犯罪以及以未成年人为侵害对象的案件的批捕、起诉、出庭支持公诉以及审判监督等工作,并进行青少年维权、青少年法制宣传以及必要的社会帮扶工作,努力探索捕、诉、防一体化的未成年人案件刑事检察模式。今年共受理审查批捕未成年人案件55件60人,受理审查起诉未成年人案件65件77人,其中不捕13件13人、不诉3件3人。提出“创爱心团队,造四心工程”口号,“爱心团队”是打造一支在未成年人工作上业务精良、富于爱心的队伍,“四心工程”是在未成年人工作上做到“精心办案,倾心沟通,凝心维权,悉心帮扶”。深入推进青少年维权,通过青少年维权网站、青少年维权热线、《青少年维权简报》进行法律宣传、咨询和服务,接受法律咨询300余次,出版简报6期。开展检校共建活动,在求真小学、西山中学等学校开展法制讲座20余场。

（检察院）

审　判

【概况】 2010年,吴中法院受理各类案件8706件,审、执结8311件,分别较上年增长5.72%和6.08%。在全市法院审判绩效考核中排名第一。推进队伍建设,保障司法公正。以“正、实、精、廉”作为队伍建设纲要,坚持从严治院、从严治警,狠抓领导班子建设、反腐倡廉建设、思想政治建设、作风效能建设和司法能力建设,强化干警司法良知,提升干警司法智慧,确保司法公正公信。被省精神文明建设指导委员会评为2007~2009年度省文明单位。 (法 院)

【审判】 刑事审判抓好大案要案审判,审结府文彬等11名被告人聚众斗殴、非法持有枪支、开设赌场、非法拘禁、故意伤害案和宋志新等11名被告人聚众斗殴、寻衅滋事案等人民群众关心、社会影响恶劣的案件。审慎处理关涉民生案件,妥善化解罗马瓷砖公司、吉利德公司等一大批系列劳动争议案件。加大民商事案件调撤力度,出台《关于加强和规范诉讼调解工作的指导意见》,归纳总结诉讼调解十二条,得到省委政法委、省高院的肯定,在全国调解工作座谈会上进行经验交流。全年案件调撤率为73.64%,诉前调解案件1692件,诉前调解成功率99.7%。总结破产重整案件审理6条工作经验和6项创新举措,在全省法院破产重整案件审判工作会议上做经验交流。开展行政协调工作,建立“五协调”审理模式,受到省高院的肯定。行政案件撤诉率100%,连续3年实现零发回改判、零申诉、零上访。 (法 院)

【执行】 执行案件结案率96.77%,执行标的额23722.08万元,执行标的额到位率92.21%。探索建立执行联动机制,妥善解决小柱子公司劳动争议群体纠纷及碧波二村房屋迁让系列纠纷案等当事人多次信访、上访的老大难案件。被省委政法委、省高院评为“全省集中清理执行积案活动先进集体”。 (法 院)

【涉诉信访】 健全涉诉信访工作责任制,强化责任追究,预防和减少涉诉信访问题。完善涉诉信访突发事件预防和应急处置机制,着力做好初信初访办理工作,提高办理成功率。加强协作,深入基层排查矛盾纠纷和不稳定因素,从源头减少涉诉纠纷。全面排查现有涉诉信访案件,在上级法院统一部署的涉诉矛盾纠纷集中化解暨“万起案件评查活动”中,因案因人因情研究对策,逐案落实,43件案件全部化解。立案庭被省高院评为全省法院涉诉矛盾纠纷化解先进集体。 (法 院)

【服务基层】 调查、分析、研究街镇发展中出现的法律问题,提出法律建议与对策,为辖区党委、政府当好法律参谋。开展庭所共建活动,参与社会治安综合治理,妥善处理涉及轻轨工程沿线房屋租赁等涉法敏感问题和突发事件,发挥基层政法组织合力作用。依法调处融资借贷、反不正当竞争等涉及企业生存发展的各类案件,保障企业的合法权益,维护良好的市场竞争秩序和发展环境。开展服务创新产业、金融行业和非公经济的商事审判“三服务”活动,重点联系辖区2家企业,开展走访、座谈、法律培训等各类服务活动110余次。加强诉讼服务中心建设,实行一站式立案服务,拓展创新服务职能,新增诉前鉴定、执行督促和公告登记3个窗口,开展诉讼指导、法律咨询、材料转接等诉讼服务6523人次。(法 院)

【未成年人维权】 制定出台《未成年人刑事案件全程教育审理方式实施办法》,坚持“教育、感化、挽救”的方针,寓教于审,实行全程式教育,得到最高法院肯定,为市中院所吸收;引入合适成年人参与制度,推行全程式保护;与区司法局合力推行外地未成年犯本地矫正机制,实现平等保护,全面维护未成年人的合法权益。全年审执结各类涉少案件136件。 (法 院)

【人民陪审工作】 继续推进联合国开发计划署、欧盟与中国政府合作的人民陪审员制度研究试点项目工作，部分成果体现在最高法院新出台的司法解释和答复中。3月18日，人民法院报以《职业法官与普通民众：司法民主化的时代选择》为题，整版刊登区法院人民陪审试点工作。《法制日报》、中央电视台等媒体予以报道，5月最高法院在全国法院人民陪审工作会议上专门推介。人民陪审工作"吴中模式"得到最高法院院长王胜俊的肯定，阅后向最高法院政治部批示："政治部：进一步完善人民陪审员制度，扩大人民陪审员队伍，加强对人民陪审员培训，充分发挥好人民陪审员作用，应作为今年推进司法民主的一项重要工作。请政治部牵头，对'吴中模式'及其他地方的经验进行总结，尽快向全国下发一个指导性意见，推动这项工作实现新发展、新突破。" （法 院）

【和谐共建】 开展和谐共建活动，建立木渎和横泾两个和谐共建基地和15个巡回审判点，完善"一镇（街）一点、三点合一、服务基层、共建和谐"模式，利用巡回审判点，兼设特约调解点和诉讼服务点，实现司法职能面向基层的深度延伸，司法效果突出。《法制日报》、《人民法院报》等媒体报道区法院"和谐共建，三点合一"工作模式。 （法 院）

司 法

【概况】 2010年，全区在册社矫对象263名，共接受矫正对象152名，解除矫正125名，新接收安帮对象225名，解除帮教220名。全区调委会共调处纠纷2429件，调解成功2394件。劝阻群体性上访25批 785人次。2010年，全区律师参与刑事辩护与代理230件、办理经济诉讼案件172件，代理民事诉讼案件562件、代理非诉讼法律事务307件，挽回、减少经济损失超过4.8亿元。全区法律援助立案数为290件，其中刑事48件，民事242件（含非诉讼）。"12348"法律援助专线共接待、接听法律咨询电话2461个。第二批过渡性安置基地（现统称为阳光就业扶助基地）正式挂牌，本次挂牌的7个基地位于东山、木渎等7个乡镇（街道、办事处）。 （司法局）

【"民主法治示范村（社区）"创建】 2010年，临湖镇湖桥村被国家司法部、民政部表彰命名为第四批"全国民主法治示范村"，9月26日举行揭牌仪式，在全区的创建活动中起到表率作用。至年底，全区区级"民主法治村（社区）"建成率达99.4%；市级"民主法治村（社区）"建成率69.4%；创建省级"民主法治示范村（社区）"15个。 （司法局）

【"法律六进"活动】 区司法局走进党建共建社区龙苑社区，开展"送法进社区"活动，就居民关心的劳动就业、社会保障等法律问题进行答疑解惑；在驻苏部队和长桥消防中队开展"送法进军营"活动，开展法制讲座，提供法律咨询；开展"送法下乡"活动，订购200套江苏省法制宣传挂图，按期向全区170个村、社区赠阅，并向临湖镇湖桥村赠送各类法制类书籍、杂志近500册，提供法制宣传图版10块。区检察院"送法进机关"，为区航道管理处开展预防职务犯罪讲座。区计生局在国际教育园开展"婚育新风进高校"活动，宣传人口和计划生育法规政策。区委宣传部、区保密局、区法宣办在泰怡凯公司开展"商业秘密保护进企业"系列活动，提高企业涉密人员的保密意识。 （司法局）

【社区矫正】 社区矫正模式求创新。8月，与上海德瑞姆职业技能培训中心合作矫正心理矫治工作，开展"一切从心开始"为主题的心理测评活动,心理测试全区矫正对象,筛选出有心理问题人员作为矫治对象，开展针对性的心理治疗;聘请该机构10名取得国家级资格证书的心理咨询师为“吴中区社区矫正教育矫正基地心理咨询师”,建立心理咨询师资库。矫正队伍能力建设。严格按照专职社工与矫正对象人数1:10的比例配备专职社工,定期组织业务教育培训全区社区矫正专职社工。为每一名矫正对象配置一名矫正志愿者,实行一对一的教育帮扶。年内,各镇、街道共聘用32名专职社工。（司法局）

【人民调解方法推陈出新】 探索建立市场调解组织，协调郭巷街道与苏州南环桥批发市场，成立郭巷街道人民调解委员会驻南环桥批发市场调解工作室,受理并成功调解纠纷9起,妥善化解市场矛盾纠纷。指导建立区、镇(街道)、村(社区)三级劳动争议调解工作机制,9月，成立区人民调解委员会驻吴中区劳动仲裁委员会人民调解工作室,各镇(街道)劳动保障服务中心人民调解工作室相继成立,受理并调解劳动争议;加强“交调对接”工作,与区综治办、交巡警大队等部门联合下发《吴中区“交调对接”实施意见》,规范交通事故调解工作室的制度建设和业务流程。年底,全区有调解组织232个,调解员1132名。（司法局）

【律师服务功能拓广】 发挥法律顾问团作用。区法律顾问团律师积极参政议政。在塘湾里泊船专项整治活动中，法律顾问团成员徐军律师利用职业优势,以《船舶管理条例》和《苏州市河道管理条例》奠定整治活动的法律基础,提出操作性强的具体实施意见,在政府依法治理和维护船民利益之间架起桥梁。全区9家法律服务所39名法律工作者,担任法律顾问251家,代理诉讼事务659件,代理非诉讼事务325件，避免和挽回经济损失9900万元,接待法律咨询2237人次。（司法局）

【“双促双助”法律服务】 组建法律专家团,协助政府研究制定促进企业转型升级的工作方案;走访了解企业,帮助企业提高抗风险能力,全年走访企业188家,制订企业转型、升级措施304条，为企业挽回经济损失28500万元;开通企业法律服务“绿色通道”,提供快捷高效优质法律服务。依托法律服务站,促民企转型发展。吴中区民营企业法律服务站成立后,力信所律师走访企业139家,为企业转型发展提供有效措施45条,解答企业法律咨询252人次,调处纠纷180起。（司法局）

【服务惠民】 为辖区内的低保人群、零就业家庭、有特殊困难残疾人、高龄老人等发放《法律援助惠民卡》300余张。对于持卡者申请法律援助，法援中心不再审查其家庭经济困难状况，为社会弱势群体提供一条方便快捷的法律援助绿色通道。《共办办法》惠民心。规范《法律援助共办办法》,抓好承办人指派、共办人的选定或指派,确保指派人员素质过硬;抓好会见、庭审、结案等环节的相互衔接,不定期组织法律援助中心工作人员参与案件办理的全过程,保证办案质量;抓好结案后的共办人评价意见和受援人回访，维护社会弱势群体的合法权益。至年底,法律援助中心受理并指派共办案件9件,受援人、共办人、中心回访满意率100%。（司法局）

【公证】 3月,制订《苏州市吴中区公证费用减免办法》，明确申请减免公证费用的当事人、公证事项范围及审批程序,规定对符合法律援助条件和特定社会公益事业的公证,免收公证费用。至年底受理11起,减免公证费用2万多元。全年,公证处办理公证事项7185件,较上年增长29.3%。（司法局）

经济监督管理

发展计划管理

【规划、计划工作】 2010年,积极推进“十二五”规划编制,通过前期课题研究、完善基本思路、推进专项规划、排摸重大项目、设置发展指标、探讨“十二五”时期经济社会发展的总体思路和空间布局、广泛征求意见等工作,形成《苏州市吴中区国民经济和社会发展第十二个五年规划纲要》,报区人代会审议通过。配合省主体功能区规划,积极做好调整、撤除限制开发区域的争取工作。密切关注后金融危机中宏观政策动向,把握经济运行趋势,了解周边市(区)发展动态,加强对全局性重大问题的调查研究,先后完成《2009年国民经济和社会发展计划执行情况与2010年计划草案的报告》、《2010年上半年国民经济和社会发展计划执行情况的报告》,并经人代会、人大常委会审议通过。按照转型升级成效量化要求,建立吴中区转型升级核心指标体系,完成《围绕经济转型升级 增创苏州南城优势》、《关于太湖资源保护开发有关情况的汇报》等调研报告。 (发改局)

【固定资产投资管理】 2010年,全区完成全社会固定资产投资计划251.4亿元,同比增长22.2%。其中:第二产业完成投资90.6亿元,同比增长26.2%;第三产业完成投资159.9亿元,同比增长20.1%。按照国家对国债项目监督管理办法,会同规划、建设、财政、环保等有关部门,对全区2009~2010年的国债项目进行有效跟踪服务,对项目的进度、质量、投资等方面进行督查。根据省政府建设项目审批程序,按照整体规划布局,着眼产业结构调整和绿色环保标准,强化投资综合调整,严格项目审批,防止高污染、高耗能、低水平项目重复建设。对进入“绿色通道”的项目,提升审批效率。全年办理内资项目数729件,总投资786.67亿元,其中项目审批363个,总投资260.07亿元;核准项目66个,总投资408.99亿元;备案项目300个,总投资117.61亿元。办理外资项目数87件,新增投资总额61780万美元,新增注册资本26842万美元。

(发改局)

【重点项目建设】 2010年,全区115个区级重点建设项目在建100个,完成投资138.3亿元,占全年固定资产投资比重的55%,其中70个项目完成年度投资目标,26个竣工投运。22个市级重点项目完成投资43.6亿元,其中4个项目竣工投运。3个省级重点项目完成投资10.3亿元。建立项目实施进度月报制,加强协调服务,顺畅项目审批渠道,推进重点项目建设。定期编制《重点项目进展简报》11期,完成季度投资分析4篇。 (发改局)

【服务业管理】 完善工作机制,健全服务业绩效考核制度,落实服务业发展目标。加强规划编制,重点做好全区“十二五”服务业发展规划、现代服务业中长期人才发展规划及实施细则的编制工作。跟踪服务业集聚区、重点项目、招商项目、引导资金项目、“五个一批”项目进展情况,建立和完善服务业数据库。加强服务业项目对外推介,在北京、上海等地举办服务业招商活动。 2010 年,全区实现服务业增加值 247.5 亿元,同比增长 15%,占 GDP 比重达 41.1%,比上年提高 1.3 个百分点;服务业投资完成 159.9 亿元,同比增长 20.1%,服务业对经济增长的贡献率达 47.7%。

(发改局)

【向上争取】 资金方面:全年争取到各类资金累计 2.5734 亿元,其中:为东太湖综合整治工程争取国家级专项资金 1.25 亿元,为第三期太湖治理争取省级专项资金 1.0384 亿元,为重点流域水污染治理项目争取到中央预算内投资 1010 万元,为非人灵长类微生物检测实验室等 10 个项目争取市级服务业引导资金 570 万元,为苏州太湖国家旅游度假区旅游基础设施项目争取到中央预算内投资项目资金 500 万元,为苏州太湖科技产业园基础设施一期工程等 3 个项目争取省级金融贴息类资金 340.1 万元,为苏州市南环桥农副产品批发市场“农产品冷链物流”建设项目争取国债项目资金 200 万元,为川伟畜禽养殖场、角直琴琴养殖场、角直沪淞牛奶场等 3 个标准化规模养殖场建设项目争取到中央预算内资金 110 万元。

项目方面:金枫路创新创意产业街区被评为苏州市服务业发展重点集聚区,吴中区生物医药研发及服务外包载体和公共服务平台项目被列为 2010 年省级服务业重点项目,国家电器产品质量监督检验服务平台等 9 个项目被列为 2010 年市级服务业重点项目,铁洋物流和西山中科获评市级服务业名牌,药明康德获评技术先进型服务企业,西山中科获评市级服务业创新型企业。 (发改局)

【企业上市】 为企业搭好融资平台,苏州东山精密、苏州天马精化 2 家公司成功上市。编制年度上市计划,有序推进企业上市步伐,全区有 10 家企业完成股份制改造,其中 3 家已向证监会上报材料,4 家处辅导期,9 家实施股份制改造。不断发掘培养上市后备企业,加强上市宣传、辅导,搭建上市中介机构服务平台,至年底,58 家企业列入区企业上市资源库。

(发改局)

【能源物资综合平衡】 强化电力管理,积极做好电网迎峰度夏、冬以及节能降耗、错峰限电等工作,制定夏冬季突发事件应急预案,加强电力设施保护,编报区平安电力创建工作方案,确保全区电网安全稳定和全社会有序用电。及时组织人员对辖区内电力设施保护区内的塑料大棚、彩钢板房屋等危险源进行整治,做好“世博会”保电工作。加强地方电厂安全管理,组织开展季度安全大检查,督促电厂落实安全制度,确保机组安全运行。全年,全区实现全社会用电量 52.7433 亿千瓦时,同比增长 13.66%。其中工业用电量为 38.9775 亿千瓦时,同比增长 11.68%。强化农村能源开发建设,为临湖镇越湖养殖场Ⅳ类规模畜禽沼气工程、角直镇淞江生态养殖技术有限公司太湖蓝藻、猪粪混合发酵大型沼气发电工程争取到中央和省补助资金。做好散装水泥推广,全年完成散装水泥发放量 65.3 万吨,推广率达 73%,征收专项资金 5 万元。

(发改局)

【南北挂钩及扶贫】 加大吴中宿城工业园共建力度,重点抓好招商引资工作,园区内完成注册企业 12 个,其中投产企业 5 个,总投资 36.4 亿元,在建企业 4 个,总投资 6 亿元。为宿城区提供扶贫款 73 万元。参加中国第十四届“西洽会”,与陕西靖边县签订扶持协议,为总投资 59.17 万元靖边县张家畔镇阳光村人

畜饮水项目提供30万元扶持资金。参加江苏省第五届苏北投资贸易洽谈会，推荐转移项目10个，洽谈项目1个。（发改局）

行政审批服务

【概况】 2010年，区行政服务中心各窗口受理各类审批服务事项191990件，同比增长21.60%，再创历史新高，日平均受理768件，实际办结192009件，办结率为100.01%，日均当场办结率继续保持高位运行，达84.5%以上。机构调整后，目前进驻“中心”的窗口部门有33个，进驻“中心”窗口的工作人员92人，进驻各类行政审批服务事项232项，细化窗口办件事项427项。全年办理项目预审85个，涉及面积3365亩。区行政服务中心被江苏省精神文明建设指导委员会授予2007~2009年度江苏省文明单位称号。

（行政服务中心）

【畅通“绿色通道”】 区行政服务中心作为重大项目审批“绿色通道”主办单位，认真组织制订细化审批操作流程，从供地预审开始到申领施工许可证结束，细化分解成项目供地、立项和报建3大块、5个步骤、22个审批环节。在中心内部管理软件系统中开发建立“绿色通道”审批子系统，对“绿色通道”项目受理的时间、审核的内容、流转的过程进行全程跟踪，各相关审批窗口通过该系统实现信息共享、审批互动。全年“绿色通道”受理109个项目，办结53个，中心窗口22个环节的审批时间均进入20个工作日内。进驻部门和窗口的进驻事项审批时限，平均承诺时间由年初的6.8天压缩到6.07天。（行政服务中心）

【规范中介机构管理】 为进一步规范建设项目审批所涉中介机构的市场行为，提高和促进中介机构的服务效率，促进重大项目审批快捷、高效，中心在参观考察周边经验的基础上，结合本区的实际情况，专门起草《关于加强建设项目审批所涉中介机构管理的意见》，并由区政府办公室正式发文，规范建设项目审批所涉中介机构的市场行为，促进中介机构的服务效率。（行政服务中心）

统计管理

【概况】 2010年，狠抓数据质量，扎实做好统计年定报，着力开展第六次全国人口普查、城镇和农村住户调查大样本轮换等工作；提升统计信息质量，积极编印《吴中统计年鉴(2010)》、《吴中统计月报》、《吴中工业统计月报》、《吴中金融统计月报》、《统计资料》、《统计专报》、《统计工作情况》等统计数据资料。撰写统计分析和调研报告30篇，编发《统计专报》36期，《统计工作情况》17期，统计信息61篇，工作动态240余条，其中《吴中区“十一五”经济和社会发展探析》、《“十一五”期间吴中区固定资产投资简析》分获苏州各市(区)统计分析报告评比二、三等奖。区统计工作在苏州城区统计工作年度考评中，获综合考评第一名。（发改局）

【统计调查】 注重加强对数据的审核、评估和检查工作，高质量高标准地完成综合、工业、农业、建筑业、房地产、服务业、投资、能源、人口、劳动工资等专业年定报工作。统筹城乡发展，严格按照统计调查制度的规范和要求，强化组织领导，全面组织实施城镇、农村住户大样本轮换，从抽中的800户城镇居民基本情况大样本和12个村民小组农村调查网点中分别选取120户调查对象，为未来3年开展城镇、农村住户调查，深入了解城市和农村居民生活水平打下坚实基础。围绕政治、经济、民生等热点问题,组织开展了“体育活动经营单位情况”、“工业企业用水重复利用情况”、“公众安全感及对政法综治工作满意度”、及“派出所群众满意度”等多类专项调查,问卷调查数量达1200多份。圆满完成R&D资源清查及经济普查总结表彰、资料整理和归档工作,全面真实反映全区经济社会发展状况。(发改局)

【统计服务】 把统计监测、调研分析作为服务区委、区政府中心工作的有效手段和创新举措。不断增强统计监测服务,围绕“十一五”目标任务,加强对节能降耗等重点领域、重点行业和企业的跟踪调查;服务转型升级,以“5+2”振兴规划产业为重点,及时收集整理新兴产业、高端产业发展的有关数据;与区文体局共同启动新型文化产业统计试点;积极开展社会发展评价、生态城市、节能减排、新型工业化、高新技术、环境保护等方面各类重要统计指标的经常性监测分析工作,全面、系统、客观、真实地反映经济社会转型态势。不断优化统计信息分析,密切关注宏观经济走势和政策调整、产业和行业发展、企业生产经营、重点投资和重大项目、投资经营环境、社情舆情等领域的重大变化,积极收集整理相关数据资料,深度开展分析调研,监测分析的针对性和可操作性进一步提高,确保第一时间为党政领导提供快、准、新的统计数据和统计分析。不断拓展服务平台,每月按时统计有关数据和资料,及时编印和发放各类月报,定期为区领导提供数据信息;将《统计资料》、《统计工作情况》服务领域扩大至区四套班子领导、区委办、区政府办和各有关部门,增强政府、部门对统计工作的认知度;完成《吴中统计年鉴(2010)》资料编发。(发改局)

【第六次全国人口普查】 第六次全国人口普查是2010年区政府的重点工作之一,各级党政领导高度重视,层层建立普查机构、层层落实工作责任,形成坚强的组织领导体系。充分利用报纸电台、电视台等主流媒体以及各类广告,多视角、全方位进行宣传,有力营造公众依法支持普查的良好环境。各级普查机构坚持抓重点、抓效率、抓落实,高质量完成近6000名“两员”队伍的选调和培训,清晰准确地完成普查小区划分与边界标绘工作,联动开展普查试点、户口整顿、普查摸底等各项普查准备工作,形成顺畅有力的推进运行体系;注重把握入户登记等重要时间节点,通过建立值班和重大问题报告制度,确保入户登记工作高质、高效开展。区人普办精心组织业务骨干开展数据录入、审核、编码,圆满完成人口普查阶段性工作。(发改局)

【统计依法行政】 开展统计执法大检查,根据国家统一要求,在全区近1800家“三上”企业、280家服务业企业、1600个固定资产投资项目单位和其他有年定报任务的单位中开展自查自纠;联合区监察、司法部门对金庭镇、郭巷街道及其30家规上工业、投资项目实施抽查;配合市统计局完成对区6家国家样本点服务业企业的检查抽查;配合省统计执法联合检查组对全区的检查抽查,东山镇、长桥街道及其21家“三上”企业接受检查抽查。依法处理统计违法违规行为,根据检查结果,分别对5家企事业单位作出警告处罚,并通过吴中统计信息公众网予以曝光。对8家企事业单位分别发出《统计检查结论书》,对金庭镇、郭巷街道和14家企事业单位分别发出《统计检查建议书》,对3家企业分别发出《责令改正书》,有效改善统计工作环境。(发改局)

【统计制度方法改革】 不断强化服务业统计,扎实开展业务培训,加强部门间的沟通和联系,加快推进网络建设,强化基本单位名录库的建设与维护，区、镇（街道）两级服务业统计网络体系更加健全，限额以下贸易（个体）单位抽样调查有序开展，新型服务业统计有效推进。不断完善能源统计，严格落实区重点耗能企业季度监测分析报告制度和区能源统计（部门）制度；积极推行能源统计台账制度，加大能源经济的预警监测；认真落实单位GDP能耗统计指标体系实施方案和单位GDP能耗监测体系实施方案，完成2009年度区能源平衡表编制工作，能源统计更加全面。优化金融统计工作，每月汇总辖区内各银行金融数据，及时编发《吴中金融统计月报》，并加强金融形势的调研和分析，及时提供政府及金融部门参考。（发改局）

【统计基层基础建设】 对照《苏州市乡镇、街道统计机构及统计调查单位基础工作规范化建设标准》，下发《关于转发“关于进一步加强全区统计基础工作规范化建设的意见”的通知》、《2010年全区统计工作要点》、《2010吴中区镇（区、街道）统计工作考核办法》，制定《镇（区、街道）统计机构主要职责》等10项工作制度和《统计调查单位统计人员职责》等五项管理制度，全面规范基层统计机构和调查单位统计基础工作。认真督促基层单位严格执行统计制度方法，积极建立健全规范的原始记录、统计台账等基础资料，保证源头统计数据质量。加大教育培训力度，制订下发年度全区统计人员教育培训计划。召开全区统计教育工作会议，布置2010年统计继续教育培训报名、统计从业资格考试报名和统计职称资格考试报名工作。组织23名统计检查员参加市局举办的统计检查员和统计执法骨干培训班，558名统计人员参加苏州市统计继续教育培训，25名统计人员参加全国统计职称资格考试。健全《吴中区统计检查员名录库》，推进全区统计检查员队伍建设。（发改局）

【统计信息化建设】 巩固规模以上工业统计、能源统计、建筑业统计、房地产统计、贸易和餐饮业统计、劳动工资统计、服务业统计、限额以上住宿和餐饮业企业等网上直报工作。做好吴中统计信息网的改造升级和维护更新工作。完善“企业信使”网上报表催报系统，通过发送短信及时提醒企业上报报表，大大减少专业催报报表的工作量，提高统计工作效率。继续实行统计专业数据电子归档制度，加强对统计报表数据及有关内容的标准化集中管理，确保统计信息的准确、完整和安全。

（发改局）

价格管理

【概况】 2010年，消费价格水平持续走高，吴中价格工作始终围绕服务吴中经济平稳较快发展主线，注重发挥价格杠杆作用，充分发挥物价工作职能，切实加强价费监管，努力服务民生价格，不断规范价费行为，努力保持价格总水平基本稳定，为服务吴中经济“保增长促发展、抓调整促转型”发挥积极作用。先后被省物价局授予全省价格工作先进单位、省文明行业、省政务价格信息工作先进单位、全省收费统计工作先进集体荣誉称号。

（发改局）

【价格管理】 贯彻落实水、电、气、油等项目“同城同价”，加强资源性产品价格监管。推行房产价格监管新政策，落实房地产价格宏观调控政策，完善普通商品住宅价格管理，印发《关于进一步规范我区商品房销售价格行为的通知》等规范性文件，落实“一房一价”房产备案制度和网上公示制度，对全区100余家房地产企业，计建筑面积约150万平方米的普通商品房进行备案。开展农本调查，春耕期间，对农资价格实行每周监测；夏季粮油收购期间,对小麦、油菜籽的收购价、收购数量等情况重点监审;秋季,对水稻生产成本、收益预测进行调查;对洞庭碧螺春茶叶、太湖蟹等特色农产品进行定期跟踪监测。贯彻落实上级药品价格政策,6次下调有关品种药品的最高零售价格。（发改局）

【收费管理】 强化《收费许可证》管理制度,年审全区29个收费部门479个收费单位,年审面达100%,汇总出2009年度全区纳入《收费许可证》制度管理的审核收费总额53206.61万元。换发、核发、变更《收费许可证》90本,取消和降低收费项目7个,涉及金额2112.47万元。转发上级收费政策性文件2件,会同区教育局联合下发收费政策性文件3件,核定各类收费申请9件。会同财政、监察等相关部门开展全区治理和规范涉企收费工作,整理汇总17个涉收部门20多个涉收单位的50多个收费项目。加强服务业和公用事业收费监管,合理制定、调整旅游景点门票价格4件,落实公交票价备案核准以及公示制度。会同区财政局、民政局对全区150家各类行业协会收费种类、标准、范围、依据进行清理检查,进一步规范行业协会收费行为。全面落实城乡义务教育免费政策,加强中小学教育收费规范化学校的管理力度,严格控制公办高中择校生的比例和收费标准,规范民办学校学费、住宿费审批程序。会同教育部门合理调整全区10余家民办学校的收费标准。推进医疗服务价格形成机制改革,进一步推进单病种限价管理政策,规范医用耗材价格。（发改局）

【成本监审】 开展重要民生商品价格采集公布工作,研究制定并提请区政府下发《吴中区重要民生商品价格信息采集公布工作实施意见》,在辖区12个主要大型超市和农贸市场设立价格信息采集点,分别聘请12名采集员和3名调查员。对主副食品、时鲜蔬果、调料酱菜、饮料等六大类重要民生商品进行监测,并将监测信息在区政府网站、各农贸市场电子显示屏、社区宣传栏等载体公示,累计向社会公布重要民生商品价格信息23期。加大价格监测力度,将辖区成品油价格、11种城市居民日用工业消费品零售价格、54种居民服务价格、7大类49种食品价格、57种农副产品零售价格列入日常监测范围,每月形成《价格动态信息》,完成各类价格监测报表150余份,动态信息及民生价格监测信息69期,价格监测分析材料10篇。加强农贸市场价格行为管理,建立农贸市场价格管理机制,组织摊位租金备案和公示工作。积极推进“菜价惠民”活动,在城区部分农贸市场开展摊位租金减半收取和推出平价蔬菜等活动。（发改局）

【监督检查】 开展涉农价格与收费政策落实情况、行业协会收费、电力价格等4项专项检查,发送提醒、告诫、警示等行政指导意见书150余份。加强价格巡查,先后11次组织市场价格巡查,出动检查人员270余人次,检查城区17个镇(区)、街道的各类农贸市场、商店超市、餐饮行业、旅游景点1000余家。提升社会价格监督服务网络服务水平,对全区社会价格监督服务网络进行优化调整,组织价格监督员价格业务知识培训8次,全面启用社会价格监督服务网络工作平台。严格落实价格举报值班制度,全年累计受理价格举报21件,价格咨询110件,均处理办结,累计退还消费者多收价款35万元。开展“价格服务进万家”活动,深化价格诚信建设,4家单位获得“江苏省价格诚信单位”称号。以《价格法》颁布12周年纪念日为契机,开展价格宣传活动,发放《居民日常生活价格指南》500余份、《价格服务简明手册》100余册、《价格违法行为处罚规定》、《关于商品和服务实行明码标

价的规定》等宣传资料5000余份。（发改局）

【价格认证】 发挥价格认证中心专业技术优势，积极为政府、社会、司法、系统提供服务。完成苏州轻轨2号线涉及拆迁项目的设备设施搬迁补偿，全区人力客运三轮车专项整治的价格认证工作。年内共完成各类价格鉴证业务704件，鉴证金额6514.98万元。其中，刑事涉案财产价格鉴证 425件，鉴证金额1064.59万元；民事涉案财产价格鉴证5件，鉴证金额116.76万元；公安消防火灾损失财产价格鉴证1件，鉴证金额222.77万元；道路交通事故损失财产价格鉴证48件，鉴证金额60.98万元；设备搬迁、补偿价格认证45件，认证金额4462.48万元；人力三轮车价格认证171件，认证金额15.39万元；幼儿园成本认证2件，认证金额226.38万元；其他价格认证7件，认证金额345.63万元。积极争创省级规范化价格认证中心示范单位，制定工作方案，狠抓创建措施落实，获省级规范化价格认证中心示范单位荣誉称号。（发改局）

审计管理

【概况】 2010年，累计实施财政财务审计项目58个，查处违规和不规范金额1.09亿元，工程审计项目660个，节约政府性资金5.83亿元，向区委、区政府及上级审计机关、报刊、网站等媒体报送信息宣传稿件150篇（次），其中45篇(次)被省级以上媒体采用。

（审计局）

【财政审计】 关注财政资金安全。重点关注财政预算执行情况、政府性资金和其他专项基金、部门预算外资金收支两条线管理情况，从机制、体制和制度建设等方面分析问题、剖析原因、提出建议，为区人大审查预算执行情况及确保财政安全服务，突出民生审计主题。选择社会关注、群众关切的科技三项费用、区绿色通道建设维管经费、扶持经济薄弱村专项资金等进行“审计跟进”，对中央、省市区出台的扩内需政策、惠民政策进行跟踪，确保政策落实到位。发挥联网审计功能和“县区财政联网审计”系统功能，对预算指标、预算执行、财政集中支付等全过程进行监督和适时预警，彰显联网审计全程化、全面化优势；对非税收入管理信息系统进行审计，提出完善非税收入管理等4项建议。开展镇(区、街道)财政决算审计，对4家镇(区、街道)开展财政决算审计。关注镇级财力营运、政府债务、土地出让、农村股份合作制运行等情况以及涉及民生的新农村建设、社区经济、社保等资金使用情况和效益。（审计局）

【工程审计】 严格执行《规范政府投资建设项目审计的若干规定》等规定，对开发区动拆安置房、尹山湖整治工程、开发区招商洽谈综合用房建设项目等重点建设项目做好工程审计。财政资金增收节支效果明显。全年工程送审金额30.70亿元，审定金额25.63亿元，涉及单项工程660个，审计核减5.07亿元，平均核减率16.53%，节省审计费640.50万元，向施工单位追缴审计费1230.58万元，累计为政府增收节支5.83亿元。加大行政指导力度。召开全区政府投资建设项目审计预告会、重大建设项目审计协调会等，通过以会代训形式，对建设项目报审范围和途径、报审要求、审计内容、主要程序进行了行政指导；多次对太湖国际会议中心BT项目、动迁房雨水管道项目等“上门辅导”，召开座谈会对审计资料完整性、报送程序、整改落实等进行指导。强化工程审计质量管理。完善“工程审计管理系统”，出台《区政府投资建设项目审计质量控制办法》、《区政府投资建设项目审计操作指南》。完善业务例会、案例交流、专职复核、重大事项会商制度等,不断提高质量管理水平。

(审计局)

【领导干部经济责任审计】 全年,对28位领导干部开展经济责任审计,稳步推进领导干部经济责任审计工作。服务政府机构改革工作。年初,恰逢全区政府机构改革,为保障全区政府机构改革健康、有序推进,局党组集中审计力量,及时完成涉及机构合并和改革的15家单位的领导干部经济责任审计,为全区机构合并做好铺垫;创新经济责任审计思路。将经济责任审计与专项审计相结合,将被审计单位涉及的重点资金、民生资金作为审计重点;将经济责任审计与绩效审计相结合,纳入"结合型"绩效审计范围;拓宽经济责任审计领域。认真贯彻执行《江苏省党政领导干部"三责联审"办法(试行)》精神,进一步加强对党政领导干部用人、用编和用财等权力的制约和监督,先后对区卫生局局长开展"三责联审"。完善经济责任联席会议协调机制。由区委组织部牵头召开经济责任审计预告会,与区委组织部、区编办联合开展"三责联审",充分借助区经济责任联席会议协调平台,强化审计整改落实。 (审计局)

【国企审计和行政事业单位审计】 贯彻区政府对国有企业"年审制"要求,维护国有资产安全,促进国有资产保值增值,对区交通投资公司、区创投公司等7家国有企业实施审计,将服务理念贯穿审计全过程,从整体上综合分析国有公司财务状况和经营成果、经济指标完成的总体情况、重要经济决策执行情况等,形成对国有公司的资产运行状况、国有资产保值增值情况、财务风险等情况的科学评估。关注国企工业园运营绩效、国企融资成本等,提出审计建议30条,促使《吴中区区属国有公司政府性建设项目融资费用核算办法(试行)》、《吴中区区属国有公司工程建设项目监督检查办法》等制度出台。对爱卫办、老年病医院等24家行政事业单位实施财务收支审计,促进收支管理更加规范。 (审计局)

【镇(区、街道)审计】 深入基层调研,为乡镇审计"解难题"。由于体制及原有基础原因,乡镇审计工作发展不平衡,不能完全适应形势发展需要,通过深入调研,召开座谈会,将调研情况向区政府进行汇报,争取领导重视,加强乡镇队伍建设力度。度假区成立审计分局,并经区编委研究同意,成立度假区全拨款事业单位的审计中心,设立编制13个,全区基本形成区审计局、审计分局、镇(街道)审计所"三位一体"审计格局。加强对镇(区、街道)审计工作考核,基层审计不断出新。木渎镇、东山镇完善审计预告制度,召开审计预告会。开发区审计分局创新"联动审计"模式,与辖区内街道审计同步实施。横泾街道明确"街道、村(社区)集体投资建设项目投资额在2万元以上的项目必须全部采用送审制"等。

(审计局)

【"绩效审计普及年"活动】 增强绩效审计理念,在实践中探索、在探索中提高,扎实开展"绩效审计普及年"活动,全年实施绩效审计项目50个(其中"独立型"项目3个),占全年财政财务审计项目86.20%,圆满完成年初制订的85%目标。以编印《审计专报》为载体,积极促使审计成果转化,编印《审计专报》7期,促使区政府和被审计单位出台制度5项,初步形成"观念引领、项目支撑、整体推进、成果提升"的绩效审计理念。"绩效审计普及年"活动作为机关作风效能建设创新工作,年底区审计局获区委、区政府"2010年度服务经济、关注民生创新工作先进集体"称号。

(审计局)

劳动就业管理

【概况】 2010年,新增就业岗位53749个,其中面向本地劳动力7884个,帮助3773名失业人员就业,城镇困难人员实现就业2762人,开发公益性岗位728个,年末城镇登记失业率为2.98%,高校毕业生就业率96.5%。

（人社局）

【劳动关系建设】 投诉举报案件和劳动争议仲裁案件受理数同比分别下降38.9%和39.9%,劳动争议调解成功率达到76%。健全完善矛盾纠纷应急处置预案，稳妥处置群体性劳资纠纷61起。接待群众来访5825人次，其中集体上访58批854人。（人社局）

国有资产管理

【做大做强国有公司】 至年底，区属国有公司账面资产累计总额142.35亿元，净资产53.74亿元。规范企业融资工作,尽量减少企业融资申请审批流转环节，提高办文速度和质量。积极帮助企业设立子公司、进行股权变更、增资扩股等工作，参与IPO股权投资尝试,推动全区企业上市工作,创投公司的价值得到充分体现。出台《吴中区区属国有公司政府性建设项目融资费用核算办法》,加强财务管理,提高投资效益,规范区属国有公司政府性建设项目融资费用核算，保障区属国有公司正常运行。（财政局）

国土资源管理

【概况】 全区土地利用总体规划大纲、基本农田专项规划已通过省厅审查,区、镇二级规划成果已编制完成并上报省厅待评审。全区建设项目用地规划审核90宗,建设占地面积9215.2亩,占用耕地面积3163.5亩。上报省厅规划预审项目6宗,占地面积499亩。规划管理工作规范运作,较好地发挥规划“龙头”作用,确保土地用途管制制度的落实。国土局被江苏省国土资源厅评为省国土资源系统推进依法行政工作“先进单位”、省国土资源财务管理“先进单位”、省矿业权实地核查工作“先进集体”。局系统被省文明办评为“江苏省文明行业”。（国土局）

【基本农田保护】 以国土资源部“双保工程”调研督导为契机，认真开展耕地保护责任目标履行自查工作,深入推进基本农田“争先达标”活动,强化耕地保护措施以及对基层的考核机制,完善基本农田保护责任制、动态监测制等各项保护制度，确保全区基本农田保护区处于良好的保护和利用状态。（国土局）

【各类用地管理】 全年，工业和公共事业类供地共103宗,面积3422.1亩。其中工业用地上市挂牌6批43宗,面积1687.7亩;公共事业类用地60宗,面积1734.4亩。上报新增国有建设用地批次13个,面积6998.7亩;单独选址5个,面积29.9亩;完成1个项目的点供计划追补申报,取得追补计划117.5亩。除经营性用地外，共签订出让合同54宗，面积1737.3亩。三产用地累计上市54宗，面积2153.3亩,成交金额99.2亿元。全年经营性用地总到账资金121.8亿元，其中2010年成交地块出让金到账92.3亿元，历年欠缴出让金到账29.46亿元。完成初始登记485宗,变更登记422宗。将土地抵押办理时间由原7个工作日压缩为3个工作日内报市局审批,特急项目跟单当天办结，办理土地使用权抵押登记1334本,实现时间提速,服务提优。严把

土地分割登记验收关，完成分割登记23000本，完善和规范项目分割管理。（国土局）

【废弃露采矿山整治复垦】 全年实施废弃矿山整治项目5个，整治面积约109万平方米，完成投资4733多元。保障重点工程监管到位，完成2009年度国土资源部、财政部矿山治理示范工程光福金涧矿整治工程，治理山体坡面总面积7.42万平方米，总投资约1200万元。国土资源部重点支持项目金龙矿废弃露采矿山地质环境治理项目进展顺利，总投资3800万元，已完成清坡面积36.7万平方米，整理废矿地约700亩。（国土局）

【西山地质博物馆开馆】 5月4日上午，西山地质博物馆举行开馆仪式，全国人大农委副主任、原国土资源部部长孙文盛、省国土资源厅厅长夏鸣、苏州市副市长曹福龙、吴中区委书记金海龙等领导出席开馆仪式。西山地质博物馆的落成启用，不仅有助于更好保护和永续利用地质遗迹资源，同时为环太湖旅游黄金线增添新亮点，有力地推动环太湖地区尤其是西山岛的旅游业发展。（国土局）

【创建活动】 深化全区三级联创工作，全面推进创建“土地执法模范区”、“土地执法模范乡镇”、“土地管理先进村”活动。2010年“土地执法模范区”创建工作顺利通过省厅验收，实现“三连冠”，获得省厅奖励指标300亩。甪直、木渎、开发区和度假区等4个镇(区)做好市级“土地执法模范乡镇”申报工作；“土地管理先进村”在全区49个申请验收的村(社区)中展开，经过严格考核、综合评审，44个村(社区)通过验收。进一步巩固文明创建成果，及时了解创建动态，掌握创建进度，指导创建实践；切实加强依法行政，局被省厅评为依法行政先进集体称号；被省厅评为“全省百矿环境整治工作先进集体”；大力开展各项达标、争先、进位活动，系统临湖、胥口、东山、度假区等4个国土所被省市表彰为2009年度“人民满意国土资源所”和“优秀国土资源所”。（国土局）

工商行政管理

【概况】 2010年，全区发展私营企业4043户，新增注册资金175.1亿元；发展内资企业164户，新增注册资本136.9亿元；个体工商户开业登记9166户，资金数额7.7亿元；发展外商投资企业68户，新增注册资本2.68亿美元；发展农民专业合作社16户，出资总额0.31亿元。至年底，全区登记在册的私营企业17161户，注册资本562.19亿元，同比增长22.6%、34%，个体工商户36197户，注册资金20.5亿元，同比增长15.3%、32.4%；外资企业1305户，注册资金53.87亿美元，同比增长1%、5.2%；农民专业合作社94户，出资总额1.78亿元。（工商局）

【经济转型升级】 出台《关于发挥工商综合职能促进镇级经济转型升级的实施意见》、《关于发挥工商综合职能促进吴中经济转型升级的实施意见》，全面整合工商部门促进经济转型升级的42条工作举措，明确服务标准，为广大企业谋求发展提供便捷途径。开展上门服务月活动，向企业免费发放《吴中工商指导服务手册》2000本，走访企业2114家，解决各类问题508个。举办小额信贷推介会、“创业技术”培训班等活动22次，组织企业参加招商引资洽谈会6户。帮助企业击活股权，缓解融资难题，办理股权出质登记101件，出质股权29亿元，帮助企业融资25亿元。（工商局）

【服务农村改革发展】 指导湖桥村土地、资产、物业三大合作社出资，组建成立全国首家农民合作社企业集团——苏州湖桥集团有限公司,全村4475个村民全部成为公司股东。加强农村合同管理,建立合同指导站63家,发放各类合同文本 10800 份。以度假区为试点,在全省率先创立“区、镇(街道)、村(社区)”三级农村合同管理工作体系。（工商局）

【民生实事工程】 全年改造镇、村级市场16个,远程实时监控覆盖22个农贸市场,全区农贸市场基本做到“远程监控常态化、农残检测制度化、索证查验规范化”。加强消费者维权服务,全年受理消费者投诉150件,结案率100%,接待咨询投诉660人,为消费者挽回或免受经济损失43万元。个私协会创办《新吴商》杂志,免费向会员赠阅。组织23家民营企业为大学生、下岗失业人员提供就业岗位1230个。（工商局）

【商标战略工程】 全面启动“一企一标”工程,制定吴中商标战略5年发展规划,出台《关于启动商标发展“一企一标”工程的实施意见》和《关于推进企业字号与商标一体化发展战略的实施意见》,编印“致企业负责人的公开信”及商标注册建议书、提示书等5种行政指导文书。2010年,全区新申请注册商标首次超1000件,比前年同期翻一倍。（工商局）

【食品安全长效监管】 制订《流通领域食品安全巡查监管规范》,在胥口镇建设成立全市首家基层食品安全快速检测室,创建和完善“食品快检、社会送检、法定抽检、经检办案”四检联动监管体系。全年出动执法人员460人次,开展快速检测1100批次,法定抽检119批次,通过检测发现和办理食品案件12起。全年开展市场农产品检测88556批次,合格率99.8%;开展粮食市场检测4390批次,合格率为99.7%,发现并责令退市粮食251.5吨。（工商局）

【肉品安全管理】 采取多种形式宣传肉品安全管理意义,拉横幅41条、张贴宣传画页100多份、下发宣传资料3000余份。加强肉品质量安全监管,业务培训、日常巡查、执法检查,对市场统一下发管理登记台账、健全管理制度等举措。开展生猪屠宰管理专项执法检查,全年出动市场管理人员462人次,动用车辆228台次,检查经营户1052户次,制止未提供相关凭证上市经营25次。（工商局）

【治理无照经营】 下发《关于全面推行治无工作“三化管理、五级联动”的实施意见》和《关于加强治理无证无照网吧工作的实施意见》。全面施行治无工作“属地化、小区化、网格化”和“镇(街道)、村、片、组、农户(家庭)”“三化管理,五级联动”管理模式。全年开展整治行动436次,出动人员12208人次,车辆2442台次,取缔无照经营298户,引导办照6105户,全区综合有照率达98%。协同多部门开展无证照网吧集中整治行动109次,函告电信切线20批,331户次,规劝关闭116户,取缔75户,查扣设备905台。（工商局）

【行政指导】 积极探索行政指导工作新载体,创制《行业行政指导办法》。全年开展各类行政指导12338人次,提供重点项目行政辅导86个;行政建议、提示、警示等文书指导5664个,口头指导6588个;发放企业版、农村版等7种行政指导手册8931本。（工商局）

口岸管理

【海关概况】 2010年,全区完成进出口总值68.1亿美元,同比增长35.2%,其中出口43.8亿美元,增长37.5%。吴中出口加工区完成进出口总值3.9亿美元,同比增长177.7倍。海关实现入库税收23.3亿元,同比增长51.2%。

审核报关单28.9万份,同比增长25.3%。监管进出口货物25.3万吨、货值156.5亿美元,分别增长14.5%和23.1%。审批加工贸易备案合同1087份、金额46.3亿美元,分别增长6.5%和52.4%。加工贸易核销补税2亿元,实有联网监管企业19家,联网监管企业实际进出口29亿美元。新增海关注册企业532家,累计注册企业3670家。吴中出口加工区内注册企业26家,审核报关单5.7万份。（海　关）

【税收征管】 做好税收形势分析,形成综合治税合力,全年入库税收23.29亿元,同比增长51.2%,超出年初任务数37%。重视保税物流这一税收增长点,根据企业类别和商品,开展风险分析,加强进口审价,强化出口归类核查,防范税收征管风险。对税收大户和重点商品优先办理验放手续,落实A类企业通关便利措施,为守法企业创造快捷便利的通关环境。加强重点敏感商品和特殊贸易方式的审核、查验布控,加强审价、归类补税力度,确保税收征管质量。（海　关）

【建设创新型海关】 在2009年整合搬迁基础上,于7月底完成“二次整合”。原监管点的备案、核查科搬迁到出口加工区,实现吴中区所有海关监管业务“一站式”办理。拓展保税物流功能,建设具有特色的“三合一”监管体系,对监管点与加工区备案注册、通关监管和后续监管业务进行整合,加强部门配合,开展业务培训,提高报关质量,规范业务操作,推动保税物流业务健康发展。海关监管业务量大幅攀升。（海　关）

【效能服务】 加大效能服务建设与考核,加强对通关、加贸等窗口部门效能检查与考核力度,维护窗口形象。服务“三区三城”建设,开展经济转型专题调研。前往吴中开发区、潘阳工业园、木渎、胥口、东山等重点地区、10余家企业,就转型升级、企业上市、支持民营经济发展等课题调研,掌握情况,解决困难。继续执行“5+2预约加班制”和“监管现场关员全员值班制”,卡口24小时值班,办理分送集报理货、非报关货物进出、加封和拆封业务。设立减免税设备抵押贷款审批绿色通道,优化审批流程,优先下厂核查,为企业快速融资排忧解困。（海　关）

【出入境检验检疫概况】 全年,共完成出入境货物检验80282批,金额260630.21万美元,同比分别增长11.96%和17.11%。吴中出口加工区办事处受理货物申报26340批,金额151798.8万美元;受理吴中口岸入境通关货物申报126999批,同比增长21.67%,标箱22397只,木质包装107307件,标箱量和木质包装量同比分别增长18.9%和20%。为辖区内企业签发各类原产地证书17917份,签证金额7.15亿美元,同比分别增长8.5%和21.3%。其中普惠制产地证书10900份,签证金额4.37亿美元,区域性原产地证书1024份;辖区内出口企业可享受进口国关税减免2295万美元。（出入境检验检疫局）

【加强企业质量管理】 启动质量提升“一帮一”工程,开展两类帮扶活动,一类是“锦上添花型”,重点关注和帮扶行业内重点企业,另一类是“雪中送炭型”,重点关注和帮扶未建立质量管理体系的高风险产品生产企业。至年底,完成体系开拓和完善51家,首次开拓ISO 13485医疗认证新领域,打开了ISO 9000、ISO 14000、OHS 18000三体系认证新局面。先后帮扶10余家中小企业逐步建立和完善质量管理体系,为企业上门进行政策指导、技术帮助、业务培训超过100次,为机电和轻纺类企业提供检测、检验方面的支持。

（出入境检验检疫局）

【解决企业实际问题】 开展 “问题解决月”活动，以“想企业所想，急企业所急，办企业所盼”为宗旨，前期调研走访100家进出口企业，深入基层发掘、收集企业存在的问题，以“特事特办”、“急事急办”的原则有针对性进行现场咨询和指导，为企业解决实际困难28个，开辟“签证快车道”，实施上门“政策辅导”等服务措施，形成帮扶企业的长效举措。

（出入境检验检疫局）

【扶持自主品牌出口】 长期帮扶吸尘器民族企业泰怡凯电器（苏州）有限公司，推动企业成为一类企业、无纸报检企业、绿色通道企业、示范企业、虚拟口岸直通放行企业。苏州检验检疫局与“泰怡凯”建立检企研合作机制，帮助其实验室申请通过CNAS资质，大大提升了企业自主研发和设计验证能力，促进产品优化升级。2010年2月份，由泰怡凯自主研发的“科沃斯”品牌走向世界，与欧美等国企业建立良好的合作关系，拓宽国际市场。“科沃斯”也从不知名的品牌成为“江苏省名牌产品”，实现民族产业自主升级。

（出入境检验检疫局）

【提升进出口产品质量】 开展“企业是产品质量第一责任人”的“质量提升”活动，发动辖区企业广泛参与，先后组织召开“案例现身说法、共促质量提升”会议、“质量月”活动、质量对比提升、质量提升成果报告会等大型活动，吴中辖区300余家进出口企业参与，“质量提升”主题引起许多企业负责人关注，纷纷撰稿参与《国门时报》“企业老总话质量提升”和“36计促质量提升”栏目，15篇稿件被录用。

（出入境检验检疫局）

【世博期间服务】 根据世博会期间上海口岸的海陆空运输实施安保措施对吴中进出口物流影响情况的调研结果，吴中办事处推出《上海世博会期间吴中口岸检疫查验服务方案》：吴中口岸全面而及时调整检疫查验时间，查验时间由早上9点到晚上9点，调增为早上9点到晚上23点；夜间23点至第二天早上9点期间到货的入境集装箱、需查验货物或需办理放行手续的货物，实行预约值班；推行诚信企业绿色通道制度；进一步推进虚拟口岸直通放行工作，扩大受益企业数量；主动加强与口岸其他部门的沟通，协调，实施部门联动。年内，吴中办事处夜间加班511小时，值班2756小时，采用直通放行等替代物流方式，共放行2000批，近1亿美元。

（出入境检验检疫局）

【检疫查验】 全年口岸查验截获疫情、有毒有害物等2479批，发现违禁邮寄物355.75公斤。全国首次截获疫情一次，苏州局首次截获疫情5次，实现首次省局发布警示通报。2010年，全省12次警示通报中，吴中办事处占有2次。

（出入境检验检疫局）

【行政指导】 为辖区重点企业开通“局长直通车”，及时掌握企业动态，给予政策指导。围绕伟创力、远东纺织、高赛太阳能等重大产业项目，制定跟踪服务专项方案，实施特事特办，对引进的先进技术装备、重要战略资源和原材料，开辟“绿色通道”。采取检地合作、部门联动模式，向企业宣贯检验检疫法律法规，结合实际案例讲解政策规定，把行政处罚的刚性监管逐步转向行政指导的柔性服务。2010年全年，吴中办行政处罚立案同比下降90%。

（出入境检验检疫局）

安全生产监督

【概况】 2010年，全区共发生353起安全生产事故、死亡60人、受伤251人，与去年同期相比，分别增加 24.7%、减少 11.8%和 10.4%，直接经济损失 1116.18 万元。其中，工矿企业发生事故 9 起、11 人死亡，事故起数比去年同期增加 80%，死亡人数比去年同期增加 83.3%，直接经济损失 525 万元。列入市考核指标事故 2 起，死亡 3 人，同比事故下降 33.3%，死亡人数下降 25%。火灾事故发生 75 起、死亡 1 人，与去年同期分别增加 17.2%和 100%，直接经济损失 418.21 万元。道路交通事故发生 261 起、死亡 48 人，比去年同期分别增加 20.8%和减少 22.6%，直接经济损失 131.08 万元。水上交通事故发生 8 起，比去年同期增加 300%，无人员伤亡，直接经济损失 41.89 万元。按《苏州市中小型工业企业安全生产 ABC 分类参考标准》，对全区 5567 家中小型工业企业进行分类，A 类企业 710 家，B 类企业 1977 家，C 类企业 2880 家。(安监局)

【安全生产隐患整改】 落实高危企业隐患自查自纠责任。将区内化工、冶金、矿山及烟花爆竹经营企业等纳入高危企业监管范围。督促所有高危企业建立隐患定期自查、专家排查、重点部位必查和隐患自查自纠情况报告制度。完善监管部门隐患跟踪督办制度。发挥区安委会办公室协调指导职能，主动协调行政监察部门落实相关监管部门隐患跟踪责任。督促相关部门，按照各自分工和职责，不断完善重点领域事故隐患排查治理工作制度，确保部门监管责任落实到位。坚持重大隐患整改挂牌督办制度。2010 年全区列入市、区、镇(街道)三级挂牌督办重大隐患 40 个，其中市级 4 个，区、镇两级各 18 个，全部按照重大隐患挂牌督办要求完成整改，投入整改资金 5587 万元。(安监局)

【推进危险化学品安全生产标准化】 根据市安监局《关于印发〈深入推进企业安全生产管理体系建设的工作意见〉和》苏州市企业安全生产管理体系(TRIM)建设评估细则(试行)》的通知》文件精神，7 月 28 日召开全区危险化学品从业单位安全生产标准化建设(暨 TRIM 体系建设)座谈会，全区 11 家试点企业的主要负责人和安全管理人员共计 13 人参加会议。9 月 15 日，组织 45 名有关企业代表，专程到南通市经济开发区学习考察安全生产标准化建设工作，通过学习考察，增强企业安全生产专项整治、重大危险源安全监管、安全生产标准化建设等方面的认识。在此基础上，配合市安监局对 3 家参加安全生产管理体系建设的企业开展"一对一"式的诊断辅导活动。

(安监局)

质量技术监督

【概况】 2010 年，国家、省、市三级食品监督抽检合格率为 92.68%。全区共有 6 个产品获江苏省名牌产品称号(新增 2 个)，50 个产品获苏州市名牌产品称号(新增 17 个)，1 家企业获省质量管理奖，2 家企业获市质量管理奖，9 家企业获省质量信用 A 级评定。帮助企业采标 12 只，共为 146 家企业办理产品标准备案 191 只，1 家企业通过省 4A 级标准化良好行为验收，2 个国家标准化工作组——"家庭机器人"和"服务机器人"落户泰怡凯电器(苏州)有限公司。吴中质监局被评为 2007~2009 年度江苏省文明行业、苏州市质量技术监督系统先进集体。(质监局)

【名牌战略】 全年，共帮助 13 家企业(含复审)申报江苏名牌产品，其中新报 5 家；58 家企业申报(含复审)苏州名牌产品工作，其中新报企业 20 家(包含 2 家服务业企业)。指导企业对照质量信用评价办法开展自我评价，积极创造条件争创质量信用 A 级。年内，泰怡凯(苏州)电器有限公司、苏州制氧机有限公司、惠氏制药有限公司等9家企业获省质量信用等级A级评定;泰怡凯(苏州)电器有限公司获江苏省质量管理奖，泰怡凯电器（苏州）有限公司和苏州涵村茶叶有限公司获苏州市质量管理奖。（质监局）

【技术标准战略】 帮助企业建立完善标准化基础建设,加强对相关国际标准、国外先进标准的分析研究，提出重点产品采标目录和分步实施计划,鼓励技术领先、产品优势企业参与国家标准和行业标准的制(修)订工作,推进企业转型升级。全年,帮助企业采标12只,共为134家企业办理产品标准备案168只,1家企业通过省4A级标准化良好行为验收。继获得江苏省高新技术标准化试点立项后,“家庭机器人”和“服务机器人”两个标准化工作组又相继落户泰怡凯(苏州)电器有限公司。（质监局）

【服务地方】 推进两个“免费检定”工作,开展计量惠民活动。2010年,全区69家村级和社区卫生室、21家镇以上农贸市场计量器具免费检定共2388台(件)次。推进农贸市场计量器具“四统一”工作,营造诚信市场环境。2010年,全区计划实施“四统一”管理的21家农贸市场中,12家通过 “四统一” 验收,其中,苏苑、月浜、香山、胥口4家菜场被苏州市评为“‘四统一’样板市场”。加强对优质产品生产基地的指导、服务和监管,激励企业不断改进质量管理方法，提高产品的技术含量和质量档次,挖掘优势产业发展潜力,打造吴中区新的产品质量亮点。年底,金庭镇洞庭山碧螺春茶叶优质产品生产示范区通过苏州市级优质产品生产示范区验收。年内,指导、帮助23家企业建立健全标准体系、计量检测体系和质量管理体系。在促进节能减排方面,充分发挥质监部门技术优势,依托能源计量管理、节能降耗标准达标等措施，帮助企业提高计量管理水平,应用计量管理手段在节能减排、能源转换、节材增效等各项工作中发挥作用。年内,检查重点用能单位18家和能源转换单位6家，帮助8家企业申报计量合格确认,6家企业申报计量保证确认。（质监局）

【打假治劣】 坚持源头监管为重点，加大执法打假力度。加大打击涉及食品和特种设备安全两个安全的违法行为,营造良好的生产、消费安全环境。开展辖区内粮食市场反短斤缺两、加油站、卫生纸、食用油、乳制品、能源计量等专项检查。严厉打击生产销售及建筑工程中使用假冒伪劣建筑材料的违法犯罪行为。开展液化石油气掺混二甲醚问题专项整治行动。年内出动执法人员730人次,开展各类专项执法检查37次，检查生产销售场所520家,办理举报投诉21起,立案查处质量违法案件31起，结案17起，查处大案要案10起,查获假冒伪劣产品标值1300余万元。（质监局）

【“三个安全”监管】 立足部门职能,切实加强“三个安全”监管,全力维护良好的社会发展环境。食品安全监管方面,重点开展食品添加剂、茶叶、蜜饯、糕点、肉制品、食品包装盒、世博食品等八项专项整治工作，确保全区供博食品抽查合格率100%。完成全区食品生产加工企业和小作坊分类、分级、分等工作,食品企业动态信息得到及时更新，强化获证企业证后监管。全年国家、省、市三级食品监督抽检合格率为92.68%。特种设备安全监管方面,开展冶金超重机、压力管道元件、气瓶等专项整治,加快隐患整改,强化“严重隐患”督查力度,确保特种设备安全运行。全区推行特种设备分类分级监管,将全区2262家特种设备使用企业,依据相关标准划分为A、B、C三个类别(A类:678家、B类:1364家、C类:220家)实施科学监管,为全区乡镇、街道统一配发“乡镇版安全监察管理系统软件”、“特种设备隐患督查作业指导书”、“现场检查记录表”等，增强安全生产监督管理的有效性。2010年，全区特种设备安全状况保持基本稳定，重特大事故得到有效遏制，使用登记率、定期检验率、持证上岗率基本实现3个100%。组织实施家用电器、儿童玩具、劳动防护用品、汽车配件、低压电器、建筑钢材、人造板、扣件、电线电缆、燃气器具等14类涉及人身健康和安全产品的重点整治，强化企业主体责任意识和自律意识，规范企业行为，确保不合格产品不出厂。（质监局）

食品和药品监督

【食品安全监管】 2010年，认真履行食品安全综合监督职能，完善农村食品安全“三网”建设。开展打击违法添加非食用物质和滥用食品添加剂专项整治、2008年问题乳粉专项清查等8项食品安全专项整治行动，有效遏制制售假冒伪劣、有毒有害食品行为。规范标准化农家店管理，173家标准化农家店配送率达90%。角直镇建成“苏州市食品安全示范镇”。（卫生局）

【药品安全监管】 开展首营品种、非药品冒充药品、基本药物等11项专项检查，有效维持药品市场秩序。全年完成评价性抽样74批、计划抽样165批，合格率分别为95.9%、95.8%，有效防止不合格药品的流通使用。加强药品GMP、GSP认证和证后督查，药品生产企业GMP、药品零售企业GSP跟踪检查率达100%。对辖区内6家生产基本药物品种的企业实施质量授权人制度，加强各个环节质量监管。完成377家零售药店GSP远程监控系统注册和数据对接，实时远程监控零售药店的经营、管理行为。继续开展“文明示范药店”、“示范药房”创建活动。（卫生局）

财税·金融

财　政

【概况】 2010年，全区实现财政总收入2306232万元,比上年增长51.2%,其中全口径一般预算收入1084214万元，土地类基金和社会保险基金等基金收入1222018万元。地方财政一般预算收入600365万元,比上年增长20.0 %。上划中央消费税100%，增值税75%,所得税60%为483849万元。全区财政总支出1788970万元（包括上年结转和当年上级追加），比上年增支770914万元，增长75.7%，其中地方财政一般预算支出544865万元,比上年增长24.9%;基金预算支出(含土地基金支出)1244105万元，比上年增长113.8%。全年财政预算执行收支平衡,并略有结余。全区滚存结余37528万元,其中结转下年支出36615万元（含上级追加支出结转),净结余913万元。（财政局）

【服务企业】 全年向上申报项目25类,涉及企业技改、节能减排、服务业等项目,对上争取各类扶持企业发展资金7850万元,区级扶持企业资金6000万元，培植骨干企业财源。积极做好服务工作和对上争取项目补助的申报，其中鑫源小额贷款公司得到省级补助资金400多万元。支持农村金融服务体系建设,促进农村小额贷款公司健康发展和稳健经营。至年底,全区开业8家小额贷款公司,放贷约13亿元。做好外商投资企业联合年检工作，全年通过联合年检1206户，通过率97.4%。（财政局）

【重点税源企业联系制度】 结合全区各企业在以往年度的纳税情况和目前的经营状况，确定吴中集团、惠氏制药等5家企业为首批重点税源联系单位。定期赠送《财政会计政策汇编》,优先提供财税法规政策、财会业务等方面的培训、咨询服务,优先帮助企业落实相关税收优惠政策,分析企业生产经营等情况，加强对税源的监控,及时发现疑点问题,研究解决的方法、措施,提高管理质量和效率。（财政局）

【村级财务集中收付制度改革】 上半年,区委办、区政府办转发区财政局、区委农办《关于推行村级财务集中收付制度改革的意见》,明确全区村级财务由财政部门管理。在村级财务代理记账基础上,实行集中收付,有效规范村级财务的运行。区财政局印发《村级财务集中收付的实施办法(暂行)》,并与区委农办联合发文，明确财政与农办在村级经济管理中各自职责。召开3次村级财务工作座谈会，交流情况、研究问题、指导推进。至年底,全区各镇(区、街道)全面推开改革。（财政局）

【两级生态补偿】 区财政局配合区有关部门开展生态补偿机制工作前期调查研究，协助市财政对全区村级经济进行摸底，根据市委文件规定和市财政局等单位制定的资金管理办法开展大量的前期工作和测算数据，制订《吴中区生态补偿专项资金管理暂行办法》，对全区生态补偿资金明确分配和具体管理要求。2010年，全区接受生态补偿资金的受益村84个，占全区村总数的71%，市、区两级生态补偿专项资金总额6414.29万元，市、区两级生态补偿专项资金年底前全部下达到镇、村。

(财政局)

【惠农补贴政策】 加大政策宣传力度，严格执行规定，健全和完善重点抽查、实地核实、民主公示和社会监督等工作机制和保障措施，确保基础信息完整、真实、准确。年内，全区发放农资综合补贴、水稻直补、良种补贴、渔业成品油价格和家电、汽车摩托车下乡等各项惠农补贴2921.8万元；办理小麦、油菜、水稻、能繁母猪、农机等政策性农业保险金额4137.66万元，筹措保费收入177万元。

(财政局)

【两税划转】 4月1日起，全区耕地占用税和契税征管业务由财政部门移交至地税部门。区财政局细致地做好职能移交准备工作。主动出击，加大税款催缴力度。对2009年底的尾欠款项加大催征力度，组织逐笔清欠。周密部署做好业务移交。下发《关于切实做好耕地占用税和契税征管业务移交工作的通知》，提出清欠、征收、减免、入库、尾欠税款和票据的清理以及征管资料的归档等方面要求，并撤销“两税”待报解户。将两税征免政策文件和征管资料以电子和纸质两种形式同时移交给地税部门；结存的空白票证办理好移交至区财政局，汇集后统一销毁处理。 (财政局)

【社会保障水平提高】 扩大养老、医疗、工伤、失业、生育保险的覆盖面，努力实现各类社会群体“应保尽保”。全年，征收养老、失业、医疗、工伤、生育保险基金收入34.27亿元，增长73.78%，支付“五金”11.78亿元，保证参保职工“老有所养，病有所医”。提高农民社会保障力度，老年失地农民保养金提高到每人每月400元，城乡居民医疗筹资标准提高到420元，城乡低保标准统一提高到每月人均420元。征收残疾人就业保障金2410.71万元，残疾人就业保险金支出2579万元，落实无业重残人员享受生活救助，就业困难人员享受社会保险补贴等特惠政策；完善托养服务护理费补贴、残疾人创业扶持政策，加大残疾人创业培训力度，扶持残疾人自主创业。对城乡困难群众实施大病医疗救助，支付医疗救助金3400万元，城乡一体医疗救助作用凸显。

(财政局)

【做强国有公司】 全面构建起“区国资委—国资党委和国资局—国有公司”国资运营监管体系，依靠监察、审计等部门，发挥各种监管力量的作用，多角度、全方位加强对资产运营的监督、管理和控制，实现自我控制和外部监督两位一体。完善EAS系统，监督国资公司运营情况，清晰掌握公司的经营状况和财务执行情况。帮助企业设立子公司、进行股权变更、增资扩股工作；规范区属国有公司政府性建设项目融资费用核算，出台《吴中区属国有公司政府性建设项目融资费用核算办法》。支持公司做大做强，至年末，区属国有资产经营公司2家，拥有下属全资、控股、参股公司22家。区属国有投资公司资产总额148.90亿元，同比增长19.81%，负债总额95.17亿元，同比增长14.10%，所有者权益 53.74亿元，同比增长31.44%，注册资本48亿元，同比增长26.32%。区属国有企业运行情况良好。

(财政局)

【太湖水污染资金争取】 做好相关的项目资金申报工作，多次为污水处理设施及管网建设、太湖沿线生态治理、水源地保护等基本建设项目争取上级资金支持，全年向上争取资金1.4亿元，申报项目96个，重点支持污水处理设施及管网、饮用水安全、太湖综合治理等项目。履行财政资金监管职能，重点加强中央、省级支持项目补助资金的使用监管，实地察看了解项目进展情况、督促加快项目进度，指导项目建设单位规范基本建设程序。

（财政局）

【科技人才事业支持】 落实区政府对科技型企业的扶持政策，全年拨付科技经费6000万元，比上年增加2000万元，出台《吴中区市以上科技计划项目资金配套办法》，带动镇（区、街道）对科技的投入。区、镇两级首次对获得省高新技术企业称号、省高新产品、省重点新产品、省自主创新产品等奖励1210万元，扶持吴中高科进行技改投入1055万元，投入700万元建设科技载体，对专利申请和授权的补助500万元，其力度是历史之最。筹措资金服务于政府的人才战略计划和科技创新计划，安排900万元专项资金扶持省、市、区领军人才项目投入，为人才落户吴中创造良好环境。设立扶持金额规模为1000万元的“吴中区文化产业扶持发展引导资金”，助推文化产业的发展。（财政局）

【非税收入征管改革】 加强非税管理，创新征管模式，全区统一建立非税收入管理应用平台，开设非税收入汇缴账户，以“票据”为龙头，“以票管收”，确保政府非税收入管理法制化、规范化，实现政府性资金“国家所有、政府调控、财政管理”，至5月，全区10个镇（区、街道）300多个行政事业单位纳入改革范围，区、镇两级全面完成非税收入收缴管理改革。与监察部门启动行政事业性收费网上运行平台建设，实行行政事业性收费网上监查。2010年，区镇两级开具有效票据279098份，收缴各类资金22.2亿元。（财政局）

【政府采购代理机构名录库建立】 印发《吴中区货物和服务类项目代理机构选定暂行办法》，政府采购办结合全区政府采购实际，公开招选并建立吴中区政府采购代理机构名录库，确定15家政府采购代理机构的入库名单。自10月1号起，全区内区镇两级行政事业单位的政府采购项目，均须在名录库中抽签决定代理机构。这一举措在全省范围内属首例。依托政府采购专人负责制，实行财政分局（所）对本镇（区、街道）内政府采购活动的自主监管（主要涉及采用询价和竞争性谈判两种采购方式的项目），深化镇级政府采购的监督管理。2010年，全区政府采购80268.84万元，节约资金近亿元，节约率9.28%。

（财政局）

【会计管理】 实行会计从业资格无纸化考试，开展会计继续教育，提高会计人员综合素质。全年完成会计人员继续教育11700余人，参加2010年会计从业资格网络考试报名、全国会计专业技术资格考试报名的人数分别为8709人和2131人。改版外网“会计之家”，拓展会计服务平台，畅通信息渠道，2010年，“会计之家”信息浏览量10万人次，答复会计人员网上咨询300多条。注重整顿会计工作秩序，做好会计信息质量检查，加强代理记账机构管理，检查代理记账机构的机构资质、制度执行、业务开展等情况。全年，新批代理记账公司7家，注销代理记账公司4家，全区代理记账公司为46家。（财政局）

附表：

2010年吴中区地方财政一般预算收入执行情况表

单位:万元

项　　目	本年累计收　　入	去年同期收　　入	比去年同期	
			增减额	增减(%)
地方财政一般预算收入合计	600365	500147	100218	20.04
税收收入	560711	476131	84580	17.76
1. 国内增值税(25%)	104038	103288	750	0.73
2. 营业税	163878	141027	22851	16.20
3. 企业所得税(40%)	86157	61683	24474	39.68
4. 个人所得税(40%)	27815	19639	8176	41.63
5. 城市维护建设税	19127	16447	2680	16.29
6. 房产税	17617	15113	2504	16.57
7. 印花税	7659	5297	2362	44.59
8. 城镇土地使用税	18039	18534	-495	-2.67
9. 土地增值税	32896	27888	5008	17.96
10.耕地占用税	13616	9590	4026	41.98
11.契税	69869	57625	12244	21.25
非税收入	39654	24016	15638	65.11
1. 专项收入	13410	11585	1825	15.75
(1)排污费收入	1667	1696	-29	-1.71
(2)水资源费收入	991	677	314	46.38
(3)教育费附加收入	10752	9212	1540	16.72
2. 行政事业性收费收入	1798	1688	110	6.52
3. 罚没收入	2277	1642	635	38.67
4. 国有资本经营收入	20200	8000	12200	152.50
5. 国有资源(资产)有偿使	1969	1101	868	78.84
基金收入	1222018	592204	629814	106.35
1. 政府性基金收入	12692	11028	1664	15.09
2. 土地类基金收入	979619	439843	539776	122.72
3. 社会保险基金收入	229707	141333	88374	62.53
上划中央四税	483849	432702	51147	11.82
1. 国内增值税(75%)	312115	309865	2250	0.73
2. 国内消费税	776	853	-77	-9.03
3. 企业所得税(60%)	129235	92525	36710	39.68
4. 个人所得税(60%)	41723	29459	12264	41.63
免抵退增值税(100%)	345815	310945	34870	11.21
1. 出口货物退增值税	235849	162747	73102	44.92
2. 免抵调减增值税	109966	148198	-38232	-25.80

(财政局、统计局)

2010年吴中区全口径财政收入执行情况表

单位:万元

项　目	本年累计收入	去年同期收入	比去年同期	
			增减额	增减(%)
全口径财政收入合计	2306232	1525053	781179	51.22
一、一般预算收入	1084214	932849	151365	16.23
(一)中央及中央地方共享收入	701859	617312	84547	13.70
1. 国内消费税	776	853	-77	-9.03
2. 国内增值税	416153	413153	3000	0.73
其中:免抵调减增值税	109966	148198	-38232	-25.80
3. 企业所得税	215391	154207	61184	39.68
(1)国有企业所得税	2331	544	1787	328.49
(2)集体企业所得税	3444	2026	1418	69.99
(3)股份制企业所得税	37764	22893	14871	64.96
(4)港澳台和外商投资企业所	101978	69344	32634	47.06
(5)私营企业所得税	68704	58292	10412	17.86
(6)其他企业所得税	1170	1108	62	5.60
4. 个人所得税	69539	49099	20440	41.63
(二)地方固定收入	382355	315537	66818	21.18
1. 地方税	259216	224306	34910	15.56
(1)营业税	163878	141027	22851	16.20
(2)城市维护建设税	19127	16447	2680	16.29
(3)房产税	17617	15113	2504	16.57
(4)印花税	7659	5297	2362	44.59
(5)城镇土地使用税	18039	18534	-495	-2.67
(6)土地增值税	32896	27888	5008	17.96
2. 农税	83485	67215	16270	24.21
(1)耕地占用税	13616	9590	4026	41.98
(2)契税	69869	57625	12244	21.25
3. 专项收入	13410	11585	1825	15.75
(1)排污费收入	1667	1696	-29	-1.71
(2)水资源费收入	991	677	314	46.38
(3)教育费附加收入	10752	9212	1540	16.72
4. 行政事业性收费收入	1798	1688	110	6.52
5. 罚没收入	2277	1642	635	38.67
6. 国有资本经营收入	20200	8000	12200	152.50
7. 国有资源(资产)有偿使用	1969	1101	868	78.84
二、政府性基金收入	12692	11028	1664	15.09
三、土地类基金收入	979619	439843	539776	122.72
四、社会保险基金收入	229707	141333	88374	62.53

(财政局、统计局)

2010年吴中区财政支出执行情况表

单位:万元

项　　目	本年累计支　出	去年同期支　出	比去年同期		结转下年
			增减额	增减(%)	
财政支出总计	1788969	1018056	770913	75.72	—
一、一般预算支出合计	544865	436123	108742	24.93	36615
1. 一般公共服务	107316	88403	18913	21.39	1708
2. 国防	763	530	233	43.96	—
3. 公共安全	28918	24677	4241	17.19	2149
4. 教育	101065	78855	22210	28.17	2581
5. 科学技术	12907	10095	2812	27.86	66
6. 文化体育与传媒	7516	5824	1692	29.05	1539
7. 社会保障和就业	58880	38258	20622	53.90	1454
8. 医疗卫生	25089	20556	4533	22.05	1842
9. 环境保护	28218	20620	7598	36.85	4049
10.城乡社区事务	71590	80078	-8488	-10.60	1724
11.农林水事务	55266	37824	17442	46.11	6228
12.交通运输	6010	2252	3758	166.87	1514
13.资源勘探电力信息等事务	11401	10640	761	7.15	3579
14.商业服务业等事务	7084	4769	2315	48.54	3688
15.金融监管等事务支出	500	—	500	—	—
16.国土资源气象等事务	5439	123	5316	4321.95	4061
17.住房保障支出	10345	8733	1612	18.46	210
18.粮油物资储备管理事务	2445	852	1593	186.97	—
19.债务付息支出	91	—	91	—	—
20.其他支出	4022	3034	988	32.56	223
1. 政府性基金支出	24058	10262	13796	134.44	—
2. 土地类基金支出	990340	430338	560002	130.13	—
3. 社会保险基金支出	229707	141333	88374	62.53	—

(财政局、统计局)

税 务

【国税概况】 2010年，完成国税收入58.42亿元，增收6.05亿元，同比增长11.55%。其中“两税”收入41.78亿元（含免抵调库），增收3323万元，同比增长0.8%；企业所得税收入16.64亿元，增收5.72亿元，同比增长52.29%。完成地方一般预算收入17.06亿元，增收2.37亿元，同比增长16.13%。全面兑现结构性减税政策和其他税收优惠政策，强化政策落实跟踪问效。全年落实各项税收优惠政策32.83亿元，其中办理出口退税23.58亿元，比去年多退7.31亿元，增长44.92%；落实结构性减税6.22亿元，增加1.19亿元，增长23.66%；依法兑现“两免三减半”、高新技术、资源综合利用等税收优惠3.03亿元。

（国税局）

【管理创新】 推行以风险管理为导向的税源专业化管理，构建“分工明确、部门联动、层级互动”的数据信息情报管理运行机制，建立集中分析团队，发挥分析主导作用，开展专业化应对，采取“提醒—管理—检查”递进式管理程序，形成“集中分析、专业应对、信息管税、递进管理”的税源专业化管理模式，风险分析识别和专业应对能力不断增强，税源税基控管的针对性和有效性明显提高。全年完成税源监控户数1129户，实现直接补税入库0.79亿元，合计监控税款2.51亿元。加强征管基础建设，运用信息系统，建立健全征管质量监控管理和考核评价制度，采取人机结合办法加强日常管理，征管基础质量管理实现制度化和长效化。加强普通发票在线开具推广及运用，定期分析比对在线开票信息及纳税人发票领、用、存信息，深化普通发票风险管理。

（国税局）

【税收法治】 推行税收执法责任制，强化风险控制和责任追究，干部税收法制观念和依法行政能力增强。规范行政自由裁量权，落实重大税务案件、重大涉税事项集体审理审议制度，预防和化解税收执法风险，规范税收执法行为。开展税收专项检查和专项整治，狠抓重大涉税案件和发票违法案件查处，打击涉税违法犯罪行为，整顿和规范税收秩序，创造良好的税收法治环境。年内，全区立案查处涉税违法案件68件，查补税款总额4025万元，入库税款总额3860万元。（国税局）

【纳税服务】 加强办税服务厅规范化建设，开展省局“网上办税服务厅”开发试点运行，推行全职能服务窗口、业务闭环运行、同城通办、审批事项前置、服务承诺单和全程服务系统跟踪管理等系列服务创新举措。实施行政指导，开展“纳税提醒”，辅导纳税人自查自纠、自我纠偏，降低和化解可能存在的涉税风险，实现征纳双方良性互动、和谐共赢的目标。畅通纳税人维权诉求渠道，保障纳税人的合法权益。全年召开各类风险提醒和政策提醒会议20多场次，参加人员1300人次，发送纳税提醒函800多份。（国税局）

【地税概况】 年内，全区组织入库各项收入63.75亿元，其中税收收入39.8亿元，比上年增收6.18亿元，增长18.38%；非税收入2.01亿元，增收0.25亿元，增长14.2%；新增契税和耕地占用税2.53亿元；征收社会保险费18.46亿元，增收3.88亿元，增长26.6%。实现地方财政一般预算收入30.69亿元，占全区一般预算收入的51.11%。（地税局）

【税源管理】 推进个体零星税源社会化管理。上半年，由政府主导、部门协作、联合征管的个体社会化架构全部到位，实现国地税税务登记、定额核定、发票领购、税款征收一个场所联合办理。抓好各税种管理,加强土地增值税清算工作,全年清算项目37个,补缴税款7700万元。严格个人所得税征管,加强外籍个人所得税汇缴工作,查补入库外籍个人所得税742.44万元;做好12万元以上自行申报工作,受理自行申报3981人,补税339.39万元。 (地税局)

【率先启动税库银横向联网】 4月9日,吴中地税局税库银横向联网电子缴税系统上线运行,在全省地税系统率先搭建起完税“高速路”。实现电子缴税在纳税人、税务部门、银行、国库之间的高效运行,方便纳税人,提高税务机关的工作效率,节省人力物力。纳税人可以自由选择任何一家银行,通过电子扣款、POS机刷卡缴税、网上银行和ATM机自助缴税等。降低办税成本,纳税人无需单独开设缴税账户,减少账户服务费用支出,提高资金效率。税库银联网的税收结算、划缴模式,实现税款的实时扣缴,纳税人可及时获得完税信息。 (地税局)

【集中服务平台】 建立全功能、覆盖全区的征收服务中心,将各分局的办税服务厅合而为一,整合征收职能,实现涉税事项集中受理、纳税服务扎口管理、全区通办、无区域管理新模式。纳税人所需办理的涉税事项能在中心窗口一次性完成。3月,征收服务中心开通“66312366”纳税服务热线,咨询涉及办证登记、税率、代开票服务等业务内容,统一归集分散于各部门的办税指引等日常咨询事项,实行一个口径对外、一个标准解答,确保答复统一、准确、权威、实用。 (地税局)

【税收宣传体系】 在苏州生活广播网《吴中之声》栏目开设《以情说税法,和谐地税行》专栏,引用真实案例,使用通俗易懂的语言为听众解读税法,宣传税收。吴中碧螺春茶文化旅游节举办期间,结合“低碳世博”理念,制作3000余份设计精美的税收宣传书签,开展“香茗传税情”活动。启用飞信作为新税收宣传方式,加强税企交流。与区工商联共同出版《纳税人之家》期刊。成立“吴中地税局维权服务中心湖桥分中心”,作为江苏省首个农村地区经济服务的维权中心,搭建纳税人与税务部门之间的沟通桥梁,维护纳税人权益。 (地税局)

银 行

【农业银行吴中支行概况】 2010年,中国农业银行股份有限公司苏州吴中支行本外币存款余额227.25亿元,比年初增加40.07亿元,其中:人民币存款余额222.46亿元,比年初增加40.2亿元,增量又创历史新高。本外币储蓄存款余额90.65亿元,比年初增加11.57亿元;本外币对公存款余额136.6亿元,比年初增长28.51亿元。各项存款总量、增量市场份额在当地四大行中均保持第一。本外币贷款余额115.51亿元,比年初增加24.21亿元,是吴中支行新增贷款最多的一年,其中:人民币贷款余额111.38亿元,比年初增加21.89亿元;外币贷款余额6246万美元,比年初增加3589万美元,同比多增3826万美元。贷款总量和增量市场份额均位居吴中区四大银行首位,贷款总量为近几年来首次超过工行达到第一位。流动资金贷款,特别是中小企业贷款、个人非住房贷款突破性发展,增量超4亿元。 (农 行)

【网点转型展现新形象】 网点改建全部到位。至年末,全行24个营业网点中,完成转型建设和改造并投付使用的网点21个,其中:网点改建项目14个,新建离行式自助银行2个。提升规范化服务水平。规范化服务年末第

三方测评得分96.57分,达到优秀。实施网点改造、流程整合和规范化服务后,全行面貌焕然一新。（农 行）

【风险管理再上新台阶】 年末五级分类不良贷款实现“双下降”。内控创建“八个三”在苏州分行系统内排名进位；信贷基础管理“三化”全部达标,“三化三无”单位7家,比2009年增加2家；会计基础管理全辖网点全部达标。内控综合评价连续4年达到一类行标准。全年平安和谐运行。（农 行）

【会计远程集中授权上线运行】 8月19日,支行全辖营业网点全部实现会计远程集中授权上线运行,苏州分行对吴中支行实施会计远程集中授权试点工作进展成功。2009年末,苏州分行以吴中支行为首家试点行,对会计集中式远程授权试点。本着“风险可控,逐步推进”原则,支行试点工作进展顺利,系统运行平稳,完成全辖所有对外营业网点的上线试运行。（农 行）

【工商银行吴中支行概况】 2010年,中国工商银行股份有限公司苏州吴中支行本外币存款余额148.33亿元,比年初增加22.05亿元；其中:人民币对公存款余额85.68亿元,比年初增加16.23亿元；人民币储蓄存款余额60.02亿元,比年初增加6.84亿元;外币存款余额2293.81万美元,比年初增加101.97万美元。本外币各项贷款余额111.59亿元,比年初净增22.30亿元。其中:人民币公司贷款余额(含小企业)83.40亿元,比年初增加13.17亿元,人民币个人类贷款余额26.76亿元,比年初净增3.78亿元。实现中间业务收入11823.96万元,较去年同期增长3375.03万元。清收不良贷款1872万。不良贷款控制在分行计划内,无当年新增不良贷款发生。（工 行）

【信用业务稳健增长】 抢抓年初贷款投放,支撑效益增长；加强对拟上市企业攻关和国内国际贸易融资产品突破,完善信用业务增长方式;抓住时机,用信托加理财产品解决规模,增加对公存款;推动网贷通业务和与担保公司合作进程,小企业贷款呈现良好态势;针对太湖围网养殖中渔农的融资需求,创新实施以水域滩涂养殖使用权作为抵押方式的个人经营贷款,发放围网抵押贷款586.6万元；紧盯重点项目,积极营销优质无贷户,继续与多个项目保持良好合作关系,提高业务的持续发展能力。（工 行）

【中间业务贡献度提升】 年内,投融资顾问业务收入2089万元,常年财务顾问业务收入306.38万元,承诺业务收入843.41万元,三项合计收入3238.79万元,同比增加475.32万元；大力营销小企业网贷通,合同签订达110954万元,实现小企业贷款承诺费554.77万元;对内担保业务收入77.93万元,同比增加35万元,个人贷款服务业务收入394万元,同比增加236万元,理财项目推介及管理费收入630万元。实施强个金战略成效明显,个人结算收入382万元,同比增加123万元；个人基金收入467万元,灵通卡业务收入587万元,同比增加125万元。加大重点产品营销,从4月起大力拓展银行卡分期付款业务,2010年分期付款业务达到25593万元,实现中间业务收入1420万元。国际业务方面重点营销大户伟创力,通过付汇理财通产品,其他国际结算业务收入大幅增长,实现收入1159万元,同比增加658万元。（工 行）

【内控案防】 开展过程管理推进年活动,加强内控管理委员会职能,完善制度,规范和强化内控管理工具使用,排查重要风险点,提高全员的内控意识,提高内控过程管理的精细化和规范化。开展制度执行情况联合大检查。

首次开展营业网点内控评价,通报评价情况。做好政府融资平台公司清理整改。完成帆顺织染不良贷款处置工作，清收不良贷款 1748 万元,核销呆账 174.5 万元，执结个贷诉讼案 10 起,收回贷款本息 132.8 万余元,实现资产损失最小化；做好账销案存资产的保全和追索工作,收回一笔已核销 4 年的信贷资产,金额 96235 元,挽回部分资产损失。梳理和完善网点业务一日操作流程,排查企业开户、预留印鉴卡管理、银企对账、ATM 管理、营业网点现场管理。抓好反电信诈骗工作,堵住诈骗案 17 起,挽回群众资金损失 34.6 万元。

(工　行)

【建设银行吴中支行概况】 2010 年末，中国建设银行股份有限公司苏州吴中支行本外币存款余额 148.82 亿元，比年初增加 24.07 亿元。其中人民币存款余额 146.34 亿元,比年初增加 24.16 亿元;外币存款余额 2.49 亿元,比年初增加 0.09 亿元。人民币储蓄存款余额 68.15 亿元,比年初增加 10.39 亿元;人民币对公存款余额 80.67 亿元,比年初增加 13.68 亿元。本外币贷款余额 104.11 亿元,比年初增加 21.97 亿元。其中人民币贷款余额 102.33 亿元,比年初增加 22.14 亿元。主营业务收入 48905 万元，中间业务收入 13185 万元。2010 年支行被评为江苏省精神文明创建先进单位。

(建　行)

【公司业务】 做好项目贷款的投放，对内加强上下联动,对外加强与客户的沟通,项目贷款投放 18.9 亿元。做好他行优质客户的拓展营销,分析研究当地同业优质客户资源、重点项目，排出销售 300 强、苏州市收付汇 5000 强、新开户注册资本 2000 万元以上客户以及他行优质客户名单和重点项目名单，开展营销竞赛。做好相关项目的储备,紧盯城乡一体化进程,营销重大涉农、民生、实事项目,重点跟踪及当地重大投资项目、房地产项目、招商引资重大项目等。推进客户大走访工作,形成常态化、制度化,巩固客户基础。小企业业务寻求各级政府部门和机关、商会、行业协会、专业市场、小额贷款公司等机构的合作,搭建小企业营销平台,推进批量化营销平台建设。

(建　行)

【个人业务】 做好优质客户的维护、拓展工作,通过客户分层次召开有针对性座谈会、报告会、答谢会等多种形式营销活动,达到优质客户 100%覆盖。加大对重点产品营销指导,定期分析市场动态,开展网点 PK 竞赛,全行基金、黄金、定投等产品销售在分行系统内名列前茅。加快网点渠道建设,越溪分理处、世茂储蓄所迁址,光福分理处开业,合理配置各类自助设备,全年新增附行式自助设备 5 台,离行式柜员机 7 台,存取款一体机 2 台,为支行业务发展打下坚实的基础。至年末,储蓄存款四行余额占比比去年提高 0.45 百分点,取得四行新增占比第二、存款点均新增当地同业第一。个人贷款余额保持同业第一,其中个人住房贷款余额突破 40 亿元,四行余额占比 32.19%,占比稳居第一。

(建　行)

【中间业务】 重点发展公司业务，抓好项目贷款的衍生收入、工程项目资金监管收入以及代理信托资金收费项目。落实外汇产品创新与推广,推广“汇理盈”外汇产品,操作海外代付业务,解决外汇信贷资源紧缺的瓶颈,实现中间业务收入。理财产品销售量稳步增长,基金、实物黄金销售在苏州分行系统中位居前列,基金定投创历史新高。信用卡营销成绩显著,全行信用卡新增客户数 11252 户,新增特约商户 53 户。全年支行中间业务收入四行占比第一。

(建　行)

【中国银行吴中支行概况】 2010 年，中国银行苏州吴中支行人民币存款余额96.07亿元，新增人民币存款14.66亿元；人民币贷款余额70.04亿元，新增人民币贷款8.89亿元；中间业务净收入9321万元，同比增长14.09%；当年实现税后利润19783万元，同比增幅33.07%。支行结合区域经济特点及自身实际，对外抓好业务拓展，对内抓好内控管理，完成和超额完成全年目标任务。开展系列家园文化活动，建立顺畅沟机制。（中 行）

【业务发展】 采取三级联动营销，对重点客户、重点目标做好“保、挖、抢”工作。利用“税库银”产品，促进负债业务平稳增长。依托产品推动中间业务发展，攻克重点客户挖掘业务增长点。重视渠道建设工作，以网点转型为契机，加大投入力度，全方位多层次推进渠道建设。系统培养、多元发展，做好人才培养及队伍建设。2010年，全辖员工双选竞聘后，充实营销序列人员，培训提高营销能力与业务知识，以适应激烈的市场竞争。落实新行员导师伙伴培养计划，促进新人快速成长。

（中 行）

【家园文化】 年内，开展系列家园文化活动，通过座谈会、内刊、内网等渠道，为员工提供交流平台，建立顺畅沟机制。组织开展多种形式、多类主题的集体活动，增强员工的归属感和凝聚力，提高员工积极性和主动性。启动“员工精神福利项目”和“管理者增效器”的“员工帮助计划”——EAP项目，缓解工作压力，提升员工幸福指数。年内，吴中支行被授予“总行模范职工之家”、“江苏省文明单位”等荣誉称号。（中 行）

【交通银行吴中支行概况】 2010年，交通银行苏州吴中支行人民币存款余额62.29亿元，比上年末基数增长8.94亿元，其中，对公存款年末余额为45.38亿元，比上年末基数增长6.28亿元，储蓄存款年末余额为16.91亿元，比上年末基数增长2.66亿元。人民币贷款余额为42.15亿元，比上年末基数增长5.1亿元。年末实现利润12846万元，中间业务收入1709万元。全年新增贷记卡3189张，快捷理财客户新增2406户，沃德客户新增142户，交银客户新增1172户，手机银行新增客户1949户，第三方存管个人客户增372户，代发工资新增数5755户。2010年，支行被中国儿童少年基金会授予“优秀热爱儿童爱心单位”；被江苏省精神文明建设指导委员会授予“2007~2009年度江苏省精神文明建设工作先进单位”；被总行评为“交通银行会计工作示范行”。

（交 行）

【平安交行】 2010年，是总行创建“平安世博”和吴中区创建“平安吴中”的双重创建年，支行以“保一方平安”为宗旨，抓好“平安创建”工作，加强风险防范，加强常规性基础性管理。根据年初制订的岗位考核要求，定岗定责、奖罚分明，对违反规章制度的行为，加大处罚力度。加强检查和考评现金及重空凭证的查库、操作员密码、授权卡运用及开销户和现金管理等重要环节。支行被评为吴中区综合治理和平安创建先进单位。（交 行）

【农业发展银行吴中支行概况】 2010年，中国农业发展银行苏州市吴中区支行各项贷款余额94124万元，比年初增加4157万元；存款余额12543万元，其中企事业单位存款10815.43万元，专项存款1727.85万元；实现账面利润2254万元，经营性考核利润达2061万元；完成中间业务收入18.4万元。强化中间业务推进力度，扩大收入来源。组织同业存款。与同业协作，吸存农商行3个亿为期2个月的同业存款。开展国际业务的营销，抓好保险代理业务，12月底保险手续费收入3.3万元。开办咨询顾问业务，加强与企业宣传沟

通,提供相关的咨询服务。（农发行）

【政策性收购贷款】 贯彻国家粮食宏观调控政策和粮油收购信贷政策,与粮食主管部门、财政等部门加强沟通联系，提前对企业收购资金进行测算做好资金计划安排，准备夏粮和秋粮收购的前期工作。坚持保收购、保优质企业、不保劣质企业,择优支持“机制好、资信好、效益好”的企业和风险承受能力强的企业,入市收购。全年,投放粮食收购贷款685万元,地方储备贷款5952万元,支持地方储备粮体系建设和粮食收储。（农发行）

附表：

2010年吴中区金融机构存、贷款余额情况

	单位	2010年末	2009年末
一、总存、贷款情况			
1.各项存款	万元	9545912	7617513
#企业存款	万元	5617321	4223912
居民储蓄存款	万元	3713461	3259121
2.各项贷款	万元	7292373	6255536
#短期贷款	万元	2227158	1925812
中长期贷款	万元	4829284	3889985
3.存、贷比(以存款为100)	%	76.4	82.1
二、人民币存、贷款情况			
1.人民币各项存款合计	万元	9356074	7419157
#企业存款	万元	5458041	4058040
居民储蓄存款	万元	3685241	3230683
2.人民币各项贷款合计	万元	7140816	6132081
#短期贷款	万元	2096410	1822729
中长期贷款	万元	4812694	3869647
3.存、贷比(以存款为100)	%	76.3	82.7
三、外币存、贷款情况			
1.外币各项存款合计	万美元	28665	29951
#企业存款	万美元	24051	25046
居民储蓄存款	万美元	4261	4294
2.外币各项贷款合计	万美元	22884	18641
#短期贷款	万美元	19742	15565
中长期贷款	万美元	2505	3071
3.存、贷比(以存款为100)	%	79.8	62.2

（统计局）

保　险

【中国人寿保险公司吴中支公司概况】 2010年，中国人寿保险股份有限公司苏州市吴中支公司完成总保费15140万元，寿险首年标保990.57万元；寿险首年保费13408.87万元，首年期缴3103.06万元。个险渠道各项指标按序时进度稳步上升，寿险首年标保761.24万元，首年期交保费1655.48万元，5~9年期缴完成622.19万元，10年期及以上保费1014.24万元，短期险保费完成560.86万元，意外险保费完成208.19万元。团险渠道大力发展短险，提高效益性险种的占比，完成寿险首年保费565.42万元，短期险保费1521.81万元，意外险保费896.71万元。银保渠道在期缴保费方面显著提升，完成寿险首年标保225.54万元，首年保费11180.55万元，首年期缴1444.38万元，短险21.79万元。

（中保寿险公司）

【队伍建设】 年底，吴中支公司代理人持证人数为210名（其中收展101名），新增代理人名108（其中收展80名），截至三季度有效人力68人（其中收展18人）。团险渠道共有团险外勤27名。新增团险销售外勤5人。银保渠道现共有在册客户经理42人，有效人力达到40人。（中保寿险公司）

【中国财产保险公司吴中支公司概况】 2010年，中国人民财产保险股份有限公司苏州市吴中支公司实收保费9434万元，为地方经济建设提供716.5亿元的风险保障，全年支付赔款3631万元，综合赔付率38.49%。

（中保财险公司）

【规范管理】 公司得到市分公司信息技术部支持，调配本部的计算机设备，培训本部员工作业流程标准化管理工作实务操作系统，推广和应用作业流程标准化工作。各项管理工作严格按照作业流程标准化的制度执行。人力资源和行政管理方面，按上级公司有关管理规定执行，明确考核以业务员自展业务为主，业务员全年新增营销人员的营销业务计入业务员个人总任务，原有营销员归入有营销管理经验的部门集中管理，通过加大考核力度，对业务员的业绩实行综合评定。

（中保财险公司）

【太平洋人寿保险公司吴中支公司概况】 2010年，中国太平洋人寿保险股份有限公司吴中支公司拓展新的业务渠道，参与政府对化学品高危行业团体意外伤害的保险，承担全区残疾人员意外伤害保险，取得业务和社会效益的双赢。全年实现保费收入1.58亿元，其中团体人身意外保费收入0.272亿元；银邮、中介保费收入1.26亿元；营销个险保费收入0.048亿元。完成本年度的各项经营指标。

（太保寿险公司）

【太平洋财产保险公司吴中支公司概况】 2010年，太平洋财产保险公司苏州市吴中支公司实现保费收入11612.30万元，较上年同期增长64.37%。其中，水险保费收入133.14万元，非水险保费收入777.03万元，意外险保费收入426.95万元，机动车保费收入10275.18万元。综合赔付率65.09%。实现利润1277.28万元。（太保财险公司）

住房公积金管理

【概况】 2010年，苏州市住房公积金管理中心吴中管理部归集住房公积金5.16亿元（其中年度结息转本金1379.89万元）；期末缴存余额11.54亿元，全区期末缴存人数88122人，增幅23%;期末月缴存额4672.05万元，增幅22%；全年提供住房公积金提取服务8.72万人次，支付款项3.59亿元（其中柜面提取2.27万人次2.68亿元，转账提取6.45万人次0.91亿元）;全年发放住房公积金购建房贷款696户2.22亿元，净增贷款余额0.95亿元，期末贷款余额户数和金额分别4596户和8.96亿元；期末2个月和2个月以上逾期户数为零;向区政府提供廉租住房建设补充资金698万元。新增开户职工36284人，位居苏州大市第二，14个镇(区)、街道全部超额完成年度扩面目标任务。（公积金管理中心）

【住房公积金扩面】 争取政府支持实现扩面行政推动。利用市委、市政府年初印发《关于全面实施苏州市十大民生工程的意见》，把3年住房公积金扩面50万人列入十大民生工程的有利时机，向区政府请示汇报。7月7日区政府出台《吴中区住房公积金扩面工作实施意见》(吴政发〔2010〕70号)。发挥职能作用抓好推进服务。抽调业务骨干组建2个服务小组，深入镇(区)、街道指导和协助解决扩面工作中的难点问题，共同做好基层单位扩面推动;依托镇(区)、街道社保中心和木渎、角直和越溪远程服务网点，贴近缴存单位提供延伸服务;做好扩面信息收集，进行有效的信息沟通和情况反馈；争取苏州市中心和财政支持，落实扩面专项奖励资金58.23万元。

（公积金管理中心）

【住房公积金扩面宣传】 利用苏州日报、苏州生活资讯电视和生活广播等媒体，跟踪报导扩面工作动态；与苏州生活广播联办每周一期《住房公积金扩面专题》节目;通过门户网站“最新动态”和“音频点播”栏目，及时反映区、镇两级扩面工作动态，解读和宣讲扩面相关政策;投放大型LED电视广告，宣传住房公积金公益广告；编印《住房公积金服务手册》，组织业务骨干走上街头，发放宣传材料，接受现场咨询。（公积金管理中心）

区属公司

【城投公司概况】 苏州市吴中城市建设投资发展有限公司是由苏州市吴中区人民政府出资成立的集国有资产管理、营运、融资、投资、建设于一体的国有独资公司，2002年4月18日成立。主要职责是依法经营区政府授权范围内的资产；完成政府交办的城市拆迁资金支付、对外投资工作;项目的投资、融资、建设、管理工作;区政府同意的土地收购、储备、上市拍卖等工作；年底，公司注册资金为18亿元，对外投资参股企业15家。新开工定销安置房建设项目2个:天枫苑、天韵苑二期;未完工在建项目2个:吴中人民医院、天域大厦;竣工交付项目2个:天华苑、临湖温泉项目;推出上市拍卖地块1幅。天怡苑获得江苏省建设厅、江苏省建设工程管理局、江苏省建筑行业协会联合颁发2010年度“扬子杯”优质工程奖。（城投公司）

【工程建设项目】 天华苑：定销房安置小区，占地88395.42平方米，总建筑面积21万多平方米，可供安置套数1627户，小区绿化率:40.15%。小区内建有幼儿园、物业会所等公用配套设施。2010年8月10日顺利交付拆迁安置中心。天韵苑二期:定销房安置小区，占地面积8.0419万平方米，规划建筑面积21万平方米，规划建造住宅1688套。已完成施工图设计、方案审定等项目前期手续工作，2010年底进展到工程试桩。天枫苑小区:定销房安置小区，占地面积2.6283万平方米，规划建筑面积约7.4万平方米，规划建造住宅507套，目前项目已完成施工图设计、方案审定等项目前期手续工作，2010年底进展到工程桩施工工作。吴中人民医院综合改造项目：建筑面积7.5万平方米，主楼地下2层，地上24层，总投资4.8亿元，8月31日项目主体结构封顶。该工程获江苏省住房和城乡建设厅和江苏省建设工会工作委员会联合颁发的“2010年上半年江苏省建筑文明工地”称号。天域大厦建设项目：项目总投资3.8亿元，建筑面积6.3万平方米，地下2层，地上24层，完成基坑围护工作。10月，项目获由中国建筑业协会颁发的江苏省首个创建全国绿色施工示范工程证书。

（城投公司）

【储备地块经营】 继续调整临湖储备地块、运河风光带的规划。规划调整、地块拆迁平整蠡墅片区、运河风光带部分地块。运河风光带的苏地2010-B-48号A地块和蠡墅片区的苏地2010-B-49号地块完成上市拍卖各项手续。（城投公司）

【资产管理】 建立健全资产档案管理制度、租金收缴台账制度、资产维护保养等制度。加强招商宣传力度，做好资产维护和保养，公司资产规范经营和管理，对涉及国有资产处置等重大事项，严格按照区国资局要求做好报批手续，确保国有资产保值增值。2010年，苏州市鸿泰针纺织品有限公司等4家企业新近入驻浦庄工业园，浦庄工业园厂房出租率95%，临湖商铺、定销房商铺出租率77%，租金到账率100%。公司资产租赁收入为592万元。（城投公司）

【工业资产公司概况】 苏州市吴中区工业资产经营有限公司由苏州市吴中城市建设投资发展有限公司全额投资设立。年末，公司注册资本5亿元人民币，实收资本5亿元人民币。拥有苏州市吴中区金茂工业园有限公司、苏州华东镀膜玻璃有限公司等10余家全资企业及控股公司。工业资产公司主要工作分为4大板块：经营性项目的开发管理工作；土地上市、土地收购与整理储备等经营管理工作；企业资产管理工作，抓好安全生产，完成租赁收入收缴任务；对外投资管理工作。

（工业资产公司）

【苏州华东镀膜玻璃有限公司搬迁扩建项目】 6月，华东镀膜玻璃公司召开股东会、董事会，通过苏州华东镀膜玻璃有限公司由中外合资变更为内资、增资、拆迁异地重建、技术改造等决议。会议确定项目总投资3亿元人民币，吴中区工业资产经营有限公司占80%股权；新厂区位于吴中经济开发区天鹅荡路，占地110亩，厂房、综合楼总建筑面积54076平方米，投资1.5亿元人民币引进国际先进的可钢化双银Low-E镀膜玻璃生产线1条，拥有国产Low-E镀膜玻璃生产线2条、中空镀膜玻璃生产线1条及配套设备。至年末，华东镀膜玻璃公司经变更注资，领取新的营业执照；项目立项、环境评估、能耗评估、安全评估、规划选址与设计意见、设计图纸审图等前期工作全部完成；与德国公司签订进口Low-E镀膜设备购置合同；12月23日经拍卖取得新厂区110亩土地使用权。

（工业资产公司）

【“退二进三”盘活存量资产】 原剪刀总厂改扩建（退二进三）项目借助藏书街区商贸发展契机，利用原剪刀总厂集体工业用地实施“退二进三”，拆除原有破旧危房，新建6209平方米综合三产用房，总投资850万元。建成后用于对外租赁。该项目6月28日奠基，11月27日主体工程全面封顶，12月28日通过验收。原蠡墅造船厂地块“退二进三”项目。至年末清场工作全部结束，搬迁东吴造船公司等22家承租单位。（工业资产公司）

【储备地块经营】 1月23日，位于吴中区木渎镇金枫路西侧、土地使用权面积56870.1平方米的吴中区石油机械厂（原动力厂）地块(苏地2009-B-91A),在苏州市土地储备中心组织的土地拍卖会上,以4.9亿元被苏州绿峰房地产有限公司拍得。吴中区工业资产经营有限公司2010年新收购临湖工业园,位于临湖镇采莲路188号。该工业园占地30亩,厂房面积6408平方米。收购后公司新建围墙、传达室,派驻管理人员。于6月28日正式揭牌。 （工业资产公司）

【投资渠道拓宽】 年内，尝试采用出资参股、增资参股的形式,拓宽投资渠道。投资参股苏州东兴投资担保有限公司。经区国资局批准，工业资产公司出资1000万元投资参股苏州东兴投资担保有限公司,共同组建合资公司。增资参股苏州国发中小企业担保投资有限公司。经区国资局批准,出资1500万元参股苏州国发担保公司。至此吴中区在苏州国发的投资参股额4000万元。

（工业资产公司）

【国裕资产经营有限公司概况】 苏州市吴中国裕资产经营有限公司,组建于2004年7月，是经江苏省人民政府核准，苏州市人民政府批复，吴中区人民政府出资设立的国有独资公司。至2010年底公司总资产72.23亿元,注册资金30亿元。公司主要职能:对授权范围内的国有资产进行投资、经营、管理;按政府指定的城市拆迁资金的支付，完成政府交办的建设项目的融资、投资建设、管理工作。年内，在建设项目中吴中幼儿教育中心园分别获江苏省住房和城乡建设局“扬子杯”和苏州市住房和城乡建设局“姑苏杯”荣誉称号。公司机关党支部获吴中区委授予的“先进基层党组织”称号。 （国裕公司）

【新开工项目】 吴中区残疾人综合服务中心由苏州吴中国裕资产经营有限公司承建,位于吴中区花卉街东侧、苏苑街北侧,占地面积2726.70平方米,总建筑面积3574.64平方米,容积率1.31,建筑密度0.35,绿化率17.06%,投资总额400万元,建设工期2010年3月至2010年9月。

吴中区人防806工程位于开发区越溪副中心,吴中大道南侧,占地面积约8000平方米,总建筑面积18072平方米,其中,防空指挥所13135平方米（12层），地下人防工程4937平方米,总投资1亿元。建设工期2010年5月至2012年2月。

吴中区老年大学和老干部活动中心位于水香街209号（原振兴职中），用地面积5873.3平方米，总建筑面积9737.89平方米,其中,区老年大学3549平方米,(框架五层),老干部活动中心4709.47平方米（框架四层）地下一层1479.42平方米,容积率1.46,建筑密度31.64%，绿化率30.2%，最大建筑高度20.50米，项目总投资6190万元。建设工期2010年10月至2011年9月。

吴中区安全生产监督管理局办公楼装饰及改造,位于吴中东路131号,该项目利用原苏吴饭店旧房进行改造装修。室内装修面积约为2015平方米，该项目总投资为185万元,空调设备投资24万元。

吴中区政协工作研究会业务用房装饰及改造,位于吴中东路131号,该项目利用原苏吴饭店旧房进行改造装修。室内装修面积约为545平方米,该项目的总投资为150万元,空调设备投资13万元。建设工期2010年5月至2010年6月。

吴中区政法委接访中心位于宝带东路402号，装饰面积160平方米，总投资30万元。建设工期2010年9月10日至2010年9月30日。

2010年竣工项目是吴中区残疾人综合服

务中心、吴中区安监局办公楼改造、政协研究会办公楼装饰、吴中区政法委接访中心。（国裕公司）

【交通投资公司概述】 苏州市吴中交通投资建设有限公司新增银行贷款3.6亿元，年末银行贷款余额8.6亿元，为宝带西路延伸段工程、东山环山公路扩建工程、中心城区道路改造工程、绕城高速光福互通连接线工程、吴中港改造工程、临湖镇环镇路工程等区六大重点工程提供资金支持。5月，公司机构升格正式纳入区政府国资管理。年内公司完成增资1.3亿元，注册资金5亿元。（交投公司）

【长丰物流园】 公司整合吸收江苏东吴路桥建设集团有限公司和苏州市通达交通安全配套设施有限公司，组建苏州长丰物流园管理有限公司，注册资本1000万元。打造的吴中港物流园（现名长丰物流园）位于通园路1号，2009年6月开工建设，总投资9200万元，建筑面积36234平方米，2010年底主体工程竣工。（交投公司）

【旅游发展公司概况】 2010年，苏州吴中旅游发展有限公司所属景点全年接待游客157.42万人次，同比增长44%；实现旅游总收入3911.57万元余，同比增长88%，公司新增注册资本金9435万元。（旅游发展公司）

【项目建设】 按照“一轴三线”发展格局完善景区布局，分别对孙武苑遗址遗迹区、孙武书院教育培训区、孙武文化园深度展示区、古营盘拓展延伸区、吴越都城休闲体验区；上真观、宁邦寺宗教历史文化游览区；小王山、望湖园、玩月台历史文化遗存区和万鸟园、龙虎山庄、御湖山庄休闲游览区等分区域进行深度的规划策划。加快旅游功能项目建设，从点状布局到线状串连，形成网络状分布。围绕孙子文化主打品牌，孙武书院9月开张营业，培训业务逐步打开。围绕宗教历史文化，上真观修复扩建工程项目结束，宁邦寺、玩月台景点改造完成。围绕休闲生态文化，藏书老街餐饮美食文化街区（二期）结束，吴越都城生态酒店开张营业，万鸟园项目开始施工。小隆中、启园、紫金庵、天池山、轩辕宫改造项目完工对外开放。（旅游发展公司）

【宣传促销】 把握世博机遇，前往宁波、杭州，以及苏北、安徽等地专场推介。发挥各种传媒的宣传作用，开展景区专题报道，提升景区市场影响力。发挥品牌节庆对景区的拉动作用，策划举办’2010我们的节日·苏州穹窿山新春祈福节、’2010中国苏州穹窿山孙子兵法文化旅游节暨第一届穹窿山兵圣杯世界女子围棋赛，及九九重阳“我们的节日·苏州市首届健康养生文化节”等。（旅游发展公司）

【洞庭古村旅游公司概况】 2010年，洞庭古村旅游公司按照“一村一策、一宅一策，先试点、再面上，点上水平做高、面上控制保护”的思路，推进古村落保护与利用，陆巷、明月湾、三山岛、东村古村接待游客约100万人次，同比增长约16%，旅游收入7250万元，保护利用综合效益不断提升。（洞庭古村旅游公司）

【科学规划】 聘请专业古村保护和文化旅游策划团队，编制以古村落为依托、民俗和山水为载体、吴文化为灵魂，各具特色、魅力彰显的环太湖文化旅游规划。陆巷古村以“状元文化”为主题，深度挖掘“宰相状元故里，院士教授摇篮”文化内涵，恢复完善“真适耕读”、“守溪款月”、“五湖帆影”、“寒山落照”、“沙岭春晓”、“斜日秋桔”等六大景区建设；明月湾古村以“西施明月”文化为主题，深度挖掘“太湖山水自然美景，吴王西施赏月佳处”文化内涵，开发古村风貌区、山村休闲区、山水风光区、消夏赏月区等文化旅游功能区和"棋盘石街"、"千年古樟"、"九天银河"等十七大景点。

(洞庭古村旅游公司)

【古村保护】 以"太湖古村落保护利用项目"为蓝本,规划分3批推进11处古村落保护利用,包括修缮各级文保单位、控保建筑270多处,实施风貌建筑障碍拆迁、立面整治、建设道路、绿化景观、配套设施以及雨污水管网、三线入地等,总投资约23.7亿元。完成陆巷古村三线入地工程,陆巷古村南入口商用房主体、水、电等配套设施建设,东村徐家祠堂修缮工程。

(洞庭古村旅游公司)

【创业投资公司概况】 2010年,苏州市吴中创业投资有限公司注册资本为2亿元。公司加大对区域内初创期企业和项目的风险投资力度。完成5个项目的投资,其中投资4家初创型或成长型企业,增资苏州海立蓝环保科技有限公司。投资领域涉及到生物医药、新能源、节能、环保和现代服务业。年底,完成实施拟上市企业的股权投资4家,其中2家成功过证监会,分别登陆深圳创业板和深圳中小板。

(创投公司)

【太湖现代农业发展公司概况】 苏州太湖现代农业发展有限公司重点推进苏州太湖现代农业示范园各项建设工作,启动示范园临湖板块"两个万亩"基地建设。公司2次增资,6月注册资金增至1.2亿元;完成临湖现代渔业示范区的资产划拨和交接;投资3000万元入股苏州市农业担保有限公司,持股比例5.172%;全年争取市级以上项目资金430万元。

(农发公司)

【苏州太湖现代农业示范园建设】 建立完善示范园管理体制机制。成立园区建设领导小组,办公室设农发公司。明确示范园开发建设方面土地流转、资金和项目扶持、建设用地指标、收益分配等各项政策措施。委托苏州景深策划有限公司编制完成《苏州太湖现代农业示范园产业布局规划(2010~2020)》,明确重点建设一条环湖湿地景观带、五大农业产业区、十大特色旅游区、九大服务中心的布局详规。启动示范园临湖板块建设。区委、区政府确定临湖板块重点建设"二个万亩"基地的工作思路,以现有3000亩临湖现代渔业示范区为中心,向东扩展至东山大道形成万亩标准化池塘养殖基地;向西南扩展至大缺港形成万亩特色农业基地。涉及土地11148亩,其中横泾街道203亩、临湖镇10815亩、东山镇130亩;涉及农户377户,项目总投资12亿元。9月,项目通过区发改局的立项审批,推进项目所涉及的散坟搬迁、土地流转、附着物清理补偿、失地农民农保置换城保、资金筹措融资等工作。

(农发公司)

上市公司

【江苏吴中实业股份有限公司】 江苏吴中实业股份有限公司成立于1994年,现有总股本62370万股,由苏州吴中投资控股有限公司控股。1999年4月1日,公司A股在上海证券交易所上市。上市时被誉为"中国普教第一股",是一家高科技、成长型上市公司。2000年公司被江苏省科委认定为高新技术企业,2001年被国家科技部火炬中心认定为火炬计划重点高新技术企业,公司曾被评为"江苏省十佳上市公司"。2010年,公司实现主营业务收入33.75亿元,主营业务利润2.94亿元,同比增长28.14%;实现净利润2930.16万元,同比增长101.15%。至年底公司总资产29.45亿元,固定资产2.11亿元,负债19.53亿元,股东权益8.63亿元。

(吴中集团)

【苏州东山精密制造股份有限公司】 苏州东山精密制造股份有限公司由苏州市东山钣金有限责任公司整体变更设立的股份有限公司,公司注册资本为人民币 1.2 亿元。2010 年 3 月 29 日,经中国证券监督管理委员会《关于核准苏州东山精密制造股份有限公司首次公开发行股票的批复》(证监许可〔2010〕248 号文)核准,公司采用网下询价对象配售与网上资金申购定价发行相结合的方式,首次向社会公开发行人民币普通股(A 股)4000 万股,发行后总股本 1.6 亿股,融资 10.4 亿,比招股意向书披露的拟募集资金数量 2.897 亿元多出 7.503 亿元。 (发改局)

【苏州天马精细化学品股份有限公司】 苏州天马精细化学品股份有限公司于 2010 年 7 月获批上市,公开发行 3000 万股,发行后总股本 1.2 亿股,融资 4.488 亿,比招股意向书预计募集资金 1.634 亿元超出 2.854 亿元。天马精化坐落于木渎镇,注册资本 9000 万元,是天马医药集团的控股子公司,主要生产 AKD 施胶剂等造纸化学品和氨基酸保护剂(A 酯、A 胺等)、保护氨基酸等医药中间体,是全国唯一掌握无溶剂法 AKD 生产工艺的内资企业。公司 AKD 原粉产能 3 万吨,占据全国约 50%市场份额,及全国 60%以上出口份额,AKD 原粉生产规模居行业第一。

(发改局)

农业·水利

农 业

【概况】 2010年，全区初步形成东部平原传统农业区、中部沿太湖高效农业综合示范区、西部山区茶果林和畜禽养殖生态区三大板块，种植业拥有3万亩蔬菜、3万亩茶叶、4万亩水稻、5万亩苗木、6万亩果树的产业规模；养殖业拥有13万亩特种水产、10万头生猪、3万头湖羊、150万羽家禽的产业规模。建成2000亩东山蔬菜、2000亩横泾水稻、2000亩东山白沙枇杷、1000亩金庭水月坞碧螺春茶、3000亩临湖现代渔业等现代农业规模化示范区。建立一批蔬菜、苗木、粮油、水产等专业批发市场和茶叶、枇杷、杨梅、橘子、螃蟹、山羊等季节性农产品交易市场。全区农业总产值35.8亿元，农民人均纯收入14612元。2010年，吴中区被评为森林防火先进县，农业局获省第一次农业污染源普查工作先进集体、省农业住处工作先进单位。区农业局被中国科协、财政部授予“全国科普惠农兴村先进单位”称号。 （农业局）

【粮油生产】 全区小麦种植1.55万亩，油菜种植1.57万亩，水稻种植3.62万亩，推广扬麦16号、苏油4号、沪油16号、南粳46、嘉33等优质高产粮油新品，坚持粮油作物病虫草害系统调查和规范化测报，适时指导大面积综合防治，提升粮油生产水平。全区小麦平均单产281公斤，油菜平均单产134公斤，水稻平均单产587公斤/亩，其中横泾水稻丰产示范方平均单产655.7公斤/亩。 （农业局）

【果品与蔬菜】 全区果园面积68360亩，新增2156亩，果品产业推广矮化栽培和果实套袋技术，调减柑橘、青梅等大宗作物面积，发展枇杷、杨梅等时令鲜果，引进桃子、葡萄等夏果新品，果品总产量29250吨，产值1.5亿元。蔬菜生产推广钢架大棚、防虫网、遮阳网、喷(滴)灌等设施栽培技术，引进新品17只。全区蔬菜种植面积30342亩，其中常年旱生12570亩，常年水生7810亩，季节性蔬菜9962亩，全年蔬菜总收入2.4亿元。 （农业局）

【茶叶产业】 建立洞庭地方群体种茶树种质资源圃和洞庭地方优良单株品系比较试验园，加快洞庭山碧螺春优良茶树品系选育。以洞庭山碧螺春地理证明商标获得中国驰名商标为契机，联合全区碧螺春茶叶专业合作社，合成整体驱假冒，抱团成块打品牌，实施洞庭山碧螺春全区统一包装，“母子商标”管理。加大宣传推介力度，提升洞庭山碧螺春知名度，中高档碧螺春茶叶出现质好价高、供不应求的喜人局面。全区茶园面积3.03万亩，比去年增加750亩；出产茶叶256.6吨，其中碧螺春产量161.8吨，占63%；实现总产值2.13亿元，同比增长18.6%，其中碧螺春产值1.75亿元，同比增长28.7%。 （农业局）

【绿化造林】 全区投入绿化造林建设资金2.48亿元,全年绿化面积6876.9亩,其中道路绿化1696.3亩,湿地林带460亩,生态片林730.4亩,村庄绿化494亩,城镇绿化1339.6亩,河道绿化456.6亩,宕口复绿片林200亩。

（农业局）

【农机推广】 全区推广步行插秧机2台、中型拖拉机及配套机具15台、田园管理机8台、茶树修剪机158台、背负式喷雾器225台、担架式喷雾器10台、静电喷雾器2台、挤奶机2台、其他配套设备85台(套),培训拖拉机驾驶员19人、插秧机驾驶员4人,落实水稻机械插秧面积5800亩。特别是茶树修剪机和背负式喷雾机普遍受到农户欢迎。

（农业局）

【集体林权制度改革】 积极推进以"明晰产权、规范流转、综合配套"为主要内容的集体林权制度改革。确定木渎镇姑苏村和金庭镇石公村分别作为"均股均利"和"联户确权"的试点村,重点做好林地勘界确权、201幅地图的反复修改勾绘和林地使用权、林木所有权、股权分配登记发证工作。全年完成25.11万亩,其中林权发证21.78万亩,明确经营主体3.33万亩,实现集体林地确权率、林权证发证率、股权证发证率3个100%;颁发林权证201本,股权证2.89万本,9.96万人享受均股均利。10月份顺利通过省级验收。 （农业局）

【农业资源开发和对外交流合作】 全面完成2009年度土地治理、丘陵山区开发、产业化经营等农业综合开发项目6个,并通过上级验收。全面启动2010年农业开发项目7个,总投资4330.5万元,其中财政投资1880万元,自筹2450.5万元,建设规模5000亩。全年组织30多家农业企业参加第二十四届迪拜秋季国际商品交易会、海峡两岸(苏州·相城)农业博览会、第十一届中国(上海)国际食品和饮料展览会(SIAL China)、福建省三明市农业项目苏州推介会、南京陆资赴台政策说明会、江苏台湾周海峡两岸昆山农产品展示展销会、第十二届江苏农业国际合作洽谈会等12个农产品展示展销会。全区引进各类农业"三资"项目42个,总投资12.68亿元,其中外资项目11个,投资额1.11亿美元;内资项目30个,投资额5.1亿元。1~11月完成农产品出口创汇额达2932万美元,比去年同比增长44.8%。

（农业局）

【农业依法行政】 扎实推进农业内部各行业的安全生产年活动,加强世博会期间食用农产品安全监管工作,与乡镇农林服务中心签订《农资市场秩序规范化管理承诺书》16份、与农资个体经销户签订《农业投入品诚信经营承诺书》112份、与蔬菜生产基地签定《食用农产品守法生产责任承诺书》36份,重点抓好农业投入品监管、规模化基地检查、农机安全监理、林政执法检查、渔业执法检查、渔船安全检查等,共出动执法人员近千人次,开展各类检查130个次,发放法制宣传资料和法律书籍8000多份。在区行政服务中心窗口受理申办服务事项1663件,全部按承诺时限办结。

（农业局）

【农产品质量监管】 严把产品质量关,全面加强农产品检测监督工作,全年抽检上市蔬菜800批次、水产品19批次,抽取水稻种子样品63批次,进行发芽试验63个次。严把生猪检疫关,宰前检疫生猪44.94万头,宰后检验生猪42.99万头,生猪"瘦肉精"检测同群生猪54.87万头、检测尿样15107批56756头份,对于检测呈阳性的生猪按规定进行禁宰处理。严把动物防疫关,防疫生猪口蹄疫34.91万头、禽流感133.15万羽、鸡新城疫187.36万羽、猪链球菌7.21万头、蓝耳病

18.55 万头、猪瘟 28.97 万头;对 1972 头奶牛进行结核病、布病检测,禽流感抽样监测 1362 个 83.82 万羽、猪口蹄疫抽样监测 732 个 6.52 万头,不合格产品按要求及时进行无害化处理。 (农业局)

【森林防火】 层层落实防火责任,强化野外火源管理,加大监督检查力度,全面完成区级森林防火指挥中心和国家级森林防火物资储备库建设,调整充实专职护林员 396 人,组建区级森林消防专业扑救队伍 1 支,并加强技能培训和考核管理。推进森林防火工作从人防到技防的改变,实现抗御森林火灾能力和现代技防管理水平双提升。在一级森林防火区域近 15 万亩林地内实现全天候监控,安装监控探头 55 只;建立区主控中心 1 处,乡镇分控中心 6 处;新建蓄水池 34 只,消防通道 24 公里,埋设通信管线 50 公里。全区 23.1 万亩森林资源,实现连续 5 年无较大森林火灾事故发生。 (农业局)

【农产品品牌建设】 开展"三品"申报认证管理工作。新增申报无公害、绿色和有机农产品 28 只,已通过认证 13 只;组织续展三品 103 只,已通过续展认证 100 只;有效期三品总量 186 只,还有 15 只新增农产品和 3 只续展产品正在评审之中,继续保持稳定增长态势。参加各级各类农产品评比评优和展示展销活动。启动太湖蟹中国驰名商标的组织申报工作,推荐申报江苏省名牌产品 6 只,苏州市名牌农产品 16 只,组织区内 10 余家农业企业先后参加 2010 年"神园杯"江苏优质水果评比活动和苏州市优质农产品"3·15"广场展销会等活动。在农产品采收上市季节先后成功举办洞庭山碧螺春茶文化旅游节、洞庭枇杷节、杨梅节,以节造势,提高地产农副产品的市场知名度,促进农业增效和农民增收,带动太湖休闲观光旅游业的发展。在苏州市首届"十大农产品商标"评选中,吴中区共有 5 个品牌获得这一殊荣,占据"十大农产品商标"半壁江山,赢得苏州市民的广泛认可和普遍赞誉。 (农业局)

【农业科技工作】 全区组织开展农民实用技术培训 158 期,培训农民 1.6 万人次,发放培训技术资料 4.2 万余份;在东山、金庭、临湖、角直等镇举办农民创业培训班,培训农民 485 人;组织申报果蔬、畜牧和渔业等 3 个省级科技入户工程,经常性深入田头塘口开展技术指导,并组织科技示范户开展技术培训。建立苏州大福外贸食品有限公司的江苏省企业院士工作站、苏州福岗农业开发有限公司的博士后工作站和研究生工作站,组织申报国家级"科普惠农兴村计划"1 个;省三项工程项目 3 个、省高效设施农业项目 4 个、高效设施渔业项目 2 个;市级科技项目 15 项、现代农业示范区建设项目 5 个;区农业科技项目 34 个,农业产业化扶持项目 19 个。 (农业局)

水利(水务)

【概况】 2010 年,全区共完成河道疏浚 145 条、120.9 公里,土方 191 万方。建设生态河道 24 条、21.2 公里。拆除河道坝埂 48 处,改造束水河段 8 处 3.69 公里,打通断头河浜 4 处 1.55 公里,清理河道杂船 5800 余条。新改建圩区三闸 11 座、修理三闸 8 座,新改建排涝站 26 座、灌溉站 14 座,新建挡墙 15.1 公里、衬砌渠道 13.7 公里。 (水利局)

【防汛防旱防台】 3 月上旬和 11 月下旬,区防汛防旱指挥部分别下发通知,组织各地按照"查细、查实、查全"要求开展汛前和汛后大检查,全面排查水利工程险工隐患、薄弱环节实际状况,切实消除各类险工隐患,夯实防汛抗灾工程基础。区、镇政府全面落实以行政首长负责制为中心的防汛工作责任制，区、镇防办严格执行汛期24小时昼夜值班制度，保证防汛工作信息畅通。区防办修订完善《吴中区水旱灾害应急预案》、《吴中区城市防洪应急预案》、《吴中区防御台风预案》和《苏州市吴中区抗御特大洪涝应急预案》，区级防汛抗旱应急抢险队伍基本建立，防汛抗灾装备和物资储备到位，7个乡镇水雨情遥测系统完成升级，全区防汛应急保障能力不断增强。6月17日入梅、7月17日出梅，梅雨期总降水量为227.5毫米。为切实做好7月9~14日强降雨期间的防汛排涝工作，区防办组织各地对圩堤险工险段、城镇低洼地区和地下空间、山区地质灾害点等重点隐患开展检查，出动巡查1200人(次)，金庭、光福、临湖、郭巷等地及时开启圩区排涝机泵，严格控制内河水位。全区梅雨期共开机5800台(时)，确保全区安全度汛。（水利局）

【水利建设和管理】 完成圩堤达标建设108.3公里，编制出台《吴中区圩区达标建设管理工作指导手册》。推进光福、郭巷等地6个圩区标准化管理。区政府对区级河道保洁经费补助标准由4.5元/米提高至5.4元/米，区“三位一体”考核小组定期检查考核，加强抽查监督，提高河道长效管理工作水平。建设越溪旺山水土保持科技示范园，并被评为国家级水土保持科技示范园区。实施治太工程，光福铜坑闸于9月10日正式通航，东山北渡水桥套闸工程基本完工；《东太湖综合整治工程可行性研究报告》、《东太湖综合整治工程初步设计》分获国家发改委、省发改委批复。完成退垦还湖42071亩、生态清淤122万方，疏浚试验段行洪供水通道7公里，堤线调整一期工程加快实施。（水利局）

【供水安全保障】 按照太湖安全度夏、服务上海世博会等要求，全力做好蓝藻巡查打捞防控工作，打捞蓝藻(含水)892.4吨，全区水域无蓝藻盛发和水质黑臭问题发生。强化饮用水源地保护，落实饮用水源地定期巡查制度，保障饮用水源地安全度夏。加强水功能区日常管理，委托苏州水文分局每月对吴中区所有水功能区水质进行监测，及时掌握水质情况和变化趋势。履行供水行业主管部门职责，督促各供水企业加强原水和生产过程水质监控，委托江苏省水环境监测中心苏州分中心定期监测供水水质，全区6家自来水厂全年供水10708.47万立方米，供水水质达标率100%。有序推进全区供水企业水质检测实验室等级能力建设，吴中供水公司着手建设，乡镇水厂实验室配属标准和检测指标确定并实施。督促各供水企业落实内部安保职责，加强重点部位巡视检查，细化基础防范和技术防范措施，杜绝供水安全事故。年内，水利局2次会同区环保、安监、监察、公安等部门开展供水安全专项检查，针对存在的隐患和问题，督促指导相关水厂及时整改到位，提高供水安全管理和保障水平。（水利局）

【镇村污水治理】 抓好城镇污水处理厂建设，胥口污水处理厂二期1万吨/日扩建及提标升级改造工程、河东污水处理厂一期1.5万吨/日提标升级改造工程顺利完成并投入运行，全区10座污水处理厂的处理能力达到28.5万吨/日，吴中城区、各镇(区、街道)建成区生活污水处理率分别达到98%和85%；甪直污水处理厂提标升级改造工程基本完成，河东污水处理厂三期扩建工程全面开工建设。加快完善污水收集系统，全年建设污水管网70公里，实现城镇区域污水处理全覆盖。持续加大农村生活污水治理力度，全区建成农村村庄生活污水处理设施90个，太湖一级保护区、其他地区农村村庄生活污水处理率分别达81.9%和50.5%。加强排水行业监督管理,建立城镇污水处理厂运行管理月报制度,全年收集处理污水7298万吨、处置污泥6.37万吨,较上分别增长10.9%和28.5%,污水排放达标率为100%。建立城镇污水处理厂运行管理督查制度,提高污水处理厂运行管理水平,顺利通过省、市专项考核。 (水利局)

【水资源管理】 加强对全区取水户的监督管理,严格取水许可审批制度,采用论证表形式完成7家取水户的水资源论证工作,核定取水量53.125万立方米。对2005年以来涉及城南、木渎、角直新区等3家污水处理企业排污口的审批情况进行清理。对于2010年开工建设、确需排放入河的30个农村村庄生活污水集中处理项目,督促做好开工手续办理和入河排污登记工作。根据地下水"四个一"规范管理要求,对已封填的地下水源井进行逐一检查,加强对保留监测井的管理,委托苏州水文分局每年3月、8月检测地下水水质,全面掌握地下水水位、水质等情况。坚持定额与计划相结合的用水管理制度,2010年对131家用水户下达计划用水指标,完成20家用水企业(单位)水平衡测试工作。积极推广应用节水器具,完成新改扩建项目节水措施审查表及竣工验收表71件,对1个装饰市场、38家水暖零售店、11家单位进行节水专项检查和综合整治,辖区内节水器具普及率达100%。认真做好国家级节水型城市迎检工作,组织33家备查单位参加专题学习培训,12月底苏州市节水创建各项指标顺利达到国家级节水型城市标准。 (水利局)

【依法行政】 开展纪念"世界水日"、"中国水周"大型宣传活动,全年发放节水宣传画册、知识手册7700余份,制作节水宣传展板10块,悬挂横幅18条,开展电视广播宣传5次,增强社会公众的水法制观念。紧扣行政许可、污水接纳、水利建设、水政执法、水费征收等环节,对118个涉水项目实施行政指导,为监管相对人营造良好发展环境。9月1日正式实施《行政许可及审批事项操作规范》,12项行政许可审批事项的平均办理时限由6.5个工作日缩减至6个工作日,年内提速率达7.7%,承办水行政许可审批事项300件。推进行政权力网上运行,梳理保留行政职权事项161项,绘制行政权力网上运行项目内部、外部流程图,并通过区法制办审核。开展河湖"执法巡查月"活动,调处各类水事纠纷25起,案件查处率100%,罚没款1.5万元,依法补征水资源费1万余元,收取河道筑坝和占用河道堆土恢复保证金15万元,全年无诉讼和复议案件以及违法行政行为发生。年内全区"两费一金"征收总额2964.8万元,同比增长26.8%。完成1件人大代表建议和3件政协委员提案答复工作,做到见面沟通率、书面回复率、按时办结率、结案满意率4个"百分之百"。 (水利局)

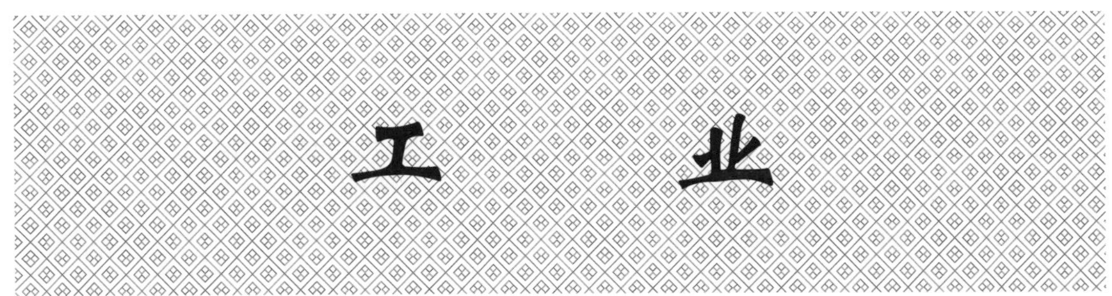

工 业

【概况】 2010年，全区工业逐步从金融危机的低谷中走出，生产逐步恢复，效益继续好转，主要经济指标较上年均有较快增长。全年完成工业总产值1305.3亿元，同比增长21.1%，工业销售产值1280.1亿元，同比增长22.5%，产销率98.1%，同比提高1.1个百分点。实现利税总额97.7亿元、利润总额59.4亿元，同比分别增长20.8%和27.9%。完成工业投资88.5亿元，同比增长25.2%，其中，技改投入65.5亿元，同比增长29.6%。工业用电39亿千瓦时，同比增长11.7%。全区规模以上工业企业1203家，完成产值1013.9亿元，同比增长21.5%，占全部工业比重77.7%，实现利税总额75.1亿元、利润总额45.7亿元，同比分别增长27.2%和42.4%。规模以上工业中，轻、重工业分别完成产值375.6亿元、638.3亿元，同比分别增长18.2%和23.6%；外国及港澳台企业、民营企业分别完成产值687.2亿元、312.1亿元，同比分别增长20.4%和增长23.7%。高新技术产业完成产值435.2亿元，同比增长27.5%，高于规模以上工业6个百分点，占规模以上工业产值比重42.9%，同比提高6.2个百分点。全区规模以上工业30个行业大类中，有27个行业产值实现正增长，占行业总数九成。产值列前8位的行业依次是：通信设备计算机及其他电子设备制造业，电气机械及器材制造业，通用、专用、交通运输设备制造业，化纤、橡胶、塑料工业、纺织工业，化学原料及制造品业，医药制造业，服装、鞋、帽制造业，完成产值857.5亿元，占规模以上工业产值的84.6%。全区支柱重点产业中，装备制造、电子信息两大支柱产业共实现产值665.3亿元，占规模以上工业总产值比重65.6%，同比增长30.5%。新能源、新材料、生物技术和新医药、新型平板显示、智能电网和物联网、节能环保、高端装备制造业等战略性新兴产业共实现规模以上工业产值259.9亿元，占规模以上工业总产值的比重25.6%，同比增长20.5%。 （经信局）

【经济运行监测】 加强重点企业运行监测，对50家规模型民营企业和列入市大企业战略跟踪企业、省新经济增长点监控企业等进一步加强运行监测和跟踪服务。加强重点项目跟踪服务，对全区民营经济在建项目保持动态跟踪，全面了解掌握各地项目开工、建设情况。开展重点产业发展情况调研，形成光伏产业、装备制造业、电子信息产业发展情况等多篇调研材料。工业经济运行分析力争以点带面、点面结合，全面、准确、深入反映全区重点产业、行业和企业发展情况，为区委、区政府科学决策提供依据。 （经信局）

【产业转型升级】 2010年，立足区产优办职能，紧密联系有关职能部门，合力推动全区工业产业结构调整和优化升级。分解落实转型升级目标任务，将苏州市下达转型升级的各项指标及时分解至有关职能部门，每月汇总掌握各项指标完成进度。加快推动新兴产业发展，对新能源、新医药、新材料等八大战略性新兴产业开展深入调研，对规模以上重点企业及在建项目加强统计分析，及时掌握企业运营情况和产业发展趋势；参与制订《吴中区加快发展新能源和新材料产业扶持暂行办法》，设立新能源、新材料产业专项资金，苏州东山精密制造股份有限公司的研发和生产太阳能发电单元并组装完成终端解决方案系统等12个项目列入首批扶持资金项目。加快淘汰落后产能，开展新一轮化工生产企业专项整治行动，关闭小化工企业8家；淘汰水泥落后产能130万吨水泥；淘汰印染落后产能150万米印染布。全年，全区107家新兴产业规模企业完成工业产值260亿元，同比增长20.5%；106个在建项目完成投资27.2亿元；转型升级四大类28项指标均完成或超额完成全年目标。（经信局）

【民营经济服务平台建设】 年内，加强“四个平台”建设，推进中小企业服务体系建设。拓展融资担保平台。深化银企合作，组织企业参加“苏州市金融创新暨银企合作活动日”活动，为环球链传动等6家企业聘请金融顾问。做好融资担保服务，充分发挥苏州国发担保公司吴中分公司作用，全年为企业实施贷款担保额8亿元。引导规范全区担保行业发展，开展融资性担保机构全面整顿，列入监测的担保公司发展态势良好，合计担保业务超15亿元。建设会展服务平台。组织企业参加中国国际中小企业交易会(苏州)、中国国际纺织服装跨国采购交易会、江苏产品万里行长沙展销会、中国(苏州)节能环保产品和技术展览会等8个影响力较大的大型会展，为帮助企业加强交流合作、扩大产品贸易、拉动市场需求、积极寻找商机，提供良好的平台。建设信息、政策咨询平台。及时将江苏省工业结构调整指导目录、扶持中小企业发展税收优惠政策解读、推进中小企业信息化建设意见和苏州市产业发展政策等政策法规，以及经信条线在技术改造、技术创新、节能减排、名牌创建、产业集群、扶持民营经济、中小企业发展等方面的扶持政策，通过经贸、中小企业网站进行上网公布。同时，还通过走访基层、座谈调研等多种途径，将有关政策资料发放给基层、企业，面对面为企业进行解读，让企业及时掌握信息和利用政策、用足政策。建设培训服务平台。组织企业参加省市举办的高层次人才培养、体验式培训、股份制改造与上市研讨班等各类活动，提升人才素质；组织企业参加中国苏州技能人才校企合作博览会等活动，加快专业技能人才培育与对接；开展中小企业信息化推进系列活动，举办“中小企业在转型升级中的瓶颈及对策”、“中国—东盟自由贸易区机遇与信息化(电子商务)”等专题讲座和培训活动，参训人数300多人次。（经信局）

【技改项目工作】 年内，加大对上争取力度，加快企业技改步伐，促进产业结构的调整。鼓励企业加快实施技改项目，指导企业立项申报并成功获批技术改造、技术创新、转型升级、新能源新材料等专项扶持资金项目120多个，为企业争取各级资金4000多万元；指导企业备案登记技改项目81个，总投资17.7亿元，为企业享受国产设备抵扣所得税3.2亿元，享受进口设备免关税886.5万美元。推进企业技术中心创建，新认定省企业技术中心3家、市企业技术中心15家。推进产学研合作，着力推进普华科技与西安交大，韩博厨房电器、强力汽保设备与上海理工进行项目对接，积极为产学研合作牵线搭桥。（经信局）

【特色产业基地和公共服务平台建设】 全年，加大特色产业基地和公共服务平台建设力度，积极引导光伏新能源、生物医药等特色产业基地做大做强，鼓励支持基地内重点企业加快技术改造、技术创新步伐。推进公共服

务平台建设，建立香山工坊和吴中科技园特色产业基地公共服务平台，获得财政扶持资金70万元。（经信局）

【墙体材料改革工作】 墙改工作在抓好“禁实限粘”同时，加大新墙材推广应用力度。加强墙改专项基金征收管理，全年征收墙改基金2800万元，返退658万元，较好地发挥了基金的调控作用。加强对墙材料使用情况的验收，验收建设工程122个，办理或正在办理基金返退手续52个。指导申报江苏省新型墙体材料产品，3个企业的新墙材产品获省级认定。广泛开展宣传工作，在对建筑工程项目墙体材料进行验收和行政服务窗口报审时，及时将有关政策和生产应用技术标准等信息提供给相关单位。全年，全区新墙材应用竣工面积395万平方米，占总建筑竣工面积的81.4%，完成考核指标的139.5%；房屋建筑竣工面积393万平方米，节能民用建筑竣工面积305万平方米，完成考核指标的122%；实现粘土实心砖的限产目标年产量0.125亿块标砖，完成考核指标的115%；新建住宅均达到省节能设计标准；配合国土部门完成苏州市政府下达的窑厂关闭计划，巩固所辖建制镇(村)100%的“禁实”成果。（经信局）

【节能降耗工作】 加强与发改、统计等职能部门协调联系，推进各项工作。全年培育节能和循环经济项目，获批省、市级节能和循环经济项目12个，新建循环经济试点企业6家。开展清洁生产活动，完成13家企业区级清洁生产审核验收。做好能源审计工作，完成重点耗能企业能源审计5家，推进能源审计6家。加强节能监测工作，完成8家企业节能监察任务。推进资源综合利用，完成7家企业资源综合利用企业的年检或重新认定。

（经信局）

附表： **2010年工业经济主要指标**

	单位	2010年	2009年	2010年为2009年(%)
企业个数(正常运营)	个	8122	6601	123.0
#规模以上	个	1207	1270	95.0
度假区工业	个	885	583	151.8
开发区工业	个	2786	1771	157.3
年末资产合计	万元	10087573	8439445	119.5
#规模以上	万元	9273564	7747814	119.7
度假区工业	万元	336756	282310	119.3
开发区工业	万元	4206716	3378067	124.5
工业总产值(现行价)	万元	13053138	10780014	121.1
#规模以上	万元	10239077	8426457	121.5
度假区工业	万元	556165	496315	112.1
开发区工业	万元	5833271	4682816	124.6
工业销售产值(现行价)	万元	12801325	10450855	122.5
#规模以上	万元	10066399	8265484	121.8
度假区工业	万元	530069	472329	112.2
开发区工业	万元	5719172	4539801	126.0
工业产值销售率	%	98.1	96.9	101.2

续表

	单位	2010 年	2009 年	2010 年为2009 年(%)
#规模以上	%	98.3	98.1	100.2
度假区工业	%	95.3	95.2	100.1
开发区工业	%	98.0	96.9	101.2
资金利税率	%	11.0	10.6	103.4
#规模以上	%	9.7	8.8	110.3
度假区工业	%	18.8	19.8	94.9
开发区工业	%	10.5	10.6	98.9
主营业务收入	万元	12734005	10438026	122.0
#规模以上	万元	10004527	7704344	129.9
度假区工业	万元	524322	465810	112.6
开发区工业	万元	5719172	4608759	124.1
利税总额	万元	976793	818430	119.3
#规模以上	万元	751541	590993	127.2
度假区工业	万元	58410	49304	118.5
开发区工业	万元	381434	317597	120.1
利润总额	万元	594327	474515	125.2
#规模以上	万元	455547	319985	142.4
度假区工业	万元	37624	30760	122.3
开发区工业	万元	253340	204043	124.2
年末固定资产净值平均余额	万元	2972613	2919491	101.8
#规模以上	万元	2483823	2419333	98.8
度假区工业	万元	102387	84733	120.8
开发区工业	万元	1183459	1222989	96.8
年末流动资产平均余额	万元	5941539	4814855	123.4
#规模以上	万元	5285089	4308421	122.0
度假区工业	万元	208596	164746	126.6
开发区工业	万元	2454545	1850284	132.7
从业人员年平均人数	人	391959	367881	106.5
#规模以上	人	264146	246273	108.7
度假区工业	人	21565	20942	103.0
开发区工业	人	142159	126612	112.3
人均利税额	元/人	24921	22247	112.0
#规模以上	元/人	28452	23997	118.6
度假区工业	元/人	27086	23543	115.0
开发区工业	元/人	26832	25640	104.6
全部工业用电量	万千瓦小时	389775	349017	111.7
#规模以上	万千瓦小时	272868	240209	113.6

(统计局)

2010 年分地区工业主要经济指标

单位：万元

	单位数(个)	工业总产值(现行价)	资产		主营业务收入		工业销售产值(现行价)		年末固定资产净值平均余额		年末流动资产净值平均余额	
			总计	#应收账款	2010 年	2010 年为 2009 年(%)	2010 年	2010 年为 2009 年(%)	2010 年	2010 年为 2009 年(%)	2010 年	2010 年为 2009 年(%)
一、度假区工业	885	556165	336756	94728	524322	112.6	530069	112.2	102387	120.8	208596	126.6
#光 福	592	330150	210891	57415	316170	115.9	321896	116.2	69974	127.0	127589	130.7
#金 庭	149	95015	48765	8713	88152	106.2	88173	103.4	16883	103.4	29897	195.2
二、开发区工业	2786	5833271	4206716	1084504	5719172	124.1	5719172	124.1	1183459	96.8	2454545	132.7
#郭 巷	344	425458	283244	79405	412738	123.0	410480	125.0	51535	104.5	190571	116.7
#横 泾	460	380080	273921	101537	365000	145.0	365000	126.9	81355	126.1	188732	131.4
三、其他乡镇工业												
长 桥	417	553896	426624	112727	545585	111.6	545585	111.6	87606	101.5	274963	102.1
甪 直	1102	1433849	1430579	348796	1403386	116.0	1408315	116.0	393445	100.6	987542	131.0
木 渎	1029	1479170	1413216	258689	1419255	114.5	1427570	114.9	526374	96.7	680305	102.2
胥 口	835	1852594	1290767	390016	1817196	121.9	1801364	122.3	390153	103.2	807966	113.2
临 湖	715	487672	301753	59723	465671	128.3	478893	130.0	143915	168.1	176839	127.6
东 山	307	273286	324975	72598	257079	124.0	265759	126.1	68228	105.6	185968	176.1
穹窿山	12	92854	48940	14571	89258	140.7	90805	137.1	8979	104.7	37527	130.6

（统计局）

续表

	利税总额		资本利税率(%)		人均利税(元)		从业人员年平均人数(人)		产值销售率(%)		产值利税率(%)	
	2010年	2010年为2009年(%)	2010年	比2009年±百分点	2010年	比2009年增减额	2010年	2010年为2009年(%)	2010年	比2009年±百分点	2010年	比2009年±百分点
一、度假区工业	58410	118.5	18.8	-1.0	2.7	0.3	21565	103.0	95.3	0.1	10.5	0.6
#光　福	35236	118.0	17.8	-1.7	3.1	0.5	11322	100.4	97.5	0.5	10.7	0.3
#金　庭	9095	110.2	19.4	-6.7	1.6	0.1	5525	98.8	92.8	-0.2	9.6	0.6
二、开发区工业	381434	120.1	10.5	-0.1	2.7	0.1	142159	112.3	98.0	-0.4	6.5	-0.4
#郭　巷	68550	125.4	28.3	2.6	5.1	1.0	13400	100.7	96.5	1.5	16.1	0.3
#横　泾	36300	126.0	13.4	0.3	1.9	0.4	19000	102.7	96.0	…	9.6	-0.8
三、其他乡镇工业												
长　桥	38014	120.0	10.5	1.6	2.4	0.4	15872	100.1	98.5	0.7	6.9	0.6
甪　直	119689	115.9	8.7	-0.3	2.0	0.2	61253	107.0	98.2	…	8.3	-0.1
木　渎	112310	105.5	9.3	0.5	1.7	-0.1	67735	113.1	96.5	0.1	7.6	-0.7
胥　口	134872	126.6	11.3	1.5	2.8	0.2	47481	114.3	97.2	1.1	7.3	0.3
临　湖	53824	111.9	16.8	-4.6	2.5	0.3	21896	101.9	98.2	0.1	11.0	-1.8
东　山	32240	109.7	12.7	-4.6	3.1	0.2	10237	100.0	97.2	-0.1	11.8	-1.8
穹窿山	3654	150.7	7.9	1.4	6.7	3.3	547	76.1	97.8	3.7	3.9	0.5

（统计局）

外经·商贸·服务业

对外贸易

【概况】 2010年，全区实现进出口总额68.1亿美元，出口额43.8亿美元，分别同比增长35.2%和37.5%。对外贸易实现恢复增长。落实外贸“出口规模百强企业、出口增长百强企业”跟踪服务计划，实施进出口重点企业、“双百计划”及“双千服务”结对服务。做好省级出口创新基地（生命科学）建设推进工作和出口品牌建设，天马医药、西山中科等6家企业获评省级出口创新基地骨干企业。优尔食品、越海拉伸及大福外贸等企业获评苏州市出口品牌。（商务局）

【外贸发展结构持续优化】 推进省级科技兴贸出口创新基地（生命科学）建设，全区高新技术产品进出口20.7亿美元，出口额14.4亿美元，同比增长43.4%、56.4%。出口超千万企业75家，完成出口额31.4亿美元。出口前20强企业累计出口额20.3亿美元，占总量的46.3 %，同比增长55.5%。对外贸易以结构优化为重点，在转型中恢复增长。（商务局）

【服务外包】 全区拥有2个省级国际服务外包示范区，形成软件设计、动漫设计、生物医药、第三方物流、人才培训、第三方检测和工业设计等7种外包类型，其中第三方检测外包异军突起，接包合同额占苏州大市第三方检测的近一半。动漫外包创新合作模式，良子动漫与马来西亚动漫公司签约全省首例“技术输出、版权共享”合作项目，并与央视签订原创动画播放合同。推进企业品牌建设和市场开拓，药明康德获评2010年中国服务外包领军企业，一批企业通过CMM/CMMI3、ISO27001、GLP、AAALAC等国际认证，合作伙伴包括美国强生、仙灵葆雅、瑞士诺华等国际知名品牌企业。全年，完成服务外包接包合同额7394万美元、离岸执行额3181万美元，分别同比增长83.6%和38%，在商务部系统登记的服务外包企业67家，从业人数5299人。（商务局）

【“阿里巴巴吴中分站”启动】 12月8日，“阿里巴巴吴中分站”启动仪式在苏苑饭店举行。阿里巴巴江苏大区经理宋厚强，市、区两级商务部门领导，吴中区各区、镇（街道）分管领导，及200多家企业的负责人出席仪式。“阿里巴巴吴中分站”将提供“吴中宝”让利套餐，致力于把吴中区中小企业及其产品推向国际市场。同时，区商务局开展电子商务免费培训，指导符合相关条件的企业申报扶持资金，通过审核的企业每户将获得吴中区政府1万元人民币的扶持。“阿里巴巴吴中分站”启动，是区委、区政府为充分发挥第三方电子商务平台作用，帮助中小企业更好地拓展国际市场，提高企业竞争力，促进中小企业可持续健康发展的一项重要举措。（商务局）

投资合作

【概况】 2010年,新增注册外资11.2亿美元,新设和增资超千万美元的项目36个,在吴中投资的世界500强企业增至12个。实际利用外资4.5亿美元。新批境外投资企业8家,完成中方境外投资额1725万美元,完成市调控目标的111%;新签外经合同额586万美元,完成市调控目标的117.2%,完成外经营业额719万美元,完成市调控目标的143.8%,同比增长33.8%和136.5%。

(商务局)

【招商引资向择商选资转型】 着重引进符合吴中发展方向的“5+2”新兴产业,不断增加新材料、新能源、电子信息、装备制造、文化旅游等新兴产业数量。2010年,新批外资项目104个,其中:新兴产业项目48个,新增注册外资5.1亿美元,占总量的45.7%。服务业实际利用外资2亿美元,占比44.8%,高技术产业实际利用外资8516万美元,2项总和超过全区实际利用外资总量的一半以上。增加规模型项目数量,新批三阳光伏、图博节能、热传电子、汤始建华管桩、卡尔冈炭素等总投资超千万美元的项目49个,投资总额11.14亿美元,注册外资9.27亿美元。 (商务局)

【境外投资规模扩大】 金洋木业入住赞比亚“中赞经贸合作区”,建成年加工1万立方锯材厂和年产15000扇木门、20万平方地板的木制品厂。江苏省高新技术企业、省民营科技企业少士电子投资30万美元设立德国普乐可茵有限公司。劲威精密模具设立台湾分公司,投资总额50万美元,成为全区首家、苏州第二家赴台投资企业。宏利来服饰公司申请在英国威尔士并购成立GBR纺织品有限公司。吴中首家院士工作站、苏州十佳农业科技型企业大福外贸食品公司投资425万美元在香港设立公司,为吴中食品行业“走出去”赢得良好的开端。 (商务局)

【政府服务】 以政策扶持为保障,政府服务在转型中不断强化。围绕吴中区“5+2”产业培育振兴计划,相继制定出台《吴中区鼓励外贸出口保增长、促发展奖励方案》、《吴中区关于鼓励发展国际服务外包产业的若干政策意见》、《吴中区商贸业提速升级三年行动计划(2010~2012)》等政策意见。加大政策宣讲力度,做好向上争取工作,帮助企业用足用好各级扶持政策,扶持企业做强做大,指导企业申报各类展位近150个,申请各类开放型经济扶持资金2853万余元,商贸业扶持资金近1000万元。 (商务局)

【世界500强在吴中】 年底,在吴中区投资的世界500强企业共12家,分别是马士基集团(丹麦)、伊藤忠(日本)、拉法基(转投资)(法国)、麦德龙(德国)、丸红(日本)、小松(日本)、三菱商事(日本)、可口可乐(美国)、三洋电机(日本)、日立(日本)、辉瑞(美国)、伟创力(新加坡)。投资企业共14家,涉及生物医药、电脑、家用电器、物流运输、电子元器件生产等领域。 (商务局)

市场消费

【概况】 2010年,全区实现社会消费品零售总额201.3亿元,同比增长19.3%,对区域经济增长的拉动作用增强。拟定“商贸业提速升级三年行动计划”,落实“家电下乡、家电以旧换新”工作,全年销售产品36046台,销售总额近8321万元,补贴群众779万余元。推进“万村千乡市场工程”和社区商业“双进工

程”，设立镇村级农资连锁销售网点103家，配送中心6家。（商务局）

【肉品市场监督管理】 进点屠宰率保持稳定，城区100%、乡镇98%，屠宰场合格猪肉出场持证率、病死病害猪无害化处理率均100%。城区、甪直、木渎、郭巷等4个定点屠宰场完成改造升级，获A类编码生猪定点屠宰场资质证书和标志牌。全年生猪定点屠宰量近41万头，雨润、金锣、五丰等10余个品牌进驻超市卖场，大型超市及品牌专营店销售量约257万公斤。（商务局）

【区域商业繁荣度提升】 加快推进凯菲尔酒店、中国工艺文化城等10个重点商业建设项目，全年完成投资14亿元。木渎凯马广场通过国家级商业特色街验收，至年底，全区拥有市级商业特色街区5个，市级商业示范社区6个，中华餐饮名店、江苏餐饮名店8家，乾生元、石家饭店、甪直酱品厂、老庆泰羊肉馆等“中华老字号”4家。酒类流通单位登记备案19家，煤炭经营许可证年检21家、换证16家，再生资源回收经营者备案8家。

（商务局）

【再生资源回收利用网络体系建设】 建成区再生资源回收利用集散中心（一期）和172个回收网点，扶持苏州吴中国裕再生资源发展有限公司承担龙头企业作用，负责“区—镇—村”三级网络体系的运行管理。全年集散中心处理废金属1.5万吨、废纸板1万吨，实现营业额近2亿元；各地回收网点营业额超2亿元。区再生资源回收利用网络体系通过国家商务部再生资源回收网络试点城市标准验收。（供销社）

【为农服务】 落实储备尿素及复合肥2000吨，总价值382.5万元；各种农药80吨，总价值109万元；建设为农服务社18家，销售803万元，发放科技资料近万份，开展农技咨询1100多人次；建设农民专业合作社示范社5家，带动农户1905户，销售486万元，帮助农民实现纯收入146万元；组织西山金龙食品有限公司和苏州市乾生元食品有限公司参加“2010海峡两岸（江苏）名优农产品展销对接会”，帮助企业拓展农产品销售渠道。

（供销社）

【农产品经纪人培训】 组织开办苏州市第十八期农产品经纪人暨农民创业免费培训班，培训学员56人，由苏州农业职业技术学院聘请的专家讲授农产品市场营销及相关法律知识，培训结束考试通过后，颁发由国家人力资源和社会保障部、全国供销合作总社联合颁发的《农产品经纪人职业技能资格证书》，成为受法律保护的农产品经纪人。（供销社）

【民生实事工程】 推动镇、村农贸市场加快改造，全年改造镇、村级市场16个。加强农贸市场远程实时监控，覆盖农贸市场22个，全区农贸市场做到“远程监控常态化、农残检测制度化、索证查验规范化”。加强消费者维权服务，全年受理消费者投诉150件，结案率100%，接待咨询投诉660人，为消费者挽回或免受经济损失43万元。个私协会创办《新吴商》杂志，免费向会员赠阅。组织23家民营企业为大学生、下岗失业人员提供就业岗位1230个。（工商局）

粮食购销

【粮食安全保供】 2010年，全区3700万吨区级储备粮以及200万斤大米、100万斤面粉、100万斤食用油应急成品粮油储备落实到位。加强应急机制建设，保障粮食市场稳定。优化

《吴中区粮食应急预案》，落实应急定点加工企业3家，应急销售点扩充至64个，应急运输车辆136部。搭建供需平台，组织区内大中型粮食供应企业与部队、学校、医院等重点集伙单位搞好供需对接。（粮食局）

【粮食市场建设】 强化粮食市场建设，发挥市场调节功能。苏州粮食批发市场成交量12.52亿斤，同比增长4%，实现成交金额25.7亿元，同比增长27%。粮食市场推行"先行赔付制"，主动邀请工商、质检等部门入场执法，严厉打击以次充好、短斤缺两等不良经营行为。（粮食局）

【粮食收购】 突出政策性收购。敞开收购本地粮源，在水稻价外补贴政策上实行普惠制，尽可能让农户多卖粮、多得益，同时在原粮质量上严格要求，确保各项质量指标符合入储标准。充分掌握本地粮源。严格执行水稻价外补贴政策，积极发展订单农业，与种粮大户、订单农户搞好沟通，多收本地粮。2010年秋粮订单总量800万斤，涉及农户134户，稻田面积8800亩，实际发放补贴数34万元。在收购中提高收购工作效率，缩短农户售粮时间。积极开展上门收购、预约收购，千方百计满足农民的售粮需求。全年夏秋两季粮油收购3037.5万斤，其中小麦108.4万斤，油菜籽（代农加工口油）294.1万斤，粳稻2635万斤（本地收购424.1万斤）。（粮食局）

【基础设施建设】 粮食仓储设施建设取得突破。7月，胥口粮食储备库动工，投资1亿元，占地面积85亩，规划建筑面积3.4万平米，总仓容1亿斤。至年底，工程总投入5000万元。加大涉粮资产整合力度。军供大楼翻建工程和浦庄粮库改建工程稳步推进，西山粮库改建工程、大山厂房扩建工程、木渎低温成品仓工程基本完工，进入扫尾阶段。（粮食局）

【放心粮油体系建设】 建立粮油放心消费体系。实施"三放心"工程，形成以放心粮油市场、放心粮油产品和放心粮油店为主要内容的粮油放心消费体系。粮食市场实施市场准入机制和先行赔付制，保证粮食质量安全，保护消费者权益。强化粮油检验软硬件投入。放心粮油社区行活动全面铺开。开展"放心粮油"进社区、进农村、进学校、进军营活动，印发小册子、开设现场咨询台向群众宣传粮食企业、粮油产品，传播科学用粮、节约用粮理念。放心粮店在全区全覆盖，在各个乡镇、闹市区设有22个放心粮油店（柜），稳步向新社区、新农村延伸。全年放心粮店销售总额2000多万元。（粮食局）

【粮食产业发展】 实施品牌立粮和科技兴粮战略，引导企业重视品牌创建，形成"禾中旺"、"香雪"、"宝带桥"大米，"穗儿"挂面，"大山"蜂蜜等一系列较有影响力的粮食品牌。2010年，"穗儿"挂面晋级 "江苏省名牌产品"，紫薯面系列在苏州市科技"双杯赛"中获科技三等奖，被全国粮油行业协会命名为"全国放心粮油示范加工企业"。加大粮油食品精深加工业发展，着力发展高附加值粮油食品。引导社会资本参与粮食精深加工业建设，高科技粮食精深加工企业——黑土地豆业总投资1.16亿，引入非转基因大豆纤维提炼专利技术试产成功，签订3000万美元外销合同。（粮食局）

【依法管粮】 加强对收购主体的资质审查和粮食收购市场的监管，全年调整收购主体4家，其中新增1家，依法取缔3家。调整后，全区取得收购许可资格的企业数为26户。配合工商、质监等部门，加强对口粮市场质量检查，确保百姓"米袋子"安全。加强粮食行政指导，实行行政执法和指导相结合。制订《苏州市吴中区粮食局2010年度行政指导办法》，实行告知和指导在前、执法和追究在后的原则，在粮食收购许可证的新办、年检、换证、注销等各个环节中发挥行政指导作用。

（粮食局）

服务业

【概况】 2010年，全区实现服务业增加值247.5亿元，服务业增加值占GDP比重达41.1%，比上年提高1.3个百分点，服务业对经济增长的贡献率47.7%；服务业投资完成159.9亿元，同比增长20.1%，占全区投资总额的63.6%；实现服务业地方税收22.13亿元，对地方税收的贡献率为58.5%；年末，服务业就业人口18万人，占从业人员的32.8%。全区服务业产业结构进一步优化，现代服务业、生产性服务业增加值占服务业增加值比重分别为59.7%和53%，旅游、金融、物流、商务商贸、服务外包、文化创意等现代服务业行业成为引领服务经济加快发展的重要支柱。

（发改局）

【招商引资成效显著】 举办苏州吴中·太湖（北京）投资环境说明暨央企对接会、对接世博苏州吴中·太湖服务业推介会、苏州吴中（温州）民资投资说明会及苏州吴中·太湖经贸合作洽谈会暨金秋经贸招商周活动等大型招商推介活动。签约服务业项目25个，总投资290.65亿元，注册资本65.64亿元，生物技术创新基地、中国超导技术基地、通信网络研发中心、物流商会总部大厦等高端现代服务业项目成为签约项目的重中之重。

（发改局）

【金枫路创新创意产业街区】 在8月14日召开的全市服务业推进大会上，金枫路创新创意产业街区被评为第三批苏州市服务业发展重点集聚区。金枫路创新创意产业街区主要以发展创新创意产业为主，同时发展高科技产业，规划各类创新创意载体7个，其中木渎科技创业园、吴中科技创业园（木渎园区）、苏州金枫高新产业园、博济科技园正式运作，年内，区域内有入驻企业380家，就业人员2600人，营业销售收入4.5亿元，上缴利税1900万元，集聚区内完成投资额7亿元。

（发改局）

【制造业企业分离发展现代服务业】 根据市政府印发的《关于鼓励制造业企业分离发展现代服务业的若干意见的通知》（苏府规字〔2010〕9号）文件精神，把制造业企业非核心业务的分离作为促进产业转型升级、加快服务业发展、增加地方财力的重要举措，结合企业特点，突出政策扶持，全区制造业企业分离工作开始起步，取得初步成效。2010年底，科沃斯电器有限公司、江苏吴中医药销售有限公司、江苏吴中进出口有限公司等17家企业完成剥离工作并运转良好。

（发改局）

【现代金融网络健全】 全区金融服务网络体系由银行、保险机构、证券营业部、财务公司、典当行、创投公司、农村小额贷款公司等组成，门类齐全，功能多样，发展健康。国发创投落户，签署全面战略合作协议，同时与凯雷投资集团、东吴证券、工商银行苏州分行签署全面战略合作框架协议，全方位引进各类国际化资金，加快打造股权投资基金集聚区；东山精密、天马精化成功登陆深交所中小板，至年底，全区上市企业4家；8家农村小额贷款公司发展良好，有效缓解涉农中小企业融资难的问题。

（发改局）

【现代物流集聚发展】 推进吴中出口加工区保税物流基地、天运广场、大新华物流园、九江物流园、吴中港、潘氏物流园、天鹅荡仓储等多个大型现代物流项目建设，初步形成与200平方公里城南工业带相配套的现代化物流集聚区。国家级吴中出口加工区自封关运作以来，随着保税物流功能叠加、“太仓港——苏州无水港”框架协议的签订，发展形势良好，区内引进核心竞争力强、产业集聚带动效应明显的以世界500强伟创力为代表的新兴高端产业项目10个，聚集以铁洋物流为代表的现代物流企业64家。全年，出口加工区实现进出口监管货值156亿美元，实现海关关税23.2亿元。（发改局）

【南城新商圈优化发展】 苏州南城新商圈加快发展步伐，东吴国际商城、新苏国际购物中心、新吴中商城、麦德龙吴中商场等商贸项目运营良好；中润广场、双银城市广场、吴城大厦等商务商贸项目建设加快推进；总投资10亿元的城市综合体南苏州生活广场有SM购物中心、豪生酒店、华润万家大型超市等大型商业项目签约进驻。（发改局）

城建·规划

城镇规划

【概况】 2010年,全面完成《吴中区城乡协调规划》,启动《东太湖滨湖新城概念规划》,城乡重点地区的城市设计完成,全面开展各乡镇(街道)控规编制,推进总体规划有效实施。做好村庄规划编制工作。与区农办合作组织开展13个社会主义新农村建设规划编制工作。完成东山陆巷古村保护规划。编制完成苏州市土地储备地块用地红线和规划条件85份,土地面积386万平方米。 (规划分局)

【完成《吴中区城乡协调规划》】 9月21日,《吴中区城乡协调规划》报市政府审批通过。规划以落实深化《苏州市城市总体规划》和促进吴中区城乡统筹发展为目标,提出"保证方向、保住底线、保留余地、科学引导"规划理念和城乡统筹发展策略。结合经济转型升级要求,立足吴中特色,贯彻落实区委、区政府提出的城市建设发展重点。 (规划分局)

【启动《东太湖滨湖新城概念规划》】 根据市委、市政府建设"三区三城"总体部署,围绕吴中区建设"山水苏州、人文吴中"总体目标,为全面迎接苏州"太湖时代"的到来,启动《东太湖滨湖新城概念规划》国际招标工作。规划中的东太湖湖滨新城北至苏州南绕城高速公路、南到吴江云龙河,西至浦庄大道、东至京杭大运河–内苏州河,规划用地面积134平方公里,其中太湖水域面积41平方公里,吴中区60平方公里,是苏州未来南部重要的战略空间发展腹地。 (规划分局)

【乡镇(街道)总体规划】 全年,完成《胥口镇总体规划》、《临湖镇总体规划》,9月21日报市政府审批通过。邀请省建设厅副厅长张泉专项指导《木渎镇总体规划》、《甪直镇总体规划》,规划成果深化完善准备论证。完成《郭巷片区总体规划》中间成果。 (规划分局)

【乡镇(街道)控制性详细规划】 年内,《尹山湖周边地区控制性详细规划》、《郭巷北部片区控制性详细规划》成果的专家论证及规划公示和修改完善工作完成,上报苏州市政府审批。开展《木渎镇区控制性详细规划》、《木渎镇藏书地区控制性详细规划》、《甪直镇镇域建设用地控制性详细规划》、《郭巷街道控制性详细规划》、《东山新镇区控制性详细规划》、《临湖镇区控制性详细规划》、《胥口镇区及镇域建设用地控制性详细规划》编制工作,其中东山、胥口、临湖3个镇的控规成果经过多次讨论研究提交论证。 (规划分局)

【重点地区城市设计】 年内,完成《尹山湖地区城市设计》、《运河风光带城市设计》,编制成果通过专家论证。完成《蠡墅三横二纵区域城市设计》、《县前街、东吴塔地区城市设计》的中间成果。做好全区城乡一体化规划编制工作,完成与国土局等相关部门的对接工作。
(规划分局)

【规划管理】 年内，编制完成苏州市土地储备地块用地红线和规划条件85份,土地面积386万平方米。完成第一批土地10宗上市地块的红线及规划设计条件,总用地面积48. 4万平方米。办理建设项目选址意见书140份,选址用地428.44万平方米。办理建设用地规划许可证154份，用地总面积558.76万平方米。办理建设工程规划许可证327份,其中23份市政工程,工程总建筑面积499. 32万平方米,市政道路171公里。办理乡村建设规划许可证467份。办理民用、工业规划方案审批383份。
(规划分局)

【规划监察】 全年完成竣工验收项目391项,竣工工程总建筑面积601.56万平方米。核发建设项目规划竣工验收合格证309份,总建筑总面积489.74万平方米。办理违法建设初审案件197件,查处违法建设规模96.98万平方米。
(规划分局)

城镇建设

【概况】 2010年,受理报建项目724个,建筑总面积472.3万平方米，投资总额88.82亿元。其中公开招标376个,建筑面积135.75万平方米,投资总额46.06亿元。核发施工许可证363份，工程面积533.38万平方米。核查(年检)建筑业企业274家,其中施工总承包企业82家,专业承包企业182家,劳务分包企业11家，设计与施工一体化企业1家;受理新办资质47家、资质升级16家、资质增项19家。至年底，全区共有各类建筑企业345家,其中一级企业11家,二级企业92家,三级企业242家。
(住建局)

【村镇建设管理】 全国特色村镇创建活动成绩显著，角直镇和东山镇三山村申报全国特色景观旅游名镇(村),旺山村申报江苏人居环境范例奖,其中角直镇、东山镇三山村通过市局、省厅考核组审查,申报材料由省厅上报住建部;旺山村申报材料通过市级考核。省、市级村庄整治建设工作成效明显，角直镇甫田村申报省级村庄建设整治示范试点，临湖镇采莲村通过“江苏省康居示范村”考核验收。节约型试点村创建工作扎实开展,木渎镇白象湾村被推荐申报省节约型试点村，通过省、市工作组现场调研考核。
(住建局)

【城区改造】 按照全面接轨融入苏州中心城区和区委、区政府“做美太湖山水,做靓吴中新城”要求,专人负责跟进全区14个高层重点项目施工建设,实施动态监管和服务,吴中商城、新苏国际、恒润大厦、金鑫大厦交付使用;吴中医院、文体中心、中润广场等10个项目施工有序推进。稳步推进城区道路建设改造,北城区丹桂路综合改造工程全面完工,太湖路综合改造方案设计完成待报区政府论证;推进蠡墅片区“三横两纵”道路建设,完成澄湖西路东段、经一路、滨湖路等道路建设,正在实施长蠡路、纬四路等道路改造。
(住建局)

【拆迁管理】 加大对城区轻轨2号线、运河风光带等重点区域、重要节点的拆迁指导力度,关注拆迁动态,排查疑难问题。年内,全区完成拆迁总量3457户,127.31万平方米。其中国有土地941户，建筑面积29.26万平方米;集体土地2516户,建筑面积98.05万平方米。核发国有土地上房屋拆迁许可证5个,受理许可听证1件,零裁决零强拆。加大拆迁安置房建设力度，全区规划、在建安置小区20个,规划用地面积约2222亩,规划建筑面积523.3万平方米。在建面积120.3万平方米,竣

工面积84.9万平方米,6099套，确保拆迁与安置工作的协调并进，逐步分批解决好被拆迁户的安置需求。（住建局）

【工程质量监督管理】 工程质量管理突出以转变监督模式为重点，建立完善以工程实体监督和企业行为监督并重的管理模式，稳步提高工程质量监督管理水平。全年33个工程项目获评“吴中杯”优质工程奖,13个工程项目获评苏州市“姑苏杯”优质工程奖,9个工程项目推荐申报江苏省“扬子杯”优质工程奖。推进工程质量综合验收机制，针对商品住宅建设程序、结构类型、工期要求和参建对象不同特别，进行差别化管理，形成包括结构验收,节能验收,分户验收有机结合,相互把关的综合管理体系。全年受理质监面积1091.4万平方米,验收项目合格面积453万平方米，竣工备案工程233个，备案面积389万平方米。（住建局）

【建筑施工安全生产监督】 深入开展“安全生产年”活动,组织实施建筑安全生产专项整治活动,加大隐患排查力度,强化施工现场安全检查，全年重点抽查全区建筑工地安全生产12次，确保全区建筑安全生产形势的稳定。创新建筑安全监管方式,实施对建设、勘察设计、建筑施工、工程监理等各方安全生产责任主体的全方位监督管理，提升建筑安全监督管理水平。年内,苏苑实验小学建设项目获评国家级文明工地；获评省级文明工地项目23个、市级文明工地73个、区级文明工地75个，全年未发生一起建筑统计口径内的安全死亡事故。（住建局）

房地产开发管理

【概况】 2010年，全区房地产开发企业135家,其中一级资质1家,二级资质48家,三级资质84家，四级资质2家，吴中地产入选2010年度苏州房地产企业品牌影响力前三强。全年房地产开发完成投资额63.58亿元,商品房施工面积412.3万平方米;商品房竣工面积149.91万平方米；办理商品房交付使用备案面积163.37万平方米,备案10770套。房地产业平稳发展,综合开发实力增强。（住建局）

【房地产市场开发】 深入推进“山水苏州,居住吴中”房地产品牌宣传,继续与苏州各大新闻媒体合作，制放形象宣传片，采编新闻报道,宣传山水资源、区位交通等人居优势。组织全区房地产开发企业开展集中推介活动,本着“政府搭台,企业让利、百姓受惠”的宗旨,组织区内房地产开发企业集中亮相,举办2010年吴中·太湖春季房地产展示会。全年销售商品房175.18万平方米，销售金额156.22亿元,其中销售商品住宅132.86万平方米,销售金额122.41亿元。（住建局）

【'2010苏州吴中·太湖春季房地产展示会】 5月21~24日,'2010苏州吴中·太湖春季房地产展示会在三香路体育中心举办。区内52家开发企业参展，展示63个商品房项目,包括30个精品住宅项目,18个高端别墅项目和15个商业地产项目,产品类型丰富,为历届参展单位和项目最多的一次。展会参展房源近7000套,总建筑面积近85万平方米。展会期间,签约商品房42套、约4630平方米,成交金额3942.5万元。（住建局）

【房屋产权产籍管理】 抓好吴中房产图文网络管理系统优化升级、商品房销售网上备案以及存量房交易网上签约、资金托管等系统升级维护工作。加大产权产籍管理业务研究，举行房屋权属登记工作研讨会，与苏州其他各区(市)住建部门进行研讨。年内,全区核发商品房预售许可证 21017 套,建筑面积 199.7 万平方米。办理房屋所有权证 28475 户,发证面积 687.8 万平方米。办理房屋他项权证 20518 处,建筑面积 930 万平方米,权利价值 198.9 亿元。办理商品房注册登记 14271 套,建筑面积 166.8 万平方米。（住建局）

【住房保障及房改】 全区住房保障“十二五”规划编写完成,起草《吴中区住房保障发展规划(2011~2015 年)》并报区政府同意实施。全年保障符合条件的家庭 113 户，其中实物配租 69 户,配租面积 4810.4 平方米;租金补贴 44 户,金额补贴 21.06 万元;发放低收入家庭发放租金补贴 161 户，发放金额 22.69 万元。直管公房解危完成，全区 511 户低收入直管公房租户告别危房搬入新居。推进中低收入家庭住房申购工作，新推出中低收入家庭住房 266 套,经过申请、审核及公开摇号,136 户中低收入家庭获得购房资格,152 户家庭摇中候选顺序号。推进住房分配货币化,全年审批老职工购房补贴户数 43 户，补贴面积 1924 平方米,补贴金额 106.3 万元;批准房改售房 2 户,面积 133 平方米,售房金额 3.6 万元;审批优惠售房补差 30 户，补差面积 1792 平方米,补差金额 4.7 万元。（住建局）

【房地产行业管理】 做好房地产市场监测分析工作,坚持每周、每月、每季、每年向区委区政府上报房地产运行情况汇报，提出促进发展房地产市场的措施；实施吴中区房地产业“十二五”专项规划编写工作,理清编写框架、找准市场定位、明确发展方向。开展房地产企业经营行为专项检查,会同区国土、规划、物价等部门开展专项检查活动，集中排查房地产企业和项目，特别对高地价竞拍的和风险大的项目以及盲目扩张容易产生资金链断裂的企业进行有针对性的跟踪调查，掌握企业及项目开发经营动态。（住建局）

【物业管理】 年内，全区物业管理公司 122 家,从业人员 5200 人;实行物业管理的房屋建筑面积 1859 万平方米，其中住宅 1563 万平方米，住宅物业管理覆盖面达 80%以上；全区有 75 个 5 万平方米以上的住宅小区推行物业管理，管理面积 830 万平方米；有省级优秀物业管理住宅小区 6 家，市级优秀物业管理住宅小区 19 家,市级优秀物业管理大厦 1 家，其中 2010 年度申报通过省优项目 2 家,市优项目 6 家,在全市位列前茅。（住建局）

【房屋安全管理】 与各基层房管分局(所)签订《安全生产目标责任书》,分解落实安全生产工作职责。全年组织房屋安全集中检查 4 次,落实各类房屋维修 556 户次,支出维修费用 499.1 万元。落实质量监督责任制,科学提高白蚁防治工作效能,全年预防白蚁 601 户、面积 649.6 万平方米；灭治 214 户、面积 1.9 万平方米。（住建局）

城市管理

【概况】 2010 年,加快工作创新步伐,强化城市管理,深入推进城市环境综合整治,进一步改善辖区环境面貌。全年参与各类大型活动的现场保障任务 15 次,立案查处各类违法违章案件 1172 件，拆除违法建设 58 处、面积 632 平方米，清理违章户外广告 65 处、307.4 平方米,受理来电来访 54 件、答复网上投诉 237 件、处理媒体曝光 14 件、处理上级转办件 21 件。（城管局）

【集中整治】 环太湖路观光船专项整治。年内，城管局与海事、公安等部门及临湖镇联手,开展环太湖路观光船专项整治,开展违规停泊渔船及手摇船专项整治8次,劝离捕渔船70余条、非法经营手摇船10余条。开展迎世博环境整治活动、城西街和盘蠡路口无证摊点群专项整治活动,集中整治违法占道经营59次,取缔群众反映强烈的盘蠡路友联一村东门口马路市场和苏苑街东端夜间地摊市场。开展城市管理7项突出问题("黑车"经营、河道杂船、建设工地扬尘和渣土运输车辆、占道经营和违章停车及广告店招、交通秩序、流浪乞讨人员、"卫生死角")整治活动,取得阶段性成果。(城管局)

【网格化管理】 从6月开始,将城区6.94平方公里划分成33个网格,区执法队对中队、班组、队员划分三级责任网格,全面落实城市管理相对集中行政处罚权八方面工作,实现管理范围以道路为主向全覆盖的转变,实现由粗放型管理向精确型管理的转变。随后网格化管理模式在全区各街道(镇)全面推行。(城管局)

【便民服务热线】 全年受理便民工单5913件,办结5815件,正在办理40件,跟踪52件,办结率99.32%,满意率99.40%。以"以人为本,执法为民"为宗旨,狠抓服务质量,提高服务水平,主动服务民生,为民解忧排难,为构建和谐吴中、和谐城管提供优质服务。(城管局)

【第三届吴中市容环卫杯竞赛】 3月10~26日,第三届"吴中市容环卫杯"竞赛活动开展。活动由环卫工人、城管队员、交警、小区保洁人员、绿化养护人员近2000人参加。范围涵盖团结桥以南、友新路以东、南大外环线至吴中大道以北、大运河以西20平方公里的中心城区。竞赛内容在第二届竞赛基础上,增加道路绿化养护。竞赛以打造洁净、优美、文明的中心城区为目标,制订管理标准,严格竞赛考核,实现日常管理与长效管理相结合,最终活动评出标兵、能手196人,18个单位受到表彰。(城管局)

【临街商户落实市容环卫责任制】 从3月1日至12月17日在中心城区22条主要道路的3000多家经营户中,开展赛店容整洁、赛店外环境等竞赛活动。对照标准上门宣传、每日评分、引导示范和一月一考核、一月一奖励,提高临街经营户履行法律义务的自觉性,门前乱倒垃圾、乱堆放的现象明显减少。竞赛活动对2000多人次的"优秀市容环卫责任人"颁发奖金和流动红旗。(城管局)

市政公用

【供水】 2010年,全区6家自来水厂供水10708.47万立方米,供水水质达标率100%。强化饮用水源地保护,落实饮用水源地定期巡查制度,保障饮用水源地安全度夏。加强水功能区日常管理,委托苏州水文分局每月对我区所有水功能区水质进行监测,及时掌握水质情况和变化趋势。推进全区供水企业水质检测实验室等级能力建设工作,吴中供水公司已着手建设,乡镇水厂的实验室配属标准和检测指标已确定并加以实施。按照太湖安全度夏、服务上海世博会等要求,全力做好蓝藻巡查打捞防控工作,打捞蓝藻(含水)892.4吨,全区水域无蓝藻盛发和水质黑臭问题发生。(水利局)

【供电】 年内,全区全社会用电总计527433万千瓦时,比上年增长13.7% 。全行业用电总计464492万千瓦时,增长13.0%,占总用电的88.1%,其中第三产业用电63374 万千瓦时,增长24.1% 。城乡居民生活用电合计

62941 万千瓦时,增长 18.4%。其中城镇居民 24954 万千瓦时,农村居民 37987 千瓦时,分别增长 31.0%和 11.4%。（统计局）

【供气】 全年,全区供气总量 8.22 万吨,其中天然气 5.38 万吨,液化气 2.84 万吨,燃气总用户 21.6 万户,全区天然气管道 495.6 公里。开展燃气安全专项整治工作,制订《2010 年吴中区城镇燃气安全专项整治方案》,督促各燃气经营企业严格落实企业安全管理网络,确保全区燃气设施设备和管网安全运行,消除燃气安全隐患。加大燃气工程管理力度,推动燃气工程建设中的行为规范化,全年对 25 个项目实施燃气交付使用备案审查。推动区燃气发展规划的编制工作,会同专业院校和机构开展调研活动,提高规划科学性。（住建局）

【环卫】 全年,清运各类生活垃圾 36000 吨、建筑垃圾 14600 吨,城区环境卫生状况整体提升。做好全国公共文明指数测评迎检工作,开展环境卫生大整治活动,开展第三届“吴中市容环卫杯”劳动竞赛活动,加强对道路清扫、垃圾清运、设施管理的监督巡查,确保 24 小时内整改落实到位。强化环卫日常管理及作业标准,提升城区主要道路保洁水平,90 万平方米道路机扫率为 40%,中心城区公厕管理、门店垃圾收集、道路果壳箱清理、保洁等方面的管理和考核进一步强化。（住建局）

【污水污泥处理】 全年,收集处理污水 7298 万吨、处置污泥 6.37 万吨,污水排放达标率为 100%,建设污水管网 70 公里,实现所有城镇区域污水处理全覆盖。胥口污水处理厂二期 1 万吨/日扩建及提标升级改造工程、河东污水处理厂一期 1.5 万吨/日提标升级改造工程完成并投入运行,全区 10 座污水处理厂的处理能力为 28.5 万吨/日,吴中城区、各镇(区、街道)建成区生活污水处理率分别为 98%和 85%;角直污水处理厂提标升级改造工程基本完成,河东污水处理厂三期扩建工程开工建设。加大农村生活污水治理力度,全区建成农村村庄生活污水处理设施 90 个,太湖一级保护区、其他地区农村村庄生活污水处理率分别为 81.9%和 50.5%。建立全区污水处理设施运行维护体系,污水处理设施日常维护管理步入正轨,污水处理设施突发事故得到及时处置。（水利局）

【市政道路维护】 全年,维修城区沥青路面 9000 多平方米,修复人行道板 2300 多平方米,道路平侧石 400 平方米,完成城区主次干道、街巷道路的全部 44 公里雨水管道、5160 座窨井 2 遍全面疏通工作。严格审批和管理市政道路开挖,及时组织路面恢复,今年批准开挖项目 30 件,开挖面积 4500 平方米。基本做到开挖前公示,开挖中严格管理,开挖后及时修复,把对道路设施及周边居民的影响降到最小程度。城区桥梁的养护管理工作加强,建立桥梁档案,做到一桥一档,专业维修吴中桥等 17 座桥梁,澹台湖大桥被评为 2009~2010 年度苏州市级优质养护片。（住建局）

【城区道路改造】 稳步推进城区道路建设改造工作,城市道路通行能力进一步提升。北城区丹桂路的综合改造工程全部完工,太湖路综合改造完成方案设计待报区政府论证;蠡墅片区“三横两纵”道路建设扎实推进,澄湖西路东段、经一路、滨湖路等道路的建设完成,长蠡路、纬四路等道路改造正在实施。（住建局）

【管线管理】 完成中心城区地下管线探测普查的外业工作。探测普查面积约为 20 平方公里,涉及管线的 1:500 图幅 270 幅,管线长度 1112.4 公里,调查及探测管线点 68223 个,完成雷达探测剖面135条。加强管线信息系统建设，与市规划局信息编制中心合作完成信息系统的硬件建设和软件安装，将地下管线工程建设信息导入信息系统，免费为各管线单位提供现有管线资料的查询绘图服务。

（住建局）

【路灯管理】 全年安装各类路灯1533套，维修、更换路灯专用电缆电线3000余米，抢修损坏被盗路灯装置35次。优化路灯控制系统，改进照明灯具，更换安装节能灯3495只；强化路灯监管，完善日查夜巡制度，加强防范意识，及时做好检修，全区路灯的亮灯率和照明设施完好率98%以上。（发改局）

交通运输

【概况】 2010年，交通运输建设总投资2.326亿元。道路、桥梁建设工程完成投资2.19亿元。完成省计划内农村公路桥梁建设11座，总投资约2.416亿元。航道建设完成投资408.9万元。优化调整公交线路10条。新增公交线路6条。东山陆巷站、金庭衙角里首末站都已竣工，投资650万元。新建宝带西路延伸段及蠡墅片区公交候车亭40个，投资300万元。办理区二届人大三次会议和区政协二届三次会议建议和提案24件，协办15件。

（交通局）

【道路、桥梁建设】 道路、桥梁建设工程完成投资2.19亿元。东山环山公路扩建工程（续建)道路、桥梁部分完成总投资的97%。凤凰山隧道正式开通试运行，苏州绕城高速光福互通度假区连接线工程主线完工通车，完成总投资1.73亿元。230省道吴江北段吴中段工程(苏震桃公路北段)3月下旬开工建设，完成投资约2400万元，桥梁主体工程完成。X302尹山大桥西接线段(0.816公里)，7月初开工建设至10月份完工，完成投资约700万元。农村桥梁建设完成公路桥梁建设11座，总投资约2.416亿元。（交通局）

【凤凰山隧道开通】 苏州首条山体隧道——吴中区凤凰山隧道的各项工程基本建成，于2010年8月8日上午8点正式开放交通，进行试通车运行，标志着宝带西路延伸段工程基本完工。凤凰山隧道位于木渎镇姑苏村境内的七子山西北侧凤凰公墓区，是中心城区通往木渎、胥口、太湖国家旅游度假区等镇(区)的重要交通节点。隧道由2个主洞隧道和南北2个附洞隧道组成，主洞隧道长205米，为三车道连拱隧道，供机动车通行，南北附洞隧道供非机动车和行人通行，其中南附洞隧道长190米、北附洞隧道长220米。工程于2009年2月开工，总投资额约1.5亿元。

（交通局）

【航道建设】 航道建设完成投资408.9万元。苏南运河吴中段“四改三”整治里程为11.558公里，包括航道工程和桥梁工程，完成放样和实际拆迁统计等工作。苏西线三期工程全部完成，完成新建护岸3195米，疏浚土方13.1万立方米、拆除老石砌护岸3010米，完成工程经费约1397万元。（交通局）

【公交场站建设】 优化调整公交线路10条。新增公交线路6条。东山陆巷站竣工，投资450万元。金庭衙角里首末站竣工启用，投资200万元。配合中心城区拆迁，异地重建太湖东路公交首末站，项目正在办理前期报建手续。金庭公交首末站(白塔路)投入运营。新建宝带西路延伸段及蠡墅片区公交候车亭40个，投资300万元。引进苏州市2家公司的30辆出租车专门在木渎营运，并在木渎设立实行联网售票的公交客运站，开往苏北、安徽、

山东、河南等方向的15条跨省长途线路在木渎始发或配载。（交通局）

【公路养护】 全年累计道路巡查里程近3万公里,路面清扫保洁累计近2万公里,坑塘修补912.78平方米。年终干线公路路况综合指数(MQI)94.5,道路优良路率100%。全年完成小修保养投资150万元,占计划投资的156%。全年县道日常养护费用支出约738万元。各镇(街道)投入乡村道小修保养工程及安保工程经费约725万元，完成乡村道大中修工程41.529公里,完成投资额约1812余万元。县道优良路率为95.1%。乡村道综合好路率81.7%。（交通局）

【行政执法】 路政案件立案查处750起,国省干线行政许可审批19件,农村公路行政许可审批117件，拆除违法建筑4处计155余平方米,清除路障1300立方米、路边摊点750处、非交通标志1100块。路政大队检测超限运输车辆754余辆。运政检查各类运输车辆9851辆，查处违章675起，其中“黑车”267辆,其他违章408起。针对“黑车”现象严重的木渎镇开展专项打击整治,区交通、交巡警、城管、公安等部门开展联合执法26次,查扣“黑车”125辆,净化运输市场。规范人力三轮车的运营,收购城区人力三轮车,发放新式三轮车80辆,进行公司化管理。航政部门全年巡航23930.46公里，查处航道违法行为11起;严格航标的静态和动态管理,查标3999.8公里,维护航标410座次,航标正常率100%。机动车维修行业管理部门全年受理申请机动车维修业户109件,审批104件。（交通局）

附表： 吴中区交通运输业基本情况

	单位	2010年	2009年
一、公路			
公路总里程	公里	1144	1093
#柏油沥青路面	公里	763	714
已绿化里程	公里	999	553
公路桥梁	座	1017	953
	延米	51588	46431
二、航道			
内河航道通航里程	公里	326	326
通航河流上建筑物	座	3	3
航道上设立的航标	座	44	44
#发光的	座	42	42
三、年末营业性车辆拥有量	辆	6027	5448
#客运车辆	辆	212	541
货运车辆	辆	5815	4907
四、系统内旅客运输量			
客运量	万人次	8386.8	7558.8
#公路	万人次	8386.8	7558.8
旅客周转量	万人公里	101923	95951
#公路	万人公里	101923	95951

（交通局、统计局）

吴中区通车通航里程

	单位	2010 年	2009 年
一、公路总里程	公里	1144	1093
1. 按行政等级分			
(1)国道	公里	9	—
(2)省道	公里	114	123
(3)县道	公里	222	194
(4)乡道	公里	397	411
(5)专用公路	公里	—	—
(6)村道	公里	402	365
2. 按等级分			
(1)高速	公里	70	64
(2)一级	公里	120	116
(3)二级	公里	380	324
(4)三级	公里	437	456
(5)四级	公里	137	133
3. 按路面标准分			
(1)柏油沥青路面	公里	763	714
(2)水泥路面	公里	381	379
二、公路桥梁	座	1017	953
	延米	51588	46431
三、内河航道通航里程	公里	326	326
# 通机动船	公里	254	254
四、通航河流上建筑物	座	3	3
1. 永久性闸坝	座	1	1
2. 船闸	座	1	1
3. 套闸	座	1	1
五、航道上设立的航标	座	44	44
# 发光的	座	42	42

（交通局、统计局）

2010 年末全区营业性汽车拥有量

	单位	总计	
			# 个体
合　计	辆	6027	1209
1. 客运车辆	辆	212	—
	客位	9269	—
# 大型汽车	辆	188	—
	客位	8774	—
中型汽车	辆	23	—
	客位	484	—
2. 货运车辆	辆	5815	1209
	吨位	29208	3573
(1)普通载货汽车	辆	5168	1206
	吨位	21528	3526
# 大型汽车	辆	1754	247
	吨位	15080	1819
# 重型汽车	辆	784	77
	吨位	9729	873
中型汽车	辆	662	174
	吨位	2149	553
(2)专用载货汽车	辆	436	—
	吨位	4947	—
# 大型汽车	辆	278	—
	吨位	4812	—
# 重型汽车	辆	263	—
	吨位	4722	—
中型汽车	辆	25	—
	吨位	73	—
(3)牵引车	辆	101	1
(4)挂　车	辆	120	2
	吨位	2733	47

（交通局、统计局）

邮政电信

【邮政概况】 2010年，分局完成邮政业务总收入5268万元。全区报纸投递量超30000万份，杂志投递量达62万份，折合流转额达2066万元，投递量和流转额均居苏州全区第一。邮政储蓄净增余额2.23亿元，代理保险销售达到7754万，理财产品销售2700多万，邮政储蓄的代理保险等理财业务种类也越来越丰富，走上规模化、专业化的发展道路。

(邮政分局)

【电子商务业务】 3月，中邮快购网正式开网，网站提供购物、生活缴费等多项功能，是邮政服务的又一次延伸。电子商务业务在原有代收水、电、煤费用及代售长途汽车票、飞机票业务外，在网络商务上迈出一大步。

(邮政分局)

【电信概况】 年末，全区交换机容量43.21万门，其中城区容量12.39万门，农村容量30.82万门；光纤总长度10822.13皮长公里，光纤芯长76238.09芯公里；互联网出口带宽320G，互联网宽带用户15.8万户；电话用户43.7万(含中国电信天翼用户)。 (电信公司)

【服务质量提升】 持续开展服务质量提升活动，重点从话费争议、业务流程优化、通信质量保障、应急处理等方面着手，提升电信服务水平、品牌价值和美誉度。以提高客户感知为目标，开展网络优化及宽带提速，全面提升网络通信质量。着力建立客户可感知的服务体系，继续推进客户现场维护服务标准化，一次上门服务率90%以上。 (电信公司)

生态环境建设·旅游

综 述

【生态环境建设概况】 2010年，大力实施绿化造林、湿地营造、生态恢复三大“绿色工程”，全力推进生态建设重点工程，矿山整治完成复绿86.5万平方米，环保重点项目和太湖水污染防治重点项目顺利完成年度计划，东太湖综合整治工程完成退垦还湖、围堰及排水工程。严格控制新开工高能耗、高污染项目，关停并转一批化工企业，“十一五”减排目标任务提前完成。全区集中式饮用水源地、水域功能区水质达标率均达100%，陆地森林覆盖率达29.1%，国家生态区创建通过国家级技术评估。

全面完成总投资35亿元的56项年度环境保护和太湖水污染防治重点工程，开展太湖水质长效检测，完成胥口等污水处理厂升级扩建，实施污水管网延伸扩面，太湖一级保护区生活污水处理率达80%。切实加强环境监察，实施城南区域化工企业专项整治，全面实行污染源在线监控。东太湖综合整治一期试验段生态清淤、堤线调整工程进展顺利。疏浚河道121公里，加固圩堤、建设挡墙53公里。成为首批国家级农村环境连片整治典型示范区，越溪旺山村建成全省首个国家级水土保持科技示范园。城市管理“区域式联动，网格化管理”机制全面深化，数字城管初步实现移动指挥智能化和管理网络化，环卫机械化水平不断提高。强化重点区域、重要节点环境长效管理，“三小车”、杂船、卫生死角等七项环境整治工程取得扎实成效。

（区委办、政府办）

【旅游概况】 年内，吴中区环太湖旅游业围绕苏州市“三区三城”总体部署和“走进太湖时代”发展战略目标，以“太湖旅游世博年”为主题，开展渗透式宣传，通过中央电视台、长三角动车组《旅客报》、中国苏州太湖旅游网、《吴中旅游》杂志及上百万份宣传资料大力提升吴中旅游品牌影响力；开展扩张式推介，通过世博会吴中主题展示周、世博会“城市更新与文化传承”分论坛等主题活动以及北京、沈阳、天津推介会，成都、重庆国内旅游交易会，占领一批大城市客源市场；打造精品化景区，全面完善景区交通、旅游厕所等硬件设施，加快推进景区、宾馆、农家乐创建升级，实现市级工业旅游示范点、五星级旅游饭店、五星级农家乐零突破；开展“做好客的吴中人”主题活动，完善镇级旅游监察中队，成功创建江苏省文明行业，有力提升吴中旅游整体环境。世博会期间，全区累计接待游客986.64万人次，同比增长31.20%，实现旅游总收入93.67亿元，同比增长51.52%，荣登苏州各县市（区）榜首，全年接待游客1500万人次，同比增长15.70%，实现旅游收入150亿元，同比增长35%。

（旅游局）

环境保护

【环境质量】 2010年，全区环境质量继续保持稳定并呈现逐步好转趋势。小康社会环境质量综合指数为97.16分，集中式饮用水源地、水域功能区水质达标率均为100%，全年环境空气质量良好天数达到91.78%，城市环境噪声达标区实现全覆盖。（环保局）

【环境监管】 严格落实环境影响评价和“三同时”制度，严把项目审批关。全年审批建设项目1121个，其中登记表项目672个，报告表、专题、报告书项目449个。预审咨询项目583个，办理验收项目291个，环评执行率和“三同时”执行率均达100%。因选址不合理，工艺落后等原因，劝阻拒批项目11个。查处各类建设项目违法行为50件，并及时实施限期治理、整改、补办。

坚持监管常态化、制度化，依法行政和铁腕治污能力进一步强化。全年出动4027人次，检查污染源4498厂次，其中工业企业4081厂次，污水处理厂417厂次。对区内重点污染源、减排项目、接管企业、集中式污水厂等现场监察每月不少于一次，视情增加频次。继续开展环境风险源调查工作，对区内涉及石油、医药、固废处置等行业的200家企业进行调查建库，实现动态管理；结合世博会和生态区创建等重要节点、时段，加大烟控和秸秆焚烧工作力度，确保大气环境质量进一步改善。

积极开展环保专项行动和环境安全大检查。对化工、电镀、印染、污水处理厂、沿太湖餐饮单位以及城南涉气区域、木渎七子山地区，饮用水源地等共组织15次专项执法行动，涉及企业360家，通过包厂监管、蹲点监测、掌控动态，对13件问题严重的进行挂牌督办，发出警示函15份，环境监察意见书15份，立案查处11家，行政处罚11家；针对太湖度夏、“两会”“两节”、世博安保、“绿色护考”等重要节点、时段开展环境安全大检查，切实确保重要节点、时段的环境安全；对13家市、区两级挂牌督单位强化监督管理，整改措施得到有效落实。全年受理环境信访投诉案件1026件，信访案件调处率、结案率、办结率均为100%。2010年，区环保局获由国家环保部、农业部授予的“全国污染源普查先进单位”。（环保局）

【环境监测和主要污染物减排】 认真做好环境监测工作，积极为政府决策和环境管理提供科学依据。全年报监测数据15万个，完成“三同时”验收监测项目66个，实施监督监测386厂次，完成环评本底监测项目15个，ISO 14000委托监测项目26个，其他委托监测项目38个，采集样品2.2万余个。编制《太湖蓝藻预警监测双日报》40期。在城南废气应急监测中共出具数据981个，编写废气监测快报、通报20期。全年落实重点减排项目5个，COD减排749.5吨、SO_2减排1400.3吨，超额完成“十一五”主要污染物减排任务。

（环保局）

【生态创建】 按照市、区生态建设总体部署要求，积极开展生态创建。区环保局作为国家生态区创建的主要责任和牵头部门，在区委、政府领导和其他有关部门配合下，高质量完成创建工作，通过由国家环保部组织的国家级考核验收。生态细胞工作建设扎实推进。“全国环境优美镇”实现全覆盖；湖桥村、旺山村通过国家生态村考核验收；三山村等7个村获省级生态村命名；新建成农村环境综合整治省级示范村2个、市级6个，市级绿色学校3所、绿色社区8家。区环保局获由江苏省环保厅授予的“全省绿色社区创建先进单位”

称号。生态重点工程建设目标按计划完成。全区28项环保重点项目、27项水环境治理重点项目，均完成年度目标。（环保局）

【农村环境连片整治】 以太湖一级保护区内的10个乡镇、街道为示范片区实施的44个村庄的生活污水处理工程项目全面启动，完成19个，在建21个，完工率59%，开工率76%。（环保局）

【污染源在线监控系统建设】 投资960万元完成多功能污染源在线监控中心建设，200家企业完成调查建库，35家重点企业实施在线监控。至此，辖区内重点污染源在线监控实现全覆盖。在全区161个村（社区）配套环保监管员，充分发挥"宣传员、监管员、服务员、调解员"四大员作用，促进全区环境有效监管。（环保局）

【农业生态建设】 做好国家生态区创建及考核工作。配合区环保部门，做好全区三品种植面积比重、秸秆综合利用率和化肥施用强度等5项考核指标完成情况说明及支撑数据编制工作，先后通过建设国家生态区省级专家调研、考核验收和国家级技术评估、验收。

组织面源氮磷生态拦截工程建设。配合做好3处7.8万平方米氮磷拦截二期项目绩效评估工作，组织申报和实施8处14万平方米氮磷拦截三期项目，完成12处约18万平方米氮磷拦截四期项目申报手续，总体建设规模居苏南各县（市、区）前列。

开展环湖有机农业工程等项目管理。组织申报7个环太湖有机农业示范工程项目，填报提交17张调查表格，配合省市有关单位开展环太湖生态农业区规划调研工作，扎口做好40余处畜禽废弃物处理和农村生活污水治理项目资料上报等工作。

完成全区农业污染源普查更新调查。上半年在梳理第一次农业污染源普查台账档案基础上，扎口开展全区农业（种植、畜牧、水产和生活污水）污染源普查更新调查，全面完成调查任务，区农业局获省农委"江苏省第一次农业污染源普查先进集体"称号。（农业局）

城乡绿化

【绿化造林】 2010年，吴中区紧紧围绕新增绿化面积6000亩的目标任务，扎实推进绿化造林工作。全区投入绿化建设资金2.48亿元，完成绿化面积6876.9亩。其中道路绿化1696.3亩，湿地林带460亩，生态片林730.4亩，村庄绿化494亩，城镇绿化1339.6亩，河道绿化456.6亩，优质林果增效1500亩，宕口复绿片林200亩，完成全年绿化任务的114.6%。（农业局）

【重点绿化工程】 重点推进村庄绿化、河道绿化，并继续实施好山坡披绿、宕口复绿、景观添绿"三大绿色工程"，把村庄绿化和河道绿化作为生态绿化建设的重点来抓，具体建设中，做优重点板块绿化，做美农村村庄绿化，做靓生态河道绿化，继续深入开展全民义务植树活动。以创建省级村庄绿化整体推进区为契机，研究制订《吴中区创建省级村庄绿化整体推进区实施方案》，于7月12日顺利通过省级验收，全面完成省级村庄绿化整体推进区创建任务。（农业局）

【绿化养护】 制订《吴中大道绿化养护长效管理实施方案》、《太湖大道绿化养护长效管理实施方案》，统一着装养护绿化工程，树立典型示范全区等措施。在绿化养护月度考核方法上，积极采取"区镇联合考核、乡镇交叉考核，分片集中考核"相结合的办法。做好苏州绕城高速角直（车坊）段绿化移交验收工作,协助市水务公司和供电局、区液化气公司和污水厂等单位做好管线进驻涉及230省道、东山大道、木东公路等绿化树木的迁移和恢复等工作。

在吴中大道绿化养护管理工作上，专门成立绿化养护小组,每天来回巡视,发现问题及时处理。制订一套针对性的绿化养护方案,做好病虫害预测预报和防治控制,做好施肥、松土、除草、保洁等工作,完善每月25日3个养护标段的绿化养护台账，及时上报月度养护计划,对绿化隔离带“步行路”及时进行改造,增设隔离护栏4137平方米,植草砖142.4平方米,绿化宣传牌66块,整治旺山荡桥、吴中科技园被当地农民侵占种植油菜的绿地2处,补植绿化面积1200平方米。在日常养护中，处理市政设施施工涉及绿化相关工程32起,挽回经济损失48212元,涉及交通事故损坏绿化9起,挽回经济损失15400元。

（农业局）

【湿地保护管理】 为切实做好太湖流域水环境综合整治工作，持续加强太湖湿地生态保护与恢复工程建设,认真贯彻中央、省、市关于太湖水环境综合治理有关要求，积极向中央和省里争取项目资金,突出性申请将“度假区湖滨湿地保护与恢复二期、三期工程”等4个湿地保护与恢复工程列入太湖水环境综合治理计划,并按照省发改委、太湖办、林业局编制《江苏省太湖流域水环境综合治理湿地保护与恢复“十二五”专项规划》要求,做好“十二五”湿地保护恢复项目库子规划项目申报。为进一步加强对湿地保护工作的指导,做好苏州市湿地立法和江苏省太湖流域水环境综合治理湿地保护与恢复规划等调研工作。

（农业局）

旅　游

【旅游景区建设】 2010年，吴中区旅游以创建升级为着力点，突出抓好景区配套设施建设,完善硬件,优化软件,着力提升环太湖旅游景区品质。旺山景区成功实现省内首个全国农业旅游示范点转型升级为国家4A级景区,自此,区4A级景区数量达6个,在全省县市区级地区占首位。洞庭山泉水厂成功创建苏州市工业旅游示范点,旺山、三山岛成为江苏省首批四星级乡村旅游点,木渎、旺山荣获全国特色景观名镇(村)称号,有力提升环太湖旅游景区品质。2010年,新增星级旅游饭店五家，宝岛花园成为全区首家国家五星级旅游饭店，碧螺山庄成为全区首家五星级农家乐,苏苑饭店成为四星级旅游饭店。现有星级酒店19家,星级农家乐47家,有力提高环太湖旅游接待能力和水平。（旅游局）

【市场宣传推介】 紧抓世博在上海举办机遇,创新宣传理念和方式,开展渗透式营销和扩张式推介,进一步提升“苏州吴中,太湖最美的地方”旅游品牌形象影响力。在中央电视台、长三角动车组《旅客报》、中国苏州太湖旅游网、苏州电视台《博览太湖》、《吴中旅游》杂志及宣传资料对上海及周边地区进行全面宣传，构造个吴中旅游立体式宣传体系。按照“立足长三角、巩固华东线、走向大城市、开拓亚美欧”市场战略部署,大力开展推介,通过世博会吴中主题展示周、世博会“城市更新与文化传承”分论坛、吴中旅游惠民月、苏州国际旅游节彩船巡游等主题活动，大力提升吴中旅游知名度;举办北京、沈阳、天津推介会3场,借参加成都、重庆2010国内旅交会之际举办“上海世博·吴中旅游”专场旅游推介会,除上海、浙江等长三角客源市场得到扎实巩

固外，远程客源市场也得到开拓。（旅游局）

【旅游项目建设】 年内，10个市考核重点旅游项目完成投资7.42亿元，占全年计划投资总额的115%；38个区级旅游重点项目完成投资11.86亿元。太湖西山地质博物馆、角直江南文化园、天池山环境整治、紫金庵修复工程、启园改扩建工程、紫金庵修复工程、轩辕宫维修工程、小王山景区建设工程提前完工。同时积极争取上级资金支持，在完成2009年引导资金使用情况的跟踪服务工作基础上，2010年为东山景区、三山岛、生态农庄3个项目争取到江苏省引导资金90万元，为三山岛申请苏州市引导资金50万，全年申请到省市引导资金140万元，有力推动全区旅游发展。（旅游局）

【旅游配套建设】 为提升环太湖旅游环境，积极开展全区旅游交通指识系统建设，着力完善景区厕所设施，不断提升景区形象。在区政府大力支持下，区旅游局积极协调，按照统一规划，分级实施原则，制订《吴中区旅游交通指识系统方案》，组织方案论证座谈会，按规定进行报批，实行全程监督管理，在通往景区的主要交通要道设立旅游指引牌64块，旅游服务中心全彩电子屏1块，较好地完成全区旅游交通指识系统，进一步完善区内旅游标识指引服务系统，增强吴中旅游可进入性；面向全区旅游景区（点）发放旅游厕所整治通知，明确要求各景区加强景区旅游厕所整治力度，完善景区旅游厕所设施。同时，在各景区（点）进行自查自改基础上，旅游局组织专项检查，对不符合要求的单位提出整改意见，进行通报批评，并组织复查督促整改，为全面迎接上海世博会带来的旅游高峰，营造舒适、洁净的旅游环境。（旅游局）

太湖旅游世博年

【2010太湖旅游世博年启动】 1月21日，由吴中区人民政府主办的迎世博100天暨2010太湖旅游世博年启动仪式在苏苑饭店举行，世博会吉祥物“海宝”正式落户吴中。启动仪式上，上海世博局向太湖国家旅游度假区、木渎、角直、穹窿山、旺山等10个景区授牌“长三角世博主题体验之旅示范点”，区旅游局与上海集散中心签订“上海世博太湖之旅”旅游专线协议，与同程网、吴中太湖旅行社、上海春秋国旅签订合作协议，《博揽太湖》专题栏目同时开播。启动仪式后，“太湖旅游世博年对接世博座谈会”也随即召开，吴中区相关部门、各镇（区、街道）、旅游公司和相关旅游企业负责人与上海世博局领导就认真策划筹备“世博苏州友谊日”、“最佳城市实践区吴中周”、“网上世博会”网络主题宣传等活动和做好承接世博客源的服务工作进行洽谈对接。（旅游局）

【上海世博会吴中主题周】 6月19日，上海世博会“城市最佳实践区”苏州馆吴中主题周正式拉开帷幕。吴中周活动以“苏州吴中，太湖最美的地方”为主题，通过富有特色的视频影片、文艺演出、技艺展演、电子图片、实物展示等，向中外游客生动展示苏州吴中令人向往的太湖胜景、多姿多彩的吴地风情以及吴中区在吴文化、经济社会发展等方面的特色传承，彰显“山水苏州，人文吴中”自然精华和文化魅力，人、城市与自然相互依附、共存的发展理念。（旅游局）

【做好客的吴中人】 为深入开展“2010年全国旅游服务质量提升年”工作，全面做好2010太湖旅游世博年服务质量提升工作，启动精彩世博·好客吴中“做好客的吴中人”主题活动。本次活动通过世博讲解员大赛、优秀旅游单位评比、旅游讲解员培训、旅游环境整治、服务质量综合整治等形式，普及上海世博会旅游知识，强化全区旅游行业质量意识和服务意识，规范旅游市场环境，树立“好客的吴中人”良好形象。（旅游局）

【后世博旅游惠民月】 为放大后世博旅游效应，联合全区39家旅游景区（点）于10月31日拉开后世博旅游惠民月序幕。加强对旅游企业服务力度，通过姑苏晚报、苏州太湖旅游网等报刊、网络媒体进行全程跟踪报道，宣传旅游景点，推介旅游线路，强化政企合作力度，为景区、旅游企业搭建宣传服务平台。活动期间以“金秋太湖美食游”、记者采风、“吴中景”摄影比赛、“吴中旅游知识问答天天见”等丰富多彩的活动，营造浓厚的后世博旅游氛围，迎接吴中太湖时代到来。（旅游局）

旅游节庆活动

【碧螺春茶文化旅游节】 3月15日，2010苏州·吴中洞庭山碧螺春茶文化旅游节在苏州太湖文化论坛隆重举行。开幕式上，上海世博局领导向吴中区颁发了长三角世博体验之旅奖牌，同时为表彰近年来全国各地旅行社和专业团队对吴中旅游的大力支持，分别授予上海旅游集散中心、日本近几旅游集团、携程网、河南中华风旅游联盟等与吴中旅游长期合作的伙伴以及著名撰稿人喻江、著名学者楼嘉军、著名企业家代雨东等十大“重点合作旅行商”和十大“荣誉游客”，进一步加强吴中旅游与上海世博、旅游业界和旅行商的交流与合作。与此同时，在沈阳、北京举行两场旅游推介活动。为期一个月的碧螺春茶文化旅游节吸引众多旅游关注，有力地宣传吴中环太湖旅游。（旅游局）

【木渎国际旅游节】 4月29日，2010年太湖旅游世博年——中国木渎国际旅游节在木渎白象湾景区隆重开幕。开幕式上，举行了世博体验之旅“城里的小桥流水人家”木渎精品游启动仪式、央视大剧《姑苏十二娘》电视剧开机仪式、第二届苏州吴中环太湖自驾游启动仪式、“走进吴国都城”新闻发布会。旅游节持续一个月，包括白象湾快乐马戏月、江浙沪赛鸟大会、灵岩山牡丹花会等精彩活动，本次活动有力推进木渎旅游的产业化进程，同时也在世博期间为吴中旅游营造浓厚的节日氛围。（旅游局）

【首届枇杷节】 6月2日，2010年吴中区洞庭山第一届枇杷节在东山镇正式开幕。本届枇杷节是继“碧螺春茶文化旅游节”后区政府主办的又一以农产品为主题的旅游节。本届枇杷节，以东、西山为主要活动区，推出“快乐果农采摘游”、“怀旧心赏游”、“赏湖风光游”、“寻古探幽游”等系列线路，游客在活动中采摘品尝新鲜的东山白沙枇杷和西山青种枇杷，还可领略体会吴中太湖风光。（旅游局）

【首届杨梅节】 6月2日，2010吴中区首届杨梅节在西山景区举行，标志着吴中佳果——“太湖绿”洞庭杨梅正式上市，“品洞庭杨梅，游吴中太湖”活动启动。吴中区洞庭东山、金庭，是中国优质杨梅产区之一，近年来多次获得国家、省级奖励。为进一步提高杨梅产业化层次，专门成立“苏州市吴中区洞庭果业协会”，开发统一新包装，加强宣传推广力度，积极打造“太湖绿”品牌，进一步扩大洞庭杨梅知名度和美誉度。（旅游局）

【太湖开捕节】 8月28日，2010第六届中国（苏州）太湖开捕节隆重举行。本届开捕节以

“感恩母亲湖、保护自然”为主题，突破传统渔家习俗，节庆运作取得较好成效。开捕节期间，与美国五大湖渔业管理委员会首席代表签署《中美湖泊友好合作备忘率》，迈出开捕节国际化一步。几大央视基地落户助兴太湖开捕节。8月28日上午，举行“中央新影苏州太湖影视基地”揭牌仪式，“中央新影国家重大文献影视纪录片制作基地”、“中央新影国家科教影视片制作基地”、“中央新影动漫文化城”授牌仪式以及合作拍摄30集电视连续剧《吴健雄》签约仪式。中国(苏州)“四季太湖——全国摄影大奖赛”同日开镜。中国摄影家协会、中国摄影报、江苏省摄影家协会等领导，摄影家、摄影爱好者聚集太湖，捕捉“诗画太湖、魅力吴中”美好瞬间，彰显“文化太湖、绿色太湖、健康太湖”主题魅力。开幕当天，度假区共接待游客3.2万人次，各大景点门票收入达120.69万元，旅游收入640万元，分别比周末平均增加28%、30%和28%，中心区各大宾馆平均住宿率达90%以上。开捕节整体宣传有节奏、有亮点、有特色。CCTV中文国际频道对太湖开捕节作了详细报道。《新华日报》、《大公报》、《文汇报》等国家、长三角重点新闻媒体也予以头版、整版报道。江苏电视台、苏州地方各级媒体及新浪、搜狐等30多家新闻媒体都对本届开捕节进行全方位深入宣传。

（旅游局）

【穹窿山孙子兵法文化旅游节】 为进一步塑造穹窿山景区孙子兵法诞生地市场形象，全力唱响“苏州吴中，太湖最美的地方”旅游品牌，2010苏州·穹窿山孙子兵法文化旅游节于9月11日在穹窿山景区隆重举行，来自海内外孙武子研究会的专家学者、孙武后裔代表等近500人出席本次活动。当日，作为穹窿山孙子兵法文化旅游节子活动之一的“兵圣杯”世界女子围棋赛在穹窿山开赛，来自中国、日本、韩国、欧美等多个国家的16名围棋手参赛。此次旅游节持续一个月时间，期间举办了孙武演兵歌舞表演、朱买臣卖智慧水、“剑傲百年世博，荣归千年穹窿”的干将、莫邪剑展等一系列文化旅游活动。 （旅游局）

【角直水乡服饰文化旅游节】 9月19日，第八届中国苏州·角直水乡服饰文化国际旅游节在角直江南文化园开幕。角直水乡妇女服饰是首批国家级非物质文化遗产，“水乡服饰文化旅游节”成为国内具有特色鲜明和一定知名度的品牌节庆活动。旅游节期间，景区举办民俗表演活动、民间手工艺表演、金秋美食节、婚纱摄影展、古镇现场作文大赛等一系列特色主题活动，为游客提供丰盛的“文化大餐”。开幕式当天，作为角直旅游转型升级的重要项目——江南文化园也正式开园。

（旅游局）

【藏书羊肉美食节】 11月3日，以“人文吴中·欢乐木渎”为主题的2010中国·藏书羊肉美食节在古镇木渎开幕。美食节主要活动从11月3日持续至11月30日，主要包括开幕式当晚的大型文艺晚会、“游太湖名胜，品藏书羊肉”美食主题游启动仪式、“吉羊杯”藏书羊肉养生创新菜大赛、“羊肉与养生”名家养生大讲堂及藏书羊肉美食文化展示馆开馆仪式。次日，“游吴中名胜、品藏书羊肉”美食主题游在木渎白象湾景区正式启动。本次主题游旨在结合藏书羊肉美食文化，推出富有地方特色的吴中秋季旅游线路，是吴中后世博环太湖旅游的特色开场戏。 （旅游局）

教育·科技

教 育

【概况】 2010年，全区教育工作以科学发展观为指导,围绕“三区三城”建设目标和富民强区、教育强区发展战略,深入学习贯彻全国和省、市教育工作会议精神,深化教育体制改革,优化教育行政管理,大力实施素质教育,促进教育均衡发展，切实提高教育现代化水平。学前教育得到优化发展。在2009年形成早期教育服务网络基础上，在全区范围整体推进。召开全区0~3岁婴幼儿早期教育推进会。越溪实验小学幼儿园建成投用,全区新增“江苏省优质幼儿园”2所、“苏州市优质幼儿园”5所,3周岁以上幼儿入园率99.7%。义务教育均衡化水平不断提高。以“着眼课堂教学、优化教学质量”为主题,组织开展农村完小课堂教学展示活动，促进城乡义务教育一体化发展。做好外来人员子女义务教育工作,公办学校对外来人员子女的吸纳率达60.1%。车坊江东小学建成投用,区中小学生综合实践学校年末竣工。普通高中教育内涵建设得到加强。科学制订高中事业计划,做好热点高中计划分配工作,规范高中招生秩序。通过骨干教师评选、示教等活动,加强学科团队建设,努力提高教育质量,积极打造学校办学特色和优势。2010年,高考取得优异成绩,本二以上达线人数超1000人。苏苑高级中学接受市人民政府教育督导室组织的四星级教育综合督导评估,并获得很高评价。职业教育服务经济能力不断提升。完成吴中区职业教育专业结构与产业结构吻合度调研，围绕区“5+2”产业培育提升工程,提出调整、优化专业结构的具体意见和措施，以内涵发展促进企业转型升级。江苏省吴中中等专业学校“光伏技术应用中心”立项为省实训基地建设项目；江苏省吴中中等专业学校与姚建萍刺绣艺术馆合作开设“苏绣艺术与设计”专业。新增省示范专业1个,市级精品专业1个、市级精品课程2个。在省、市级职业学校师生技能大赛中，获省级一等奖1名、市级一等奖16名、市级团体一等奖2项。社区教育得到强化发展。区老年大学被认定为首批“苏州市教育现代化老年大学”，区老年大学新校启动建设。临湖镇无公害绿色食品水产养殖示范基地被命名为“苏州市第七批乡镇农科教结合示范基地”;木渎镇社区教育中心组织开展木渎镇万名市民读书月活动,开通“木渎镇市民终身学习网”,积极探索社区居民数字化学习新途径。年内,全区完成各类岗位培训总量20万人次，高等教育自学考试报名人数10456人,报考课程26417门,毕业人数129人;成人高考报名人数2302人,录取率76.2%。2010年,吴中区被江苏省教育厅认定为“江苏省全面实施素质教育先进县(市、区)”。(教育局)

【贯彻区中长期教育改革和发展规划纲要(2010~2020年)】 11月19日召开全区教育工作会议，全面部署当前及今后一段时期全区教育改革和发展主要任务。区长俞杏楠就《吴中区中长期教育改革和发展规划纲要(2010~2020年)》落实工作作具体部署。区委书记金海龙作重要讲话。会后,下发《吴中区中长期教育改革和发展规划纲要(2010~2020年)》、《中共吴中区委、吴中区人民政府关于加快实现城乡教育一体化现代化的意见》,要求全区各部门、各学校结合实际,抓紧抓好落实工作。 (教育局)

【教育督导】 苏州市教育督导组督导评估吴中区政府教育工作,督导组对全区在加大教育投入、优化办学环境、深化教育改革等方面的工作给予了肯定;组织自查全区图书馆建设年专项工作、教育技术装备工作,并接受市级督导,得到良好评价;依据《苏州市教育督导条例》规定,教育综合督导评估横泾中学、郭巷中学、越溪实验小学,总结学校办学成效和特色;专项督查全区各校办学行为的规范化情况。研究制定《吴中区学校规范管理考评方案》,并对各学校日常管理工作进行随访性督导。 (教育局)

【学校德育】 举行小学班主任基本功竞赛和中学班主任例会旁听活动,编印班主任工作经验交流文集《陶冶心灵的艺术》,加强学校心理健康教育,新增"苏州市合格心理咨询室"11个,建立了5个中小学校健康教育教师研究团队;参加苏州市第五届阅读节活动,组织41所学校申报86项阅读内容;组织"我们的节日·清明"主题教育活动,开展以"畅想世博、拥抱太湖"为主题的宣传教育活动和"文化遗产在我身边"苏州市中小学生画信活动;表彰64名优秀德育工作者、208名优秀班主任;评出60名小学生学科"十佳";新增5所"苏州市德育先进学校"。 (教育局)

【学校体卫艺工作】 与区文体局联合举办中小学生阳光体育大会,举行田径、女子健美操、棋类比赛及高中军训会操;开展中小学生跳绳、踢毽、篮球、足球、排球比赛,推荐5所学校参加全市"世博校园行——伙伴计划"活动。组织好2010年体育中考工作,设立19个考点,派出32名技术考务人员和24名教育局行政巡视人员,在5天时间内为5630名考生送考上门。新增省、市级体育教育先进学校4所。长桥中心小学夺得省"红旗杯"棋类比赛团体冠军,该校学生董毓男在2010年全国少年象棋锦标赛上夺得女子10岁组金牌,是苏州市近10年来此项赛事的最好成绩。在2010年第11届"无管杯"江苏省无线电测向锦标赛中,度假区中心小学代表队勇夺女子团体第一名、男子团体第二名,学生谈劭天获得男子个人单项比赛第一,学校荣获江苏省"开展青少年无线电和定向活动先进单位"称号。碧波中学学生卢亚妮获得全国跆拳道示范团选拔赛第一名。苏苑实小学生彭派在香港国际武术节竞赛中获得金牌。木渎实验中学手球队在江苏省第十七届运动会4个级别的比赛中获得2个第一名、2个第二名。在"肯德基"杯全国青少年校园青春健身操苏州赛区比赛中,苏苑高级中学获得健身操组一等奖、省外国语学校获得啦啦操组一等奖。加强学校卫生工作的宣传教育和督促检查,落实各项卫生安全防控措施。碧波中学舞蹈节目《踩藕》夺得苏州市舞蹈大赛冠军,苏州市胥口中心小学创建为"江苏省艺术教育特色学校"。 (教育局)

【学生综合实践活动】 举办"吴中杯"第九届中小学生科技创新大赛和以"坚持科学发展,走近低碳生活"为主题的第十届中小学科普宣传周活动;建立"孙子兵法进校园"研究团队,优化孙子文化研究工作,吴中实验小学、香山中学被认定为吴中区首批"弘扬孙子文化示范基地";木渎实验中学推行"学生素质发展双分制”并取得显著成效;木渎高级中学5名高二学生全部跻身2010年全国中学生生物学联赛江苏赛区前20名,其中3人进入全省前5名;郭巷中学在苏州市中小学生车辆模型比赛中取得3个单项团体总分第一名。在2010年“白象湾杯”苏州市中小学生航海模型比赛中,郭巷中学、藏书实验小学各获得5个单项的第一名。碧波实小在FLL机器人华东直选赛中获全能一等奖。在江苏省教育学会与时代英语报社联合举办的“时代英语杯”小学生英语风采大赛决赛中,宝带实验小学学生王文菁、苏苑实验小学学生吴正诚获得小中组特等奖,苏苑实验小学学生王铭瑞获得小高组特等奖。黄埭民办学校学生节目入选全国“六一”晚会。 (教育局)

【师资培训】 举办第四届名师展示活动,122位名师为全区教师传播前沿教育教学理念,呈现灵动多彩的课堂教学现场,展示全区名师工程建设成果,全区4500多名教师听课观摩。组织区级学科带头人、学科骨干教师评选活动,中学各学科“课堂教学大比武”活动和部分学科青年教师把握学科能力竞赛,选拔11名骨干教师赴农村学校支教。组织高级研修班学员科研课题开题论证会,邀请高校专家教授进行现场指导。年内,新增区学科带头人80名、区知名教师8名、市学科带头人20名、省特级教师3名、教授级高级教师2名、苏州市首批教育名家1名。到年底,全区拥有1名全国模范教师、23名省特级教师、1名省知名教师、5名教授级高级教师、1名市教育名家。全区小学教师本科及以上学历比例为60.4%,较全市平均水平高4个百分点;初中教师本科及以上学历比例为92%,较全市平均水平高5个百分点,高中教师研究生学历比例为12.3%,较全市平均水平高3个百分点。 (教育局)

【教育技术应用研究】 2010年,举办全区基于交互式电子白板的学科教学实践评优活动、小学骨干教师(语文、科学)交互式电子白板应用培训、首批区教育技术应用能手交互式电子白板应用培训等活动,有效提升全区中小学教师现代教育技术的应用能力。区现代教育技术应用研究中心组围绕校园电视节目的策划与制作等主题召开2次交流研讨活动,推荐12个校园电视节目参加各级评比,获得市级一等奖8个,二等奖4个,全国金奖5个。新增“苏州市教育信息化示范学校”4所,全区示范学校20所,居苏州大市前列。区教技中心被评为“江苏省现代教育技术应用先进单位”。 (教育局)

【“平安校园”创建活动】 年内新增市级“平安校园”2所、省级“平安校园”6所。为各校订阅《中小学幼儿园安全管理者读本》,有计划地宣传、普及安全管理知识和安全防范常识。结合世博期间校园安全保卫工作、玉树地震抗震救灾活动,广泛开展“安全在我心中”和“防灾减灾”紧急疏散演练等主题班会和演练活动,切实提高广大师生的安全意识和自救自护能力。以优化“平安校园”创建活动为抓手,督促各校进一步修订和完善门卫、食堂、寄宿生管理、学生接送、值班等安全制度,做到措施完善、专人专管、明确责任。区教育局被评为平安创建先进集体。 (教育局)

【孙子文化进校园】 不断深化全区“孙子文化进校园”活动。在试点学校中建立2个“孙子文化进校园”研究团队,在吴中实验小学召开“孙子文化进校园”现场推进会,认定吴中实验小学、香山中学、藏书实验小学、度假区中心小学、越溪实验小学为“2010年孙子文化进校园”区级先进学校。组织孙子文化主题优质课评比活动;组织18所学校的36名分管校长和研究老师参加“孙子文化进校园”市级培训班学习。全区“孙子文化进校园”研究活

动被中国孙子兵法研究会授予首届中国孙子兵法研究成果奖提名奖。（教育局）

【教育教学科研工作】 区教育局承担的《区域性“规范管理学校”评估模式的研究》被确定为国家级课题《区域教育现代化先行实践研究》的子课题；市级课题结题47个、新立项8个；区级课题结题95个，其中22个鉴定为优秀级；区教科室课题网被评为苏州市首批唯一的课题网管理优秀等级。在苏州市第六次教育科研先进单位和先进个人评选活动中，苏苑高级中学等6所学校被评为先进单位，吴洪等12人被评为先进个人。全区中小学发表省级以上论文633篇，市级论文170篇。区级科研刊物《教育天地》出刊4期，刊发文章120篇。围绕“课改、质量、创新、提升”组织各类教学研究活动。组织课堂教学大比武、各学科名师展示、全体教师“双标”培训等活动，开展部分学科青年教师把握学科能力竞赛；承担省级教研课题《新课程背景下对学校课堂教学评价标准的重构与运用》并推进多层面的研究工作。年内出版“教育经纬”丛书之《教育觅渡》。（教育局）

【江苏省吴中中等专业学校概况】 2010年4月27日，省教育厅苏教职〔2010〕18号发文向全省公布，原“江苏省吴中职业教育中心校”正式更名为“江苏省吴中中等专业学校”。根据区编制委员会吴编委〔2010〕36号批复，学校遂正式启用新校名“江苏省吴中中等专业学校”。机构性质和级别维持原状不变。学校现有教职工287人，专任教师220余人，其中具有研究生学历（学位）22人，“双师型”教师80多人。全日制学生5300余人，其中五年制高职3300余人，高职专科1000余人，中专中职1000余人。成人学历教育（本、专科）在籍学员稳定在2000余人。与社区其他教育机构合作举办各种培训班，非学历年培训18000余人次。形成融中专、五年制高职（专科）、高职（专科）、自学考试、成人高考和开放教育于一体，升学与就业相兼顾，学历教育与非学历培训相结合的多层次办学格局。（中等专业学校）

【承办内地西藏中职班】 6月25日，国家教育部、国家发展和改革委员会、财政部等3部委联合颁布《关于在内地部分省（市）举办内地西藏中职班的意见》，给江苏省等12个东中部地区较发达省（市）国家重点中等职业学校下达3000人规模的内地中职班指令性计划。其中新能源类总计100人计划，全部在吴中中等专业学校。学校在上级党委和政府领导下，举全校之力，努力办好学。（中等专业学校）

附表： **2010年教育事业基本情况（一）**

	学校数（所）		教职工数（人）		# 专任教师数	
	2010年	2009年	2010年	2009年	2010年	2009年
合　计	64	66	5708	5725	5038	4956
1. 普通中学	25	25	2896	2921	2567	2549
（1）完全中学	5	7	614	817	561	729
（2）高级中学	4	4	765	760	680	673
（3）初级中学	16	14	1517	1344	1326	1147
2. 中等职业学校	4	5	471	506	376	375
3. 小　学	34	34	2308	2267	2067	2006
4. 特殊教育学校	1	2	33	31	28	26

（教育局、统计局）

2010年教育事业基本情况(二)

	招生数(人)		在校学生数(人)		毕业生数(人)	
	2010年	2009年	2010年	2009年	2010年	2009年
合　计	15349	14833	61677	62341	16271	17793
1. 普通中学	7361	7657	24053	25608	9205	9710
(1)初　中	4554	4575	13998	15096	5484	5967
(2)高　中	2807	3082	10055	10512	3721	3743
2. 中等职业学校	1741	1709	5111	6028	2328	3073
3. 小　学	6226	5441	32346	30520	4709	4952
4. 特殊教育学校	21	26	167	185	29	58

(教育局、统计局)

2010年入学率和升学率

单位:%

	2010年	2009年
学龄儿童入学率	100.0	100.0
小学毕业生升学率	100.0	100.0
初中毕业生升学率	99.5	99.56
高中毕业生升学率	95.0	95.0

(教育局、统计局)

2010年幼儿园基本情况

	单位	合计		按办学性质分	
			女	1. 教育部门办	2. 民　办
1. 园　数	所	50	—	27	23
2. 班　数	个	584	—	419	165
3. 入园幼儿数	人	7109	3208	5336	1773
在园幼儿数	人	18244	8619	14088	4156
离园幼儿数	人	5673	2645	4590	1083
4. 教职工人数	人	1509	1456	952	557
#园　长	人	76	76	48	28
专任教师	人	977	971	687	290
保健员	人	94	92	32	62
其　他	人	362	317	185	177
5. 代课教师	人	233	232	223	10

(教育局、统计局)

科学技术

【概况】 2010年申报市以上科技项目480项,立项143项,其中,国家级19项,省级29项,市级95项。争取市以上科技经费近5000万元。苏州西山中科实验动物有限公司"非人灵长类动物资源研发平台"、苏州瑞红电子化学品有限公司"I线光刻胶产品开发及产业化"等5项入围国家科技重大专项,完成经费审批等待下文,预计经费8644万元。安排区级科技经费6000万。获省级科技进步奖3项,其中省科技进步一等奖1项,市级科技进步奖7项,新批高新技术企业23家。全区累计高新技术企业51家、高新技术产品305个、民营科技企业200家。全年专利申请量4901件,专利授权量3567件。全年吴中区新增9家江苏省创新型企业、2个省级自主创新产品、3个项目获省科技进步奖、1个单位获江苏省知识产权工作先进集体。 (科技局)

【产业提升成效显著】 致力于培育新兴产业,大力发展高新产业,改造提升传统产业,科技集聚度和贡献度不断提升。高新技术产业加快发展。高新技术产业产值增长较快,新增高新技术企业23家,全年高新技术产业产值435.2亿元,同比增长27.3%,占规模以上工业总产值比重达43%。制订出台新能源、生物医药、文化创意产业发展扶持政策,优势高新产业发展环境进一步优化,发展速度加快。低碳、节能减排等新兴产业加快培育。"吴中药港"的品牌逐步形成,影响正在扩大。西山实验动物基地正式获批国家非人灵长类实验动物种子中心,完全与国际接轨的国家GLP实验大楼在加紧装修。总投资5000万元的新药研究公共服务平台正式启动建设。药明康德新药安评中心通过欧盟和中国药监局GLP实验室认证,市场空间逐步打开。天马成功上市,成为"吴中药港"第4家医药类上市公司。

(科技局)

【人才集聚效应明显】 推进科技与人才紧密结合,高端人才和团队呈现加快集聚态势。从国内外到吴中区创新创业的博士100人,全区列入各级领军人才计划的20人。引进的高端人才数量增多、质量提升,人才结构改善。全年新增江苏省高层次创新创业领军人才1人,江苏省企业博士集聚计划3人,姑苏创新创业领军人才1人,新增院士工作站4家。

(科技局)

【载体建设扩容升级】 全区建成或在建具有科技孵化服务功能的园区17个,形成面积约150万平方米。获批全省首批科技企业加速器1家。一批已建的载体加快招商,木渎金枫创新创意一条街、博济科技园、东创科技园承担科技项目。一批新的载体启动建设,南京大学科技成果转化基地和中博科技创业园正式挂牌。吴淞江科技产业园、吴中科技园二期、太湖科技产业园、胥口现代装备产业园以及临湖装备产业园等载体,或已动工建设,或已开始规划。加强项目招商与孵化培育,具有科技孵化功能的载体累计入驻企业288家,毕业企业18家。载体的孵化服务能力进一步提升,建立具有天使投资功能的科技型中小企业专项资金,组建全区科技企业孵化协会。

(科技局)

【产学研合作成果丰硕】 推动产学研合作,开展对接活动。与中科院的合作进一步拓展,全年与中科院举办合作活动8次,签订合作协议21个,合作领域、层次进一步拓展。与中科院生物局签订全面合作协议,东瑞制药、药明康德、吴中医药等15家企业加入中科院生物技术产业"创新联盟"。与重点院校的合作取得实质性成果。与同济大学合作共建的同济大学苏州研究院,完成污染控制工程中心、生物医药研究中心2个实验室的建设。与南信大共建的南信大苏州数字城市研究院顺利推进。与西安交通大学合作建设大学科技园的意向初步达成。组织全区相关企业与西安交通大学的产学研对接,角直镇印染企业与东华大学的技术对接活动起到很好的效果。

(科技局)

【科技金融深度结合】 通过《吴中区科技型中小型企业发展专项资金》,启动投资900万元,带动投资3000多万元,重点扶持一批领军人才型和处于创业初期的科技型企业。积极响应苏州市科技金融计划,实施科技金融贷款,争取市级科技金融贷款超过2亿元。举办系列资本项目对接活动,10月举办总规模约600人的大型科技人才资本项目对接会,吸引包括江苏省高新科技创业服务中心、苏州吴中创业投资有限公司等在内的海内外70多家创投、金融机构,与吴中区200多位科技项目代表零距离对接。现场签订5份合作协议,全区科技投融资服务进一步活跃。

(科技局)

【知识产权量质并升】 专利申请总量稳步增长,专利结构逐步改善,专利质量明显提升。全区专利申请达到4901件,专利授权量3567件,其中,发明专利申请达到857件。强化知识产权意识,走品牌战略。临湖羊毛衫一条街成功申报了"正版正货"示范街区。泰怡凯公司成功申报"苏州市家用电器—吸尘器领域公共服务平台"。知识产权工作得到省市知识产权局认可,2010年,被苏州市知识产权局推荐为"省知识产权工作先进集体"。

(科技局)

附表: **2010年度吴中区国家级科技计划项目**

项目名称	单位名称
焦炉煤气脱硫脱氰废水处理技术及多铵盐的分离产品	苏州久王多铵盐科技有限公司
巡防情报信息综合应用平台及中间件	苏州市新弈软件有限公司
氨氮在线自动监测仪	苏州科特环保设备有限公司
全氟辛烷基磺酸和全氟辛酸含量的快速测定方法及评价服务	江苏省优联检测技术服务有限公司
耐高温无卤阻燃PP/EPDM热塑性弹性体电缆料	苏州特威塑胶有限公司
利用畜禽胆为原料生产的熊去氧胆酸	苏州天绿生物制药有限公司
中小企业分析检测资源共享服务平台	苏州市吴中科技创业园管理有限公司
易拉盖高速冲压生产设备	苏州斯莱克精密设备股份有限公司
胞磷胆碱钠	苏州天马医药集团天吉生物制药有限公司
DK7732M/M高性能中走丝线切割机床	苏州新火花机床有限公司
基因药物规模化出口项目	江苏吴中医药集团有限公司
美索巴莫注射液(供静脉注射用)的产业化	苏州长征—欣凯制药有限公司
UP-SS级微电子用异丙醇	苏州晶瑞化学有限公司
YCJ-110A 硬币自助式存款机	苏州少士电子科技有限责任公司
SCV350-800全电脑控制精密挤压铸造机	苏州三基铸造装备股份有限公司
KGPS-DX高效节能环保多供电变频感应熔炼成套设备	苏州振吴电炉有限公司
SOD医用射线防护喷剂产业化	苏州市劲奥医疗器械有限公司
固体废物高效联合处理与资源化技术	苏州角直污水处理厂
白沙枇杷、杨梅保鲜技术示范和推广	苏州大福外贸食品有限公司

(科技局)

2010年度吴中区省级科技计划项目

项　目　名　称	单位名称
江苏省多功能轻合金精密铸造机工程技术研究中心	苏州三基铸造装备股份有限公司
江苏省低能耗智能清洁机器人工程技术研究中心	泰怡凯电器(苏州)有限公司
江苏省碧螺春茶叶工程技术研究中心	苏州市邓尉茶叶有限责任公司
江苏省数码便携式发电机组工程技术研究中心	苏州市双马机电有限公司
江苏省企业院士工作站	苏州江南航天机电工业公司
江苏省企业院士工作站	苏州太湖美药业有限公司
江苏省企业院士工作站	泰怡凯电器(苏州)有限公司
江苏省企业院士工作站	苏州西山中科实验动物有限公司
江苏省动物实验开放服务中心	苏州西山中科实验动物有限公司
国家一类生物抗癌新药重组人血管内皮抑素注射液的研发及产业化	江苏吴中医药集团有限公司
2500吨以上超大节能型智能控制压铸成型设备的研发及产业化	苏州三基铸造装备股份有限公司
基于两重直流母线控制的通信基站用太阳能风力互补发电系统	苏州斯派特光电技术有限公司
智能型广谱光电水质无线传感仪	苏州光华京美科技有限公司
国家一类新药来氟米特技术改造	苏州长征-欣凯制药有限公司
广谱抗肠道病毒感染手足口病的候选药物研究	江苏吴中医药集团有限公司
省科技型中小企业创业投资引导资金	苏州市吴中创业投资有限公司
省科技型中小企业创业投资引导资金	苏州市吴中区科技创业园管理有限公司
省科技型中小企业创业投资引导资金	苏州国发创新资本管理有限公司
江苏省重点领域企业和行业知识产权战略推进计划	泰怡凯电器(苏州)有限公司
江苏省知识产权管理标准化示范创建单位	苏州东华展览展示器材厂
	苏州市华电电气技术有限公司
	苏州三基铸造装备股份有限公司
	泰怡凯电器(苏州)有限公司)
江苏省发明专利资助	
江苏省境外专利资助	
林峰(MOST多用途汽车座椅占用智能传感器的研发与产业化)省双创人才	苏州卡泰克电子科技有限公司
刘世领省企业博士集聚计划	苏州中科天马肽工程中心有限公司
夏玉叶省企业博士集聚计划	苏州同立医药技术有限公司
钟朝敏省企业博士集聚计划	苏州药明康德新药开发有限公司

(科技局)

2010年吴中区新增高新技术企业名单

企　业　名　称	企业名称
苏州新凌电炉有限公司	苏州药明康德新药开发有限公司
苏州市双马机电有限公司	三洋能源(苏州)有限公司
苏州东山精密制造股份有限公司	苏州天绿生物制药有限公司
苏州石川制铁有限公司	苏州亚比斯复合材料有限公司
苏州新火花机床有限公司	苏州创新陶瓷有限公司
悦虎电路(苏州)有限公司	苏州市新弈软件有限公司
苏州百胜动力机器有限公司	苏州新锐软件有限公司
苏州林通新材料科技有限公司	苏州益维鑫计算机科技有限公司
苏州市燃气设备阀门制造有限公司	苏州市华瑞热控制技术有限公司
江苏环力科技发展有限公司	苏州市星辰科技有限公司
苏州市京达环卫设备有限公司	苏州红荔汽车零部件有限公司
盛州橡塑胶(苏州)有限公司	

(科技局)

文化·卫生·体育

文 化

【概况】 2010年,全区现有甪直、木渎、东山3个国家级历史文化名镇,明月湾、陆巷2处国家级历史文化名村,金庭、光福2个江苏省历史文化名镇,胥口、木渎、甪直被授予"中国民间艺术之乡"。全区有县级以上文物保护单位116处,其中国家级文物保护单位7处、省级文物保护单位16处。"太湖风光美,精华在吴中",13个国家级太湖风景名胜区中有六大景区在吴中境内。全区新增公益性文化阵地面积10154平方米,总面积达110839平方米,人均达0.185平方米。吴中区被评为省"扫黄打非"工作先进模范区;区文体局被评为省文明单位和市农家书屋工程建设先进单位、文明单位,被区委区政府表彰为"争创五型机关"先进集体,荣立集体三等功一次;1人次被表彰为全国"扫黄打非"工作先进个人,1人次荣立二等功,1人次荣立三等功。 (文体局)

【文化艺术】 举办碧螺春茶、穹窿山兵法、水乡妇女服饰和藏书羊肉等文化旅游节开幕式大型文艺演出,承办第八届中国国际民间艺术节文艺演出6场,面向市场组织"苏盛·百仕之夜"新年音乐会和"中润置业·生命阳光"大型杂技与梦幻魔术文艺演出,文体局与区委组织部合办"加强基层组织、推动科学发展"纪念建党89周年"三走进"系列文体活动。全面启动区城乡广场文体"三下乡"和优秀评弹《吴宫遗恨》进村(社区)巡演活动,组织文艺演出45场(次),其中国庆广场专题文艺演出5场,文明百村(社区)欢乐行专场演出6场。生产文化产品千余件,《甪直水乡行》获"中华元素"舞台艺术作品(群文)银翎创意奖,《吴宫遗恨》获中国曲艺牡丹奖"节目提名奖",胥口画家蒯惠中的作品入选"人文北京·写意昌平"全国山水画写生作品展;甪直连厢队参加央视"第二届中国民族民间歌舞盛典"演出;参加苏州市群众文艺优秀作品大会演,《憧乡抒怀》等3个作品获优秀创作奖,《姑苏十二娘》等3个作品获创作奖,《太湖雨》等2个作品获展演奖;参加"我的书屋·我的家"阅读演讲比赛,获市特等奖和一等奖,获省三等奖。市级文化创建结硕果,木渎镇、龙西街道、木渎文化广场和苏苑嘉宝廉风园广场、胥口镇文体教育服务中心和区文化馆分别被评为"文化示范镇"、"文化先进镇(街道)"、"特色文化广场"、"服务农民、服务基层"文化工作先进集体。 (文体局)

【文化产业】 制订出台《吴中区加快文化产业发展扶持暂行办法》,把文化产业发展纳入全区经济结构调整和科学发展考评体系,将文化产业考评纳入各镇、街道"三产"服务业百分考核,进一步发挥文化产业考核杠杆的调节功能。2010年,全区实现文化产业增加值16.2亿元。落户吴中区投资额超过10亿元的文化创意项目9个,被列为苏州市重点文化产业项目12个、苏州市重点文化创意产业园7个,其中15个项目总投资达198亿元,占全市重点文化产业项目投资总额的四分之一。穹窿山“天下第一智慧山”文化产业园项目获省文化产业引导资金扶持。成功举办上海世博会苏州主题论坛和“真·彩”柳美真艺术作品展、萧荣庆当代艺术邀请展、“笔墨寄意·丹青抒怀——徐建明中国画展”。光华文化创意产业园正式奠基,光福中国工艺文化城一期工程顺利推进,胥口“5D玄幻秀《苏州》文化商业综合体”项目全面启动,长桥街道范蠡公园、吴中国家科技创业园(长桥)正式开园;新华报业集团传媒文化产业园、中央新影太湖影视基地落户吴中。动画片《商圣范蠡》获首届中国十大卡通形象入围奖,将于央视播出;本色美术馆举办《反·映》当代艺术展,获文化部2009年中国现当代艺术重点推广三类扶持项目;香山工坊、穹窿山孙武苑文化旅游创意获苏州·江南十大创意策划案例奖,陈翰星获“苏州市十大策划大师”称号,区优秀人才奖。(文体局)

【非物质文化遗产保护】 碧螺春茶制作技艺进入国家级保护名录,洞庭山碧螺春制茶技艺保护示范基地被公布为第四批“苏州市非物质文化遗产保护示范基地”,“金山石雕”吴福云等9人被公布为苏州市级非物质文化传承人,“香山帮传统建筑营造技艺”、“角直水乡妇女服饰”在世博会进行展示。苏州古城址考古获得重大阶段性成果,断定在苏州西南部山区木渎、胥口一带山间盆地内,曾经存在过一座春秋晚期具有都邑性质的超大型城址,为吴国都城演进的考古论证工作提供重要线索。(文体局)

【文物保护与管理】 年内,成立苏州市吴中区文物局。以苏州举办全国第五个“文化遗产日”为契机,积极宣传区第三次全国文物普查成果,将新发现的395处文物点(苏州大市第一)制作成图文并茂的《吴中区第三次全国文物普查新发现汇编》;继续加大文物保护力度,编制完成紫金庵罗汉塑像和保圣寺罗汉塑像保护规划并上报国家文物局审批,抓紧编制轩辕宫正殿的保护规划;完成25处市保单位、50处控保建筑的紫线划定和标志牌树立工作;建成一、二、三级馆藏文物数据库,录入条目295条;投入专项经费3202万元,对轩辕宫正殿、春在楼状元府第、韩世忠墓碑亭、光福寺桥、诸公井亭、樟坞里方亭、徐家祠堂、角直兴隆桥、寿康桥、寿昌桥进行抢救性维修,对紫金庵罗汉塑像、保圣寺罗汉塑像、寂鉴寺石殿、启园进行环境整治。(文体局)

【文化市场管理】 完成辖区网吧“净网先锋”网络文化管理系统的安装和KTV歌曲版权使用费收取工作。对照文明城市要求,大力开展专项整治和“平安世博”专项保障行动,从严把关危险性体育经营活动,严厉查处无证照电子游戏房、无证照网吧和违规接纳未成人进入的经营场所;持续开展“扫黄打非”活动,严密封堵和查缴政治性非法出版物、低俗音像制品;开展新闻出版产业调查梳理工作,建立新闻出版统计数据库;实行版权作品免费登记。先后出动执法人员850人次,检查文化经营场所2830家次,行政处罚4起,发放场所安全整改通知书3份,文化行政提示书、警示书22份,关停无证照网吧10家;查缴非法音像制品8035件、非法书刊1685册、政治性非法出版物42册、少儿版钱币200余张,取缔无证出版物摊点70个;调查处理各类举报22起。苏州市重大版权推广运用项目——动画片《商圣范蠡》获10万元拨款,苏州市软件正版化推进计划项目——苏州华电电气股份有限公司和苏州药明康德新药开发有限公司分获4万元拨款。胥口采香泾村被授予“江苏省百家农家书屋”、角直淞浦村被授予“苏州市农家书屋示范点”、郭巷街道姚琴被授予“江苏省百家农家书屋管理员”荣誉称号。全区有苏州市“文明网吧” 8家,新增4家。

（文体局）

附表：

2010年电影、公共图书馆基本情况

	单位	2010年	2009年
一、电影事业			
电影放映单位	个	3	3
影剧院	个	2	2
电影放映场次	场次	118	131
电影放映观众人次	万人次	2.5	15.1
电影放映收入	万元	5.37	8.2
二、公共图书馆			
1. 机构数	个	1	1
职工人数	人	13	11
2. 总藏书量	万册(件)	21.2	19.4
#古 籍	万册(件)	0.9	0.9
图 书	万册(件)	17.89	17.1
报 刊	万册(件)	2.41	2.31
3. 发放借书证数	个	2400	2300
4. 书刊外借人次	千人次	91.05	97.01
书刊外借册次	千册次	115.1	106.67
5. 公共房屋建筑面积	平方米	3377	3377
#书库	平方米	1046	1046
阅览室	平方米	280	280
6. 阅览室座席数	个	240	240
#少儿阅览室座席数	个	100	100

（文体局、统计局）

文物保护、艺术表演基本情况

	单位	2010 年	2009 年
一、文物保护			
1. 机构数	个	3	3
职工人数	人	14	14
2. 文物保护单位	处	116	116
#国家级	处	7	7
省　级	处	16	16
3. 文物藏品	件	5329	5329
#一级品	件	55	55
4. 参观人数	千人次	100	100
二、艺术表演团体			
1. 剧团数	个	2	2
#沪剧团	个	1	1
评弹团	个	1	1
2. 演职员工数	人	36	28
3. 演出场次	场次	2713	2513
观众人数	千人次	520	450

（文体局、统计局）

档案方志

【概况】2010 年,组织征集撤市设区以来吴中区获得的省级及省级以上荣誉档案，集中接收 20 家区政府机构改革中撤并单位的档案进馆。市区两级新农村示范村档案工作全部达省级标准，集体林权制度改革的档案工作成绩突出。区档案馆创新优化档案查阅方式，接待查档 8000 多人次，调阅档案 12000 余卷次,创历史新高。组建并运行“吴中区数字档案馆管理系统”,开通 100M 宽带,专供“吴中区档案信息综合管理系统”服务器使用。多种形式组织宣传贯彻《苏州市档案条例》,参加“三下乡”活动,普及档案知识,区档案局荣获“全省档案宣传工作先进集体”称号。《吴中区志》总纂工作完成。（档案局）

【档案基础建设】资源积累。征集到撤市设区以来吴中区获得的省级及省级以上荣誉档案实物 26 件、地情书籍资料 67 本(册)、珍贵照片138幅和特色工作照片237幅，拍摄积累重大活动、领导视察以及重要来访等照片1018幅。接收区政府机构改革中20家单位档案进馆，永久23卷和11842件、长期39卷和22897件，区住房和城乡建设局等单位现行文件或资料182件(册)。全区机关单位按新的归档范围和保管期限完成2009年度文件资料整理，收全率和归档质量较以往有明显提高，特别是在声像档案的收集整理上规范化程度进一步提高，多数单位做到纸质照片入册，数码照片入档案系统。《吴中年鉴(2010)》于12月公开出版，共52万字，向社会各界展示了吴中区全面走进太湖时代的良好态势。全年共收到大事信息107篇，附图68幅，采编质量明显提高。全区各地、各部门坚持汇编或续编《全宗指南》、《发文汇集》、《档案利用效果》等资料，并能结合部门职能开展各具特色的编研工作，例如，区旅游局制作《上海世博会城市最佳实践区吴中主题周活动》、《吴中旅游交通指示系统工程》、《碧螺春茶文化旅游节》等大量专题档案资料。档案室建设。各地各部门对档案室的建设越来越重视，许多单位加大投入，为档案室添置电脑、扫描仪、空调、温湿度控制、档案密集架等设施设备。新建全宗的部门或办公场所搬迁的单位，在用房相当紧张的情况下，仍然为档案室辟出专门用房，并配置基础设施设备，确保档案安全保管。一些行政村和社区的档案室条件较以往也有较大改善。 (档案局)

【档案业务管理】区法院通过省五星级复查，苏州太湖国家旅游度假区、区纪委等4家单位达到省三星级标准，区级机关党工委等51家单位的档案管理工作通过省星级测评或复查，吴中供水有限公司档案工作通过省二星级标准测评。横泾街道被评为“江苏省新农村建设档案工作示范街道”，香山街道香山村、临湖镇湖桥村被评为“江苏省新农村建设档案工作示范村”，胥口镇箭泾村被评为“苏州市新农村建设档案工作示范村”；集体林权制度改革档案工作成绩突出，区档案局被评为“苏州市集体林权制度改革工作先进集体”。档案管理年度检查中有区委宣传部、吴中工商局、长桥街道等44家单位达到优秀等次。开展3次机关、乡镇的档案工作协作组活动；组织40名新档案员参加上岗培训；6个家庭获苏州市家庭档案优秀奖。 (档案局)

【档案信息建设】3次优化升级“吴中区档案信息综合管理系统”，开通100M宽带，专供系统服务器使用，保证系统安全、快捷、稳定运行。在区档案馆内组建网络，运行“吴中区数字档案馆管理系统”，对文件级目录条目及数字化全文数据库进行挂接，共向系统倒入案卷级目录16万条、文件级目录310万条、全文数据150多万页，有效地保护档案原件，提高查档速度。绝大部分单位完成2009年前的永久、长期(30年)文书档案全文数字化，并进行网络挂接。 (档案局)

【地方志编纂工作】《吴中区志》总纂完成。完成区志总纂被列入2010年区政府重点工作，区志编辑部严格按照《地方志书质量规定》和《地方志行文规范》，在保证志书质量的前提下，加快编修进度，较好地完成了总纂工作。完成《吴中区老街》编写。经过反复修改、补充、考证，《吴中区老街》收集整理了区内44条老街巷的地图照片、名胜古迹、历史人文、名店名宅等资料，其中12条老街资料提供给《苏州老街志》使用。 (档案局)

【宣传报道工作】组织宣贯《苏州市档案条例》。10月1日，《苏州市档案条例》正式施行，全区档案部门利用网站、横幅、橱窗、宣传画、印发单行本等方式，广泛学习宣传。开展科普宣传。参加科技文化卫生“三下乡”活动，通过展示宣传板面、发放宣传资料、热情解答问题等方式,宣传普及档案知识。全年,在省、市级以上刊物上发表区档案信息报道等30多篇,区档案局再次荣获"全省档案宣传工作先进集体"称号。（档案局）

卫 生

【概况】2010年,全区公立医疗机构门急诊总人数337.7万人次,同比增长8.44%,总出院病人4.2万人次,与上年持平,医疗业务总收入6.67亿元,同比增长11.54%。城乡居民健康水平得到新的提升，居民人均期望寿命增至81.04岁。全区2家医院获评苏州市2006~2008年度文明单位，卫生系统获评苏州市卫生系统2007~2008年度文明行业，木渎医院等4家医疗卫生单位获评苏州市卫生系统2007~2008年度文明单位。（卫生局）

【医院管理】开展"医疗管理年"、"学习白求恩，敬业为人民"、"优质护理服务示范工程"等活动,狠抓医疗护理规范和质量安全管理,不断提升服务能力。组织实施医疗质量督导,开展医疗机构年度校验，校验合格率达98.3%。深化"平安医院"创建工作,吴中人民医院创建工作通过市级验收。木渎人民医院骨科、皮肤病医院皮肤科顺利通过市级评审,成为市级重点专科。（卫生局）

【疾病预防控制】执行国家扩大儿童免疫规划,本地儿童、流动儿童免费接种一类疫苗。强化儿童基础免疫,七苗覆盖率达95.6%。全面落实各项疾病防控工作，甲型H1N1流感、艾滋病、结核病等重大传染病得到有效控制。全区报告发生乙类传染病 1352例,同比下降26%,报告发生丙类传染病 2015例,同比上升7.41%。开展精神病康复日门诊,启动重性精神疾病治疗管理项目，免费服药率100%。全面落实血寄地防等工作，积极开展血防查螺、灭螺工作。慢性病防治工作进一步加强，高血压、糖尿病等慢病管理率稳定在95 %以上。（卫生局）

【卫生监督】加强卫生监督体系建设，11月中旬顺利通过省级考核，被确认为"达标示范"等级。启动建设开发区卫生监督分所,基层网络进一步完善。开展各类专项整治行动,全年检查餐饮、公共场所等单位1.23万户次,取缔制假售假窝点150个，实施行政处罚56件。严厉打击非法行医，取缔非法诊所131户,实施行政处罚44起。推进职业卫生工作,完成4家新建、扩建企业的职业健康危害因素测评。区卫生监督所荣获"2007~2009年度江苏省精神文明建设先进单位"称号。（卫生局）

【医疗保障】城乡居民(农村)医疗保险人均筹资标准提高到420元，全区实际参保人数为277840人,其中救助人数为10455人,行政村覆盖率和参保率均为100%。当年全区共有33370人次参保人员获得住院大病医疗补偿,补偿金额为11461.01万元，享受门诊医疗费用补助235454人次，补助金额649.51万元。住院实际补偿率为52.26%,住院可报费用补偿率为61.58%,最高补偿费用26.12万元。实行城乡一体社会救助,推进住院按病种结算。（卫生局、人社局）

【社区卫生】完成12个社区卫生服务站建设改造,社区卫生服务站标准化率达100%。实行社区卫生服务中心、站一体化管理,全面推行团队服务和责任医师制度,规范双向转诊、出巡诊制度,开展主动服务、上门服务,团队服务率100%,家庭服务签约率70%,居民健康档案建档率达67.6%,60岁以上老年人建档率达 99.8%。社区基本公共卫生服务经费增加到人均 33 元(按常住人口计算)。横泾街道、香山街道建成苏州市农村卫生现代化达标镇(街道),建成省级示范乡镇卫生院 1 个、市级示范社区卫生服务中心 2 个、示范社区卫生站 20 个。 (卫生局)

【妇幼保健】继续实施“母婴阳光工程”,全年发放免费服务券 3659 套,普及免费产前筛查,对外来流动孕妇实施艾滋病免费筛查,开展儿童免费听力筛查和特困人群妇女病普查。完成免费婚检人数 5670 人,免费婚检率达 99.8%。实施重大公共卫生服务妇幼项目,完成 2372 例农村孕产妇住院分娩补助,为 2527 名农村孕前孕早期育龄妇女免费发放叶酸,开展妇女病普查和“两癌”筛查。加强母婴安全管理,婴儿死亡率和新生儿出生缺陷率分别为 4.93‰和 7.79‰。 (卫生局)

【爱国卫生和健康促进】积极宣传健康城市理念,不断丰富健康城市内涵,新建苏州市健康村 15 个,新建江苏省健康促进示范企业 2 个。实施“健康促进百千万工程”,开展全民健康教育活动,居民健康素养知识普及率达 60%以上。建成“行动”苏州市示范镇 2 个、“行动”苏州市先进村 10 个。完善农村环境“三位一体”长效管理机制,创卫工作取得新成绩,新建省级卫生村 14 个,全区省级卫生村建成率达 75%。农村改水、改厕率分别提高到 100%、95.4%。 (卫生局)

附表:

卫生事业基本情况

	单位	2010 年	2009 年
1. 卫生机构数	所	242	240
# 医院	所	17	15
基层医疗卫生服务机构	所	95	94
2. 卫生机构床位数	张	3081	2620
# 医院	张	2416	1932
基层医疗卫生服务机构	张	665	688
3. 卫生技术人员数	人	3610	3200
# 医院	人	1933	1609
基层医疗卫生服务机构	人	1120	1035
# 医生人数	人	1381	1220
# 医院	人	638	506
基层医疗卫生服务机构	人	462	423
4. 妇幼保健情况			
5 岁以下儿童死亡率	‰	6.98	6.87
婴儿死亡率	‰	4.98	5.06
产妇住院分娩比例	%	100.0	100.0
5. 医疗机构诊疗情况			
诊疗总人次	人	4016040	3533577
#门 诊	人	3945793	3240347
入院人数	%	54732	49726
病床周转次数	%	19.63	21.9
病床使用率	天	72.61	72.7
出院者平均住院天数	人	11.4	10.2

(卫生局、统计局)

2010年末各类卫生机构、床位及人员数

	机构数（个）	床位数（张）	人员数（人）	#卫生技术人员数	执业医师人员	执业助理医师人员	注册护士人员	药师(士)人数	技师(士)人数	检验师人数	其他卫生技术人员数
合　计	242	3081	4659	3610	1252	129	1435	256	175	140	363
一、医　院	17	2416	2548	1933	602	36	896	107	80	63	212
1. 综合医院	5	672	1064	810	275	11	353	37	40	29	94
2. 中医医院	1	450	710	634	235	5	273	38	23	19	60
3. 专科医院	4	456	386	305	72	10	153	22	15	14	33
4. 护理院	7	838	388	184	20	10	117	10	2	1	25
二、基层医疗卫生服务机构	95	665	1447	1120	395	67	391	121	58	53	88
三、门诊部	16	–	248	187	71	8	60	14	23	11	11
1. 综合门诊部	15	–	243	183	69	8	59	14	23	11	10
2. 专科门诊部	1	–	5	4	2	–	1	–	–	–	1
四、诊所、卫生所、医务室	110	–	260	253	138	14	83	9	2	1	7
1. 诊　所	76	–	186	180	96	6	61	8	2	1	7
2. 卫生所、医务室	34	–	74	73	42	8	22	1	–	–	–
五、妇幼保健院(所、站)	1	–	23	21	17	–	1	1	2	2	–
六、疾病预防控制中心	1	–	58	45	27	4	2	2	9	9	1
七、卫生监督(所)中心	1	–	59	43	–	–	–	–	–	–	43
八、其他卫生机构	1	–	16	8	2	–	2	2	1	1	1

（卫生局、统计局）

2010年医疗机构诊疗人数

	总诊疗人次数（人次）	门诊人次（人次）	急诊人次（人次）	入院人数（人）	出院人数（人）	实有床位（张）
总　　计	4016040	3621073	324720	54732	54045	1004688
一、医　院	1129437	963900	165537	39151	38457	781329
1. 综合医院	429951	361625	68326	15550	15460	242160
2. 中医医院	577204	487488	89716	15858	15814	140610
3. 专科医院	122282	114787	7495	6152	6046	148719
（1）肿瘤医院	12081	12001	80	3668	3574	69011
（2）皮肤病医院	81575	81575	–	693	693	10218
（3）整形外科医院	8921	4866	4055	1477	1466	23865
（4）其他专科医院	19705	16345	3360	314	313	45625
4. 护理院	–	–	–	1591	1137	249840
二、基层医疗卫生服务机构	2450515	2227284	158773	15581	15588	223359
1. 社区卫生服务中心（站）	988904	856777	114466	4483	4463	62018
2. 乡镇卫生院	1362350	1290858	44307	11098	11125	161341
3. 村卫生室	99261	79649	–	–	–	–
三、门诊部	97324	96914	410	–	–	–
四、诊所、卫生所、医务室	322266	316477	–	–	–	–
1. 诊所	224703	219950	–	–	–	–
2. 卫生所、医务室	97563	96527	–	–	–	–
五、妇幼保健院（所、站）	16498	16498	–	–	–	–

（卫生局、统计局）

各类传染病发病率情况

	单位	2010年	2009年
总发病率	1/10万	277.45	302.09
#肝　炎	1/10万	17.54	17.54
伤　寒	1/10万	0.16	1.79
痢　疾	1/10万	4.65	5.22
麻　疹	1/10万	4.73	9.71

注：各种传染病总发病率包括性病、结核病。

（卫生局、统计局）

2010年前十位疾病死因及比重

位次	死因	占全部死因比重(%)
总计		96.68
1	恶性肿瘤	38.56
2	脑血管病	21.83
3	呼吸系统疾病	14.94
4	心脏病	9.94
5	损伤和中毒	5.52
6	内分泌、营养和代谢疾病	1.84
7	消化系统疾病	1.32
8	神经系统疾病	1.10
9	泌尿生殖系统疾病	0.79
10	传染病和寄生虫病	0.84

(卫生局、统计局)

体育

【概况】体育彩票销售2.2亿元,实现三年翻一番,列全省第五位。吴中区被评为省县级体育工作先进单位、1人次被表彰为江苏省群众体育先进个人。全区各项文体事业和文体产业取得预期进展。(文体局)

【群众体育】认真贯彻落实《全民健身条例》和《苏州市体育基本现代化工作实施意见》,在组织学习宣传、教育培训基础上,着手启动区体育现代化建设工作,广泛深入开展形式多样、内容丰富的全民健身月活动。举办区第二届体育节。围绕"科学健身·幸福一生"主题,制订下发区《全民健身月活动计划》,并联合龙西街道共同举办"区全民健身月暨龙西街道趣味运动会"启动仪式,各镇、街道"全民健身月"活动相继展开。龙西、城南、香山等地举办运动会,组织首届残疾人趣味竞技体育比赛、"木渎古镇杯"登山比赛、区职工"三洋杯"男子篮球赛、老同志休闲钓鱼比赛等区级体育活动50余场次。举办首届"吴中杯"中国象棋联谊赛,承办苏州市首届武术邀请赛,协办"第五届太湖杯端午节龙舟大赛"。角直连厢队参加苏州市"第三届全民欢乐大比拼"获优秀表演奖。建立区全民健身工程(点)器材巡查管理志愿者队伍,55人被聘为业余器材维护员。(文体局)

【竞技体育】创新教体结合发展模式,命名江苏省外国语学校(航海模型)、迎春中学(航空模型)、城西中学(棋类)为区体育特色学校,郭巷中学(田径)、江苏省外国语学校(田径)为区体育传统项目学校。长桥中心小学、度假区中心小学被命名为"苏州市青少年智力体育项目培训基地",越溪实验小学被命名为"苏州大学体育学院武术教学实习基地"、"苏州市特色体育项目学校"、"江南船拳文化研究中心"。加强校办运动项目建设,江苏省外国语学校晋级为省足球重点学校,与区少体校联办田径队;市队校办手球队获全国中学生手球联赛初中组男子亚军。十七届省运会上,青少年部获金牌42.75枚,位居全省65个县(市、区)第三名,列苏州大市第一;吴中区籍运动员先后参加第四届世界传统武术锦标赛、中国·沧州国际武术节、香港国际武术节、世界华人艺术节华东区武术选拔赛夺得15块金牌、4块银牌。区籍运动员获市级以上体育竞赛金牌总数近60枚,其中体操队获4项全国冠军。长桥中心小学董毓男夺得全国少年象棋锦标赛女子10岁组冠军。承办穹窿山杯第一届世界女子围棋大赛、2010年全国现代五项(苏州站)冠军赛和苏州市中小学生足球等5项赛事,举办区中小学生田径等7项比赛。(文体局)

附表：

2010年体育事业基本情况

	单位	2010年	2009年
四百米标准田径场	个	10	10
举办运动会	次	26	25
参赛人次	人次	29000	28000
#市级运动会	人次	50	50
参赛人次	人次	5500	5500

（文体局、统计局）

社会民生

民 政

【概况】 至2010年年底,全区95%的社区成为区以上和谐社区。累计建成社区卫生服务中心15个、城市社区卫生服务站35个、城市社区警务室68个、农村社区卫生服务站45个、农村社区警务室78个。全年审核报批命名(变更、调整)道路69条、住宅区与建筑物等17处、桥梁6座,备案住宅区2个,是历年来最多一年。5月上旬至8月底,对申请参检的147个社团和60个民办非企业单位分片集中到14个点进行逐个年检,年检合格率达98%。全年主动申请注销社团登记1家、民办非企业单位登记4家,撤销民办非企业单位登记1家。目前已登记备案372个,无违规行为。全年审批新登记社团14个、变更10个,新登记民办非企业单位10个、变更10个。全年全区办理结婚登记5120对,离婚登记953对,补办结婚登记916对,出具婚姻状况证明2490件,办理收养登记46件,登记合格率均为100%。全区农村488名五保老人全部做到应保尽保,区、镇两级补差经费全部落实到位,共计支出五保金225万元。全年办理制作老龄证和高龄证1万多张,统一全区百岁以上老年人长寿金按月发放的标准和发放方法,为1404名90周岁以上老年人发放共计172.6万元长寿补贴金和敬老金。全年销售彩票2亿多元,筹集公益2000多万元。吴中区荣获江苏省“双拥模范区”和江苏省“村民自治模范区”称号。 (民政局)

【城乡居民最低生活保障】 1月1日起,区城乡低保标准实现一体化,分别由380元/人月和260元/人月统一提高至420元/人月。重残人员生活补助标准也相应提高至420元/人月。全区共有低保户2725户7481人,符合补助条件的重残人员有2185人,区、镇两级财政支出低保金1300余万元、重残人员生活救助金750余万元。加大低保边缘对象救助力度,对全区2896名低保边缘人员实施生活救助,下拨生活救助金580余万元。对全区低保及低保边缘对象及时给予医疗救助,共计减免医疗费1900余万元。 (民政局)

【社会救助】春节期间,对低保、低保边缘、优抚等民政对象进行普惠慰问送温暖,区镇两级共发放慰问金505.7万元。1月份,对各镇(区)、街道43户因大病致贫的特困家庭进行慈善救助,发放救助金40万元。7月中旬和9月上旬,分两批对具有本地户籍的低保、低保边缘、特困职工家庭在读贫困高中、大学生847人进行资助,发放慈善助学金160.8万元。8月份,根据省市有关文件精神,及时下拨困难群众一次性生活补贴77.3万元。农村贫困户危房翻建工作纳入区政府2010年实事工程,共有210户贫困农户危房翻建(维修),区镇两级共投入资金500余万元。(民政局)

【防灾减灾】 利用年度防灾减灾日,区政府主办,区民政局牵头,在吴中区东吴国际商场广场,举行大型防灾减灾宣传活动,强化全民防灾减灾意识。发挥慈善组织的社会影响,创新资金募集方式,拓宽资金募集渠道,关心和支援灾区人民。青海玉树地震发生后,区慈善总会及时向社会各界发出救灾捐款倡议书,动员社会各界伸援手、捐善款,共接收社会各界捐款358万余元,全部汇往灾区。舟曲地区灾害发生后,及时组织救灾募捐活动,募集善款6.6万元。 (民政局)

【优抚安置】 年内,发放定期抚恤、生活和医疗补助、参战退役人员生活补助、现役军人家庭优待金等4项经费共计1140.4万元。按照国家和省市要求,对全区抗战老复员军人、残疾军人及遗属发放慰问金和一次性生活补助共计1.8万元。追认因公牺牲3名,新评残4名,提升等级4名,补发残疾证2名,换证1名。新审参战退役人员7名、老复员军人遗属15名。对492名参战退役人员参加职工医保、自费参加职工医保、居民医保和新农合等参保情况进行审定,并对其中符合参加医疗救助的416名参战退役人员全部办理参保手续。按要求为90多名一至六级残疾军人全部办理医保卡,纳入医保规范化管理。接收2009年冬季退役士兵250名,转业士官8名,发放退役士兵货币安置金1208.56万元、生活费28万元,发放转业士官安置金54.4万元。依托职业教育中心校教育资源,成立区退役士兵培训"一站二基地"(就业指导服务站和培训基地、实习基地)。区财政拨付退役士兵职业技能培训经费106.8万元,退役士兵参训率达到100%。 (民政局)

【双拥工作】 春节和"八一"期间,对驻苏驻吴部队进行走访慰问,召开军政首长座谈会,发放慰问金和驻吴部队无工作随军家属补助400多万元。"八一"前,召开全区双拥工作总结表彰大会,表彰了50个双拥工作先进单位、40名双拥工作先进个人、10名优秀军转干部、16名优秀复退军人、22名优秀军烈属、13名优秀军嫂。按照"部队所需、地方所能"原则,投入100多万元经费,改善部队文化体育设施和官兵生活学习条件。创新开展孙子兵法进军营活动,军地双方通过下发指导意见、活动计划、召开动员大会、参观兵法诞生地、印制宣传画、赠送原著读本、名言警句集、开展专家授课、知识竞赛活动等形式,在部队取得较好反响,受到上级部门肯定。5月份,吴中区被命名为"江苏省双拥模范区",是连续第六次荣获省双拥模范区命名。 (民政局)

【殡葬管理】 做好清明节群众祭祀工作,达到"文明祭祀、平安清明"。全面调查公益性公墓用地情况,对全区公益性公墓用地基本用完、群众反映强烈的现状,提出"十二五"公益性公墓用地规划,并接受区人大调研。对全区11个非法公墓情况进行全面调查,分类汇总上报,其中3个有遗留问题的处理办法与结果得到上级认可。完成16个经营性公墓年检工作,协助迁移散坟2000多座。基本完成塔陵遗留问题处理工作,3个塔陵已退穴61381穴,还款12014.7万元,退穴还款约占总数90%。 (民政局)

【基层自治组织建设】 7月份经新一轮创建,吴中区第三次被省民政厅命名为"省村民自治模范区"。做好第九届村委会、第三届社区居委会换届选举工作。区"两委会"换届选举工作自9月29日开始动员,至12月5日选举工作圆满完成,全区84个村委会、69个社区居委会顺利完成换届。首次试点"一票直选"方式,59个村"一票直选"成功,占70%。27个村委会转社区居委会中,有18个"一票直选"成功,占66.7%。 (民政局)

社会保障

【劳动就业管理】 2010年，新增就业岗位53749个,其中面向本地劳动力7884个,帮助3773名失业人员就业，城镇困难人员实现就业2762人。开发公益性岗位728个,年末城镇登记失业率为2.98%，高校毕业生就业率96.5%。 （人社局）

【社会保障】 完成城镇五险净增参保33586人。参保人员待遇水平稳步提高,企业退休人员月人均增加基本养老金105.8元,被征地农民置换城保养老人员养老金从平均每月624.3元提高到661.1元，农保基础养老金从每月140元提高到180元，被征地老年人员保养金从每月350元提高到400元，城乡居民医疗保险筹资标准提高到420元。城乡一体医疗救助4432万元、11.2万人次。免费健康检1.07万名企业退休人员、9.7万名农村居民。 （人社局）

附表：

2010年城镇单位劳动报酬和生活费

单位:万元

	从业人员劳动报酬	在岗职工工资总额	其他从业人员劳动报酬	离岗保留关系职工生活费
合　计	363359	352497	10862	735
#国有经济	146749	144814	1935	207
集体经济	13839	12634	1205	47
其他经济	202771	195049	7722	481

(人社局、统计局)

2010年城镇单位在岗职工人数与工资

	单 位	合 计	国有经济	集体经济	其他经济
一、年末人数	人	80257	18129	2041	60087
#非全日制	人	438	16	121	301
#女职工	人	42650	9261	1302	32087
#来自农村	人	38327	788	156	37383
#专业技术人员	人	14544	8316	1113	5115
二、平均人数	人	78688	17792	1956	58940
三、工资总额	万元	352497	144814	12634	195049
四、年平均工资	元/人	44797	81393	64589	33093
年平均工资为2009年	%	113.4	115.5	119.0	114.5

（人社局、统计局）

2010 年失业、工伤、生育、医疗保险情况

	单位	失业保险	工伤保险	生育保险	医疗保险
1. 年末参加保险单位数	个	8337	8445	8445	8454
2. 年末参加保险职工人数	人	220128	220630	251906	290296
3. 年内保险基金总收入	万元	15194	3764	5028	56121
#利息收入	万元	946	349	68	3638
4. 年内保险基金总支出	万元	4373	1473	3203	38110
5. 年内领取保险金人数	人	11461	1141	3397	374005

（人社局、统计局）

2010 年养老保险情况

	单位	合计	其中			
			全 民	集 体	外 资	其 他
1. 年末参加保险单位数	个	10138	75	187	1103	8773
2. 年末参加保险人数	人	236882	4603	9593	99342	123344
3. 年内保险基金收入总额	万元	263424	2760	5271	58498	196895
4. 年内退休养老金支出总额	万元	64129	19469	18227	693	25740

（人社局、统计局）

人口和计划生育

【概况】 2010 年，全区共有户籍人口 60.04 万，公安登记暂住人口 72.53 万；户籍人口和流动人口分别出生 5768 人和 5086 人，出生政策符合率分别为 99.45%和 90.25%，出生性别比分别为 111.59 和 112.89。（计生局）

【执法队伍建设】 组织各地分管领导、局中层干部考察学习先行县（市）经验，专题向区政府提交《关于成立吴中区人口和计划生育行政执法大队的请示》。区编委下发《关于同意成立人口和计划生育行政执法大队的批复》，区政府下发《关于组建基层人口和计划生育行政执法中队的通知》（吴政发[2010]140 号）。全区建立 1 个大队，16 个中队，人口计生执法队伍已全部组建到位。（计生局）

【30 周年纪念活动】 为隆重纪念《公开信》发表 30 周年，以“心系国策·情暖万家”为主题，开展“八个一”系列宣传活动，即组织一次纪念《公开信》发表 30 周年征文、召开一次人口计生老同志座谈会、制作一套人口计生纪念银币、编印一本《吴中人口计生三十年》画册、举办一次人口计生 30 年成果展、制作一部电视专题片《脚步》、举办一台大型文艺演出和发放一封感谢信。《公开信》发表 30 周年纪念活动的开展，使计划生育基本国策深入

人心，在全区营造了大力支持人口计生工作的良好社会氛围。（计生局）

【优质服务“百千万”活动】 年内，组织开展人口计生优质服务“走百村、进千企、惠万家”活动，整合人口计生部门资源和优势，满足企业和群众需求。精心制作人口计生宣传版面，在各村（社区）、企业巡展120余场；在各村（社区）举办人口计生知识讲座；与卫生部门联系，将生殖道感染综合防治纳入城镇职工医疗保险，农村纳入基本公共卫生服务项目，共普查了64437人，大幅提高生殖道感染综合防治率；各镇世代服务机构增挂流动人口计划生育服务中心牌子，为流动人口提供和户籍人口均等的人口计生基本公共服务。深入企业现场办公，为流动人口办理《苏州市非户籍人口计划生育管理服务卡》，服务卡发放率达81%。启动优生促进工程，免费向新婚及照顾再生育妇女赠送优生优育疾病保险。利用覆盖全区的0~3岁科学育儿指导服务网络，传播科学育儿理念，促进婴幼儿全面发展。（计生局）

【一次性奖励工作】 开展对2008年1月1日以后企业持独生子女证退休人员等的一次性奖励工作，加强与人社、财政、地税等部门的协作，严格把好奖励对象的审核、发放关，全年有5206人符合一次性奖励条件，1870.82万奖励金已于7月1日前全部发放到位。同时建立了一次性奖励长效机制，自2011年开始企业持证退休人员的一次性奖励将在每年1月份进行登记，6月底前全部发放到位。（计生局）

附表：　2010年计划生育及婚姻登记情况

	单位	2010年	2009年
一、晚婚情况			
女性初婚人数	人	3676	4238
#23周岁以上	人	2216	2385
晚婚率	%	60.28	56.28
二、生育情况			
出生人数	人	5768	4816
#女	人	2726	2296
1. 计划内生育人数	人	5748	4813
一 孩	人	4296	3697
二 孩	人	1433	1105
计划内多孩	人	19	11
出生政策符合率	%	99.65	99.94
2. 计划外生育人数	人	20	3
三、节育情况			
育龄妇女人数	人	148213	140332
生育率	‰	38.92	34.32
已婚育龄妇女人数	人	124254	116666
一孩妇女人数	人	104427	99086
已采取各种避孕节育措施人数	人	105684	99361
节育率	%	85.13	85.44

续表

	单位	2010 年	2009 年
四、婚姻登记情况			
年内准予登记结婚数	对	5109	5824
#初 婚	人	8940	10030
再 婚	人	1278	1618
年内申请离婚数	对	949	904
年内准予离婚数	对	949	904

（统计局）

人民生活

【概况】 2010 年，全区农民人均纯收入达 14659 元，比上年增长 13.0%，城镇居民人均可支配收入达 32110 元，比上年增长 11.3%。收入结构逐步优化，非工资性收入保持较快增长，城镇居民人均财产性收入和转移性收入分别比上年增长 41.6%和 16.3%。生活质量进一步提高，城镇居民人均消费支出为 19827 元，较上年增长 11.7%，其中食品支出 6197 元；农村居民人均生活消费支出为 10170 元，较上年增长 4.8%，其中食品支出 3723 元。年末城乡居民人民币储蓄存款余额 371.35 亿元，比上年增长 14.9 %。 （统计局）

附表： **城镇居民家庭基本情况**

	单位	2010 年	2009 年
一、调查户数	户	70	70
二、家庭人口数	人	204	209
平均每户人口数	人	2.91	2.99
三、就业人口数	人	95	100
#国有集体职工人数	人	27	31
其他各种经济类型单位职工人数	人	37	36
城镇个体经营者人数	人	5	5
城镇个体被雇者人数	人	6	8
离退休再就业者人数	人	2	5
平均每户就业人口数	人	1.4	1.4
平均每一就业者负担人口	人	2.2	2.1
四、平均每户居住面积	平方米	101.2	101.1
平均每人居住面积	平方米	34.8	33.8
五、房屋产权	%	100	100
租赁公房	%	–	–
原有私房	%	7.1	5.7
房改私房	%	28.6	35.7
商品房	%	64.3	58.6

续表

	单位	2010年	2009年
六、住宅建筑式样	%	100.0	100.0
四居室	%	7.1	10.0
三居室	%	41.4	35.7
二居室	%	41.4	44.3
一居室	%	5.7	5.7
平房及其他	%	4.4	4.3
七、饮水情况	%	100.0	100.0
自来水	%	100.0	94.3
矿泉水	%	–	4.3
纯净水	%	–	1.4
八、用水情况	%	100.0	100.0
独用自来水	%	100.0	100.0
公用自来水	%	–	–
九、卫生设备	%	100.0	100.0
有厕所浴室	%	95.7	100.0
有厕所无浴室	%	4.3	–
十、取暖设备	%	100.0	100.0
无取暖设备	%	–	2.9
空调设备	%	98.6	97.1
其 他	%	1.4	–
十一、炊用燃料使用情况	%	100.0	100.0
管道煤气	%	58.6	70.0
液化石油气	%	41.4	30.0
十二、每百户居民家庭通用设备使用情况			
1. 固定电话	部	110	107
2. 移动电话	部	199	179
3. 使用互联网	条	54	63
十三、每百户居民家庭耐用消费品拥有量			
摩托车	辆	11	11
洗衣机	台	111	103
电冰箱	台	109	103
彩色电视机	台	207	199
家用电脑	台	103	84

续表

	单位	2010 年	2009 年
组合音响	套	39	40
摄像机	架	11	10
照相机	架	84	71
微波炉	台	100	99
空调器	台	233	210
助力车	辆	87	73
家用汽车	辆	43	36
钢 琴	架	3	3
其他中高档乐器	件	4	4
淋浴热水器	台	113	114
健身器材	套	16	13
移动电话	部	199	179
消毒碗柜	台	19	16

（统计局）

城镇居民家庭全年主要消费品人均消费量

	单位	2010 年	2009 年
一、粮油类			
#大 米	千克	46.0	46.3
面 粉	千克	1.6	1.4
食用植物油	千克	7.2	7.9
二、肉禽蛋水产品			
#猪 肉	千克	24.1	22.6
牛 肉	千克	2.3	2.2
羊 肉	千克	0.5	0.9
鸡	千克	8.1	8.1
鸭	千克	1.4	1.4
鲜 蛋	千克	9.0	8.7
鱼	千克	16.2	15.4

续表

	单位	2010年	2009年
虾	千克	5.1	4.8
三、鲜 菜	千克	117.2	104.7
四、酒 类			
#白 酒	千克	0.6	0.6
果 酒	千克	0.4	0.4
啤 酒	千克	1.5	1.9
五、饮料类			
#碳酸饮料	千克	1.2	1.3
瓶装饮用水	千克	2.4	1.8
茶 叶	千克	0.2	0.2
六、干鲜瓜果类			
#鲜 果	千克	46.2	40.9
鲜 瓜	千克	13.9	18.3
七、糕点类	千克	3.8	4.0
八、奶及奶制品			
#鲜乳品	千克	14.1	16.8
奶 粉	千克	0.5	0.6
酸 奶	千克	4.8	2.5
九、衣着类			
#衣 着	件	8.3	7.5
鞋 子	双	2.9	2.7

(统计局)

农村居民家庭基本情况

	单位	2010年	2009年
一、调查户数	户	100	100
二、家庭常住人口	人	389	389
#在校学生人数	人	59	61

续表

	单位	2010 年	2009 年
# 7~15 岁在校学生人数	人	26	31
1. 6 岁及以下	人	15	13
2. 7~15 岁	人	26	31
3. 16~18 岁	人	14	17
4. 19~22 岁	人	22	16
5. 23~25 岁	人	18	16
6. 26~30 岁	人	21	23
7. 31~40 岁	人	73	80
8. 41~50 岁	人	66	66
9. 51~60 岁	人	67	64
10. 60 岁以上	人	67	63
三、整半劳动力数	人	257	258
# 男劳动力人数	人	139	138
整劳动力	人	166	169
受过专业培训的人数	人	–	153
1. 不识字或识字很少	人	2	3
2. 小学文化程度	人	48	49
3. 初中文化程度	人	102	113
4. 高中文化程度	人	53	49
5. 中 专	人	11	10
6. 大专及以上	人	41	34
平均每户整半劳动力	人	2.6	2.6
平均每个劳动力负担人口	人	1.5	1.5
四、农村住户就业劳动力人数	人	242	242
# 男劳动力就业人数	人	137	134
（一）劳动力就业行业分布			
1. 第一产业就业劳动力	人	13	10
# 农 业	人	13	8
2. 第二产业就业劳动力	人	123	119

续表

	单位	2010 年	2009 年
（1）工　业	人	106	98
（2）建筑业	人	17	21
3. 第三产业就业劳动力	人	106	113
（1）交通运输仓储及邮电通讯业	人	6	5
（2）批发和零售贸易	人	19	16
（3）住宿和餐饮业	人	2	4
（4）居民服务和其他服务业	人	24	30
（5）教　育	人	6	5
（6）卫生、社会保障和社会福利业	人	5	7
（7）文化、体育和娱乐业	人	1	2
（8）其　他	人	43	44
（二）劳动力就业地点			
1. 乡镇内	人	228	235
2. 县内乡外	人	12	6
3. 省内县外	人	2	1
4. 国内省外	人	–	–
5. 国　外	人	–	–
（三）劳动力年内从事各种行业时间	月	2520	2540
1. 从事农业的时间	月	88	81
2. 从事非农产业的时间	月	2432	2459
五、平均每户经营耕地面积	亩	–	0.6
平均每户经营水面面积	亩	–	0.2
六、年内新建房屋面积	平方米	–	90
#楼房面积	平方米	–	90
七、平均每户年末使用房屋面积	平方米	297.7	296.5
平均每人年末使用房屋面积	平方米	76.5	76.2
八、平均每人年末生产用固定资产原值	元	1093.7	383.9
九、平均每百户生产用固定资产年末拥有量			
1. 机动脱粒机	台	–	19

续表

	单位	2010 年	2009 年
2. 水　泵	台	2	3
3. 汽　车	辆	1	3
4. 产品畜	头	1	2
5. 小型和手扶拖拉机	台	-	-
6. 农用动力机械	台	-	-
十、平均每百户主要耐用消费品拥有量			
1. 自行车	辆	194	186
2. 摩托车	辆	33	45
3. 摄像机	台	3	1
4. 电风扇	台	-	-
5. 洗衣机	台	105	100
6. 电冰箱	台	103	101
7. 抽油烟机	台	101	98
8. 黑白电视机	台	10	10
9. 彩色电视机	台	196	199
10. 收录机	台	-	-
11. 照相机	架	42	42
12. 吸尘器	台	39	33
13. 空调机	台	191	191
14. 热水器	台	103	101
15. 微波炉	台	100	93
16. 电话机	部	100	109
17. 移动电话	部	222	209
18. 家用计算机	台	68	57
19. 汽车(生活用)	辆	19	17
20. 影碟机	台	37	30
21. 组合音响	套	-	-

（统计局）

度假区·开发区

苏州太湖国家旅游度假区

【概况】苏州太湖国家旅游度假区是1992年经国务院首批批准建立的全国12个国家级旅游度假区之一。位于苏州市西南15公里处,东起胥口古镇,南倚石公山麓,西邻太湖,北傍穹窿名山,总面积160平方公里。2010年,度假区辖金庭镇、光福镇和香山街道,共22个村民委员会、6个社区居委会,年末户籍人口110852人。全年实现地区生产总值47.8亿元,完成第三产业增加值24.2亿元,第三产业增加值占GDP的比重为50.58%,全口径财政收入7.57亿元,一般预算收入5.17亿元。接待游客621万人次,旅游收入33.8亿元,完成社会固定资产投资33.36亿元,其中第三产业投入占全社会固定资产投资比例85.94%。(度假区)

【重点项目建设】 太湖文化论坛国际会议中心全面建成,会场功能、内部装饰、外部景观、周边环境达一流水准。功能性项目建设全面提速,香山国际大酒店装饰工程紧扣金秋洽谈会时间,完成现场参观和接待任务。完成蒯祥大道以南区域三线入地工程,蒯祥大道北部道路、绕城高速光福连接线通车,安洁绝缘材料新厂区建成。推进城仕高尔夫公寓式酒店、中国工艺文化城、苏州观音园、芦苇迷宫、文化论坛主题宾馆、金庭旅游集散中心等项目;太湖休闲俱乐部、泰达五星级酒店举办开工仪式;水底世界二期、渔洋山景区二期等项目前期工作有序推进。全年完成重点项目投资25亿元,占全社会固定资产投资76%。(度假区)

【基础设施建设】 全面推进太湖科技产业园凤凰路、塔山路建设,田舍路、银矿路等7条主干道,道路框架初步显现;完成科技研发大楼设计方案,推进工程建设前期工作。中央商贸区内天镜北路、后塘路、北塘路、丽波路全面开工建设,稳步推进道路涉及的相关拆迁工作,天镜北路、后塘路施工顺利。(度假区)

【重点载体开发】 完成金三角地区支二路前期工作,支三路招标工作结束,A、B地块拆迁力度加大。拆迁安置工作全力推进,中心区完成拆迁300户、签约380户、评估510户,占年度拆迁任务89.63%;舟山花园一期800套房屋成功安置637套,完成二期5幢10万平方米的土建和地下车库;光福安置小区一期9幢2.8万平方米顺利推进,二期安置区正在规划中;太湖科技产业园涉及的18家企业和首批236户拆迁户完成评估。(度假区)

【招商引资】 年内,新增注册外资突破1亿美元,到账外资2533万美元;新增内资民资资金25亿元,完成到账资金15.5亿元,注册资金超500万元的民营企业22家。搭建招商平台,成立度假区大阪事务所;开展招商推介活动,洽谈储备项目近50个,标旗软件合作园完成公司注册和项目方案设计,鲁信欢动世界、奥特莱斯购物小镇项目、西山岛国际单车运动营地等项目逐一落实。工业经济增效明显。实现工业总产值55.3亿元,同比增长11.5%;工业产业销售收入52.4亿元,实现工业利税5.8亿元。安洁公司完成股份制改造。 (度假区)

【旅游促销】 年内,接待海内外游客621万人次,旅游收入33.8亿元,过夜入境游客6.2万人次,宾馆平均入住率50.79%。旅游资源进一步整合优化,推出旅游观光巴士、太湖水上旅游等项目,苏州海洋馆全年接待游客30万人次,度假区东入口至石公山精品旅游线路品质明显提升。旅游节庆活动丰富多彩,开捕节牵手美国五大湖、梅花节对接世博会,提升国际品牌影响力。太湖龙舟赛、中外太湖帆船邀请赛、高尔夫邀请赛、牛仔风情狂欢节、绿光腾讯狂欢季等30余项主题活动相继推出,提升节庆活动品牌效应。宣传效应加强,组织参加苏州国际旅游节促销活动、武汉苏州旅游说明会、上海世博线主题游推介会等各类旅交会,加强与各大媒体的全方位合作,全年发表各类报道1400余篇。管理水平提升。举办旅游从业人员职业素质培训和第七届讲解员大赛,宝岛花园酒店"五星"挂牌。

(度假区)

【城乡一体化建设】 强村富民工程加快推进。农村经济平台有效拓展,苏州太湖农村小额贷款公司为"三农"发放贷款3亿元,度假区村级股份合作社发展增至60个,全年量化集体净资产5000万元,量化集体林木资产10228亩,农民人均收入1.35万元。文教卫生事业全面推进。旅游职中新校区建设工作有序开展,"环太湖体育圈"苏州基地建设项目全面启动。新农村建设力度持续加大。实事工程不断推进,城乡规划、产业布局、基础设施、公共服务、劳动就业"五个一体化"取得突破性进展。环境形象全面优化提升,光福镇污水处理厂扩容升级改造及长沙岛污水处理工作进展顺利,湖滨湿地生态保护恢复三期工程基本完成,农村水利建设任务提前完工,完成农村疏浚镇村级河道41条22.6公里。和谐度假区建设进程加快。社会保障体系不断完善,就业保障取得成效。举办度假区镇、街道联动招聘会2期,提供就业岗位1600余个,达成就业意向600余人,为辖区内待业人员和高校毕业生拓宽就业渠道。 (度假区)

【上海世博会苏州主题论坛】 6月12日,上海世博苏州主题论坛在苏州太湖国际会议中心召开,主题是"城市更新与文化传承"。本次论坛取得丰硕的思想成果,形成一些兼具现实性、可操作性的政策主张:在城市迅速发展的时代,文化遗产的保护需要汇集全球各方的经验和教训,从而提炼出有现实意义和可操作性的实践指南。论坛上,苏州提议并与海内外近20座历史名城共同成立历史城市联盟,向世界发出以保护文化遗产为主旨的"苏州展望"宣言,邀请更多具有深厚人文历史底蕴的城市一起为现代社会留住城市印迹。呼吁大力维护文化遗产尊严;保持地域特色,尊重民族传统;探索有效保护、有机更新的路径;推进各历史城市间的交流和合作。

(度假区)

苏州吴中经济开发区

【概况】 苏州吴中经济开发区位于苏州城南,东枕京杭大运河,南连吴江市,西含石湖风景区,是江苏省首批13家省级经济开发区之一。规划控制面积123.91平方公里,2010年,开发区辖城南、越溪、郭巷、横泾4个街道,33个村(社区),年末户籍人口140377人。全年实现地区生产总值226亿元，工业总产值580亿元,第三产业增加值72.1亿元,全口径财政收入40.3亿元，其中地方一般预算收入22.7亿元,进出口总额33亿美元,完成全社会固定资产投资117.4亿元。　(开发区)

【招商引资】 年内，新批外资项目38个,总注册资金3.6亿美元,实际到账资金2.8亿美元;新批内资、民资企业900多家,注册资金总额100亿元。32个区重点项目在建27个,完成投资39亿元。重点签约和引进注册资本6000万美元的世界500强日本爱信AW汽车变速箱项目、总投资25亿元的中国光华文化创意产业园、苏州电科院8亿元增资等一批高端优质项目。世界500强企业伟创力二期、麦德龙、维讯河东厂、南苏州生活广场等一批重大工业、商业项目相继投产、开业。

(开发区)

【城市建设】 各项规划编制工作全面推进,城市板块联动发展格局初步形成。建成区“退二进三”着力推进,城市品位进一步提升。尹山湖·独墅湖双湖板块环境景观建设亮点频现，尹山湖生态商圈运动公园二期等环境建设顺利完成,独墅湖景观亮化工程、生态岛和湿地公园竣工出彩。越溪城市副中心城市功能不断完善,吴中商务中心、人力资源大厦等一批高楼迅速拔起，现代城市新形态进一步显现。东太湖综合整治工程顺利推进,生态清淤工程基本结束,行洪通道疏浚、堤线调整各项工程加快推进,滨湖新城规划全面启动。

(开发区)

【吴中科技园】 吴中科技园完成生物医药研发园一期A楼土建,交付西山中科进驻装修;二期B楼建筑面积2万平方米于10月份正式开工；配套服务中心F楼1万平方米建设工程顺利推进,完善科技园配套功能;D楼和E楼通过规划论证；配套服务区进入全面装修阶段；全年完成产业园两座变电所改造及一座变电所增容,铺设2~6号厂房电缆,并对创业园空调系统进行节能改造。2010年,吴中科技园被授予科技部“国际科技合作基地”、“江苏省苏州吴中生物医药科技产业园”和“江苏省知识产权重点联络点”等称号。

(开发区)

【出口加工区】 出口加工区已建、在建9个项目总建筑面积50万平方米，二期标准厂房、保税物流仓库、伟创力定建厂房全面完工,生活配套区、商务中心(天运广场)等项目加快推进。全区重点项目伟创力电脑(苏州)有限公司一期4月1日正式投产,二期10月建成使用,三期进入地质勘探阶段。全年进出口总额约5亿美元,其中出口2.6亿美元。

(开发区)

【社会事业】 横泾中学综合楼正在内部装修;郭巷中学教学楼改扩建工程竣工,郭巷中心小学新建南校门及桥梁工程即将完工,郭巷中心幼儿园国泰分园土建即将完工；新建总规模21班的碧波幼儿园投入使用,东湖社区幼儿园完成土建,新建城南中、小学及幼儿园,总投资1.2亿元,办理报批手续;总规模27班的越溪幼儿园10月投用;13个较大规模的住宅小区配套幼儿园有4所投入使用。投入1000多万元用于学校维修及添置、更新教育设备。城南、越溪、横泾街道的文体中心完成规划论证。总投资3600万元的横泾卫生院新院投入使用；郭巷卫生院移地新建工程开工建设;23个卫生服务站建设全部完成。

(开发区)

【城乡一体化】 年内,开发区各街道、村(社区)二级集体总资产19.67亿元,农民人均纯收入15342元。城南、越溪、郭巷股份合作联社成立并开始运作,横泾的股份合作联社在组建中。全年完成各类就业技能培训1048人次,新增就业岗位24279个,其中面向本地劳动力3634个。社会保险覆盖面进一步扩大,失地农民农保转城保达到全覆盖。农村合作医疗保险参保率100%。农村公交扩面工程全面启动,新增多条公交路线,基本实现与城区公交网络的对接。 (开发区)

【环境保护】 环境污染防治和生态保护进展顺利,河东污水处理厂二期(2.5万吨/日)扩建项目顺利通过环保验收,三期(4万吨/日)生活污水扩建项目通过环评审批;生态工业园区建设规划论证顺利通过,并完成第一阶段专家技术调研验收;旺山成功创建国家4A级景区和国家级水土保持科技示范园。 (开发区)

西山国家现代农业示范园区

【概况】 西山国家现代农业示范园区位于苏州太湖国家旅游度假区金庭镇,是1998年经国家农业综合开发办公室国农综字〔1998〕53号文批准建立的国家级现代农业示范区,2003年12月4日通过国家农业综合开发办公室验收组验收。主要有高科技农业园、蔬菜基地、中科动物实验基地等项目。2010年,新增国家土地治理项目和省级丘陵山区综合开发项目各1个,项目总投资1000多万元,其中取得财政扶持资金500多万元。 (农业园区)

【省级丘陵山区农业综合开发高效生态农业基地项目】 项目总投资880万元,其中财政补助440万元。该项目是在以往年度相关项目基础上将旅游产业和丘陵山区农业有机结合,发展高效休闲观光农业。改善基础条件,为农户提供生产生活便利、改善旅游环境;对山区农业产业结构的调整,保护和利用地方优质果品资源、茶叶品质资源,全面实施无公害、标准化生产和清洁化加工,提高品质和附加值,同时通过和旅游观光的有机结合,提高项目区农民收益水平。 (农业园区)

【国家农业综合开发土地治理项目】 项目总投资182万元,其中申请财政补助140万元,自筹资金42万元。实施地位于金庭镇衙角里村,包括农业基础设施建设、水利基础设施建设、良种果品引进等。采取水利、农业等综合配套措施,项目区内道路基本畅通,枇杷、梨子等时令鲜果上市季节,便于市民直接进入果园区,带动岛内休闲观光旅游的发展;维护良好的自然环境和生态环境,改善当地居民的生活质量,人民生活安居乐业,社会和谐,具有较高的社会、经济、生态效益。 (农业园区)

【科技攻关成果】 年内,园区下属中科公司新建的啮齿类屏障系统和非屏障系统动物房,通过江苏省实验动物检测二站环境检测,投入使用。该系统有利于中科公司进一步扩大GLP服务项目、承接更多科研课题和开拓更广阔国内国外市场。 (农业园区)

镇(区)·街道

木渎镇

【概况】 木渎镇地处苏州城西5公里，东北接苏州高新技术产业区，西连胥口镇，南与横泾街道交界，辖藏书办事处。木渎镇是吴中区工业、商贸、文化、教育、旅游、交通重镇，素有“石雕之乡”、“书法之乡”、“民间艺术之乡”、“园林之乡”、“花木之乡”之称，是一个具有2500多年历史的江南名镇，享有“吴中第一镇”美誉。曾被评为“全国环境优美镇”和“国家卫生镇”。2007年，入选“中国最佳旅游去处”。2009年，被评为“全国特色景观旅游名镇”、市十大魅力旅游乡镇和省社区教育示范乡镇。（木渎镇）

附表：　2010年木渎镇基本情况

总面积	62.28平方公里
耕地面积	10995亩
年末户籍人口	82385人
村委会	9个
居委会	9个
工业总产值	1479170万元
地区生产总值	811975万元
全口径财政收入	171288万元
地方一般预算收入	100280万元
粮食总产量	59吨
水果产量	103吨
水产品产量	65吨
内资企业	4483家
外国和港澳台商投资企业	208家
新增注册外资	7656万美元
年内到账外资	4012万美元
个体工商户	7008户
中小学校	13所
医院(卫生院)	2家

（木渎镇、统计局）

2010年各村基本情况

村名	年末户籍人口（人）	农村经济总收入（万元）	农民人均纯收入（元）
灵岩村	4150	48825	16120
尧峰村	4174	27500	15345
金山村	4335	51127	19315
天平村	5016	81585	19214
姑苏村	5482	39743	17010
西跨塘	4620	48430	19201
五峰村	5584	22256	14781
天池村	6250	9268	12528
善人桥	4331	17588	15855

（统计局）

【经济概况】 2010年，实现地区生产总值82.1亿元，第三产业增加值34亿，一、二、三产之比为 0.3:50:49.7；实现国地两税销售收入 296 亿元，完成全口径财政收入 17.1 亿元，地方一般预算收入 10 亿元，镇级可用财力 4.12 亿元，全社会经济收入 30 亿元。城镇居民人均可支配收入 27500 元，农民人均纯收入 18500 元，城乡居民银行储蓄存款年末余额 71.87 亿元，人均储蓄 7.5 万元。新批外资项目 15 个，新增注册外资 7656 万美元，到账外资 4012 万美元；新增私营、内资企业 1605 户，增资 85 户，新增注册资本 38.25 亿元；新增个体工商户 1850 户，新增注册资金 1.85 亿元。 （木渎镇）

【三产贸易】 旅游及羊产业：以 2010 上海世博为契机，举办“第四届中国藏书羊肉美食节”、“2010 中国木渎国际旅游节”。《姑苏十二娘》影视风情园、苏福 230 文化产业园全面竣工，古镇区风貌整治、五峰地区综合旅游资源开发和姚建萍刺绣艺术馆二期项目建设加快推进。全年接待游客 125 万人次，门票收入 3007 万元。藏书新扩建的花卉苗木市场开张营业，山羊交易市场生意兴旺，启动升级改造和实施疫病检疫。专业市场：凯马广场快速扩容。凯马广场有 42 个汽车品牌经销商，2 家专业汽车美容装璜店，1 个车管所上牌点，并入驻餐饮、休闲、娱乐等相关产业商业商家近 30 家，营业面积 4 万多平米，全年销售汽车 4 万余台，实际完成税收约 1 亿元，占苏州地区销售总量的 50%。长江路商圈华夏五金电器城、汽车配件和用品市场、钢材交易市场等专业市场发展加快，全年实现税收 1.45 亿元。山陵文化产业：举办“2010 首届吴地山陵文化节”，全年销售 8261 万元。创新创意产业：总投资超过 20 亿元的苏州广电影视娱乐城项目奠基，浙建枫华·紫园、合景领峰、朗诗国际等房地产项目加快建设，全年房地产销售面积 45 万平方米，销售额超过 45 亿元，税收 3.2 亿元。博济科技园、东创科技园、吴中科技创业园木渎园区等 8 大科技载体建设和项目招商同步推进，同济研究院、南信大苏州数字城市研究院、苏州金枫电子商务产业园等一批高端产业项目相继入驻金枫路创新创意街区。 （木渎镇）

【城市建设】 全面完成穹灵路拓宽改造绿化工程，胥江北路东段及雨、污水管网工程竣工，长江路街景改造方案启动建设，完成 2.5 万平方米市镇老公房修缮及配套设施改造，完成藏书地区污水主管网及泵站建设工程。 （木渎镇）

【拆迁安置】 金山浜广电娱乐城项目拆迁完成，胥江城及中心城区“城中村”开工前出台“留旧式”拆迁办法。全镇完成“城中村”农户拆迁 820 户、门面房 32 户。回购新市民中心和天平、灵岩等村集宿楼，用于过渡和安置。加快动迁安置小区项目建设，全年竣工安置房面积 21.8 万平方米，竣工套数 1616 套，新开工建设 6.7 万平方米。 （木渎镇）

【社会事业】 全年组织开展各种技能培训 5138 人次，举办招聘专场 91 场，其中新增就业岗位 13771 个，59 个公益岗位。面向本地劳动力新增就业岗位 1306 个，实现本地劳动就业 2127 人，帮助本地就业困难人员实现就业 1240 人。通过全国社区教育示范乡镇验收，建立国内首家乡镇级市民终身学习平台——木渎镇市民终身学习网，注册 9 万人，点击率超 27 万。评弹表演唱《姑苏十二娘》荣获苏州市群众文艺会演创作奖。全镇参加农村合作医疗保险 24135 人、少儿医疗保险 5008 人、城镇老居民医疗保险 492 人，完成 2010 年度企业退休人员社会化管理服务示范点的创建。苏州市首家癌症康复俱乐部——木渎癌症康复俱乐部在香溪社区服务中心挂牌成立，俱乐部拥有活动场地 150 平方米，设施齐全。开展“黑车”专项整治活动,取缔非法营运车辆97辆。开展水环境专项治理,加强对河道“黑水”源头的监管力度,完善污水管网铺设,实行雨污水分流,城乡环境很大改观。加强再生资源回收管理,实行全镇餐厨垃圾统一清运处理,遏制“地沟油”的非法生产。(木渎镇)

【重大节庆活动】3月25日,山陵文化产业管委会在凤凰人文纪念园隆重举办“伴着音乐去远行——2010首届吴地山陵文化节”。现场举行“伴着音乐去旅行——音乐集体葬礼”主题活动。

5月1日,“2010苏州第四届汽车节”开幕式在木渎凯马广场举行。活动围绕“特惠三日,三重惊喜”、“万人团购,成本销售”、“情系玉树,慈善捐助”3大主题。汽车节为期3天,接待观众约12万人次,实现现场汽车订购1200辆,意向性订购6000余辆。

11月3日晚,由吴中区人民政府主办,木渎镇人民政府、苏州市广电总台合作承办的以“人文吴中·欢乐木渎”为主题的“2010中国·藏书羊肉美食节”开幕。开幕式上举行2009年度藏书羊肉“魅力名店”授牌仪式,第三批“藏书羊肉品牌形象店”授牌仪式。美食节从11月3日至11月30日,包括2010中国·藏书羊肉美食节开幕式暨“人文吴中·欢乐木渎”大型文艺晚会、苏州广电影视娱乐城奠基仪式、“游太湖名胜,品藏书羊肉”美食主题游启动仪式、“吉羊杯”藏书羊肉养生创新菜大赛、“羊肉与养生”名家养生大讲堂以及藏书羊肉美食文化展示馆开馆仪式等。

11月29日,由苏州广电总台投资的“苏州国际影视娱乐城”举行奠基仪式。市领导蒋宏坤、阎立、杜国玲、王金华等出席仪式并为项目培土奠基。项目占地207亩,建筑总面积22万平方米,项目总投资20亿元。苏州国际影视娱乐城项目,是以集4D电影、环幕电影、球幕电影等为一体的各类特种电影为核心内容,同时包括演艺剧场、普通电影院线等文化娱乐项目。(木渎镇)

角直镇

【概况】 角直镇位于吴中区东部,北靠吴淞江,南临澄湖,西接苏州工业园区和吴中经济开发区,东接昆山市,辖车坊办事处。是一个具有2500多年历史的江南水乡古镇,文化底蕴深厚。镇内拥有保圣寺、“叶圣陶纪念馆”、万盛米行、沈宅、水乡农具博物馆、箫芳芳演艺馆、王韬纪念馆、出土文物馆等历史人文景观。角直水乡服饰被列入国家非物质文化遗产名录。先后被评为中国历史文化名镇、国家AAAA级旅游风景区、全国环境优美镇、全国首家通过ISO14001环境管理体系认证的乡镇、江苏省卫生镇、江苏省百强乡镇和外向型经济明星镇。(角直镇)

附表: 2010年角直镇基本情况

总面积	75平方公里
耕地面积	31515亩
年末户籍人口	64572人
村委会	16个
居委会	2个
工业总产值	1433849万元
地区生产总值	690593万元
全口径财政收入	105124万元
地方一般预算收入	43825万元
粮食总产量	10343吨
水果产量	200吨
水产品产量	5876吨
内资企业	2058家
外国和港澳台商投资企业	257家
新增注册外资	9714万美元
年内到账外资	4124万美元

续表

个体工商户	4607户
中小学校	5所
医院(卫生院)	11家

(角直镇、统计局)

2010年各村基本情况

村 名	年末户籍人口(人)	农村经济总收入(万元)	农民人均纯收入(元)
淞南村	4165	70678	19139
淞港村	3062	108450	17627
淞浦村	2754	17550	14739
澄北村	2581	4817	12592
澄湖村	3418	14660	17845
澄东村	3573	6576	13986
甫南村	2806	13780	15983
甫港村	3738	8360	15904
甫田村	2790	63869	15511
江湾村	2772	7910	13981
前港村	2181	4750	14036
三马村	3369	5902	13363
湖浜村	2560	5896	13708
澄墩村	2699	6140	13675
长巨村	3879	6600	13920
瑶盛村	2640	5415	13701

(统计局)

【经济概况】 着力发展新兴产业，加快推进产业集聚。推进苏州再生资源角直产业园、立成科技创业园、德威环保创业园和吴中国家科技创业园角直园区等产业载体建设，引进光电子、新能源、环保、医药等新兴产业项目，引导企业向产业链上、下游延伸,带动一批配套项目,形成产业集群。淘汰落后产能,加快推进节能减排。加速回收陈旧落后、利用率低企业和厂房,加快“退二进三”、“优二进三”步伐。完成热电厂锅炉烟尘脱硫改造工程,启动污水厂污泥固化处理及资源化利用工程和国家重大水专项“水乡城镇水环境技术整治集成与综合示范”项目。2010年,实现地区生产总值69.05亿元,完成财政收入10.5亿元,实现地方一般预算收入4.38亿元。注册外资企业200多家,欧美、日本、新加坡、韩国、台湾等国家和地区,其中上市公司投资的有20多家,民营企业2500多家。 (角直镇)

【城镇转型】 以古镇文化为内容，加大特色文化产业发展力度。挖掘古镇历史文化底蕴，推进历史文化、传统文化、艺术文化、餐饮文化、宗教文化、现代文化等六大文化产业建设。以江南古镇为依托,加快旅游项目开发建设。推进江南水乡文化园、紫园等项目建设，组织专家论证文化园的布局定位、装饰装潢等。丰富张林公园、萧芳芳演艺馆、万盛米行等旅游景点内容。以水乡服饰为载体,加大非物质文化遗产保护传承开发力度。组建角直水乡服饰艺术团，鼓励群众组建各类具有地方特色的民间文艺组织团体，不断编排具有水乡特色的文艺节目。古镇全年接待游客149万人次,直接门票收入1504万元。(角直镇)

【新农村建设】 发展生态观光农业，调优农业产业结构。加大对淞南千亩生态农庄、车坊江湾万亩水八仙基地、澄墩千亩观光水产基地和淞浦千亩现代网络观光基地等投入,整合现有资源,提高土地综合利用价值,打响品牌、创建名牌，引导传统农业向现代农业发展。加强农村基础设施建设,提高农村公共服务水平。重点做好自然村道路桥梁、农村生活污水截流处理和“三清三绿三改”等建设,修筑村级道路30公里,新建桥梁5座,完成村农村生活污水截流处理工程6个。拓宽农民增收渠道。建立和完善农村物业股份合作社、

资产股份合作社和其他农业经济组织，加快组建角直物业股份合作总社，扩大农民入股面。（角直镇）

【“村村通”公交】 加快城乡交通事业的基础建设投入,2007年,角直镇和吴中区公共汽车有限公司联合组建角直公交分公司，开辟第一条镇区公交线路521路，揭开全镇村村通公交的序幕。至年底,全镇公交线路为5条,并调整其他部分路线，使全镇公交覆盖包括车坊片区在内的全部行政村，为全镇居民出行提供便利。（角直镇）

【第八届中国苏州·角直水乡服饰文化国际旅游节】 9月19日，第八届中国苏州·角直水乡服饰文化国际旅游节在角直江南文化园开幕。开幕式对角直镇荣获“2010品牌中国(县域旅游）十大品牌景区”、“2010年度·最负国际盛名景区”进行揭牌,并举行“角直水乡服饰文化国际旅游节文艺晚会暨神州水乡角直情亚洲媒体汇演”。旅游节期间,推出“吴韵汉风·人文角直”主题专场演出、打莲湘、水上婚礼、评弹、江南丝竹、民间舞狮舞龙等民俗表演和编草鞋、刺绣、书画、织土布等民间手工艺展示,全方位展现古镇民风民俗。(角直镇)

胥口镇

【概况】 胥口镇位于吴中区西部太湖之滨，东接木渎镇,西连苏州太湖国家旅游度假区,北倚穹窿山,南临太湖。先后被评为“中国书画之乡”、“中国文化(美术)产业示范基地”、“江苏省卫生镇”、“全国环境优美乡镇”。2005年,“香山古建营造技艺”被列入首批国家级非物质文化遗产。同时胥口是工业强镇,形成以电子信息、新型能源、机电制造、食品加工四大支柱产业,集聚来自欧美、日韩等国家和台湾、香港及内地多个省市的1300多家中外企业,其中包括三洋、日立、东丽吉祥、可口可乐等世界500强企业6家。（胥口镇）

附表： 2010年胥口镇基本情况

总面积	37平方公里
耕地面积	6495亩
年末户籍人口	30780人
村委会	6个
居委会	1个
工业总产值	1852594万元
地区生产总值	655290万元
全口径财政收入	108414万元
地方一般预算收入	50334万元
粮食总产量	956吨
水果产量	10吨
水产品产量	98吨
内资企业	1527家
外国和港澳台商投资企业	141家
新增注册外资	8822万美元
年内到账外资	4089万美元
个体工商户	2314户
中小学校	2所
医院(卫生院)	1家

（胥口镇、统计局）

2010年各村基本情况

村 名	年末户籍人口(人)	农村经济总收入(万元)	农民人均纯收入(元)
东欣村	4452	21158	17195
新峰村	4743	18967	15357
箭泾村	5520	18535	15462
采香泾	3804	19580	15558

续表

村 名	年末户籍人口（人）	农村经济总收入（万元）	农民人均纯收入（元）
合丰村	3245	17521	15149
马舍村	5701	22000	15200

（统计局）

【招商引资】 完善招商形式,积极创新思路,以“三带五园”发展规划引领和指导招商。采取小分队、多批次、多层次、多渠道的招商策略,赴日本以及中国台湾、北京、上海、温州等地开展专题招商。2010年,新批及增资外资项目16个,新增注册外资8822万美元,到账外资4089万美元，新批及增资内资项目321个,新增注册资金21.93亿元人民币,签约5D玄幻秀(苏州)项目等一批二三产业项目。

（胥口镇）

【实事工程】 组建胥口物业股份合作总社，做好社保统筹和扩面工作，实现全镇农保转城保全覆盖;完成彩香一村三期、彩香二村二期、吉祥花园二期6万平方米安置房建设,吉祥花园三期小高层10万平方米安置房建设开工;胥口卫生院投入使用,敬老院土建工程完成;胥口中学教育楼改造工程封顶,胥口小学艺体馆进入招投标程序；一箭河入口改造和西姑村河道整治改造工程完成；污水管网延伸工程和农村村庄雨污分离集中处理工程竣工验收，采香泾夕阳村新农村示范点建设通过考评验收;完成文体中心老楼改造,新综合大楼建设开工；胥口第二小学和附属幼儿园规划设计完成，开工前期准备工作基本就绪；完成2公里道路建设和镇区部分高低压线路入地工程；就业再就业培训中心和社区服务中心大楼封顶。（胥口镇）

【香山古建走进世博会】 2010年，香山帮传统建筑营造技艺继2009年被联合国教科文组织批准列入《人类非物质文化遗产代表作名录》后再传喜讯,在上海世博会苏州馆二楼长廊与楼梯交界处打造一个面积数10平方米的香山工坊技艺体验区展厅，作为游客进入苏州馆2层的主要参观场所。整个展厅以园林的厅堂为展示形象,园林建筑的花窗、铺地、砖雕等典型元素凸显园林文化的内涵。开辟“苏州园林造园艺术互动体验区”,运用实物展示、现场制作、视频播放、游戏互动等方式，让世界各地游客认识苏州园林并了解造园技艺。（胥口镇）

【胥江一号文化创意产业园】 编制完成“胥江一号”13个大项目21个子项目的前期可行性报告、策划和营销方案,形成以5D玄幻秀（苏州）项目为龙头的胥江文化创意产业集群,引进5D玄幻秀(苏州)、胥水春秋、私人收藏博物馆群、五星级温泉度假宾馆等项目。完成胥水春秋主题园区、CIS艺术创意街区、欢乐胥江主题广场、创意工坊和一箭河民族风情街北段的概念性规划和扩初方案设计。欢乐胥江广场北岸、CIS创意街区、文体中心加紧建设，一箭河北段西侧酒吧区进行建筑勘探与施工图设计,5D玄幻秀(苏州)项目列入市、区重点文化产业项目。至年底,5D玄幻秀(苏州)、收藏博物馆群、胥口艺术交易中心、胥水春秋、创意工坊等项目选址完成。

（胥口镇）

东山镇

【概况】 东山镇位于吴中区西南部，是太湖东南岸的一座半岛,与临湖镇接壤,三山岛和余山岛属于东山镇管辖。全镇盛产花果、茶叶、水产、蔬菜等特色农产品,是洞庭(山)碧螺春茶的原产地域之一。历史悠久、人文荟萃、古迹众多,境内拥有陆巷古村、雕刻大楼、古紫金庵、启园、三山岛、雨花胜境等名胜古迹,是国家太湖风景名胜区十三景区之一,先后被评为全国环境优美镇、国家4A级旅游景区、江苏省文明镇、江苏省环境与经济协调发展示范镇、中国河蟹之乡、中国历史文化名镇。2010年,全镇实现地区生产总值16.36亿元,全口径财政收入18790万元,完成地方一般预算收入9003万元,农民人均纯收入13939元。 (东山镇)

附表: 2010年东山镇基本情况

总面积	96.5平方公里
耕地面积	7110亩
年末户籍人口	52601人
村委会	12个
居委会	1个
工业总产值	273286万元
地区生产总值	163614万元
全口径财政收入	18790万元
地方一般预算收入	9004万元
粮食总产量	208吨
水果产量	13810吨
水产品产量	6012吨
内资企业	489家
外国和港澳台商投资企业	24家
新增注册外资	2150万美元
年内到账外资	704万美元
个体工商户	1735户
中小学校	4所
医院(卫生院)	1家

(东山镇、统计局)

2010年各村基本情况

村 名	年末户籍人口(人)	农村经济总收入(万元)	农民人均纯收入(元)
杨湾村	3613	78348	13143
三山村	810	2604	18480
碧螺村	4875	6622	15403
潦里村	5012	9240	13866
陆巷村	4885	9411	13694
双湾村	3937	9438	11727
莫厘村	4438	9752	14263
吴巷村	3223	43018	14857
渡口村	3217	28101	13546
渡桥村	3320	14051	13866
太湖村	2614	9957	14761
新潦村	4735	16152	13263

(统计局)

【产业结构调整】 工业结构调整力度加大。继续推进科技工业园产业集聚、企业集群、土地集约。东山精密二期、吸塑制品二期、欣鑫开关等一批优质企业和项目相继开工建设,一批产品单一、产能落后的企业并购重组。东山精密成功上市。全镇全年完成工业总产值27.33亿元、销售收入25.71亿元、利税3.22亿元。完成外资注册2270万美元,到账706万美元;内资注册3.76亿元,民营固定资产投入3.1亿元。

现代农业发展步伐加快。1700亩东山蔬菜园全部建成投产,市场建设、合作经济等取得新进展。首期2500亩渡口村鱼塘综合改造投入使用,产生效益。3100亩杨湾陆巷杨梅基地、200亩吴侬新品种开发基地等5个果品产业结构调整示范基地基本建成。做好茶叶、枇杷、蔬菜等优质农产品的保护开发推介工作,推动产业朝着生态化、标准化、品牌化、现代化目标迈进。规范和促进土地流转,全年完成土地流转4800亩。

文化旅游业快速推进。编制完成新一轮《东山旅游发展总体规划》,通过专家论证。推进三大板块建设。碧螺景区完成配套服务区、合作社区、眠佛池景观区及村庄整治,茶博园开张,碧螺山庄成为全区首家五星级农家乐。苏州乡村大世界和明清家具城2项目加快推进。率先在全区成立旅游监察中队。2010年东山景区接待游客135.7万人次、门票收入1798万元。 (东山镇)

【城镇建设】 基础设施建设强力推进。以环山公路扩建工程为重点,做好重点路段、关键节点的房屋拆迁工作,26.2公里的环山公路完成主体工程顺利通车。新潦、杨湾连接线同步加快推进。古镇区改造成效明显。东新街环境综合整治。生态环境不断优化。配合区东太湖综合整治,完成12433亩退垦还湖工作并通过验收。科技工业园、沙滩山茶舫、三山岛等一批重要节点的污水处理设施基本建成或完成升级改造。推进新农村建设,全年疏浚河道10条11.93公里,土方15.24万立方米。组织开展河道杂船专项整治,处置杂船1045条。对全镇8个行政村实施环境连片整治。政府实事工程完成。完成引水上山三期工程、陆巷公交首末站建设、白沙尚锦2个村自来水改造等7项工程,加快推进东山农贸市场和生猪定点屠宰升级改造等3项工程。(东山镇)

【社会事业】 科教文卫事业持续进步。莫厘中学综合楼、师生餐厅等工程竣工投用。东山中学塑胶操场全面完工。易地新建东山实验小学项目列为区政府实事工程。新东山文体服务中心即将完成内部装修和场地建设。村级文体设施覆盖全镇。数字电影“四进工程”巩固。碧螺春茶炒制技艺成为国家级非物质文化遗产。3个高标准农村社区卫生服务站相继建成。碧螺村通过省级卫生村创建验收。

社会保障水平不断提高。就业再就业工作扎实推进,组织各类劳动技能培训369人次,新增就业岗位1548个,其中面向本地劳动力889个。全镇7054名符合条件的失地农民、纯渔民和两头落空人员纳入城保体系。626名置换城保的被征地农民养老金平均每月提高到540元,10116名农保人员基础养老金从每月140元提高到180元,321名被征地老年人员保养金每月提高到360元。企业员工“五险合一”参保任务超额完成。全年办理低保户223户502人,实现城乡并轨,办理重病患者低保边缘136人、重度残疾人生活补助254人,符合条件的老年人发放敬老金169名,对34名贫困生发放慈善助学金5.7万元,翻建13户农村贫困户危房。新东山镇敬老院投入使用。向青海玉树、甘肃舟曲灾区捐款54万元。 (东山镇)

临湖镇

【概况】 临湖镇地处吴中区西南部,东、西临太湖,南接东山镇,北邻木渎镇、胥口镇,辖浦庄办事处。2010年,以未来农林大世界、现代渔业万亩示范区为首的现代农业生产初具规模;高标准规划装备科技园、新材料产业园、现代物流园三大产业园;以“临湖三宝”——湖鲜、温泉、羊毛衫为主的现代服务业成为临湖新兴产业。工业经济发展迅猛,房地产业全面扩张,城乡一体深入推进,“温泉胜地”、“田园新城”的建设局面逐步成形。 (临湖镇)

附表: 2010年临湖镇基本情况

总面积	54.3平方公里
耕地面积	27225亩
年末户籍人口	41882人
村委会	12个

续表

居委会	2个
工业总产值	487672万元
地区生产总值	295000万元
全口径财政收入	37444万元
地方一般预算收入	18727万元
粮食总产量	7297吨
水果产量	386吨
水产品产量	1433吨
内资企业	1058家
外国和港澳台商投资企业	41家
新增注册外资	1843万美元
年内到账外资	703万美元
个体工商户	2323户
中小学校	5所
医院(卫生院)	2家

(临湖镇、统计局)

2010年各村基本情况

村名	年末户籍人口(人)	农村经济总收入(万元)	农民人均纯收入(元)
前塘村	3707	7220	13375
牛桥村	4969	46723	14119
灵湖村	3237	14474	11652
采莲村	3792	32673	15000
石塘村	2696	3701	13632
石舍村	2394	3222	13387
陆舍村	2376	3444	11528
湖桥村	4475	7743	17050
浦庄村	3598	22287	14600
石庄村	2312	3704	15895
界路村	2842	4360	16023
东吴村	2995	18500	13600

(统计局)

【产业结构出彩升级】 高新产业初具集聚效应。全年注册超亿元企业14个,全镇私营企业注册1000多家、总注册资本突破55亿元。装备科技产业园、新材料产业园、现代物流园三大高新产业园区初具雏形。现代农业呈现规模经营。现代渔业核心示范区发挥科普示范效应,参观人数6500多人次,苏州太湖现代农业示范园临湖板块规划面积20000亩,前期工作启动。湖桥引进投资5亿元的"稼泰丰高科技农业示范园"等现代农业项目。三产业局面逐步拉开。开发建设精品楼盘近10万平方米。温泉会所试营业阶段。注册资金6000万元成立临湖旅游发展有限公司,以"湖鲜、温泉、羊毛衫"为三大主打品牌,打造太湖渔文化长廊,串联人民公社主题公园、羊毛衫特色街区、温泉会所等休闲旅游节点。实现服务业增加值13.28亿元。科技创新实现新的突破。加大羊毛衫产业新技术、新工艺和新产品的开发力度,毛衫特色街区创建"正版正货"一条街,重塑"羊毛衫名镇",全镇拥有省名牌产品2个、市名牌产品5个。完善科技创新体系,完成技改投入4.3亿元,获得省、市、区科技进步奖4个。 (临湖镇)

【城乡一体化建设】 城乡配套日益完善。编制完成全镇总体规划(2009~2030年),控制性详细规划通过市专家组论证。投入1200万元完成和安路、锦安路、平安路支线、莲湖路及黄垆工业北区延伸段等道路建设,投入2000多万元实施商业街延伸段、公园路等建设工程。总投资2000多万元深入开展电网改造,新增配变21台、增容15台,改造线路10千伏21.1公里、400千伏112.9公里,全镇70%的行政村完成农村电网改造,其中湖桥、采莲、陆舍3村农村电网达到国家新农村电器化村标准。投入1000多万元新建、改建排涝站、防洪闸16座,完成洋河泾港二期整治工程,建设各类挡墙3.6公里。富民强村步伐加快。各村组建各类股份合作社35家,总资本2.86亿元,农民入股率100%。各村建设村级标准厂房和配套用房63.65万平方米,农村集体净资产4.63亿元,村级稳定收入总计8639万元,村均突破719万元。湖桥村实现村级稳定收入4018万元。生态环境显著改善。完成退垦还湖、船舶整治等太湖沿线重点整治工程;投入200万元,完成浦庄农贸市场升级改造;实施“蓝天工程”,对企业进行整治监管。成立环境保护领导小组,建立环保监管网络。继续实施环太湖农业面污染源氮磷拦截工程,加大太湖蓝藻检测力度;新增绿地面积500余亩;新建村级垃圾中转站2座,完成5个行政村41个自然村污水管网改造。

（临湖镇）

【民生保障成效显著】 社会事业不断推进。开展市先锋镇、省卫生村、生态村等文明创建活动。一中、一小幼儿园分别完成市教育技术装备先进管理学校和省优质幼儿园创建工作;全年组织成人教育培训2236人次。临湖卫生院创建成为全区唯一的省级示范医院。各村用于农村道路、河道、绿化、污水管网、卫生设施建设的资金突破4000万元,村级公共服务配套设施实现全覆盖。社会保障不断完善。全社会农村养老保险覆盖率100%,农村新型合作医疗保险参保率100%,失地农民农保置换城保完成,全年各类补贴和保障的资金5700万元。浦庄采莲、前塘安置小区一期开工建设,牛桥安置小区一期完成方案设计。社会稳定不断加强。湖桥村被命名为全国民主法治示范村,采莲村完成省民主法治示范村创建。

（临湖镇）

光福镇

【概况】 光福镇位于吴中区西部,坐落于太湖之滨邓尉山麓,东接木渎镇,南连苏州太湖国家旅游度假区,西临太湖,北邻苏州高新技术产业区。苏福公路、230省道贯穿全镇,绕城高速途经镇东并设有光福互通。境内名胜古迹星罗棋布,是全国环境优美镇、江苏省历史文化名镇、江苏省卫生镇、国家AAA级旅游景区。邓尉香雪海是吴中有名的赏梅之地。

（光福镇）

附表：　2010年光福镇基本情况

总面积	61.56平方公里
耕地面积	20100亩
年末户籍人口	45549人
村委会	7个
居委会	3个
工业总产值	330150万元
地区生产总值	217200万元
全口径财政收入	25906万元
地方一般预算收入	13709万元
粮食总产量	468吨
水果产量	572吨
水产品产量	5418吨
内资企业	542家
外国和港澳台商投资企业	30家
新增注册外资	122万美元
年内到账外资	2223万美元
个体工商户	1624户
中小学校	4所
医院(卫生院)	5家

（光福镇、统计局）

2010 年各村基本情况

村 名	年末户籍人口(人)	农村经济总收入(万元)	农民人均纯收入(元)
福利村	7590	42100	16337
邓尉村	3269	12465	15546
香雪村	7215	13292	15946
冲山村	2780	6040	15402
府巷村	5439	19650	15641
迂里村	8261	21200	15880
太湖渔港村	4753	17289	16132

(统计局)

【转型升级步伐加快】 企业科技创新力度进一步加大。全年申报各类专利 328 项,其中发明专利 161 项。企业申报省高新技术产品 2 项，苏州市科技项目 1 项，实用新型专利 5 项,申报区工业科技项目 1 个,申报省民营科技企业 2 家。重点工业企业加快建设,安洁科技实现投产试运行，化联高新二期新厂房投产,久王多铵盐新厂启动建设。旅游业稳步推进，全年接待游客 184.23 万人次,“太湖开捕节”特色文化品牌知名度提高,渔家欢水上游深受游客欢迎。红色旅游实现良好开局,新四军太湖游击队纪念馆接待人次突破 3 万。房地产业保持较好发展形势,锦泽苑二期、邻里中心开工建设。苗木产业发展继续趋好,香雪海专业苗木市场年交易额 2.82 亿元，全镇苗木交易额 5.66 亿元。工艺雕刻产业蓬勃发展,玉雕、核雕、红木雕、佛雕等逐步走向品牌化经营。光福工艺街、冲山雕刻街分别获苏州市、吴中区商业特色街称号。 (光福镇)

【发展环境优化升级】 规划工作推进顺利。太湖科技产业园区域凤凰路、塔山路建设稳步推进,田舍路、查山路、银矿东路等道路完成规划和招标。初步完成西线环太湖道路规划设计。完成镇工业南区环境改造方案。安置小区一期 A、B 区完成规划设计。完成香雪海景区综合改造工程规划设计初稿。太湖渔港村渔民安置房完成设计方案。

基础设施稳步推进。绕城高速光福互通度假区连接线建成通车,支线道路加快推进。中国工艺文化城项目配套道路建设顺利进行。金涧路东段改造建设完工。福坤路路面沥青完成加固。230 省道府巷段路灯国庆前亮灯。古镇区改造启动,完成下街街面改造。对香雪村至高新区镇湖道路实施路面修复。规范全镇道路的标志、标设和沿路广告设置。铜观音寺塔山公园景点及周边环境整治全面启动。电力设施建设继续完善，新增综合变 45 台 8910 千伏安、专变 17 台 4675 千伏安。

生态建设成效明显。建成投运农村村庄生活污水处理设施 6 个，完成太湖市镇 1000 吨级生活污水处理设施前期准备工作。建成镇废品收购中心 1 个、村级废品收购站 9 个和村级垃圾中转站 2 座。疏浚河道 17 条、9.67 公里、13.78 万方，清理船只 302 条。加大道路、河道、村庄、城镇绿化及环太湖造林建设,完成绿化面积 219 亩。推进废弃露矿山复绿工程,刘家矿、金涧矿整理复绿面积 313 亩。

(光福镇)

【城乡一体化发展】 村级经济不断壮大。村级平均收入突破 220 万元。福利村、府巷村受科技产业园规划建设制约，将村级经济发展重点向外围拓展，村级收入分别为 506 万、280 万元。冲山村依托优势资源,建成新四军太湖游击队纪念馆，规划建设 100 亩果品示范基地,引导发展佛雕产业,形成“红色”、“绿色”、“金色”三色经济发展思路。香雪村巩固苗木市场建设，苗木市场基础设施进一步完善。迂里村、东崦湖社区等建设物业用房、标准厂房等。太湖渔港村利用生态资源,实施鱼塘改造,新建 103 亩果品示范基地。

合作社发展稳步推进。“五大合作社”组建工作成效明显。新组建梅园居委会社区资产股份合作社。全镇村级社区资产股份合作社量化经营性资产总额2883万元,量化给农民金额2306万元,涉及农户11291 户、34636人,平均量化666元。全镇组建各类合作社15个。对镇土地股份合作社进一步深化、完善、提高,清理已入股的土地和已列入失地农民的剩余土地,发包大户种植面积进一步扩大。

新农村建设深入推进。全年完成50 个村庄环境专项整治。冲山村通过苏州市新农村建设示范村验收,太湖渔港村通过省卫生村验收,邓尉村分别创建为苏州市生态村和苏州市“亿万农民健康促进行动”先进村,福利村、香雪村成为苏州市健康村。迂里、太湖社区卫生站建成苏州市级示范社区卫生服务站。全年各村新建农村水泥道路16044平方米,新建、改建及修缮农桥15座,新建物业用房4200 平方米、标准厂房3675平方米。建成香雪和梅园社区服务中心并投入使用。

(光福镇)

【民生质量加快提升】 富民工程扎实推进。全年开展就业、再就业及其相关技能各类培训2550人次,举办专场招聘会7期,新增就业岗位920个。完成集体林权制度改革,被评为苏州市林权制度改革工作先进集体。发挥特色产业优势,推动建立香雪村花卉苗木创业孵化基地。发放家电、汽车、摩托车下乡补贴1606次、44.94万元,发放水稻直补、良种补贴、农资综合补贴三项110.3万元,发放柴油补贴278.4万元。全镇年末金融机构居民储蓄存款余额13.6亿元。农民人均纯收入15781元。

社会保障扩面提标。新增农保置换城保8627人,基本实现城保全覆盖。医保参保人数29440人。维护劳动者合法权益,全年受理劳资纠纷75起,结案70起。落实低保及低保边缘工作,各类临时救助有效开展,全镇城乡低保对象308户、833人。镇慈善会全年投入各类救助帮困资金近600万元。

社会事业全面推进。文体中心基本建成,广场、景观建设同步完成。新建中心小学第二校区塑胶跑道。新敬老院建设进入内部装潢阶段。中心幼儿园翻建主体封顶。卫生院移址新建工程开工建设。新建14座具有江南水乡特色的候车亭。完成太湖市镇农贸市场改造。污水厂扩容提标工程启动建设。镇村两级医疗服务体系进一步完善,创建为“全国亿万农民健康促进行动”苏州市示范镇。做好育龄妇女优质服务和优生优育指导工作,全年下乡免费B超服务8260人次。 0~3岁科学育儿指导中心和计划生育世代服务中心早教培训形成常态。

(光福镇)

金庭镇

【概况】 金庭镇位于吴中区西部,由西山岛及周围20多个太湖小岛组成,通过太湖大桥连结苏州太湖国家旅游度假区。盛产花果、茶叶,是洞庭(山)碧螺春茶原产地域之一。旅游资源丰富,西山岛为太湖国家风景名胜区AAAA级景区、国家森林公园、国家地质公园、国家现代农业示范园区。有“天下第九洞天”之称的林屋洞以及石公山、缥缈峰、明月湾等著名旅游景点。先后被评为全国环境优美乡镇、全国小城镇综合改革试点、江苏省历史文化名镇。

(金庭镇)

附表:　　2010年金庭镇基本情况

总面积	82.36平方公里
耕地面积	11685亩
年末户籍人口	44153人
村委会	11个

续表

居委会	1个
工业总产值	95015万元
地区生产总值	131188万元
全口径财政收入	8284万元
地方一般预算收入	5894万元
粮食总产量	1845吨
水果产量	10378吨
水产品产量	3338吨
内资企业	404家
外国和港澳台商投资企业	22家
新增注册外资	34万美元
年内到账外资	80万美元
个体工商户	1300户
中小学校	4所
医院(卫生院)	1家

(金庭镇、统计局)

2010年各村基本情况

村名	年末户籍人口(人)	农村经济总收入(万元)	农民人均纯收入(元)
元山村	3650	3633	9953
蒋东村	3741	3929	11906
庭山村	3612	4460	11872
林屋村	4235	2606	9470
秉常村	4192	3870	10354
石公村	3093	3947	12760
东蔡村	3431	3247	10790
缥缈村	2930	2800	9600
衙甪里	3642	3005	10962
堂里村	2910	2910	11315
东　村	3650	4079	10999

(统计局)

【实事工程】 加快村级社区服务中心建设，建成蒋东、庭山、林屋、东蔡、缥缈、堂里6个村级社区服务中心；推进农产品专业合作社的组建，鼓励土地股份合作社和资产股份合作社的组建，全年新建各类合作社13家；林权制度改革任务完成，实现集体林地确权率100%，林权证发证率100%，镇政府和石公村分别被评为苏州市林权制度改革工作先进集体；新镇区基础设施建设逐步推进，完成桃源路建设工程、金庭路污水管道工程、金庭派出所新办公楼装修工程和交警中队办公楼土建工程；建成元山村、秉常村、东蔡村和堂里村4个社区卫生服务站，实现社区卫生服务站全覆盖；改水工作完成，新建自来水二厂，完成一厂和二厂的主管道贯通工程，铺设自来水主管道38公里、支管道45公里，投入改水资金5600万元，自来水实际用户12298户，入户率99.52%；完成15个农村村庄污水处理点建设工程，通过创建国家级生态区国家环保部技术评估组的验收，堂里村和石公村通过市级生态村验收。 (金庭镇)

【社会保障】 全镇新增城镇保险扩面参保1204人；完成住房公积金扩面任务377人。农转城工作稳妥推进，全镇部分失地人员入库9097人，完成缴费5735人；农保养老金和被征地老年人员保养金分别提高到180元和400元。就业局势保持稳定，全镇新增就业842人，其中面向本地新增就业458人；职业技能培训不断加强，完成各类培训3434人，其中免费技能培训354人。民政优抚加强，发放民政对象定期补助款149万元，优待金、代耕费39万元，退役士兵安置费、生活费90万元。弱势群体帮扶强化，全年发放低保资金143万元，五保户生活费40万元，低保边缘补助金92万元，重残人员补助111万元，临时救济金32万元，通过慈善超市为全镇101户特困家庭发放价值18万元的生活物资，投入32万元为12户贫困户翻建危房。(金庭镇)

【科教文卫事业】 开展“科普知识宣传周”活动,申报科技项目18个。西山中学教育质量综合评估连续9年荣获吴中区一等奖；西山中心小学荣获“苏州市依法治校先进学校”称号。完成5个村级文化活动室达标建设,组建群众业余健身队伍7支，放映数字电影135场次,自编歌舞《太湖仙境觅芳菲》获苏州市优秀创作奖。完成石公社区卫生服务站建设,实现社区卫生服务站全覆盖，新创建省级卫生村7个,东村村通过“全国亿万农民健康促进行动村”验收,元山村和石公村创建市级健康村,蒋东村完成区级重点村庄整治。环境卫生综合整治任务完成,新建公厕2座,新建和改建村级垃圾中转站8座；改水工作受益人口43696人；改厕工作完成三格式化粪池改造1000户，在庭山村试点完成20只生态式化粪池。 (金庭镇)

【基础设施】 东河公交首末站和衙角里村疃里公交车首末站建成启用，开通公交线路7条;危桥修建工作投入资金45万元,改建、修建危桥6座。农村河道整治杂船73条。水利建设继续推进,完成河道清淤6.26公里,土方13万立方米,实施14.2公里圩堤达标建设和3公里生态河道建设,元山机房和白塔圩机房的新建改建工程开工。完成综合变农网改造,新增配变8台,增容配变12台,完成56台配变7392户用户的低压线路和表箱改造工作。 (金庭镇)

【古村保护】 明月湾古村被列为长三角世博体验之旅“太湖山水古村文化体验之旅”的示范点。开辟“太湖西山清风之旅”廉政文化旅游线路。东村古村保护整治取得良好开端,完成徐家祠堂修复工程，布置成徐伯荣艺术馆。堂里古村道路按古村落风貌改造工程竣工,投入资金375万元。文物保护力度加强,完成石公、堂里、东村古宅的调查、测绘和考证，完成12处市级文保单位和19家苏州市控保单位的订牌。 (金庭镇)

【西山农家乐】 至年底，全镇农家乐总数超200家,解决2000多人的就业问题,接待游客100多万人次,总收入突破亿元。开展星级农家乐评定工作,农家乐服务水平不断提升,25家农家乐被评为星级农家乐。农家乐转型升级快速推进,经营模式从简单的餐饮,转变成集吃、住、行一条龙服务的经营模式;经营规模从农户单独经营,转变成公司规模经营,建成庭山农庄、消夏湾农庄等规模经营的农家乐。 (金庭镇)

长桥街道

【概况】 长桥街道位于吴中区中部，东傍京杭大运河,南临太湖梢,西接越溪街道,毗邻石湖风景区,北靠苏州城区。面积15.8平方公里，下辖9个社区居委会，年末户籍人口为20948人。历史悠久,底蕴深厚。有蠡墅古镇、宝带桥、石湖风景区等景点。2010年,实现地区生产总值38.47亿元，全口径财政收入5.5亿元,地方一般性预算收入3.03亿元,社区居民人均纯收入18938元。 (长桥街道)

【科技创新扶持】 加大蠡谐创新创意产业园的科技招商力度,引入优联检测、普瑞智能等科技型企业15家，实现销售收入2亿多元，纳税620多万元。投入80多万元装修特色文化产业园展厅,园内企业搭建信息资源共享、政策咨询、情报信息3大平台。制定《关于深入开展走访服务企业推进转型升级的实施意见》,投入48万元表彰振吴电炉、鸿扬卡通等12家科技型与文化创意企业，全年组织企业立项国家创新基金1个,省项目2个,市项目5个,高新技术产品3个,省科技民营企业1

家,专利700多个,鼓励培育泰怡凯科沃斯地宝、双林自主平板电脑、豫顺电子太阳能逆变器、艾来得车载GPS等一系列科技产品,完成工业销售收入54.55亿元,利税 3.8亿元。

(长桥街道)

【现代服务业】 发展楼宇经济、总部经济,建成蠡谐、蠡和、蠡盛大厦、恒润大厦等三产高层楼宇40多万平方米,引进港龙财智国际、苏州恒润进出口公司集团总部、丽丰投资、恒丰投资等一批总部型企业30多家;引入嘉盛大酒店、港龙现代服务业总部产业园等一批服务业项目。全力打造苏蠡路财智商圈,永诚国际项目完成外立面装修,龙桥香雪海购物广场项目基建竣工,13.5万平方米越湖名邸二期项目地下工程建设。巩固动漫产业优势,发展特色文化创意产业。2010年新办各类特色服务型企业1200多户,年销售额近10亿元,完成离岸服务外包业务收入975万美元。

(长桥街道)

【拆迁安置】 全年,完成签约342户,其中无地队住宅181户、成套住宅34户、工业企业113家,商业店面14间,建筑面积近20万平方米。完成528套安置房择选,完成1419套安置房价格的审核、签订购房合同通知书,完成1295套安置房钥匙的发放,配合完成400多套安置房两证办理手续。改造老苏蠡花园,与天华苑并轨管理,提升社区服务质量和小区环境档次。探索天怡、天韵社区管理经验,推进居民自治,实现1190余户入驻居民和谐安居。

(长桥街道)

【民生事业】 全年,社区集体总收入1.4亿元,比上年增收3600万元以上。街道支付失地农民补贴1600多万元,社区股红分配由原来的每股每月50元提高到60元。各社区发放物业和资产性股红2400万元,各项福利补贴400万元。全年向社会提供就业岗位1400个,实现本地再就业166人次,新增公积金扩面投保1333人,发放各类慈善金、救助金105.2万元。投入1082万元收购中心小学西侧土地,完成中心小学西扩审批和报建手续。街道创建为苏州市社区教育示范街道。投入近40万元建设文化长廊,完善文体设施。社区卫生服务站成立服务团队深入家庭开展便民服务。

(长桥街道)

【平安建设】 排查整治社会治安重点地区,组织2000余人次的各类专项执法检查,打击黑网吧35家、黑诊所6处,取缔无证经营67户。投入60万元增加技防、人防、物防设施,确保校园及周边安全。调处各类矛盾纠纷59起,接待群众来访281件,“12345”便民热线180件。

(长桥街道)

郭巷街道

【概况】 郭巷街道位于吴中区东南部,东与东方大道相连,南接环城高速、苏嘉杭高速入口,西枕京杭运河、苏州市东环路,北连东南环立交入口,通达路连金鸡湖大道接苏州工业园区。尹山湖环湖为吴中区绿色生态次中心,集商贸中心、居住中心、生态休闲中心3大功能。街道总面积54平方公里,下辖11个社区居民委员会,2010年年末户籍人口40797人。

(郭巷街道)

【经济概况】 年内,完成地区生产总值24.98亿元。完成财政收入9.01亿元,首次突破9亿元大关。全年税收超千万企业11家,超500万元企业5家,超百万企业38家。全年新增注册企业141家,新增注册内资5.97亿元。新增外资项目4个,新增注册外资414.5万美元,实现到账外资266.9万美元。完成社区集体收入2160万元，农民人均收入15580元。

（郭巷街道）

【实事工程】 全年实施便民惠民实事项目71项,投入资金7578万元。包括农村道路和桥梁的新建、维修20项;水利、管网、电力等公共设施建设12项;社区围墙、场地、停车场等便民项目15项;社区环境改造、公厕、绿化等项目16项。姜家社区、尹山社区过渡房建成启用,投入资金334万元。拆迁工作完成协议签约1700户,完成农户交钥匙1200户,完成农作物、鱼塘、堆场等各类清障2万余亩,安置公寓房617套,安置面积54240平方米。全年投入1970万元，新建污水管网25.4公里,改造姜庄工业区、国泰社区、塘北小区、黄潦泾副中心安置区、姜庄自建区等一批雨污水管网工程。完成苏申外港线马巷段驳岸工程和堤岸加固加宽工程。河东工业园垃圾中转站和塘南垃圾中转站建成启用。公共载体建设不断加强。郭巷中学教学楼及食堂改建工程主体竣工。中心小学桥梁工程建成通车。国泰幼儿园、郭巷派出所主体工程即将竣工。郭巷第二中心小学的土地、规划筹建工作完成。社区服务中心建设加快推进。独墅湖和尹山社区服务中心建成启用，戈湾和姜庄社区服务中心主体竣工。本色美术馆周边环境改造工程有序推进,蒸汽管道迁移工程即将完成。

（郭巷街道）

【社会事业】 科教文体水平上新台阶。郭巷中学被评为江苏省绿色学校，获得省级以上团体或个人荣誉18项,国家级荣誉2项。中心小学被评为苏州市教科研先进单位。群众文化体育事业纵深发展，召开第二届全民运动会,举办国泰社区首届群众文化艺术节,成立“尹湖之春”摄影协会。

医卫保障体系完善。全年,卫生院医疗设施投入173万元,服务18.4万人次,实现营业收入2020万元。新增就业岗位8678个,安置本地劳动力就业 1549人次，开展各类培训1754人次,完成社保扩面3142人,住房公积金扩面5200人。发放或结报失业金、医疗保险、丧葬费等保障资金350余万元。食品卫生监督采样率、家禽家畜防疫覆盖率、生猪屠宰检测率均100%。

市镇服务功能提升。全年环境卫生设备、设施投入670万元，压缩和清运垃圾3.7万吨。公共交通发展,辖区公交线路17条,全天400余班次。新设和增容农网综合变7台,改造400伏线路34.2公里,投入资金280万元。投入300多万元实施双向网改造和光缆网建设,数字电视用户16000户,双向网优化用户9933户。

公共安全保障水平提高。投入640万元安装电子监控探头225只,实现学校、集贸市场等重点区域电子监控全覆盖。组建70余人的户口协管员队伍和180余人的“治安中心户长”队伍,成立国泰社区“维稳妈妈队”,创新建立外来人员跟踪登记的信息体系等。

弱势群体工作深入展开。全年发放各类优抚、救助资金563万元。实施贫困户危房拆迁安置14户，帮助困难家庭实现就业267人,免费健康体检老人2952名和企业退休人员184名。募集各类善款48万元,开展慈善救助活动。

信访矛盾调解。全年投入855万元解决社区居民反映较多的交通和环境问题。完成国泰一村首批450套安置房的两证发放工作。调处历史遗留的信访问题7个,劳资纠纷178件,追回劳动者工资170万元,维护641名务工人员的合法利益。调解各类群众矛盾174件。

（郭巷街道）

横泾街道

【概况】 横泾街道位于吴中区西南部，北靠尧峰山、七子山，与木渎接壤，南临东太湖，东接越溪街道，西接临湖镇。总面积为53.39平方公里，辖5个行政村、4个社区，2010年年末户籍人口30938人。境内自然环境优美、资源丰富，盛产太湖蟹、茶叶、葡萄、水八仙、富硒大米等。街道被列为苏州市城乡一体化综合配套改革试点先导区，是吴中经济开发区的重要板块之一、吴中区太湖现代农业示范园的重要组成部分、滨湖新城建设的重要组团。初步形成机械制造、生物医药、电子产品、精密加工、针织服饰、彩印包装、现代木业等十大工业产业格局。 (横泾街道)

【经济建设】 2010年，完成地区生产总值18.1亿元，全口径财政收入3.32亿元，工业总产值38亿元，第三产业增加值6.93亿元，村级纯收入4228万元，农民人均纯收入14548元。全年引进内资项目113个，新增注册资本6.5亿元，投资总额11.8亿元；引进外资项目3个，新增注册资本1165万美元，合同外资1580万美元。完成固定资产投资3.97亿元；工业在建项目4个，建筑面积5万平方米。鼓励企业自主创新、改造升级。世界500强企业德国西门子公司投资的德马泰克公司全年入库税金2450万元；燃气阀门公司新产品打入国际市场。传统企业转型升级步伐加快，淘汰产业污染大、产品附加值较低的8个产品和6家企业。规划用地1200亩、总投资超40亿元的光华文化创意产业园落户横泾，引进注册3亿元的金穗农村小额贷款公司和注册8000万元的嘉盛大厦五星级酒店项目。 (横泾街道)

【社会事业】 投入200多万元改善学校办学条件，中、小学教育质量提升，获省“平安校园”、市“德育先进学校”等荣誉。投资3600余万元的横泾卫生院落成启用，被评为2010年度苏州市村镇建设优秀工程一等奖。街道通过苏州市农村卫生现代化达标街道验收。“塘南”片区5个村1.1万农民自8月1日起全部纳入失地农民保障范围。城保扩面净增1014人，失地农民续保累计2156人。参加农村合作医疗保险19141人。完成公积金扩面750人。开展各类农村劳动力就业培训1380人次，新增就业岗位2005个。办理低保户186户、550人，低保边缘对象263人，保障金额180.9万元，并为378户低保户及低保边缘对象发放党员关爱基金23.3万元，结对扶贫助残169人、捐助总额30万元，为8户贫困残疾人家庭翻建了危房。乐园路西段竣工通车，泾东路全线贯通；尧新路、新光路年内基本建成，道路建设总投资5200万元、总长度近6公里，新开工建设安置房17幢、7万平方米，竣工6幢；为住房困难户安排预拆迁100户。 (横泾街道)

【城乡一体化建设】 稳步推进拆迁安置，道路建设、重点板块、土地储备等拆迁和农民预拆迁丈量评估506户、签约252户、拆除217户，年内安置140户，启动新湖村自建安置区建设。完成3780亩集体林权制度改革工作，新增绿化367亩，全街道绿化率12%。成立注册9000万元的苏州横泾滨湖投资开发公司；各类合作社总收入5550万元，可分配收入2313万元，社员分红1287万元，户均分红1832元。2010年，全街道村级可支配收入4228万元，农民人均纯收入14548元。尧南社区首次跨入“千万元收入村”行列。长远社区服务中心5月投入使用，上巷社区服务中心年内竣工，5个社区卫生服务站建设全面完成。完成1.7万亩退垦还湖，开展农村环境连片整治，疏浚河道8条、7.8公里，完成1500米上林生产河生态建设工程。改造农村危桥15座。投资160万元铺设污水主管网3公里，投资500多万元新建8个农村村庄污水处理设施。加强农村建房管理和集体土地管理，制止乱搭建、乱种乱养，批准农户修缮192户，拆除违章搭建169起、5900平方米。

（横泾街道）

【苏州吴中横泾水稻示范方】 苏州吴中横泾水稻示范方位于东太湖北，东山大道东，横泾街道新路、新齐村境内，是苏州太湖现代农业示范园的重要组成部分，是苏州市城乡一体化先导区的重点工程，为2009年吴中区政府实事工程之一。示范方规划建设面积2000亩，2008年10月开工，2009年5月建成千亩核心区，涉及农民土地流转568户，农民搬迁1户，清理散坟1278只，修建道路4844米，建造引排水渠9864米，建造配套用房1100平方米，配备各类农机34台等，总投入3000万元。水稻示范方以建设无公害、高科技农产品生产基地为标准，选用高产优质品种，开展富硒大米生产科学研究，重点集成应用水稻机械播种插秧高产栽培、水稻测土配方施肥、水稻病虫草害综合防治等技术。2010年，水稻基地亩均净收入近3000元，总收入363万元，净收益230万元；示范方实际解决就业70人、支付工资近60万元；实施省农委开展的面源氮磷流失生态拦截工程及环湖生态圈有机农业示范工程，周边生态环境效益得到明显提升。

（横泾街道）

越溪街道

【概况】 越溪街道位于吴中区西南部，地处吴中越溪城市副中心中心区，东与吴中经济开发区东吴工业园接壤，西至尧峰山，南临东太湖，北靠上方山。总面积约48.8平方公里，辖8个社区居委会，2个村委会，年末户籍总人口38546人。2010年，旺山景区被评为国家AAAA景区。境内有苏州国际教育园、旺山高科技工业园、旺山生态农庄、苏州吴中经济开发区行政大楼，成为苏州城南的政治、经济、文化中心。

（越溪街道）

【经济建设】 年内，实现地区生产总值12亿元，地方一般预算收入6.5亿元，工业总产值35亿元，第三产业增加值4.5亿元，新批内资、民资企业182家，注册资金总额6.67亿元，街道和社区(村)2级集体收入7000万元。完成全社会固定资产投资6亿元。街道、社区(村)二级集体资产项目6个，占地250亩，建筑面积16万平方米，总投资6亿元，其中富民配套区、东吴工业园、溪东农贸市场等3个项目，6万多平方米载体竣工。旺山景区全年接待游客100万人次，旅游收入2亿元。

（越溪街道）

【拆迁安置】 围绕吴山莫家角、溪上徐舍和旺山科技园拆迁重点，加强拆迁安置工作。全年搬迁民房、门面房、企业268户，拆除建筑面积66565.57平方米。安置农户165户，公寓房193套，安置面积20340平方米，文溪花苑二期近7万平方米高标准安置房开工建设。东太湖14000多亩退垦还湖任务完成。

（越溪街道）

【城市建设】 南苏州生活广场正式营业，杨树浜公园对外开放，溪东农贸市场主体建成，溪东邻里中心、商业金融中心、文体中心等加快规划设计，格林豪泰连锁快捷酒店、华润大卖场越溪店、新岛咖啡等知名服务业连锁企业相继进驻，海关大楼、吴中商务中心等高楼建成，越溪城市副中心现代城市新形象进一步显现。

（越溪街道）

【新农村建设】 农民康居工程、村庄环境整治工程、安置小区改造工程和绿化、道路、清淤、污水管网等基础设施工程有序实施,原宅翻建房屋43户,改造困难群众危旧房103户;全面翻建安置小区围墙,开展管道煤气入户升级和三线入地改造;清理沉船866条,迁离生活、经营用船58条;铺设污水管网18.2公里;张桥"村村通公交"道路、木林中心路、珠村跨线桥道路竣工通车;张桥村通过苏州市农村环境综合整治示范村验收,旺山村获评国家级水土保持科技示范园和全国特色旅游景观旅游名村等称号。 (越溪街道)

【社会事业】 投资3000万元新建越溪幼儿园,形成从幼儿园到中学的高标准一条龙教育体系。龙翔、木林、张桥、旺山社区卫生服务站竣工使用,社区(村)文体服务室陆续建成。全年新增城镇职工社会保险1588人,完成公积金扩面940人,失地农民续保3262人,落实低保户92户、276人,低保边缘212户,发放低保金105万元,新增就业2668人。

(越溪街道)

城南街道

【概况】 城南街道位于吴中区南部,东起京杭大运河,西至友新高架,南与吴江市接壤,街道设11个社区,18个自然村,42个居民小区,区域面积约17.5平方公里,2010年年末户籍总人口30096人。辖区内高端产业集聚化程度提高,有18个国家和地区投资企业2000多家。投资领域涉及精密机械加工、电子及I T产业、新型建材、精细化工、生物制药、轻纺服装等行业。 (城南街道)

【经济概况】 年内,完成地区生产总值7.6亿元,工业总产值21亿元。引进注册项目97个,注册内资3.1个亿,其中超500万元以上的项目16个,超2000万元以上的项目2个。8月,街道与苏州太湖企业有限公司、美瑞机械制造有限公司签约130亩土地的收购搬迁合同,开创街道转型升级、退二进三新局面。6个社区可支配收入5353万元,其中红庄、南石湖、新江3个社区实现超千万,6个社区总资产3.9亿元。 (城南街道)

【民生工程】 红庄社区服务中心、碧波社区服务中心和社区警务站、东湖幼儿园、公司一条街、跃进河水闸等5件实事工程竣工落成;城南工业园、城南街道社保中心综合服务楼、碧波实验小学二期、宝龙工业园、城南中学、小学、街道文体中心等5件实事工程开工建设中。街道和东湖社区获苏州市"市级先锋街道"和"市级先锋社区"称号,街道和6个社区全部创建市级先锋街道、市级先锋社区。

(城南街道)

【社保劳动】 2010年,新增就业岗位12370个,面向本地劳动力新增就业岗位1504个,开发公益性岗位43个,失业人员实现再就业361人,帮助困难人员实现就业215人。落实各项医疗保障工作,城乡居民医疗保险参保人数5869人,其中救助人员260人,城镇老居民医保参保140人,城镇学生医疗保险参保1129人,大学生参保28人,参保率和资金征缴率100%。 (城南街道)

【环境综合整治】 排查辖区涉及化工企业。责令问题企业制定切实可行的整改方案,落实整改措施。通过专项整治,街道的环境污染和空气质量明显改善。东湖社区通过市级绿色社区的创建验收,获得环境专项整治资金10万元。对辖区内17个居民小区进行污水管网改造,管网长度33261米,投入资金1900余万元。 (城南街道)

【拆迁安置】 围绕轻轨 2 号线和"四路一中心"的改造拆迁计划,加快推进拆迁进度。至年底轻轨二号线城南段拆迁任务近尾声。街道社保综合服务楼拆迁还剩下 2 户住宅及1家厂房。城南工业园拆迁工作完成。苏豪工业园拆迁完成评估及设备价格认证,进入谈判阶段。南石湖涉及 3 家厂房,拆迁 2 家厂房完成评估,进入谈判阶段。（城南街道）

香山街道

【概况】 香山街道位于吴中区西部,东靠胥口镇,西南临太湖,北与光福镇交界。总面积 25.37 平方公里,辖 4 个社区居委会、4 个村委会,2010 年年末。户籍总人口 21150 人。全年,实现国内生产总值 12.84 亿元,全口径财政收入完成 4.28 亿元,地方一般预算收入完成3.45 亿元,工业总产值 11.88 亿元,工业销售收入 11.45 亿元,新增企业 30 家,注册资金 12.98 亿元,旅游人数 195 万人次,全社会固定资产投入 16.9 亿元。组建街道物业股份合作总社。（香山街道、统计局）

【拆迁安置】 全年完成 571 户拆迁、637 套安置房分配、舟山花园一期后 16 幢 46000 多平方米的房屋在抓紧建设中。完成长沙湾里、黄金水岸、文化论坛 6 号地块和香山北路、舟山路东 B 地块拆迁任务。（香山街道）

【社会事业】 全年发放失地农民补偿金、养老人员生活补贴、拆迁户生活补助以及临时安置补助费 6000 多万元。拓展就业渠道,举办招聘会 18 期,推荐就业岗位 1833 个,安置失地劳动力 503 人次,发放失业救济金51.5 万元,举办技能培训 1680 人次。投资 5000 多万元建设香山中学新校。加大太湖整治力度,及时打捞太湖蓝藻,清理环太湖闲置船只和围网养殖,完成太湖水环境整治,实施河道清淤和自然村污水管网改造工程。全年接访 112 起 117 余人次,调解矛盾纠纷 133 起。检查各类场所 426 家次,排查发行隐患 229 处,发限期整改通知书 46 份,复查意见书 44 份,整改隐患 221 处,整改率 95.6%。街道被评为 2008~2010 年度江苏省优秀人民调解委员会。（香山街道）

苏苑街道

【概况】 苏苑街道位于苏州市区南大门,是吴中区委、区政府所在地,东临京杭大运河,南至澹台湖,西濒西塘河,北隔澗长河与苏州市沧浪区相毗邻,面积约 4 平方公里,下辖 11 个社区居委会,年末户籍人口 49887 人。（苏苑街道）

附表: 2010 年苏苑街道各社区基本情况

社　区	住宅楼（幢）	户数（户）	常住人口（人）
南　区	70	2437	6033
北　区	121	3857	9165
苑　东	65	1610	2418
苑　南	70	2157	6522
西　塘	60	2055	4606
南　巷	41	1080	3090
月　浜	57	1265	3362
宝　带	129	1014	3214
澹台湖	39	926	2700
东吴花园	58	1200	3446
嘉宝花园	72	1553	5331

（苏苑街道）

【街道各项建设】 和谐社区建设全面提升。社区硬件设施进一步完善,南区社区卫生服务站全面建设，嘉宝社区文体中心及卫生服务站正式立项，宝带、西塘等社区的活动场所得到全面改善，以社区为依托的公共服务体系日趋完善。

人居环境建设全面提升。推进冬青路地块拆迁安置工作，龙港一村、二村、三村及东吴北路61号居民小区的综合改造完成，开展净化、绿化、美化家园系列活动。街道获市"红旗街道"称号，苑南、苑东、宝带、澹台湖社区分获省、市绿色社区称号，嘉宝花园社区通过国家生态区检查验收。

精神文明建设全面提升。动员各方力量做好文明城市创建工作，完成"公民文明指数测评"。推出"春满苏苑·欢乐万家"第七届社区文化艺术节。街道获2007~2009年度江苏省文明单位称号。

平安法制建设全面提升。街道建立综治中心，构建民意诉求、矛盾纠纷调解"绿色通道"。加大科技防范力度，新增一批小区技防设施。推动民主法治建设，南区社区通过"江苏省民主法治示范社区"考核验收。

（苏苑街道）

龙西街道

【概况】 龙西街道位于城区西塘河以西，西接友新路横塘分界处，南邻长桥运河，北至湄长河，面积约3.25平方公里，辖9个社区。年末户籍人口50608人。获"2007~2009年度江苏省群众性精神文明建设先进单位"荣誉称号。

（龙西街道）

附表： 2010年龙西街道各社区基本情况

社　区	住宅楼（幢）	户数（户）	常住人口（人）
水香苑	80	2656	5836
吴中苑	69	2065	5573
新景苑	102	3012	5768
龙　苑	56	2317	5912
龙华苑	75	2102	5152
盘蠡苑	94	2328	5391
新　苑	80	3022	5571
美之雅	305	3211	6036
城西苑	80	3121	5369

（龙西街道）

【优化宜居环境】 投入资金1600多万元改造水香五村，改造面积约7.66万平方米，惠及39幢住宅楼、1258户居民，增设健身场地1个；投入100多万元零星工程改造吴中西路69、71号小区，龙苑新村31号，龙西路300号；全面改造美之国小区供水管道、路灯、污水管网，联合区水务局改造龙西新村5幢下水管道。加强小区环境卫生日常督管，每月组织一次小区环境卫生大检查，与社区年度考核挂钩；发挥社区、城管和物业公司的合力作用，加强环境整治力度，被评为第三届"吴中市容环卫杯"竞赛先进集体；投入20余万元，全面整治小区环境，集中力量清除卫生死角。推进低碳社区建设和绿色社区创建，以"建设低碳社区、优化居住环境"为主题，宣传普及低碳生活常识、推行环保节能措施、组织八大系列50余项活动；推进绿色社区创建，至年底，5个社区被评为江苏省绿色社区，4个社区被评为苏州市绿色社区。（龙西街道）

【提升服务环境】 为居民群众提供窗口服务、公益服务和志愿服务，实行"错时工作制"和"预约服务制"，提供各类宣教服务活动50余次。

计划生育工作，为374户企业退休人员家庭发放独生子女奖励金134.64万元，为符合条件的育龄妇女办理两胎生育审批23份，办理独生子女证207份，生育保险单123份，生育状况证明103份，节育手术证明60份，流动人口生育管理服务卡797份。

关爱社区弱势群体，为辖区87户低保户、低保边缘户、困难户、重症残疾人家庭发放各类补助金66万余元，为46名残疾人办理意外保险；为19户中低收入家庭申办保障性住房；发放优待金、抚恤金、安置费28万余元。

劳动和社会保障，办理就业失业登记证676人，就业困难人员认定421人，新增就业岗位810人，免费职业介绍186人，免费技能培训276人；为283人办理社保补贴，发放失业金1282人次计102万余元，退休人员资格认证1321人；办理居民、学生医疗保险1009人，发放免费健康体检手册874人；办理劳动合同电子申报1753人；用人单位书面材料审查45家企业，调解劳资矛盾26起，涉及33人、金额5.4万余元。（龙西街道）

【构建人文环境】 整合邻里互助卡、幸福龙西党员义工社、社区信息港、与你同行港湾、社区便民服务网点等志愿服务平台的力量，开展义务植树、扶贫帮困、文明宣教等志愿服务活动。组织开展以“精彩世博、人文吴中、幸福龙西”为主题的四大系列活动；举办街道第二届社区趣味体育运动会，以“相约龙西·共享健康”为主题，1000多名社区居民参与。培育管理50多支群众性文体团队，发挥业余文体团队作用；在街道文体活动中心、社区活动室、小区小游园、市民休闲广场等文化阵地，组织“我们的节日”等群众性文化活动70余场次。（龙西街道）

【打造平安环境】 构建社区大防控平台，安装电子监控设备，加强技防设施建设，增强居民安全感；加强对社区联防人员、民兵应急分队、户口协管员的管理和培训，确保24小时巡防值班；依托社区110志愿者和义务护楼哨队伍，在各小区建立完善看护网络，构建社区群防群治体系。完善大调解工作机制，健全规范工作例会、排查化解、信息报送、分类建档等信访工作制度，抓好“三项排查”，全年受理信访145件，其中市委书记、市长信件20件，区长信箱30件，人民来信来访17件，公众监督78件；办理便民服务中心工单102件，接待群众来访54批次、160余人次。

（龙西街道）

穹窿山风景管理区

【概况】 穹窿山风景管理区位于吴中区西部，西临太湖，南接胥口镇，东、北连木渎镇，区域面积近18平方公里，辖穹窿、接驾2个社区，2010年年末户籍总人口4862人。境内有国家森林公园、穹窿山、小王山等，是一个具有2500多年历史的名胜景区。2008年创建国家AAAA级景区。一个集兵圣文化、宗教文化、历史遗存、农家休闲、农村生态于一体的大旅游景区逐步成形。全年实现生产总值1.8亿元，工业总产值9.3亿万元，全口径财政收入0.2亿元，一般预算收入0.1亿元。

（穹窿山景区管委会）

【景区景点建设】 孙子兵法文化相关项目：孙武书院建成，罗浮山庄对外营业；孙武文化园一期工程开工建设，南大门门楼结顶；孙武苑将军碑廊修建完毕，孙武苑茶楼、餐厅开工改建；古营盘项目在规划论证。宗教历史文化相关项目：完成上真观、宁邦寺的修复扩建工程。历史名人文化相关项目：以爱国老人李要源纪念馆和众多露天摩崖石刻艺术品的小隆中景区建成对外营业；穹窿十景之“西廊数雪”、“石门观瀑”等景点完成恢复性建设；修缮乾隆亲笔所书的御碑；在望湖园内新建“醉月舟”、“翠环楼”等建筑。休闲生态文化相关项目：藏书老街一期建成，二期工程在建，三期工程规划；御湖山庄、吴越都城生态酒店、烧烤园建成对外试营业。

（穹窿山景区管委会）

【品牌营销】 举办“我们的节日—2010新春祈福庙会”、“ ’2010中国苏州·穹窿山孙子兵法文化旅游节暨第一届苏州穹窿山·兵圣杯世界女子围棋赛”、“苏州市首届健康养生文化节”等活动。结合节庆活动开展宣传，通过中央电视台、新华日报、新浪网、人民网等多种途径进行跟踪报道；发挥报纸、电视等常规媒体的宣传作用，对景区作专题报道；重新设计景区宣传口号，定位于“天下第一智慧山”提出“走遍千山和万山，还是苏州穹窿山”、“苏州山水在吴中，吴中精华看穹窿”等宣传口号。对接上海世博，把握前世博、后世博效应，专场推介；成立营销公司，整合营销力量。

（穹窿山景区管委会）

文件选编

印发《关于进一步推进吴中人才计划的若干意见》的通知

中共苏州市吴中区委员会

苏州市吴中区人民政府

吴委发〔2010〕45号

2010年4月26日

关于进一步推进吴中人才计划的若干意见

为进一步实施人才强区战略，加快推进经济发展方式转变和创新型城区建设，根据《关于进一步推进姑苏人才计划的若干意见》(苏发〔2010〕20号)、《关于在加快经济转型升级中充分发挥人才支撑和引领作用的若干意见》(吴委发〔2010〕22号)及吴中区"5+2"产业培育振兴计划文件精神，现就进一步推进吴中人才计划提出如下意见：

一、指导思想和工作目标

坚持以科学发展观为指导，紧紧围绕我区建设"山水苏州、人文吴中"的总体目标和加快推进经济发展方式转变、建设创新型城区的要求，树立人才资本优先积累、人才资源优先开发的理念，在科技创新、重点产业以及文化、教育、卫生、旅游等领域全面推进吴中人才计划，5年内投入3亿元，引进、培育并重点支持25名能够突破关键技术、发展高新技术产业、带动新兴学科和新兴产业的科技创新创业领军人才，1000名重点产业紧缺创新人才，以及一批在文化、教育、卫生、旅游等经济社会领域引领和支撑行业和产业发展的高层次人才，以人才结构优化引领和助推产业结构转型升级，把吴中建设成为创新创业人才首选、各类高层次人才集聚的创新型城区。

二、政策措施

吴中人才计划，包括吴中创新创业领军人才计划、吴中重点产业紧缺人才计划、吴中企业经营管理人才素质提升计划、吴中高技能人才计划、吴中文化产业人才计划、吴中教育人才计划、吴中卫生人才计划、吴中旅游人才计划等人才队伍的培育和引进计划。

1. 吴中创新创业领军人才计划

深化完善吴中创新创业领军人才计划(简称吴中双创人才计划)，围绕吴中区"5+2"产业振兴培育计划，5年内引进50名高层次创新创业人才，择优资助25名领军人才，着力引进和资助一批高层次人才创新创业团队。

区级创新创业领军人才,给予20~100万元的安家补贴;根据创业项目的规模和进度,给予50~100万元的科研经费资助;提供不少于100平方米的工作场所,并免除3年租金;给予最高100万元的担保融资贷款。

鼓励和支持领军人才做强做大企业,5年内重点培育2家以上国内知名、业内领军的旗舰型高科技企业。已经立项支持的领军人才计划企业,3年内年销售收入超过5000万元的,再给予100万元的科研经费资助,以及500万元以内的担保融资贷款,优先辅导并推荐认定国家高新技术企业,优先支持企业落实研发费加计扣除、自主创新产品政府采购等政策。

吴中双创人才计划由区科技局具体实施。

2. 吴中重点产业紧缺人才计划

启动实施吴中重点产业紧缺人才计划,积极鼓励新能源、新医药、新材料和现代服务业等重点优势产业和战略性新兴产业的企业引进紧缺高层次人才。从2010年开始,5年内引进1000名具有博士、硕士学位和研究生学历的企业创新人才,充分发挥创新型人才在助推企业转型升级中的积极作用。

重点产业和新兴产业领域企业引进的紧缺人才,博士研究生给予6万元的安家补贴,硕士研究生给予3万元的安家补贴,补贴在2年内分两次拨付。

重点产业和新兴产业领域企业现有的紧缺人才,5年内享受政府薪酬补贴,博士研究生每人每年补贴1万元,硕士研究生每人每年补贴5千元。

研究制定重点和新兴产业紧缺人才目录发布制度,每年年初面向社会公开发布。吴中重点产业紧缺人才计划由区人力资源和社会保障局具体实施。

3. 吴中企业经营管理人才素质提升计划

启动实施吴中企业经营管理人才素质提升计划,加快提升企业经营管理人才的职业化水平,不断增强企业经营管理人才推动产业转型升级的能力。从2010年开始,5年内重点支持25名企业经营管理领军人才赴境外培训,150名企业经营管理团队核心人才参加国内著名高校专题研修,500名企业经营管理专业技术人才参加本地业务能力培训,策划组织5场具有较高层次和较高品质的吴商论坛。积极鼓励并重点资助企业引进熟悉战略经营、善于资本运作、精通企业管理的高级经营管理人才。

企业经营管理人才境外培训和国内高校培训享受不超过培训费用50%的政府补贴,境外培训补贴每人最高不超过3万元,国内高校培训补贴每人最高不超过1万元。

吴中企业经营管理人才素质提升计划由区经济和信息化局会同区工商联具体实施。

4. 吴中高技能人才计划

加快推进实施吴中高技能人才计划,按照行业分布和紧缺急需技能人才需求,抓紧培育和引进一大批能够满足产业发展需求的高技能人才,不断优化人力资源结构,逐步提升生产一线人才的技能水平和职业素养。从2010年开始,5年内培养5000名高技能人才,重点资助20名技能突出人才和200名技能重点人才,重点支持1000名优秀技能人才进行技能提升或赴国外培训研修,通过校企合作培养产业急需青年高技能人才1000名,力争高级技工以上的高技能人才占技能劳动者的比例达到30%以上,青年高技能人才占高技能人才总量的50%以上。

技能突出人才和重点人才5年内享受政府薪酬补贴,技能突出人才每人每年补贴8千元,技能重点人才每人每年补贴3千元。校企合作培养的产业急需青年高技能人才,上岗后每人一次性奖励1千元。

吴中高技能人才计划由区人力资源和社会保障局具体实施。

5. 吴中文化产业人才计划

启动实施吴中文化产业人才计划，围绕动漫创意、印刷复制、人文传播、民间工艺、影视娱乐、体育健身休闲等产业重点，培育和引进一批能够引领吴中文化产业发展的领军人才和振兴吴中文化产业的重点人才。从2010年开始，5年内培育和引进15名文化产业领军人才和50名文化产业重点人才。

文化产业领军人才奖励15万元，给予50万元项目资助；文化产业重点人才奖励5万元。新引进的领军人才再给予20~50万元的安家补贴，新引进的重点人才再给予10~15万元的安家补贴。入选吴中创新创业领军人才计划的，按吴中创新创业领军人才计划相关政策享受资助。

吴中文化产业人才计划由区委宣传部会同区文化体育局具体实施。

6. 吴中教育人才计划

实施吴中教育人才计划，推进吴中区中小学教育名家工程，在全区普通中学、小学、幼儿园、特殊教育学校、职业类学校及教育教学研究机构，5年内培育和引进10名教育名家、6名教授级中学高级教师、省特级教师。

教育名家奖励10万元，新引进的再给予不少于20万元的安家补贴。新引进的教授级中学高级教师、省特级教师，给予不少于10万元的安家补贴。

吴中教育人才计划由区教育局具体实施。

7. 吴中卫生人才计划

实施吴中卫生人才计划，鼓励开展高水平的科学研究和技术创新，着力培育和引进一批学术造诣较深、知名度较高、德才兼备的学科带头人。从2010年起，5年内在吴中区及驻吴中区医疗卫生单位、医学科研机构，培育和引进6名吴中区卫生领军人才、30名吴中区卫生重点人才。

吴中区卫生领军人才和重点人才享受一次性奖励待遇，区卫生领军人才奖励15万元，区卫生重点人才奖励5万元。新引进的卫生领军人才，再给予不少于20万元的安家补贴；新引进的卫生重点人才，再给予不少于10万元的安家补贴。

吴中卫生人才计划由区卫生局具体实施。

8. 吴中旅游人才计划

启动实施吴中旅游人才计划，鼓励旅游行业培育和引进一批旅游项目策划、产品开发、电子商务、资本运作、市场营销、酒店管理等方面的紧缺人才。从2010年起，5年内培育和引进5名左右能够引领苏州旅游业发展的领军人才、10名左右能够在推进吴中旅游业发展中发挥骨干作用的重点人才。

旅游领军人才和重点人才5年内享受政府薪酬补贴，旅游领军人才每人每年补贴3万元，旅游重点人才每人每年补贴1万元。新引进的旅游领军人才，再给予不少于25万元的安家补贴；新引进的旅游重点人才，再给予不少于10万元的安家补贴。

吴中旅游人才计划由区旅游局具体实施。

吴中人才计划各类人才的评选与苏州市姑苏人才计划各类人才的评选同步进行，凡入选苏州市市级各类人才者，不与区各类人才的评选交叉。暂未列入上述人才计划资助的人才，根据吴中人才工作和人才队伍建设需要，由区人才办牵头，会同相关部门参照上述计划制定相应的政策措施，并纳入吴中人才计划政策体系。

三、配套服务

1. 创新服务政策。制定《吴中区海外人才居住证管理暂行办法》和《吴中区高层次创新创业人才享受生活待遇暂行办法》，给予海外留学回国的高层次人才享受本地户籍居民同等待遇，给予区级以上高层次人才在居留和出入境、落户、医疗、保险、住房、税收、通关、子女入学、配偶安置、法律服务等方面,享受特定生活待遇。

2. 搭建服务平台。区、镇(街道、区)和规模以上企业年内全部建成人才计划服务中心、人才服务平台和人才联络站,合理设置服务功能,科学编制工作流程,建立健全跟踪服务机制,开通吴中人才服务热线,努力为高层次人才创新创业提供功能齐全、水平专业、标准规范的一站式、全过程服务,塑造政府招才引智和科技招商形象,着力打造人才服务品牌。

3. 推进载体建设。结合地区重点产业发展,加强各类产业园的布局规划与建设引导。5年内,高标准建成2个重大科技平台、5个科技创业园,孵化面积达到80万平方米。扎实推进企业院士工作站、博士后工作站、研究生工作站建设,积极引导企业增加研发投入,全力支持企业建设研发平台,鼓励开展科技研发活动。

4. 优化融资环境。积极引进和培育金融产品创新、风险投资与资本运作方面的专业人才。通过设立创业风险投资基金和财政融资担保资金等途径,探索建立科技创新企业与金融服务机构的合作机制,搭建创新创业融资服务平台,择优扶强一批高层次人才创新创业企业。

5. 夯实引智平台。围绕吴中区重点产业发展,突出创新创业主题,积极承接“苏州国际精英创业周”活动,宣传推介吴中的人才政策和创业环境,拓宽高层次人才尤其是海外高层次人才的引进渠道,促成高层次人才与科技项目、创新载体、创业资本等多元要素的对接整合。继续实施校园引智计划,每年组织赴国内高层次人才集聚地区和知名高校开展招才引智活动。积极组织开展“创业吴中”青年创业大赛、留学生联谊会、博士联谊会等活动,扎实推进海内外智力资源的合作交流,努力拓宽招才引智渠道。

6. 加快社会化进程。鼓励社会中介组织与培训机构参与人才资源开发,按照产业发展规划布局以及高层次人才开发需求,引导非政府组织参与高层次人才和紧缺人才的引进与培育,对积极推荐并成功引进国家、省、市、区创新创业人才计划人才的海内外社团组织、中介机构和个人给予奖励。

7. 优化学术环境。对国内外知名学术机构和学术组织在吴中区举办的高层次学术活动,择优给予不少于3万元的资助。支持高层次人才申请各类科研资金和项目资助,参加国内外高层次学术活动和各类培训教育活动,推荐参加各类学术组织和在与我区有合作关系的高校及科研院所从事学术兼职活动。

8. 健全激励机制。组织开展两年一届的全区“杰出人才奖”、“优秀人才奖”和“人才发展奖”的评先表彰活动。对重视人才工作并在引进高层次人才方面成效突出、业绩明显的集体和个人予以表彰和奖励。加强对优秀人才和人才工作先进典型的宣传,营造尊重知识、珍惜人才、鼓励创新、崇尚创业的良好氛围。

9. 强化目标考核。坚持镇(街道、区)党政领导干部科技、人才目标责任制考核制度,健全完善和量化考核指标体系,进一步强化人才工作绩效考核导向。积极贯彻落实促进科学发展的党政领导班子和领导干部考核评价办法,建立健全符合吴中区实际的考核评价机制。进一步完善体现地区科学发展水平的统计要素体系,把反映人才质量的核心数据纳入各镇(街道、区)情况统计的重要内容。

本意见自发布之日起实施,涉及相关经费按现行财政体制分级承担。相应实施细则由区人才办会同各有关部门根据本意见制定。

关于印发《在全区基层党组织和党员中深入开展创先争优活动的实施意见》的通知

中共苏州市吴中区委员会

吴委发〔2010〕54号

2010年6月24日

在全区基层党组织和党员中深入开展创先争优活动的实施意见

在党的基层组织和党员中深入开展创先争优活动，是巩固和拓展学习实践活动成果的重要举措，是党的建设一项重要的经常性工作。按照中央和省、市委的统一部署，结合吴中区实际，现就在全区基层党组织和党员中深入开展创先争优活动（以下简称“创先争优活动”）提出如下实施意见。

一、把握总体要求

深入开展创先争优活动，要认真贯彻落实党的十七大和十七届三中、四中全会精神，以邓小平理论和“三个代表”重要思想为指导，继续深入学习实践科学发展观，以“转型升级作表率、科学发展当先锋”为活动主题，以创建先进基层党组织、争当优秀共产党员为主要内容，以“推动科学发展、促进社会和谐、服务人民群众、加强基层组织”为总体目标，立足本地本单位实际，充分发挥基层党组织战斗堡垒作用和共产党员先锋模范作用，以良好的精神风貌、扎实的工作作风，在推进吴中区转型升级、发展创新型经济，建设高端产业城区、最佳宜居城区和文化旅游城区的实践中建功立业。具体要达到以下目标：

推动科学发展取得新进展。要紧紧围绕区委中心工作，加快经济结构战略性调整和产业优化升级，加快建设国家创新型城区，加快构建城乡一体发展新格局，以模范行动引导和带领广大群众努力完成各项任务。

促进社会和谐取得新成效。要积极践行社会主义核心价值体系，进一步密切联系群众，倾听群众呼声，主动排查、及时化解矛盾纠纷，自觉维护社会稳定大局，推动深化文明城区创建活动，形成良好社会风尚。

服务人民群众取得新进步。要牢记全心全意为人民服务的根本宗旨，加快推进服务型政府建设，着力保障和改善民生，多为群众做实事办好事，让人民群众共享改革发展成果。

加强基层组织取得新突破。要把开展创先争优活动与加强党的根本建设、长远建设、基础建设紧密结合起来，实施新一轮“先锋工程”，进一步强化基层党组织功能，促进党员先锋模范作用充分发挥，更好树立先进形象，努力提升党建科学化水平。

创建先进基层党组织的基本要求是，学习型党组织建设成效明显，出色完成党章规定的基本任务，努力做到“五个好”，即领导班子好、党员队伍好、工作机制好、工作业绩好、群众反映好。各级党组织要按照实施基层党建“四有一工程”的要求，切实做到有人干事、有章理事、有钱办事、有活动载体、增强党组织内在活力。具体要加强五个方面建设,即加强以党组织书记为重点的党务工作者队伍建设,加强以教育管理为重点的党员队伍建设,加强以信息平台运用为重点的基层党建信息化建设,加强以健全制度为重点的党组织规范化建设,加强以经费投入和活动场所为重点的保障机制建设,努力实现基层党建“三有效一增强”(党的组织和工作有效覆盖,党员队伍有效管理,党建工作水平有效提升,增强基层党组织的创造力、凝聚力和战斗力)的目标。

争当优秀共产党员的基本要求是,模范遵守党章规定的义务,努力做到“五带头”,即带头学习提高、带头争创佳绩、带头服务群众、带头遵纪守法、带头弘扬正气。广大共产党员要立足本职岗位,积极投身各类先锋主题实践活动,通过内容丰富、形式多样的载体实践,切实增强党员意识,加强党性锻炼,提升发展本领,转变工作作风,在推进转型升级、发展创新型经济,建设高端产业城区、最佳宜居城区和文化旅游城区的实践中,充分发挥先锋模范作用,努力争当富民的领路人、发展的带头人、创新的先行人、和谐的引导人。

各地各单位要在坚持以上基本要求的前提下,要结合实际,进一步明确和丰富先进基层党组织和优秀共产党员的具体条件和内容。特别是“一把手”负责人要牢固确立“抓好党建是本职、不抓党建是失职、抓不好党建是不称职”观念,切实履行第一责任人职责,采取有力措施带头抓,确保创先争优活动取得实效。

二、有力有序推进

全区各级党组织要按照中央和省、市、区委总体部署要求,立足实际,精心谋划,做到“四个明确”。一是明确实践主题。紧紧围绕全区活动主题,明确本地本单位的实践主题,使创先争优活动与推进科学发展紧密结合,成为深入学习实践科学发展观活动的延展和深入。二是明确活动载体。立足抓长远、抓根本、抓基础与抓当前相结合,针对不同类型党组织和党员的特点,明确创先争优的活动载体,确保创先争优活动取得实效。三是明确承诺内容。按照创先争优活动的总体目标,明确承诺内容。做到“三承诺”,即基层党组织向上级党组织作出承诺,党员向党组织作出承诺,党组织和党员向群众作出承诺。承诺内容注意与年度工作相结合,与岗位职责相匹配,力求具体实在、好记好评。四是明确创建条件。在坚持“五个好”、“五带头”这一基本要求的前提下,明确创建先进基层党组织、争当优秀共产党员的具体条件。创建条件要切合本地本单位党组织实际,充分体现党员岗位特点,力求简洁可行、便于考核。

全区创先争优活动从2010年6月开始,到党的十八大召开前,具体分为三个时段进行:

第一时段:从2010年6月开始至2010年底。以培育选树典型为专题,开展创先争优活动。各级党组织要继续抓好学习实践活动整改落实后续工作,进一步完善深入学习实践科学发展观的长效机制;要深入挖掘培养选树先进典型,大力宣传他们的先进事迹,充分展示党组织和党员的先进形象,努力形成浓厚的活动氛围。今年“七一”前夕,全区召开社区党建工作推进会,命名表彰一批社区党建工作示范点和优秀社区党务干部,并积极参加市级先锋镇、先锋村创建活动。

第二时段:从2011年1月开始至2011年7月。以喜迎建党90周年为专题,开展创先争优活动。引导基层党组织更好履行职责,引导党员立足岗位,争创一流业绩,展示党员风采。2011年“七一”前夕,各级党组织要结合各自评选表彰工作安排,评选表彰一批先进基层党组织、优秀共产党员和优秀党务工作者。区委将召开纪念建党90周年表彰大会,评选表彰一批在过去一年抓创先争优活动成绩显著的先进单位和在活动中涌现出的先进基层党组织、优秀共产党员和优秀党务工作者。

第三时段：从 2011 年 7 月开始至党的十八大召开前。以喜迎党的十八大召开为专题，开展创先争优活动。进一步引导基层党组织和广大党员以昂扬向上的精神风貌，更加突出的工作业绩，向党的十八大献礼。2012 年"七一"前后，各级党组织要对创先争优活动中涌现出来的先进基层党组织、优秀共产党员进行表彰。区委将专项表彰"2010~2012 年创先争优活动"先进基层党组织、优秀共产党员和抓创先争优活动成绩显著的先进单位，推荐上级专项表彰的"2010~2012 年创先争优活动"先进典型，力争产生一批全市叫得响、全省有影响的先进基层党组织和优秀共产党员。

三、实施分类指导

各级党组织要紧密结合基层单位的实际情况和党员的岗位特点，确定鲜明、具体、实在的争创主题，精心设计活动载体。确定争创主题和活动载体，要注意同学习实践活动整改落实后续工作相衔接，同已有活动载体相衔接，同党的建设其他经常性工作相衔接。

农村基层党组织　要围绕社会主义新农村建设这一主线，按照构建城乡统筹基层党建工作新格局的要求，深入开展农村党的建设"三级联创"活动和整顿帮扶经济薄弱村党组织活动，认真落实"一定三有"政策，推广"四议两公开"工作法，通过"双带三评"、"双提升"、设岗定责、依岗承诺等形式发挥党员作用，促进城乡一体化发展。

街道社区党组织　要围绕"服务品牌"创建和建设管理有序、服务完善、环境优美、文明和谐社区这一主线，深入开展创建社区党建工作示范点活动，落实"三有一化"，积极推进在职党员进社区活动和社区党建、党员服务中心品牌化建设，切实提升党员志愿服务水平，把服务群众、凝聚人心、优化管理、维护稳定贯穿活动始终，充分发挥党组织和党员在建设和谐社区中的领导核心和骨干作用，促进社区各项事业和谐发展。

机关党组织　要围绕改进机关作风、提高机关效能这一主线，以"三走进三服务"活动为载体，与开展"讲党性、重品行、作表率"活动有机结合起来，在主动服务、创新服务、尽责服务、高效服务、廉洁服务上出实招，积极开展在职党员进社区活动，完善群众评议机关作风制度，敢于向慢作为、不作为亮剑，敢于向低效率、低效能开刀，着力转变职能、改进作风、提高效能。

教育、文化、卫生等单位党组织　要围绕做好职工思想政治工作、促进事业发展这一主线，通过积极参加市教育系统的"百千万"工程、争当"德艺双馨党员艺术家"、"党员医德标兵"等活动发挥党组织和党员先锋模范作用，着力破解教育、文化、卫生资源均等化等热点、难点民生问题，努力提升工作质量和服务水平。

国有企业党组织　要围绕深化改革、调整结构、转型升级、科学发展这一主线，深化"四好"领导班子创建活动，开展"四强"党组织、"四优"共产党员创建活动，完善党组织参与重大决策制度，发挥党组织政治核心作用，增强国有经济活力、控制力和影响力，使国有企业成为调整经济结构、转变发展方式的生力军。

非公有制经济组织和社会组织党组织　要围绕扩大党的组织和工作覆盖面，增强内在活力这一主线，深化党组织规范化建设，加强党组织负责人队伍建设，落实党建工作"双报双推"制度，实施社会组织"公信力"工程，全面加强行业规范自律，发挥党组织和党员在促进生产经营和各项业务工作的作用，更好地服务经济社会发展。

全区各镇(街道)站、所和其他基层单位中的党组织要紧扣增强服务意识、提高服务水平确定争创主题，设计活动载体，切实发挥党组织和党员的作用,着力强化服务功能、提升服务质量。

四、加强组织领导

各地各单位要充分认识开展创先争优活动的重要性,切实增强责任感,高度重视,精心组织,确保中央和省、市、区委关于创先争优活动的各项要求落到实处。

(一)落实领导责任。创先争优活动是各级党组织当前各项工作的重中之重,要切实加强组织领导,明确工作责任。区委成立以区委书记为组长,组织部门和宣传部门共同负责、相关部门参与的创先争优活动领导小组,并下设办公室负责日常工作。各党(工)委(党组)负责本地区本单位创先争优活动,要结合实际制定开展创先争优活动的实施办法,建立相应的领导机构和工作机构,构建以党委统一领导、组织和宣传部门共同负责、相关部门参与指导的工作机构。基层党组织具体负责本地区本单位开展创先争优活动的组织实施。党员领导干部要带头参加所在支部的创先争优活动,充分发挥示范表率作用。区委常委、党员副区长建立创先争优活动联系示范点,各镇、街道也要相应建立领导干部联系点,以点带面,推动全局。

(二)强化典型宣传。先进典型体现着时代精神,具有强烈的导向、示范、激励作用。各级党组织要加强对先进典型的培育选树工作,注重选树对党员群众思想上有触动、有支撑点的典型,让大家感到可亲可近、可学可比。既要注意发扬老典型的引领和带动作用,更要树立新的典型,让基层党组织和广大党员感受榜样力量。要创新方式方法,充分发挥新闻媒体作用,强化对各行各业先进基层党组织和优秀共产党员的先进事迹的宣传,引导基层党组织和党员以先进典型为榜样,创建先进基层党组织,争做优秀共产党员,努力在全社会形成学习先进、崇尚先进、争当先进的良好风气。

(三)注重取得实效。创先争优活动要结合实际、措施扎实、确保实效。各地区各单位要在坚持创先争优活动总体要求的前提下,结合自身实际,按照有利于党组织开展活动、有利于党员参加、有利于活动取得实效的原则,科学设计、合理安排,有计划、有步骤地推进创先争优活动。要正确认识和处理开展创先争优活动与搞好当前工作的关系,把抓好创先争优活动与解决实际问题、促进科学发展紧密结合起来,使创先争优活动成为加快转型升级、推动吴中科学发展的强大动力。要广泛吸引群众参与,充分尊重基层和党员的首创精神,鼓励和支持基层单位大胆探索创新,做到工作求实、注重实践、务求实效,以创先争优活动推动各项工作,以各项工作的新进步检验创先争优活动的成效。

(四)加强督查指导。加强督促检查指导是确保创先争优活动有力有序开展的关键。明确把创先争优活动开展情况作为各党(工)委(党组)书记基层党建工作专项述职的重要内容,签订创先争优活动责任书,明确目标任务。基层党组织的实施办法和党员的具体打算要采取适当方式向群众公布,作出承诺,接受群众监督。上级党组织负责人要结合年度工作考评、民主生活会等,对所属基层党组织开展创先争优活动情况进行点评;党组织负责人要结合民主评议党员、组织生活会等,对党员开展创先争优活动情况进行点评。上级党组织对基层党组织、基层党组织对党员开展创先争优活动情况,要组织党员、群众进行评议,在考核的基础上,适时开展评选表彰。各级党组织要通过召开座谈会、经常性督查、随机抽查等方式,了解活动进展,通报活动情况,及时总结交流经验,定期研究解决问题。对创先争优活动思想上不重视、工作上不得力的,有关党组织要及时提出批评,要求限期整改。

各地各单位制定本地区、本部门、本系统开展创先争优活动的实施方案或办法后,要及时报区委创先争优活动领导小组办公室。

关于建立生态补偿机制的实施意见(试行)

中共苏州市吴中区委员会

苏州市吴中区人民政府

吴委发〔2010〕78号

2010年11月25日

为全面深入贯彻落实科学发展观，加大生态环境保护力度，加快生态文明建设，推进城乡一体化发展，按照苏发〔2010〕35号《关于建立生态补偿机制的意见》(试行)文件精神，结合我区实际，现就建立全区生态补偿机制提出如下意见。

一、指导思想和基本原则

生态补偿是政府通过财政转移支付，对因保护和恢复生态环境及其功能，经济发展受到限制的地区给予的经济补偿。指导思想是：以科学发展观为指导，以统筹区域协调发展、把吴中区建设成为生态环境优美的最佳宜居和旅游城区为目标，创新体制机制，完善政府对生态环境保护的调控手段和政策措施，充分发挥市场机制作用，动员全社会积极参与，逐步建立公平公正、积极有效的生态补偿机制，保障经济社会全面协调发展。

建立生态补偿机制应坚持以下基本原则：

1. 统筹区域协调发展。以直接承担生态保护责任的乡镇政府(含涉农街道，以下简称乡镇)、村委会(含涉农社区，以下简称村)、农户为补偿对象，通过生态补偿，使因保护生态环境，经济发展受到限制的区域得到经济补偿，增强其保护生态环境、发展社会公益事业的能力，保障生态保护地区公平发展权，使地区间得到平衡发展。

2. 责、权、利相统一。按照生态环境保护要求，谁保护、谁受偿，谁受益、谁补偿，谁污染、谁治理，逐步建立责权利相一致的规范有效的生态补偿机制。使生态环境的保护者，通过生态补偿机制，获取相应的经济补偿；资源环境的开发、利用、受益者，承担一定的经济补偿责任；对生态环境造成破坏、污染者，承担相应的环境治理责任。

3. 突出重点，分步推进。要从实际出发，创新体制、机制，因地制宜选择生态补偿方式，突出以基本农田、水源地和重要生态湿地、生态公益林为生态补偿重点，逐步加大补偿力度，完善补偿机制。

4. 政府主导与市场调控相结合。坚持政府主导，通过财政转移支付，加大财政对生态保护的投入。同时，积极引导社会各方参与，合理利用生态资源，探索多渠道、多形式的生态补偿方式，拓宽生态环境保护补偿市场化、社会化运作的路子。

二、生态补偿的政策措施

1. 关于生态补偿内容和标准。

(1) 加强基本农田保护。建立耕地保护专项资金，对基本农田按标准整治改造的，给予1000元/亩补偿。鼓励粮食种植，对连片种植10000亩以上的水稻田，按400元/亩予以生态补偿；连片种植1000~10000亩水稻田，按200元/亩予以生态补偿；连片种植200~

999 亩水稻田的,按 100 元/亩予以生态补偿。

(2) 加强水源地保护。对区级以上集中式饮用水水源地保护区范围内的村,按每个村 100 万元予以生态补偿;对镇级集中式饮用水水源地保护区范围内的村,按每个村 25 万元予以生态补偿。

(3) 加强重要生态湿地的保护。对涉及太湖水面所在的村,按每个村 50 万元生态补偿。对涉及澄湖水面所在的村,按每个村 25 万元生态补偿。

(4) 加强生态公益林保护。列为市级以上生态公益林的,按 100 元/亩予以生态补偿。

(5) 对水源地、重要生态湿地、生态公益林所在地的农民,凡农民人均纯收入低于当地平均水平的低收入农户,给予适当补偿,标准由镇(街道)确定。

2. 生态补偿资金的承担。

根据现行财政体制,生态补偿资金由市、区财政共同承担,其中:连片种植水稻区 1000 亩以上,区级以上水源地及太湖水面所在的村,市级以上生态公益林的生态补偿资金,由市、区两级财政各按 50%共同承担;对基本农田按标准整治改造、镇级集中式饮用水水源地保护区范围内的村、澄湖水面所在村、连片种植 200~999 亩水稻田的生态补偿资金由区财政全额承担。

3. 生态补偿资金的拨付、使用与管理。

生态补偿资金每年由区按上述标准核定后,拨付镇(街道)、村(社区),主要用于生态环境的保护、修复和建设;对直接承担生态保护责任的低于当地平均水平的低收入农户进行补贴;发展乡镇、村社会公益事业和村级经济发展等。具体操作办法由财政会同有关部门研究制定。

三、生态补偿的保障机制

1. 设立生态补偿专项资金。要通过财政预算安排、土地出让收入划拨、上级专项补助、接受社会捐助等多种渠道,设立生态补偿专项资金。生态补偿专项资金预算安排数随财力的增长相应增加。

2. 完善财政投入机制。要按照总量持续增加、比例稳步提高的要求,不断加大财政对“三农”的投入,财政对农业的投入增长幅度要高于财政经常性收入增长幅度,土地出让纯收益的 15%要全部用于农业。

3. 健全生态环境的保护、治理机制。要按照市、区生态文明建设的总体部署,加大生态环境保护和生态工程建设力度,加强环境污染整治。要进一步优化环境保护、污染防治资金的使用,加大对生态湿地保护的投入,加快自然保护区、重点生态功能保护区建设;要进一步加大镇、村污水的治理力度,财政要安排一定的资金用于镇、村污水治理,来源于镇、村的污水处理费要全部用于镇、村污水处理设施的建设和运行管理;要逐步建立健全区域排放控制和流域水环境保护的补偿制度,实行污染物排放总量控制指标有偿分配制度和排污权有偿交易制度;要加强饮用水水源地的建设和保护,随自来水费征收的水资源费地方留成部分用于饮用水水源地建设、保护和管理的比例要达到 60%以上。

4. 引入市场机制。以实施城乡一体化发展综合配套改革为契机,加快各地土地利用规划的调整和优化,经济发展受到限制的区域可采取异地发展等办法,增强该类地区村级集体经济的造血功能,实现限制发展区与其他地区的共同发展。支持、鼓励社会资金参与生态建设、环境污染整治,对生态环境资源进行合理利用,积极探索生态建设、环境污染整治与城乡土地开发、发展乡村生态旅游等相结合的有效途径,在保护、改善环境中实现生态环境资源的经济价值,积累生态环境保护资金,形成良性循环的机制。

5. 完善生态补偿保障措施。各镇(街道)、村应根据相关法律、法规,对基本农田、水源地、生态湿地、生态公益林进行保护，相关部门认定其未能尽到保护责任的，由财政部门缓拨、减拨、停拨及收回生态补偿资金。违反相关法律法规的，由行政主管部门依法对相关责任人员予以行政处罚。

四、加强组织领导，切实做好生态补偿工作

生态补偿涉及各方面利益格局的调整，政策性强，涉及面广，各镇(街道)党(工)委、政府要高度重视，切实加强对生态补偿工作的组织领导，要把建立和完善生态补偿机制作为我区建设“三区三城”，推进生态文明建设和城乡一体化发展综合配套改革的一项重要工作，认真听取社会各方面的意见，坚持改革创新。各镇(街道)要结合本地实际，制定生态补偿实施细则，用好生态补偿资金。

区成立生态补偿工作领导小组，由分管农村工作的领导担任组长，由区委农办、财政、规划、农业、水利、环保、国土、监察、审计等部门参加，下设办公室，办公室设在区委农办。

区委农办要做好统筹协调工作，结合城乡一体化工作，探索完善生态补偿机制体制，以做大做强合作社为重点，推进村级集体经济发展，审核认定村级可支配收入，通过生态补偿，促进村级经济发展和增加农民收入。

规划部门要科学编制并严格执行市域城镇体系规划、城市总体规划和控制性详细规划，把生态文明建设的各项要素落实到市域空间布局、基础设施建设、产业和人口发展、环境保护等各个环节。

环保部门要拟订和监督实施全区重点区域、重点流域污染防治规划和生态保护规划，加强环境保护和污染治理，监督对生态环境有影响的自然资源开发利用活动、重要生态环境建设和生态破坏恢复工作。

国土部门要按时完成土地利用总体规划修编，进一步落实基本农田保护面积和优化基本农田布局，并建立全区基本农田保护管理信息系统，提高动态监测水平。

农业部门要认真按照要求，会同相关部门做好规模经营种植水稻的基本农田、生态湿地、生态公益林等的认定，对基本农田、生态湿地、生态公益林的保护情况进行监督、考核，推进绿色、无公害农业生产方式，加强农业面源污染的控制。

水利(水务)部门要加强农村水系规划和农村水利建设，加大镇、村生活污水处理力度，做好集中式饮用水水源地保护区的认定，加强饮用水水源地建设和保护。

财政部门要安排、管理好生态补偿资金，牵头制定生态补偿资金的管理办法，确保生态补偿落实到位。

审计、监察部门要对生态补偿资金进行审计和监督，对违反规定使用或违纪行为的进行严肃处理。

关于深化医药卫生体制改革的实施意见

中共苏州市吴中区委员会

苏州市吴中区人民政府

吴委发〔2010〕80号

2010年11月26日

医药卫生事业是造福人民的事业，直接关系人民群众的幸福安康，关系经济社会协调发展与和谐社会建设。改革开放以来，特别是“十一五”以来，吴中区积极贯彻落实党中央、国务院以及省、市有关卫生工作要求，大力实施基本卫生保健工程，加快推进卫生现代化建设，卫生事业得到全面发展。但从总体上看，医药卫生事业发展水平与人民群众日益增长的健康需求，与吴中经济社会协调发展的要求还不相适应。为进一步完善我区医药卫生体制，逐步实现人人享有基本医疗卫生服务，提高全区居民健康水平，根据《中共中央国务院关于深化医药卫生体制改革的意见》(中发〔2009〕6号)、《国务院关于印发医药卫生体制改革近期重点实施方案(2009~2011年)的通知》(国发〔2009〕12号)、《中共江苏省委江苏省人民政府关于深化医药卫生体制改革的实施意见》(苏发〔2009〕7号)，以及《中共苏州市委苏州市人民政府关于深化医药卫生体制改革的实施意见》(苏发〔2010〕6号)精神，结合吴中实际，提出如下实施意见。

一、深化医药卫生体制改革的指导思想、基本原则和目标任务

(一) 指导思想

坚持以邓小平理论、“三个代表”重要思想为指导，深入贯彻落实科学发展观，深刻领会国家、省、市关于深化医药卫生体制改革的一系列重要精神，紧密结合吴中经济社会发展实际，围绕“山水苏州·人文吴中”的目标定位和“走进太湖时代”的发展战略，坚持政府主导、公益公平、为民惠民，坚持预防为主、以基层为重点、中西医并重，实行政事分开、管办分开、医药分开、营利性和非营利性分开，鼓励社会参与，全面推进城乡卫生一体化战略，为广大人民群众提供安全、有效、方便、价廉的基本公共卫生和基本医疗服务，率先基本实现城乡卫生现代化，把吴中区建设成为卫生强区。

(二) 基本原则

坚持以人为本。树立卫生事业为人民健康服务的宗旨，以保障人民健康为中心，充分调动医药卫生工作者的积极性，着力解决人民群众反映强烈的看病就医问题，实现人人公平享有基本医疗卫生服务。

坚持立足区情。根据经济社会和医药卫生事业发展现状，不断健全与城市功能和发展水平、人口规模和结构、居民健康需求相适应的城乡一体化医药卫生服务体系，逐步将财政供给范围由户籍人口向常住人口过渡，实现医药卫生事业与经济社会同步协调发展。

坚持公平与效率统一。强化政府维护公共医疗卫生公益性的职能，促进公共卫生和基本医疗服务的均等与公平。注重发挥市场

机制作用，鼓励社会资源参与；促进有序竞争机制的形成，提高医疗卫生运行效率、技术水平和服务质量，满足群众多层次、多样化的医疗卫生需求。

坚持统筹兼顾。从全局出发，统筹公共卫生、医疗服务、医疗保障、药品供应保障四大体系，统筹城乡、区域发展，兼顾供方和需方利益，兼顾近期重点与长远发展，积极稳妥地推进改革。

（三）目标任务

到2010年底前，国家基本药物制度得到全面落实，政府举办的基层医疗卫生机构全部配备、使用和零差率销售基本药物。

到2011年，基本医疗保障制度覆盖全区城乡居民，职工医保、居民医保、城乡居民医保（农村）覆盖率均稳定在98%以上，城乡一体化医疗救助制度有效实施，个人医药费用负担比例明显降低；逐步实现基本公共卫生服务均等化，全面落实政府免费提供的基本和重大公共卫生服务项目；基层医疗卫生服务体系更加完善，基本医疗卫生服务可及性明显提高，建成城乡15分钟健康服务圈；公立医院改革试点取得积极进展，各类医疗机构主体地位更加平等，管理体制和运行机制逐步完善，服务水平显著提高；卫生信息化体系初步建立，区域信息共享得到加强。

到2020年，全面实现城乡卫生一体化、公共卫生服务均等化和卫生信息化，全面构建高水平的医疗保障体系，基本实现卫生现代化，居民健康、卫生服务、医疗保障等指标居全国领先水平，部分达到国际先进水平，努力将吴中区建设成为最适宜人居和创业的健康城区。

二、加强公共卫生服务体系建设，促进基本公共卫生服务逐步均等化

（四）强化公共卫生服务体系建设。建立分工明确、信息互通、资源共享、协调互动的公共卫生服务体系。健全疾病预防控制、卫生监督、妇幼保健、健康教育、精神卫生、应急救治和计划生育等专业公共卫生服务网络。到2011年，力争分别按照常住人口1.7~2人/万人、1.5人/万人、1人/万人的比例配备疾病预防控制、卫生监督、妇幼卫生机构工作人员。加强能力建设，转变服务模式，深入研究公共卫生防治策略，提升对重大疾病及突发公共卫生事件的预测预警和处置能力。整合区、镇两级专业卫生机构人力和设备资源，发挥区级专业卫生机构在高端技术服务、重点疾病监控等方面的优势，提高镇级专业机构的基础服务和常规监测能力。全面落实疾病预防控制机构国家绩效考核目标，加强职业健康体检工作；完善院前急救体系，强化院前急救人员、装备管理，提升院前急救水平；健全卫生监督体系，加强镇级卫生监督分支机构管理，逐步理顺卫生监督体制，卫生监督员力争参照国家公务员管理。加强对职业危害防治、食品安全等的监管，严厉打击非法行医和其他危害公众健康的违法行为。完善医疗服务体系的公共卫生服务功能，加强专业公共卫生机构、城乡基层医疗卫生机构和医院间的协作。

（五）落实基本公共卫生服务项目。根据国家和省、市的规定，结合吴中实际，明确全区基本公共卫生服务项目为：建立居民健康档案，开展全民健康教育与健康促进，实施预防接种，传染病防治，高血压病、糖尿病等慢性病管理，重性精神疾病管理，儿童保健，妇女保健，老年人保健等九大类22项。到2011年，城乡户籍人口60岁以上老年人等重点人群的健康档案建档率达到95%以上，其他人群达90%以上。科学利用居民健康档案，促进具有针对性的健康管理。

（六）实施重大公共卫生服务项目。全面落实国家和省、市有关规定，制定我区重大公共卫生服务三年行动计划，适时充实调整服务项目。继续实施血吸虫病、结核病、艾滋病等重大疾病预防控制,落实国家免疫规划、贫困白内障患者复明、农村改水改厕、老年人免费体检、农村孕产妇住院分娩补助、15岁以下人群补种乙肝疫苗、35~59岁妇女宫颈癌和乳腺癌检查、农村妇女孕前和孕早期补服叶酸预防出生缺陷等项目。

(七)开展特色公共卫生服务项目。针对影响我区居民健康的重大公共卫生问题,开展职业危害控制项目、循证医学肿瘤防治、脑卒中康复指导等慢病服务项目。继续实施“母婴阳光”工程,逐步试行重性精神病和困难人群高血压病、糖尿病等病种基本药物免费供给制度。进一步加强对流动人口的公共卫生管理,公共卫生服务逐步覆盖全区常住人口。

(八)深化爱国卫生运动和健康城市建设。设立爱国卫生运动与健康促进委员会,承担爱国卫生和健康城市建设的综合组织协调职能。优化健康服务,不断改善健康环境,努力培育健康人群,积极构建健康社会。大力开展健康教育,组建社区健康行为指导讲师团,实施“健康促进百千万工程”,开设居民健康促进大讲堂。鼓励社会各界开展健康促进公益活动,营造全社会参与健康城市建设的良好氛围。巩固爱国卫生运动成果,积极推进健康镇、村(社区)建设。到2011年,全区所有建制镇均建成省级卫生镇,其中2~3个镇建成国家卫生镇;30%的建制镇和街道建有健康教育场馆,50%的国家卫生镇建成健康镇,50%的社区建成健康社区。

(九)强化政府举办公共卫生职责。逐步提高人均公共卫生经费水平,2011年全区常住人口人均基本公共卫生服务经费不低于35元。设立重大公共卫生服务项目专项经费并逐年增加投入。健全公共卫生服务经费保障机制,政府举办的专业公共卫生机构的人员经费、发展建设和业务经费由政府预算全额安排,服务收入按规定上缴财政专户或纳入预算管理。制定基本公共卫生服务均等化管理办法,实现公共卫生服务的项目化实施、规范化运行和常态化管理。

三、健全医疗卫生服务体系,满足群众日益增长的健康服务需求

(十)合理调整医疗资源布局,形成多元化办医格局。坚持规划先行原则,制订《吴中区医疗机构设置规划(2011~2015)》,根据城市化进程和经济社会发展状况,明确全区公立医院的设置数量、布局、床位规模、大型医疗设备购置和主要功能。加快推进吴中人民医院综合大楼、木渎人民医院外科病房大楼和角直医院、郭巷卫生院、光福卫生院等项目建设。制定非公立医疗机构扶持发展指导意见,扶持国内外著名大学、知名医学专家、医疗服务连锁经营机构办医,鼓励开设上规模、高水平的特色医疗卫生服务机构,逐步完善公立医院与非公立医院相互补充、共同发展的格局。对社会力量举办的医疗机构给予一定的扶持。

(十一)加快建设新型城乡基层医疗卫生服务体系。进一步健全以区级医院为龙头、镇(街道)卫生院(社区卫生服务中心)和社区卫生服务站为基础的基层医疗卫生服务网络,积极推进医疗卫生机构基础设施和能力建设。政府重点办好区级医院,同时完善城乡基层医疗卫生服务体系,在每个建制镇(街道)或按每3~10万人口重点办好一所卫生院(社区卫生服务中心),并按每3~5千人口设置一个社区卫生服务站。实行镇村医疗卫生机构一体化管理,实现人员、标识、药品、财务、服务、信息、制度、考核等“八统一”。适时制定城乡卫生一体化建设指导意见,根据城乡一体化发展进程和人口分布状况,重视编制新建区、人口集居地社区医疗卫生机构的布点规划实施方案,切实做到“同步规划、同步设计、同步建设”。

(十二)转变基层医疗卫生机构运行机制。严格界定基层医疗卫生机构适宜技术、适宜设备范围，为群众提供安全有效和低成本服务。转变服务方式,推行全科团队服务和责任医师制度,深入村和社区,主动上门服务,镇(街道)卫生院(社区卫生服务中心)要组织医务人员在乡村开展巡回医疗，以便捷、优质、价廉、安全的服务引导一般诊疗下沉到基层,逐步实现社区首诊和双向转诊。全面实行人员聘用制,建立岗位绩效工资制。

(十三)加强基层医疗卫生机构能力建设。根据《江苏省基层医疗卫生机构设置和编制配备标准实施意见》(苏编办发〔2009〕7号)及《市政府关于加强我市农村卫生人才队伍建设的实施意见》(苏府〔2008〕149号),加快城乡基层医疗卫生机构标准化和规范化建设,全面落实人员编制,充分发挥预防、保健、医疗、康复、健康教育、计划生育“六位一体”功能。通过培训提升一批、帮扶下派一批、政策留住一批等措施，全面提高基层医务人员业务水平。到2011年,80%的社区卫生服务中心建成省、市级示范社区卫生服务中心。每个社区卫生服务中心配备5名以上经过规范化培训(或岗位培训)的全科医师。加强卫生支农工作，区级公立医院要与若干个基层医疗卫生机构建立长期的对口支援与合作制度，帮助基层提高医疗水平和服务能力。

(十四)改革基层医疗卫生机构补偿机制。政府负责其举办的基层医疗卫生机构的基本建设、设备购置、人员经费以及所承担的公共卫生服务的业务经费，按定额定项等方式给予补助。实行基本药物零差率销售后,药品收入不再作为基层医疗卫生机构经费的补偿渠道,不得接受药品折扣。积极推进基层医疗卫生机构收支两条线管理。实施基层医疗卫生机构绩效考核制度，医务人员的工资水平要与当地事业单位工作人员平均工资水平相衔接。对社会力量举办的基层医疗卫生机构所提供的公共卫生服务，政府通过购买服务等方式给予补偿。

(十五)加快中医药事业发展。发挥吴中中医医院的主导作用，各区级医院均应设中医科,努力提高中医中药使用率。进一步加强基层中医药服务,各镇(街道)卫生院(社区卫生服务中心)均要开展中医药服务。积极开展全国农村中医工作先进区建设，鼓励有资质的中医药人员开办诊所。

四、完善基本医疗保障制度，提高城乡居民医疗保障水平

(十六)实现基本医疗保障全覆盖。完善以基本医疗保障为主体、其他多种形式的社会医疗保险和商业保险为补充、覆盖城乡居民的多层次医疗保障体系。贯彻落实《苏州市社会基本医疗保险管理办法》、《苏州市农村合作医疗保险管理办法》和《苏州市吴中区农村合作医疗保险暂行办法》等规章,巩固扩大职工医疗保险、居民医疗保险和新型农村合作医疗保险参保覆盖面，全面实施城乡居民基本医疗保险制度，积极推进城镇非公有制经济组织从业人员、灵活就业人员参加职工医疗保险，做好断保人员续保和困难企业职工参保工作。在校大学生全部纳入社会基本医疗保险范围。对签订劳动合同并与企业建立稳定劳动关系的农民工，按国家规定明确单位缴费责任,纳入职工医疗保险,其他农民工可参加户籍所在地的新型农村合作医疗。推进城乡一体化的基本医疗保障管理制度，逐步实现城乡居民医疗保险(农村)与居民医疗保险制度框架的统一。

(十七)不断提高基本医疗保障水平。建立政府、单位、家庭和个人责任明确、分担合理的多渠道筹资机制。执行苏州市统一的职工医疗保险政策,实现覆盖范围、保障项目、待遇标准、医疗救助和管理制度的“五统一”，参与加入全市医保联网。坚持医疗保障向到基层医疗机构就医人群倾斜,向低保、低保边缘等特殊困难人群倾斜,向大病、重病患者倾斜,向老年人倾斜。到2011年,全区城乡居民医疗保险(农村)人均筹资水平与同期居民医疗保险人均筹资标准总体持平，达500元左右。逐步提高居民医疗保险和城乡居民医疗保险(农村)住院和门诊大病报销比例和最高封顶线，实现封顶线内住院和门诊大病保障基本一致。巩固完善城乡社会医疗救助的统一管理,逐步提高城乡医疗救助水平。到2011年，职工医疗保险和居民医疗保险参保人员制度规定范围内医药费用报销比例分别不低于80%和60%,城乡居民医疗保险(农村)参保人员住院医药费用实际补偿比例平均达55%以上。鼓励企业和个人通过参加商业保险及多种形式的补充保险解决基本医疗保障之外的医疗需求。

(十八)规范医保基金使用和管理。基本医疗保障基金要坚持以收定支、收支平衡、略有结余的原则，合理控制年度结余和累计结余,职工医疗保险、居民医疗保险和城乡居民医疗保险(农村)统筹基金当年结余率原则上控制在10%左右。全面推进门诊统筹,探索调整职工医保个人账户使用办法，合理拓展个人账户功能，可用于支付预防保健、健康管理、心理咨询等项目。加强对医疗保险经办、基金管理和使用等环节的监管，建立健全医疗保险基金有效使用和收支风险预警系统，探索筹资和支付政策的动态调整机制。加强对定点医疗机构和定点零售药店的协议管理。完善医保基金支付办法,积极探索总额预付、定额付费、按人头付费、病种付费等相结合的综合付费方式，建立激励与惩戒并重的有效约束机制，调动定点医疗机构和执业医师控制医疗服务成本的主动性和积极性。

(十九)改进基本医疗保障管理服务。提高各类基本医疗保障统筹层次。完善基本医疗保险关系转移接续办法，以城乡流动农民工为重点，积极做好基本医疗保险关系跨制度、跨地区转移接续工作。加强基本医疗保障经办机构能力建设,完善内部治理机构,建立合理的用人机制和分配制度，提高医保经办机构管理能力和管理效率。完善政府对各类基本医疗保障的投入机制，保证相关经办机构经费和人员配备。逐步建立完善的城乡基本医疗保险信息系统，实现城乡参保人员异地就医结算。

五、实施基本药物制度，健全药品供应保障体系

(二十)严格执行国家和省基本药物制度。根据国家和省、市的统一要求,制定基本药物制度工作方案。成立多部门和相关专家组成的基本药物管理工作委员会，协调解决实施过程中的有关问题。完善基本药物使用和管理流程，严格执行全省统一的基本药物招标采购相关文件规定和中标结果。积极发挥政府宏观调控功能，依法加强对我区辖区内的基本药物生产企业和基本药物经营企业的日常监督管理。加强药品不良反应监测,建立药品安全预警和应急处置机制、应急药物储备制度。

(二十一)促进基本药物优先选择和合理使用。所有医疗机构与零售药店均应配备和销售基本药物。到2010年底,全区所有政府办基层医疗卫生机构全部配备、使用基本药物,实行基本药物零差率销售,其他公立医院也要按规定使用一定比例的基本药物,并列入绩效考核指标。实施基本药物零差率销售的医疗卫生机构的相关收支差额由财政按规定给予合理补偿。允许患者凭处方到零售药店购买基本药物。基本药物全部纳入基本医疗保障药品报销目录，报销比例明显高于非基本药物。医疗机构要按照国家基本药物临床应用指南和基本药物处方集，加强合理用药管理,确保规范使用基本药物。

六、深化公立医院改革，加强全行业管理

(二十二)推进卫生全行业属地化管理。进一步强化卫生部门的发展规划编制、资格准入管理、规范标准制定、医疗服务监管、卫生绩效评估、行业信息发布等全行业管理职能。严格实施《医疗机构管理条例》,本区辖区内所有医疗卫生机构,不论所有制、投资主体、隶属关系和经营性质,均由区卫生行政部门实行统一规划、统一准入、统一监管。

(二十三)推进公立医院管理体制改革。建立出资人制度,合理界定医院资产所有者和经营管理者的责权,实行所有权与经营权的"两权分离"。建立完善公立医院法人治理结构,逐步推行医院管理队伍职业化,形成决策、执行、监督相互制衡机制。

(二十四)改革公立医院运行机制。进一步完善公立医院改革配套政策,规范医疗卫生机构编制和人员管理制度,深化人事分配制度改革。机构编制部门会同卫生行政部门积极探索制订公立医院人力资源总量控制标准,根据医疗需求和服务量核定岗位总数。对在编制额度内使用的人员,应统一人员聘用管理制度、统一养老保险制度。对新增的临时性或辅助性、代替性等岗位工作人员,按照我区机关、事业单位公益性岗位用工管理要求,规范管理,合理使用。深化医院内部改革,建立有序竞争、有效激励的岗位聘用制度,实行岗位绩效工资制度。积极探索执业医师多地点执业制度。进一步规范公立医院财务、会计管理,严格预算管理,加强财务监管和运行监管。对有条件的公立医院开展核定收支、以收抵支、超收上缴等多种管理办法试点。

(二十五)改革公立医院补偿机制。逐步将公立医院补偿由服务收费、药品加成和财政补助三个渠道改为服务收费与财政补助两个渠道,政府负责公立医院基本建设、大型设备购置、重点学科发展、人员经费、符合国家规定的离退休人员费用和政策性亏损补偿等。对公立医院承担的公共卫生任务按项目给予专项补助,并保障政府指定的紧急救治、援外、支农、支边等公共服务费用。严格控制公立医院建设规模、标准和贷款行为。公立医院必须严格控制新增债务,不得再负债建设和超标准购置大型医用设备。积极探索医药分开多种途径,推进药品集中采购、统一配送制度。严格执行省定的技术服务收费标准与药事服务费标准,药事服务费纳入基本医疗保险报销范围。

七、完善保障措施,确保改革取得预期成效

(二十六)加强组织领导。成立区深化医药卫生体制改革领导小组,统筹推进全区医药卫生体制改革工作。各镇(街道)党(工)委、政府(办事处)和各有关部门要充分认识深化医药卫生体制改革的重要性、紧迫性和艰巨性,将医药卫生体制改革提上重要议事日程,确保做到认识到位、责任到位、措施到位、投入到位,要落实责任,加强配合,形成合力。要把改革进展和成效作为衡量贯彻落实科学发展的重要指标,纳入领导干部任期目标责任制和政绩考核的重要内容,加强督查考核,保证各项政策的落实。

(二十七)增加政府卫生投入。明确政府、社会与个人的卫生投入责任,确立政府在提供公共卫生和基本医疗服务中的主导地位。公共卫生服务资金主要通过政府筹资解决,基本医疗服务费用由政府、社会(企业、事业单位)和个人三方合理分担;特需医疗服务由个人直接付费或通过商业保险支付。逐步提高政府卫生投入占卫生总费用的比重,使居民个人基本医疗卫生费用负担有效减轻;政府卫生投入的增长幅度要高于经常性财政支出的增长幅度,使政府卫生投入占经常性财政支出的比重逐步提高。新增政府卫生投入重点用于支持公共卫生、基层医疗卫生和基本医疗保障,用于城市化发展和城乡一体化建设进程中的新增医疗卫生资源配置,对中医、妇幼保健、传染病防治、精神病防治等专业医疗卫生机构在投入政策上予以倾斜。

对已经确定的重大卫生建设项目，分年度列入各级政府的实事工程。建立完善的政府对医药卫生事业投入与支出的绩效评价机制，确保政府投入达到预期目标。

（二十八）加强高素质卫生人才队伍建设。贯彻落实《江苏省政府办公厅转发省卫生厅关于深入实施医学重点学科建设与人才战略工程意见的通知》（苏政办发〔2006〕106号）和苏州市卫生局《关于强化卫生行业管理，实施医院五项工程的意见》（苏卫办〔2008〕41号）精神，确立"科教兴卫、人才强卫"的战略思想，建立完善以医学重点学科建设为主体、以人才队伍建设为基础的技术创新体系。大力引进高水平卫技人才，开展吴中区"名医生"、"医学骨干人才"和"优秀星级护士"评选。对入选苏州市卫生领军和重点人才的卫生技术人员按奖励标准1:1配套奖励。加强重点专科建设，针对医院布局和各医院优势，重点发展一批特色专科。完善住院医师规范化培训、专科医师培训、学科带头人培训等人才培训制度，鼓励医务人员参加在职教育和进修学习，构建结构合理的人才梯队。加强公共卫生、城乡全科医学、社区护理等医学急需人才培养培训。加强医德医风建设，争创文明行业，激励广大医务工作者恪守服务宗旨、增强服务意识、提升服务质量，努力改善医疗服务。

（二十九）加快推进卫生信息化建设。以建立居民健康档案数据库为重点，加快推进卫生信息标准化建设，全力构建一个中心（卫生数据中心）、三大平台（数据交换平台、卫生管理平台、卫生服务平台）、三大系统（医院系统、社区系统、公共卫生系统），着力加强公共卫生信息化、社区卫生信息化、医院管理信息化、绩效考核信息化，加快推进数字化医院建设。建立突发公共卫生事件的监测、预警、预报信息系统。到2011年，全区建成标准统一、资源共享、网络畅通、应用全面、系统安全可靠的卫生信息化体系。

（三十）营造良好社会舆论环境。深化医药卫生体制改革需要社会各界和广大群众的理解、支持和参与。要坚持正确的舆论导向，广泛宣传改革的重大意义和主要政策措施，积极引导社会预期，增强群众信心，使这项惠及广大人民群众的重大改革深入人心，为深化改革营造良好的舆论环境。

深化医药卫生体制改革是一项涉及面广、政策性强、情况复杂的系统工程，各地、各有关部门要充分认识改革的重要性和艰巨性，切实加强领导，明确责任分工，突出工作重点，精心组织实施，有序有效推进改革各项工作。

关于加快实现城乡教育一体化现代化的意见

中共苏州市吴中区委员会

苏州市吴中区人民政府

吴委发〔2010〕82号

2010年12月1日

为深入贯彻党的十七大、十七届四中、五中全会和省委、省政府关于苏州开展城乡一体化发展综合配套改革试点的决策部署，加快推进吴中教育强区建设，率先建成城乡教育一体化的示范区，现根据国家、省、市、区中长期教育改革和发展规划纲要（2010~2020年）和苏州市委、市政府《关于加快实现城乡教育一体化现代化的意见》，就加快实现我区城乡教育一体化、现代化提出如下意见。

一、指导思想

以邓小平理论和“三个代表”重要思想为指导，贯彻落实科学发展观，全面贯彻党的教育方针，大力实施科教兴区和人才强区战略，坚持面向现代化、面向世界、面向未来，以促进教育公平为基本政策，以办好每一所学校、教好每一个学生、发展好每一位教师为总体目标，以实现城乡教育一体化为主要任务，率先全面实现教育现代化。

二、基本原则

（一）优先发展，率先推进。坚持把教育摆在优先发展的战略地位，切实保证经济社会发展规划优先安排教育发展，财政资金优先保障教育投入，公共资源优先满足教育需求。

（二）以区为主，城乡一体。对区域内城乡学校统一管理体制、统一规划布局、统一办学标准、统一办学经费、统一教师配置、统一办学水平等责任进行具体落实。

（三）科学规划，合理布局。根据区域经济社会城乡一体化发展总体规划，科学规划教育布局，使学校配置与受教育群体的总量、聚居结构变化相适应，与经济结构调整相衔接，与区域功能定位布局相匹配，充分发挥教育服务经济社会的功能。

（四）育人为本，提高质量。尊重教育规律，把提高学生的综合素质作为教育工作的根本宗旨，在推进城乡教育一体化和现代化进程中实现“学有所教”向“学有优教”的跨越。

三、总体目标和阶段任务

（一）总体目标

依法履行教育管理职责，建立健全“以区为主，城乡一体”的教育管理体制，逐步由区级统筹规划、建设和管理学前教育、义务教育、高中段教育，实现城乡学校校园环境一样美、教学设施一样全、公用经费一样多、教师素质一样好、管理水平一样高、学生个性一样得到弘扬，率先实现教育现代化。

（二）阶段任务

1. 2010年至2012年，城乡学校统一管理体制、统一规划布局。

区域内公办幼儿园、小学、初中、高中段学校和特殊教育学校由区教育行政部门统一管理。教师和校长全部由区教育行政部门统一录用、统一直接调配和统一任免。区域内的教师专业培训进修(校本培训除外)由区教育行政部门统一规划、统一实施和统一考核。

所有公办幼儿园、小学、初中、高中段学校的撤并、新建、迁建、改扩建,均由区教育行政部门会同相关镇(街道)政府(办事处)和相关部门决定。

2. 2013年至2015年,城乡学校统一办学标准、统一办学经费、统一教师配置、统一办学水平。

区域内85%的幼儿园达到苏州市优质幼儿园建设标准;70%的义务教育学校达到苏州市高水平现代化学校建设标准,逐步消除单轨及双轨制村小,对于需要保留的单轨及双轨制村小,根据生源情况能扩建的,扩建至四轨及以上小学,特殊山区,学生上下学路途远,生源不足以扩建的,作为中心校分部纳入中心校一体化管理;90%的镇(街道)成人教育中心校和老年大学达到苏州市现代化建设标准。

建立完善区教育公共财政保障体系、教育财政统筹和运行机制。区域内城乡中小学的人员经费、建设经费、校舍维护经费、设备购置经费、日常公用经费、师资培训经费等实行统一标准,由区财政统一收付。形成区域内中小学生均公用经费和校舍维修经费逐年增长的长效机制。城乡社区教育专项经费不低于人均2元/年。

幼儿园、小学教师本科及以上学历均达65%,初中教师本科及以上学历达98%。城乡各级各类学校骨干教师比例和职称水平大致相当。

城乡教育发展主要指标均达到发达国家本世纪初平均水平,教育综合竞争力位居发达地区同类城市前列。0~3岁婴幼儿早期教育覆盖率达90%,学前三年教育毛入园率、义务教育巩固率、高中段教育毛入学率保持100%。城乡社会教育水平进一步提高,老年教育普及率达30%。城乡全面实施素质教育的体制机制更加优化,促进学生全面发展的人才培养模式更加多元,人力资源开发水平持续提升。

四、政策措施

(一)结合编制区域城乡经济社会一体化总体规划,及时修订完善区域教育资源专项规划。要根据农村“三个集中”带来的社会成员聚居结构的新变化,科学规划并及时调整教育布局,合理配置城乡教育资源,推动优质教育资源要素向农村流动。农村居民集中居住区的配套幼儿园、中小学规划,要依据城市居住区的有关指标,并与居住区统一规划、同步实施、同步交付使用。

(二)依法保障教育经费“三增长”。全区教育财政拨款的增长应当高于财政经常性收入的增长,保证按在校学生人数平均的教育费用逐步增长,保证教师工资和学生人均公用经费逐步增长。创新体制机制,加大教育公共财政的保障力度。

(三)全区在核定的教职工编制总量内,合理调剂区域内城乡学校之间的编制,确保区域内中小学教职工按统一编制标准实现统一配置。

(四)加大义务教育学校校长、教师的轮岗交流力度。校长轮岗交流情况要列入教育行政部门对学校和校长的考核体系,并作为进一步任用、提拔的必备条件。实行教师交流制度,每年交流一批专任教师,其中骨干教师按照每年不低于骨干教师总数15%的比例进行交流。对有过支教经历的教师实行职称评定、评优评先等倾斜政策。凡晋升中级以上职务和参加区级以上评优、评先的教师,必须有在镇(街道)学校工作一年以上的经历。设立扶持农村义务教育专项资金,为到镇(街道)学校进行支教和交流的教师发放相关补贴。

(五)加大对农村义务教育教师的培养培训力度,制定轮训规划,落实保障经费。区财政要按不低于中小学教师工资总额 1.5% 的标准设立教师培训专款，并优先保证农村义务教育教师免费专项培训。各中小学按不低于学校年度公用经费预算总额的 5%安排教师培训经费。

五、保障机制

（一）各地要从贯彻落实科学发展观、构建和谐社会和优先发展教育的高度，重视城乡教育一体化和教育现代化工作，并列入党委、政府的重要议事日程。要结合区域实际，创造性地开展工作，进一步增强区域整体推进城乡教育发展的紧迫感、使命感和责任感，深入调查研究，定期召开专题会议，明确目标任务，落实责任主体和配套措施，切实提高农村中小学的办学水平和办学质量，推进区域城乡教育的均衡发展，全面实现教育现代化。

（二）根据教育管理体制的改革需要，加强区域教育行政机构建设，合理配置教育行政部门管理编制，设立教育服务中心，进一步理顺和加强区域教育管理职能。

（三）各地要优先保证教育所需用地，在"苏州市城乡教育一体化先进市、区"创建过程中应切实加强学校建设，进一步改善办学条件，辖区内的幼儿园、学校不仅能满足人民群众就学的需求，且使 85%的幼儿园达到苏州市优质幼儿园建设标准，义务教育学校达到苏州市高水平现代化学校建设标准，成人教育中心校和老年大学达到苏州市现代化建设标准。应继续支持学校增加办学经费、改善办学条件，继续做好资助困难学生、表彰优秀教师等工作。按照"属地化管理"原则，切实履行维护所在地学校的治安、安全和正常教学秩序等职责，确保学校教育有一个良好的环境。

（四）完善督导评估制度，重点督查城乡教育一体化的进展情况，并将督导评估结果作为考核领导干部政绩的重要内容和表彰奖励或责任追究的重要依据。依据市教育局、市政府教育督导室制定的《苏州市城乡教育一体化市、区评估标准》，区镇两级积极开展"苏州市城乡教育一体化先进市、区"创建工作，2015 年底前，通过区城乡教育一体化评估验收。对推进城乡教育一体化成效显著地区，区委、区政府将给予表彰奖励。

关于2011年度苏州市吴中区城乡居民(农村)医疗保险工作意见

中共苏州市吴中区委员会

苏州市吴中区人民政府

吴委发〔2010〕84号

2010年12月2日

为进一步完善和发展全区城乡居民(农村)医疗保险政策,不断提高农村居民的医疗保障水平,加快我区城乡一体医疗保障体系建设步伐,现对2011年度城乡居民(农村)医疗保险工作提出如下意见:

一、目标任务

进一步完善我区大病统筹、个人账户与门诊补助、医疗救助相结合的"三位一体"的城乡居民(农村)医疗保险制度,全面推进门诊统筹;进一步巩固城乡居民(农村)医疗保险参保率;进一步提高城乡居民(农村)医疗保险人均筹资标准,与城镇居民医疗保险标准基本接轨;完善医保基金支付方式,继续做好住院按病种结算工作,逐步扩大病种付费范围;完善城乡居民(农村)医疗保险基金来源渠道,增加符合要求的定点救助(公惠)医疗机构,实行公共卫生服务均等化和城乡一体化;不断提高城乡居民(农村)医疗保险保障水平,扩大受益面,努力减轻参保农村居民医疗费用负担,最大程度减少因病致贫、因病返贫现象的发生。

二、筹资标准

2011年度人均筹资标准为500元,其中:

1. 个人缴费:160元/人;

2. 镇(区、街道)财政补助:160元/人(开发区、度假区为270元/人);

3. 区财政补助:180元/人(开发区、度假区为70元/人)。

三、个人账户记载

2011年度全区城乡居民(农村)医疗保险参保人员个人帐户记入金额为:

1. 男60周岁、女55周岁以下参保人员按每人每年100元划入;

2. 男60周岁、女55周岁以上参保人员按每人每年140元划入。

四、医疗保险待遇

1. 全面推进门诊统筹。在参保人员个人缴费资金中提取60元/人和区大病住院统筹基金中划40元/人,用于参保人员门诊医疗费用补助。

2. 降低门诊补助起付线标准。将参保人员享受门诊补助自负累计起付线标准从400元降为300元。

3. 增加重症精神病为城乡居民(农村)医疗保险门诊特定项目。将重症精神病(包括精神分裂症、重症抑郁症、伴有精神病症状的躁狂症、双相情感障碍症)纳入城乡居民(农村)医疗保险门诊特定项目范围,重症精神病人在门诊使用规定的抗精神病药品时所发生的费用,在2000元限额内结付70%。

4. 扩大救助(公惠)定点医疗机构范围。将苏州大学附属第一人民医院(本部)和苏州大学附属第二人民医院(本部)列为区职工医疗保险和城乡居民医疗保险救助(公惠)定点医疗机构。

5. 建立城乡居民(农村)医疗保险与职工医疗保险关系转移制度。参保农村居民其参加城乡居民(农村)医疗保险的年限可按2:1的标准折算成职工医疗保险缴费年限,折算起始年龄统一为18周岁,城乡居民(农村)医疗保险的首次参保时间为2004年1月1日。

6. 完善城乡居民(农村)医疗保险基金来源渠道。根据《市政府关于整合完善苏州市区居民医疗保险政策的意见》(苏府[2010]111号)文件规定,区社保中心按月从基本医疗保险基金中按缴费工资基数的一定比例转入城乡居民(农村)医疗保险基金。

五、执行时间

以上筹资标准和结付待遇从2011年4月1日起执行。

本意见未提及的仍按吴委发[2009]66号文件的有关规定执行。

关于认真做好东太湖综合整治工程下阶段各项实施工作的通知

苏州市吴中区人民政府

吴政发〔2010〕40号

2010年4月19日

东太湖综合整治工程在区委、区政府的正确领导下,在各有关单位的共同努力下,各项工作进展顺利。2010年3月8日,国家发改委下发了《关于江苏省苏州市东太湖综合整治工程可行性研究报告的批复》(发改农经〔2010〕440号),正式批准同意实施东太湖综合整治工作。在各项规划编制报批工作的同时,已经基本完成了退渔还湖、退垦还湖、土地利用规划调整等前期准备工作,生态清淤、堤线调整、滨湖新城规划等相关工作有序推进。为进一步加快东太湖综合整治步伐,经区委、区政府同意,现就认真做好东太湖综合整治工程的具体实施工作通知如下:

一、抓紧完成退垦还湖扫尾工作。目前东太湖退垦还湖工作进展顺利,越溪街道、横泾街道、临湖镇已完成退垦还湖工作任务,东山镇退垦还湖也完成了大部分工作任务。下阶段,东山镇要加大工作力度,确保在4月底之前全面完成退垦还湖工作任务。对所有已完成退垦工作的圩区,东太湖公司要会同当地政府(办事处)尽快实施破圩、放水还湖,并积极配合省太湖渔管办,切实做好太湖水面的长效管理工作,防止退垦区域内养殖返潮。同时,东太湖公司要各相关镇(街道)共同做好退垦补偿资金的结算工作。

二、全面启动实施新湖村搬迁工作。东太湖综合整治工程中行洪供水通道项目建设,需要对横泾街道新湖村进行整体搬迁。虽然前期已经搬迁了少量农户,但剩余农户的搬迁工作量还很大。对剩余的搬迁户,开发区党工委(管委会)要组建专门工作班子,尽快完善落实搬迁计划和安置政策,切实加快搬迁工作,力争年内基本完成新湖村的整体搬迁工作。

三、加快生态清淤工作步伐。根据苏州市水利局《关于分解下达东太湖生态清淤工程任务计划的通知》,我区清淤工作量为四个标段、206.44万方,目前三个标段已完成招标并进入实施阶段。区水利局和东太湖公司要加大建设管理力度,确保在6月底完成既定清淤任务;对尚余的清淤任务,要抓紧落实工作方案,力争在下半年启动实施。

四、有序推进东太湖大堤及试验段建设工程。东太湖大堤全长35.56km,其中一期工程起自吴中、吴江交界处,止于临湖镇黄垆港闸,长20.36km,二期从黄垆港闸到东山大咀山,由东太湖公司负责大堤的施工。一期工程要确保在今年10月前基本完成、2011年开工建设二期工程,并同步做好大堤外侧生态修复工作。开发区建设局要做好湖滨新城规划与大堤建设的衔接工作;区水利局要做好大堤建设的各项协调工作;东太湖公司要按照批准的方案认真组织实施试验段建设工程,区水利局要加强监督,确保在2011年1月底完成试验段建设任务。

五、认真开展洪道疏浚工程。新联圩~苏震桃大桥段共8.66km的洪道疏浚，总土方量2150万方，该工程既可基本完成我区承担的洪道土方疏浚任务，又可满足大堤建设土方需求和滨湖新城建设区域排泥场的填土需要。东太湖公司要按照方案，认真组织实施，确保工程发挥效益，区水利局要加强协调监督。

六、严格规范各项建设程序。东太湖综合整治工程作为国家财政补助的重点项目，必须严格执行基本建设程序。东太湖公司作为项目实施主体，要严格履行基本建设程序，严格执行项目法人责任制、招标投标制、建设监理制、合同管理制和竣工验收制，加强对施工单位、监理单位的管理，确保工程的工期、质量、安全和投资效益。

七、全程强化工程监理和监管。区水利局作为行业主管部门，要加强对工程项目建设程序、工程质量、施工安全、建设进度和资金使用等方面的监督管理；同时，督促招投标管理部门、工程监督部门严格按照要求，规范建设程序，履行监督职责。

八、全面加强工程纪检监察。为加强工程的纪检监察工作，促进党风廉政建设，实现“工程安全、资金安全、干部安全、施工安全”目标要求，东太湖综合整治工程实施纪检派驻制度。区纪检监察部门要派驻专门工作组，负责对工程建设进行全过程执法督察，受理举报和查处违纪违法。

九、继续加大对上争取力度。区发改、水利、国土、环保、交通、农业等部门要加强与上级部门的沟通协调，密切掌握有关太湖流域整治方面的政策动态，特别是要做好太湖水生态治理补助资金、用地指标等方面的对上争取工作。

十、细致做好资料的收集和归档。东太湖综合整治工程是一项国家财政补助、地方实施的重点水利工程，对工程的台帐资料验收要求非常严格。区水利、环保等部门和东太湖公司要在工程建设过程中，认真做好相关资料的收集和保存，确保验收时资金使用规范、工程资料齐全。

东太湖综合整治工程经过了5年论证，经国家发改委批准立项，是功在当代、利在千秋的重点水利工程。各地各部门要各司其职、密切配合，共同协作做好下阶段各项具体实施工作；要高度重视、确保稳定，密切关注并及早化解工程实施工程中可能出现的新情况、新问题，稳妥有序推进；要抢抓机遇、加快进度，力争早日产生最大的经济社会效益，并努力将这一工程建成惠及黎民百姓的民心工程和经得起历史检验的优质工程。

关于继续深入开展“安全生产年”活动的通知

苏州市吴中区人民政府办公室

吴政办〔2010〕59号

2010年6月21日

为深入贯彻落实《市政府办公室关于继续深入开展“安全生产年”活动的通知》(苏府办〔2010〕149号)精神,确保我区全年事故控制指标和工作目标的实现,确保上海世博会期间我区安全生产形势稳定,杜绝重特大事故和重大社会影响事故的发生,现就继续深入开展“安全生产年”活动有关事项通知如下:

一、总体目标和要求

2010年,继续深入开展“安全生产年”活动,深入贯彻落实科学发展观,坚持安全发展理念,紧紧围绕建设“山水苏州、人文吴中”的目标定位及走进太湖时代的发展战略,以预防为主、加强监管、落实责任为重点,进一步深化、拓展和落实安全生产“三项行动”、“三项建设”工作措施,努力构建安全生产责任网、监督网和保障网,提高安全生产应急救援能力、事故处理能力和抵御风险能力,实现安全生产系统化、标准化和科学化管理,促进各类生产安全事故继续下降,有效遏制重特大事故发生,实现全区安全生产形势持续稳定好转,努力为全区经济转型升级、又好又快发展创造良好的安全生产环境。

二、加大考核问责力度,严格落实安全生产责任制

1. 严格落实企业安全生产主体责任。进一步强化企业法定代表人安全生产第一责任人的责任,确保安全投入、管理、装备、培训等措施落实到位。指导和督促企业不断加大安全投入,依法设立安全管理机构并配齐专(兼)职安全生产管理人员,完善安全管理制度和内部责任体系,加大企业绩效工资的安全生产挂钩比重,加强以班组建设为重点的现场安全管理。对企业安全生产责任不落实、隐患整改不到位和造成人员伤亡、财产损失的,要依法严肃处理。

2. 严格落实政府安全监管责任。进一步强化安全生产行政首长负责制,全面抓好各级政府安全责任的落实。要统筹经济发展与安全生产协调发展,加强安全生产基层和基础建设,健全安全监管工作体系,建立和落实安全生产长效机制。要完善各级政府安全生产监管组织,加强对重点行业(领域)和企业的安全监督与指导,及时研究并解决安全生产工作中的突出问题,促进安全生产与经济社会同步发展。

3. 严格落实部门安全监管职责。各有关部门要切实承担起本行业(领域)安全生产监管职责,制定安全生产规范要求,加强日常监管,推进产业结构转型升级,夯实安全生产基础,同时强化对事故多发易发的重点地区、重点企业的安全监管,治理整顿违法分包、层层转包和以包代管的问题。综合监管部门要加强对安全生产工作的指导协调,督促落实安全生产责任。

4. 严格安全目标责任考核。要进一步细

化和分解落实安全生产目标任务，严格通报和考核奖惩制度，对事故多发地区、行业和单位加大督导力度。要健全和落实安全生产“一岗双责”、“一票否决”制度，加大各级领导干部政绩业绩考核中安全生产的权重和考核力度，严格执行党政领导干部安全生产问责制。

三、加大监管监察力度，严厉打击非法违法生产经营行为

1. *加强监督检查*。各级安全监管部门和其他负有安全管理职责的部门要坚持经常性日常监督检查，强化阶段性重点专项检查，严厉打击非法违法生产、经营、建设等行为。要严格监督和防范非法违法生产企业以及不具备安全生产条件的企业在产业结构调整中易地转移，继续从事非法违法生产经营活动，同时，建立和完善发现安全生产非法违法行为的动态监控机制。要充分发挥社会公众监督作用，依法落实职工对安全生产的参与权和监督权，拓宽信息渠道，鼓励群众举报各类非法违法行为，及时查处，并向社会公开曝光。

2. *加大执法力度*。要进一步加强安全生产执法工作组织领导，对一些涉及面广的突出问题，区安监、公安、经信、教育、监察、住建、文体、卫生、环保、工商、质监、消防、交巡警等部门要组织联合执法，依法严厉打击非法违法行为。对无证从事生产经营活动的要坚决取缔；对不符合安全生产条件的要责令停产整改，整改后仍达不到安全条件的要依法关闭。对取缔关闭后又擅自生产以及停产整改期间违规生产等非法违法行为，要采取有效措施，依法从严处理。同时，要按照“四不放过”和“依法依规、实事求是、注重实效”的原则，严肃查处每一起安全生产事故。对发生的责任事故以及涉及违法违规、失职渎职等问题的，必须严肃处理责任单位和责任人。

3. *落实专项整治*。各地、各有关部门要在道路交通、人员密集场所、建筑施工、危化品、职业危害、非煤矿山、城镇燃气及钢瓶安全等重点领域，认真组织开展专项整治。区公安、交巡警等部门要进一步加强事故高发时段和路段的执法检查，依法查处超限超载、酒后驾车、闯红灯等各类严重交通违法行为；区消防等部门要突出对休闲娱乐场所、民工和学生集体宿舍、老式民宅出租房以及城乡结合部“三合一”场所的查处整治；区安监等部门要重点查处危化品非法生产和储存、剧毒品非法使用和储运等现象，认真开展电子类企业违规使用有机溶剂以及电镀、箱包等行业职业危害突出问题的集中整治；区住建、质监等部门要依法取缔非法经营的燃气供应站、储罐场、代充点，严肃查处对钢瓶瓶体进行焊接修理、报废钢瓶翻新等违法违规行为；各镇（区）、街道及区住建等部门要重点查处小型工程建设施工过程中的各类非法违法行为。

四、加大事故防范力度，不断提高企业本质安全度

1. *进一步落实企业分级分类监管*。相关监管部门要在督促化工、冶金、烟花爆竹、建筑施工等高危行业企业落实安全生产事项定期报告、安全投入、安全教育培训等制度的基础上，根据企业生产工艺危险程度和安全生产管理水平，建立以“红、橙、蓝”分级、“A、B、C”的分类监管制度，并明确分级分类监管要求，细化监督检查内容和方式。对化工生产企业，要在落实专项整治要求的同时，加快危险工艺的自动化改造，加强危险作业的规范化管理，加大危险源点的科学化监控；对面广量大的中小企业，要继续结合工商年检进行安全生产告知和抽查，督促企业建立安全生产基本管理制度，并对问题突出的行业实施集中整治。

2. *进一步强化职业危害动态监管*。区安监、卫生、人社、经信等部门要根据各自职能，继续加强企业职业危害监管和职业病预防工作。要结合重点领域突出问题的专项整治，依法落实企业职业危害因素申报工作，全面掌握我区企业职业危害基本情况；督促相关企业加强作业现场的定期检测和动态监测，落实职业危害预防、危害因素告知和作业人员劳动保护责任；督促相关企业做好用低毒物品替代高毒物品、无毒物品替代有毒物品的工作，提高企业防范职业危害事故的能力；坚持职业危害情况预警预报，加强部门联动，及时查处和果断处置企业具有职业危害因素的苗头性问题。

3. *进一步深化企业隐患排查治理*。各地、各有关部门要认真落实事故隐患排查整改制度，精心组织7月份全区“隐患排查月”活动，全面排查各行业、各领域、各单位的各类事故隐患。各部门特别是行业主管部门要加大对监管领域企事业单位隐患排查工作的指导与督促力度，对排查出的各类隐患都要建立跟踪台账，能立即整改的，要立即整改；短时间内无法完成整改的，要落实监护监控责任，明确整改要求和时限。对排查出的重大隐患要明确整改责任主体，尽快消除隐患，一时不能完成整改的，要列入当地重大隐患监控目录。继续实行三级政府挂牌督办重大隐患整改制度，要根据年初明确的目标任务，落实整改责任主体，加强日常跟踪管理和现场督察，确保整改质量和整改进度。

五、加大宣传教育力度，进一步增强公众安全责任意识

1. *广泛传播安全生产知识*。各地、各有关部门要结合“安全生产月”等平台，有重点、有针对性地开展各类安全文化宣传教育活动。要充分利用广播、电视、报刊、网络等媒体和其他公益宣传文化载体，以“关爱生命、安全发展”为主题，大力宣传安全生产法律法规和安全知识、技能，做到安全宣传报纸有文、电台有声、电视有影。区公安、消防、交巡警、城管、交通运输等部门要根据季节和市民活动特点，采取多种形式，向市民及家庭宣传避险知识，提示防范要求。要组织安全知识“三进”、消防知识“四进”和道路交通安全知识“五进”等活动，及时开展预警性、先发性的安全宣传，增强市民安全意识和法制观念，进一步营造安全发展的良好社会氛围。

2. *强化企业安全教育培训*。要依法推进企业负责人、管理人员和特种作业人员的安全培训，严格实行上岗资格制度。各级安监部门在督促企业做好全员安全培训工作的同时，协调工会、共青团等组织认真开展各项面向生产一线职工的企业安全生产宣传教育活动。要在全区培育一批在各自行业中安全理念先进、管理水平领先的企业作为企业负责人和安全管理人员的安全培训基地，切实提高安全教育培训的水平和实效；要强化安全培训机构建设，进一步落实师资、教材、设施和考核等环节的规范化、制度化管理，提高安全培训的有效性和针对性。

3. *打造安全文化宣教阵地*。各地、各有关部门要进一步加强安全社区建设，让公共安全教育内容通过社区这一社会载体得到普及，市民群众受到教育，并积极推动安全文化示范社区创建工作，在策划、技术、资金和物资方面提供支持。要将安全教育纳入中小学生素质教育的重要内容，强化学校安全文化阵地建设，编写安全知识读本，设立安全教育基地，充分利用宣传栏、黑板报、广播站、校园电台、校园网等，形式多样地宣传安全知识。要合理规划，整合各类宣传平台，在巩固已有的安全宣教基地、设施和队伍的基础上，进一步拓展安全宣教渠道、丰富安全宣教形式，全天候、全方位宣传安全知识。

六、加大基础建设力度，着力提高安全生产保障水平

1. *加强管理体系和标准化建设*。要借鉴国际安全生产管理先进理念，采用先进管理工具和手段，将各种有效预防和控制安全事故的方法融为一体，推进我区企业安全生产管理体系建设。要加大企业体系建设工作的指导与服务力度，开展重点企业安全管理的“一对一”诊断辅导，积极帮助企业查找体系建设中的问题与解决问题的途径，鼓励同一地区、同一行业企业参加体系建设互帮网络，培育同行业体系建设活动的龙头企业，总结推广安全生产管理示范企业经验。同时，积极开展企业安全生产标准化建设，夯实企业安全生产基础，完善企业内部安全管理机制。要积极推行安全生产责任保险制度，引入社会机构参与安全管理，分散企业事故风险。

2. *加强事故应急救援能力建设*。各地、各有关部门要进一步修订完善应急预案，健全应急联网联动工作机制，落实重点应急物资和设施的储备，强化应急救援人员的培训和演练。要继续推进化工集中区的事故预警和应急指挥信息平台建设，要有效扩大联网联控范围，并加快消防特勤队伍建设。加强高危企业应急管理工作的检查指导，认真推行高危企业重点危险岗位设置“应急告知卡”制度、常用应急救援物资储备制度和定期组织应急演练制度，健全企业应急处置工作网络，完善各类事故应急处置预案；指导和督促重点企业建立事故应急抢险分队，加强人员培训，提高实战能力；督促和指导高危企业建立危险工艺装置和重大危险源的联网联控系统。

3. *加强基层安全监管网络建设*。要进一步加强安全监管队伍建设，确保监管工作编制、资金、装备投入，实现安全监察队伍、安全监察工作全覆盖。通过开展教育培训等形式，提高各级安全监管监察人员的执法水平和业务能力，规范安全生产行政审批、行政处罚、事故报告与处理、执法检查等行为。通过安全生产监管网络，充分发挥基层安全监管作用，切实把安全监管触角延伸到基层和每个企业。同时，要充分运用计算机和网络技术，努力推动安全生产日常监管工作的信息化建设，对重点监管企业、应急救援和日常动态监督信息，通过网络实现同步传递、查阅、分析、汇总，提高安全监管工作效率。

印发《吴中区关于加强治理无证照网吧工作的实施意见》的通知

苏州市吴中区人民政府

吴政规字〔2010〕1 号

2010 年 7 月 19 日

吴中区关于加强治理无证照网吧工作的实施意见

根据国务院、省、市关于加强网吧管理工作意见,结合我区工作实际,现制定实施意见如下:

一、指导思想

以科学发展观为指导,以构建和谐社会为目标,全面贯彻执行国务院《互联网上网服务营业场所管理条例》、省政府《关于进一步加强全省网吧管理工作意见的通知》、苏州市《关于全市清理整治无证照经营互联网服务营业场所工作方案的通知》,通过打防结合、综合治理、标本兼治的专项整治,严厉打击和取缔无证无照网吧违法经营活动,努力净化全区文化市场环境。

二、工作目标

围绕建立防范和打击无证无照网吧经营活动长效机制的要求,通过属地政府及各执法部门加强监管,促使无证无照网吧经营活动得到基本遏制,切实保障网吧业正常的运行秩序。

三、主要任务

(一)加大对无证无照网吧的查处打击力度。由公安、工商等部门先行开展摸底调查,掌握其违法犯罪的证据,综合运用各种手段施行三个“关闭”:一是对不具备办证办照条件的无证无照网吧责令关闭;二是对经多次教育、劝告无效的无证无照网吧实行强制关闭;三是机关事业干部职工、聘用人员和村定工干部及其家属所开办的无证无照网吧应当主动关闭,对于不主动关闭的,机关事业干部职工、村定工干部,将根据组织纪律作出相应处理,聘用人员解除聘用关系。

(二)强化互联网的监管监督。电信、公安等网络监管部门为打击无证无照网吧工作提供技术和信息支持,进一步完善其有关规定,坚决打击和取缔为无证无照网吧违法经营活动提供互联网信息服务的行为。

(三)努力创建无无证无照网吧社区(村)。充分发挥社区居委会、村委会的“情况明、反应及时”的积极作用,通过开展“五个一”(即派发一张联系卡、建立一个信息台、发放一封公开信、签订一份责任书、构建一个监管网)的工作,严禁任何单位或个人为无证无照网吧违法经营行为提供经营场所,从源头上进一步完善出租房监管体系、加大对违法出租行为的处罚力度,形成群防群治的局面。

(四)逐步建立无证无照网吧经营者档案,加快建设打击无证无照网吧的信息系统。工商部门通过完善打击无证无照网吧的联合执法机制，畅通群众投诉平台，实施举报奖励等举措，积极探索建立社会查询制度。

（五）规范有证照网吧的经营行为。对违反《省政府办公厅关于进一步加强全省网吧管理工作意见的通知》（苏政办［2008］120号）的行为要及时查处，尤其是未实行实名登记、接纳未成年人的行为要予以坚决取缔和打击。

（六）加强宣传力度，认真贯彻执行省政府《关于进一步加强全省网吧管理工作意见的通知》、苏州市《全市清理整治无照经营互联网服务营业场所工作方案》，特别是要抓好农民工（包括外来务工者）、在校学生、下岗失业人员等重点群体的宣传教育，促使社会抵制、取缔无证无照网吧的意识和能力得到全面提高。

四、职责分工

建立由区政府分管领导为组长的网吧长效管理领导小组，负责组织开展打击无证无照网吧专项行动，做到领导落实、人员落实、任务落实、举措落实和经费落实等五个“落实”，定期组织执法活动、定期通报情况、定期调整工作思路、定期作出市场调研。

区综治委：负责无证无照网吧专项整治行动的协调工作，指导和监督各相关执法部门、各镇（区）、街道依法履行职责；

宣传部：要组织各新闻单位加大宣传力度，及时报道无证无照网吧的整治情况和信息，形成全社会共同打击无证无照网吧的浓厚氛围；

监察局：负责对各职能部门开展整治行动的效能监察，负责对各类违规干部（含村级定工干部）处理情况的监察；

工商局：负责组织开展无证无照网吧的专项治理行动，按要求做好查处网吧的现场笔录、照相等证据资料的取证工作，依法实施对无证无照网吧的处罚，及时将有关举报投诉情况向公安部门通报；

公安分局：负责掌握无证无照网吧整治行动的具体过程，通过现场踏勘以及根据有关举报投诉，及时查处无证无照网吧的经营行为；依法查处干扰、阻碍执法部门查处无证无照网吧活动的违法行为；依法查处涉黄、涉暴、涉黑等违法行为；加强对城乡结合部、租赁房屋和流动人口、暂住人口的监管，依法查处为无证无照网吧提供租赁房屋而不报告的违法行为；

文体局：积极配合工商、公安等部门依法开展的专项整治行动，依法查处互联网上网服务营业场所擅自接纳未成年人的行为；

城管局：积极配合公安、工商、文体等部门组织开展的各项专项整治行动；

电信局：积极配合工商、公安等部门依法开展的专项整治行动，负责对无证照经营场所互联网接入线路等进行检查，了解掌握互联网接入情况，及时依法切断违规接入的互联网，加强重点跟踪复查；

各镇（区）、街道：根据属地管理的原则，成立整治工作领导小组，组织实施专项整治行动，必要时可随时联系有关职能部门，实施查处取缔；

各行政村（社区）：负责区域内网吧业的日常监督，一经发现无证无照网吧的出现，摸清情况后立即向整治领导小组报告。

五、相关措施

（一）由公安和工商等部门以联合告知的方式对辖区内无证照网吧进行宣传，具体内容为国务院《互联网上网服务营业场所管理条例》、省政府《关于进一步加强全省网吧管理工作意见的通知》、苏州市《关于全市清理整治无证照经营互联网服务营业场所工作方案的通知》等，并责令其立即停止违法经营活动。

（二）在前期宣传告知的基础上，对拒不停业、顶风经营的无证照网吧，由公安和工商等部门依法对其现场进行检查，查扣其开展经营活动的电脑主机、显示器、服务器等相关设备,并对当事人进行立案调查,调查结束后撰写案件调查情况说明。

(三)根据案件调查情况,对非法经营额五万元以上的、或者违法所得额一万元以上的,将案件材料移交公安部门并依法追究当事人刑事责任。

六、工作要求

(一)加强领导,精心组织。成立由区政府分管领导任组长,区综治委、工商、公安、文体、城管、电信等部门分管负责人为成员的治理无证无照网吧工作领导小组,负责组织领导全区的无证无照网吧打击工作。

(二)分工明确,落实责任。各部门要按具体分工要求,将查处无证无照网吧纳入综合治理目标考核,明确职责,责任到人。要建立考核制度,对因重视不够、措施不力,导致辖区内无证无照网吧行为屡禁不止,并造成严重社会影响的,由区领导小组进行通批评,涉及领导干部或机关工作人员存在行政不作为、乱作为等其他违法违纪行为的,由纪检监察部门依法依纪进行查处。

(三)打防结合,群防群治。坚持抓早抓小、防患于未然原则,实行群防、群治、群管制度。各镇(区)、街道和有关部门要发动群众广泛参与打击无证无照网吧行动,形成全社会携手抵制、共同打击无证无照网吧经营活动的良好局面。

(四)加强协作,密切配合。各镇(区)、街道和有关部门要建立完善打击无证无照网吧的工作机制,建立联席会议制度。工商、公安部门承担牵头责任,全面掌握情况,抓住突出问题,强化打击措施;要既讲职责分工又加强协作配合,共同做好案件查处工作,形成政府统一领导、部门各负其责、社会共同参与的长效监管工作机制,要坚持打击与教育相结合的原则,防止发生群体性上访事件。

关于印发《苏州市吴中区加快发展新能源和新材料产业扶持暂行办法》的通知

苏州市吴中区人民政府

吴政规字〔2010〕2号

2010年9月2日

吴中区加快发展新能源和新材料产业扶持暂行办法

第一章 总 则

第一条 加快发展新能源、新材料产业，是我区调整产业结构、加快新型工业化进程、转变经济增长方式、实现经济又好又快发展的重要途径。为进一步推动新能源、新材料领域的新兴产业在吴中区的发展，提升竞争力，打造区域竞争优势，特制订本办法。

第二条 新能源是指传统能源之外的各种能源形式，包括太阳能、风能、生物质能、地热能、水能等；新材料是指新近发展的性能超群的一些材料，具有比传统材料更为优异的性能，包括新型金属材料、新型建材、新型化工材料、电子信息材料、生物医用材料、新型能源材料、纳米材料、新型复合材料、新型稀土材料、高性能陶瓷材料、新型碳材料等。以及新能源、新材料相关的制备技术与设备。

第三条 在吴中区工商、税务登记注册，产品属于本办法重点支持领域内的新能源、新材料相关产业企业，可获本办法扶持。

第二章 专项基金扶持

第四条 设立扶持新能源、新材料产业专项发展基金，总规模为每年1000万元人民币，主要用于支持公共技术平台的搭建、载体打造，引导企业技术开发、新产品开发，奖励应用示范工程等。

第五条 专项发展基金主要通过投资奖励、贷款贴息等具体形式给予支持。对新能源、新材料产业化重大项目，投资总额内资项目超1亿、外资项目超2000万美元的，自经营之日起，两年内给予其不超过项目实际新增固定资产投资额的8%的奖励；对重大技术装备研制项目、重要共性关键技术研发项目和公共服务平台项目，专项发展基金的支持比例一般不超过项目实际新增固定资产投资额的30%。单个企业的奖励总额不超过300万元。

第六条 对具有龙头带动作用、投资达到相当规模、拥有自主知识产权和先进技术的特别重大的新能源、新材料产业项目，支持比例需超过第五条的比例上限或采取特殊支持方式的，实行一事一议办法，另行报区政府确定。

第七条 专项发展基金由区经济和信息化局、财政局负责管理。申请专项发展基金的项目单位，根据项目类别向区经济和信息化局提出申请，由区经济和信息化局、财政局组织专家组对申报项目进行初审，在初审的基础上，提出对企业或项目是否支持的建议方案，并经网上公示征求意见后，报区政府审批后实施。

第三章 税收扶持

第八条 支持新能源和新材料企业加大研发投入。依据《国家税务总局关于印发〈企业研究开发费用税前扣除管理办法(试行)〉的通知》(国税发［2008］116号)、《关于贯彻〈省政府关于鼓励和促进科技创新创业若干政策的通知〉的实施细则》(苏国税发［2006］107号)的规定，企业为开发新技术、新产品、新工艺发生的研究开发费用，未形成无形资产计入当期损益的，在按照规定据实扣除的基础上，按照研究开发费用的50%加计扣除；形成无形资产的，按照无形资产成本的150%摊销。实际发生技术开发费用当年抵扣不足部分，可按税法规定在5年内结转抵扣。

第九条 支持符合条件的新能源和新材料企业申报国家高新技术企业。依据《关于印发〈高新技术企业认定管理办法〉的通知》(国科发火〔2008〕172号)和《关于印发〈高新技术企业认定管理工作指引〉的通知》(国科发火〔2008〕362号)的规定认定的高新技术企业，按15%的税率征收企业所得税。

第十条 支持符合条件的新能源和新材料企业申报国家技术先进型服务企业。依据《关于印发〈江苏省技术先进型服务企业认定管理办法(试行)〉的通知》(苏高新〔2009〕214号)的规定，对符合条件的技术先进型服务企业，减按15%的税率征收企业所得税。技术先进型服务企业职工教育经费按不超过企业工资总额8%的比例，据实在企业所得税税前扣除；对技术先进型服务企业离岸服务外包业务收入，免征营业税。

第十一条 符合条件的新能源、新材料产品的技术转让，在一个纳税年度内，技术转让所得不超过500万元的部分，免征企业所得税；超过500万元的部分，减半征收企业所得税。

第十二条 经依法审批设立的外商及港澳台商研发机构，其从事技术开发、技术转让以及与之相关的技术咨询、技术服务业务，经省技术市场管理机构认定，可向当地主管税务机关申请暂免营业税。

第四章 鼓励企业技术创新

第十三条 鼓励技术创新，新能源、新材料企业经认定的拥有自主知识产权的高新技术成果转化项目，按有关规定，由区高新技术产业发展引导专项资金予以支持。

第十四条 支持和鼓励符合条件企业为吸收和创新的技术申请国内外专利。对获得外国发明专利权的，给予每件一个国家最高不超过30000元的专利申请费资助（最多不超过3个国家）；对企业申请国内专利的，按专利申请费实际缴纳费用资助；获国内发明专利权的，对发明专利的实审费、授权费及授权后第二年、第三年的年费，按实际缴纳费用资助。

第十五条 鼓励和扶持我区新能源、新材料产品在本区范围内推广应用。在相关项目的政府采购中，在同等条件下优先选用本地企业的产品。鼓励本区的城镇建设和改造工程项目在经专家认定综合性价比合理的前提下，优先选用本地的新能源、新材料产品。

第五章 支持企业项目建设

第十六条 对新能源、新材料企业的项目用地需求，区国土部门在农用地转用年度计划和工业用地年度出让计划上给予优先安排。对项目用地采取招标拍卖挂牌方式出让的，挂牌底价执行国家规定我区工业用地最低价格标准。

第十七条 对进入新能源、新材料产业基地租用厂房的新能源、新材料核心企业及配套企业，前两年内每年给予 40 元/平方米的租金补贴，后两年内每年给予 20 元/平方米的租金补贴。

第六章 附 则

第十八条 新能源、新材料产业专项发展基金由区级财政承担，其他扶持政策所需资金按现行区和镇级财政结算体制分级承担。

第十九条 本办法由区经济和信息化局会同有关部门解释。

第二十条 本办法自印发之日起试行。如遇上级政策调整,按上级政策执行。有效期到 2012 年 12 月 31 日止。

关于印发《吴中区加快文化产业发展扶持暂行办法》的通知

苏州市吴中区人民政府办公室

吴政规字〔2010〕3号

2010年9月6日

吴中区加快文化产业发展扶持暂行办法

第一章　总　　则

第一条　为贯彻落实国务院《文化产业振兴规划》、江苏省“文化强省”战略和苏州市打造“三区三城”总体要求,围绕建设“山水苏州,人文吴中”目标定位,加大对我区文化产业的扶持力度,着力推进我区重点文化产业项目和重点文化产业园区建设,引进和培育重点领域文化企业做大做强,根据《吴中区文化产业培育提升计划》(吴政发〔2009〕136号)文件精神,特制定本办法。

第二条　本办法所涉及的区文化产业扶持发展引导资金的管理和使用应当符合国家、省和市文化产业发展的相关政策,遵循“公开公正、择优扶持、突出重点、注重实效、拉动投资”的使用原则。

第三条　本办法适用于在本区内的各类文化产业园(基地)以及在区工商行政管理部门注册的各类文化企业。吴中区文化产业发展领导小组办公室(以下简称“区文产办”)负责组织实施本办法。

第二章　重点文化企业认定

第四条　重点文化企业认定条件。重点文化企业认定申报每年一次,由区文产办负责重点文化企业认定管理工作。吴中区重点文化企业应同时具备下列条件:

(一)工商注册地、税务登记地均在吴中区行政辖区内的各类文化企业。

(二)拥有良好的文化产品或服务,产权明晰,管理规范,依法经营,主营业务属于区重点扶持发展的文化产业门类。

(三)申请文化企业自工商注册登记之日起最近连续两个会计年度内,均需达到一定规模:

1. 文化创作研发型,年主营业务收入达到80万元以上,且占企业当年总收入的80%以上;

2. 文化中介服务型,年主营业务收入达到250万元以上,且占企业当年总收入的80%以上;

3. 文化生产服务型,年主营业务收入达到5000万元或年实际纳税额300万元以上,且占企业当年总收入的60%以上;

4. 文化经营服务型,年主营业务收入达到1000万元以上,且占企业当年总收入的70%以上。

第五条　具备以下两个特殊条件之一的,可申请认定为重点文化企业:

1. 新设企业如果注册资本金大于500万元,或实际投资总额已达到1000万元以上,并且拥有原创自主知识产权成果亦可申请认定；

2. 从事原创自主知识产权成果研发或创作的申请企业，暂未达到本办法第四条规定的有关标准，但其原创成果对我区文化产业发展有重大贡献的亦可认定为重点文化企业。

第六条 所有申报重点文化企业的单位应提供完整的申报材料，履行申报手续，生产经营活动应符合消防安全和房屋安全等条件。

第三章 财税政策

第七条 积极扶持中小文化企业发展。对同时符合下列条件的文化企业，减按20%的税率征收企业所得税：工业性企业年度应纳税所得额不超过30万，从业人数不超过100人，资产总额不超过3000万元；非工业性企业年度应纳税所得额不超过30万，从业人数不超过80人，资产总额不超过1000万元。

第八条 积极扶持创办文化高新技术企业。在文化产业支撑技术等领域内，依据《关于印发〈高新技术企业认定管理办法〉的通知》(国科发火〔2008〕172号)和《关于印发〈高新技术企业认定管理工作指引〉的通知》(国科发火〔2008〕362号)的规定认定的高新技术企业，减按15%的税率征收企业所得税。

第九条 扶持文化创意产业孵化器的发展。国家及省认定的高新技术创业服务中心、大学科技园、软件园、留学生创业园等科技企业孵化器，自认定之日起，暂免征营业税、房产税和城镇土地使用税。

第十条 鼓励文化企业加大研发投入。文化企业开发新技术、新产品、新工艺发生的研究开发费用，未形成无形资产计入当期损益的，在按照规定据实扣除的基础上，按照研究开发费用的50%加计扣除；形成无形资产的，按照无形资产成本的150%摊销。

第十一条 支持文化企业从事动漫产业。对从事动漫的文化企业自主开发、生产动漫产品涉及营业税应税劳务的(除广告业、娱乐业外)，暂减按3%的税率征收营业税。经认定的动漫企业自主开发、生产动漫产品，可申请享受国家现行鼓励软件产业发展的所得税优惠政策。

第四章 专项资金补贴和奖励

第十二条 区财政每年设立1000万元文化产业扶持发展引导资金(以下简称“专项资金”)，方式分项目补贴、贷款贴息、扶持奖励，对象、标准按第十三至二十条执行，申请、管理按照第五章，实行专款专用。

第十三条 鼓励实施重点文化产业项目“一镇(街道)一品”战略。对各地“一镇(街道)一品”重点文化产业类项目，由区文产办初审，区发改局立项，经区文化产业扶持引导资金管理领导小组批准后，一次性给予项目前期启动补贴。每个项目启动补贴金额控制在该项目预算总投资额的10%以内，原则上单个项目前期启动补贴金额不超过200万元。

鼓励各镇(街道)引进总部文化企业。对有效期内引进经认定为总部文化企业的镇(街道)，给予适当的奖励。

第十四条 大力吸引重点文化企业落户。对在有效期内从异地新落户吴中区的重点文化企业，由区文产办初审，经区文化产业扶持引导资金管理领导小组批准认定后，可给予落户补贴，单个企业落户补贴不超过50万元。

第十五条 鼓励文化企业自主创新。以文化创意产品开发为主营业务且经区文产办认定为重点文化企业的，在通过自有知识产权进行原创研发和市场推广过程中，可分别申请项目研发补贴和项目市场推广补贴。每个项目研发补贴资助金额不超过项目研发预算总投资额的50%，每个项目资助金额原则上不超过50万元。在研发项目获得相关许可或认定后进行市场推广时，可申请市场推广补贴，每个项目补贴金额不超过实际总费用的30%，每个项目资助金额原则上不超过50万元。

第十六条 鼓励文化企业利用展览展销活动积极开拓市场。支持区认定的重点文化企业参加经区文产办认可的国内外各类展览展销活动，按照实际发生展位费的40%给予补贴，每家企业补贴额不超过5万元(有省、市以上补贴的，若低于区标准予以补足)。

第十七条 鼓励金融机构加大对文化产业的投融资力度。支持在我区成立专门的文化产业担保机构和专业的文化产业风险投资机构。鼓励担保机构为文化产业园区建设和重点文化企业的发展进行贷款担保，担保机构可享受政府适当担保补贴。鼓励银行为文化产业园区建设和重点文化企业提供贷款，获得银行贷款的文化产业园区和区重点文化企业可享受贷款贴息，政府贴息不超过50%，单个企业贴息不超过50万元。

第十八条 支持建立公共服务平台。扶持企业、行业协会建立区级以上的文化产业公共信息平台、公共技术服务平台、文化产业版权交易平台和文化资产评估平台，为吴中区文化产业发展提供信息服务、技术服务、版权交易管理服务和资产评估服务。以上平台经区文产办认定后，按建设费用的50%予以补贴，单个平台补贴金额不超过100万元。

第十九条 鼓励社会资本建设为文化产业配套的博物馆。经有关部门认定后给予建设补贴，补贴金额不超过50万元。对区内重点文化产业项目，根据其社会效益和经济效益给予适当奖励。

第二十条 符合本办法资金资助(补贴)资格条件的企业或法人单位，一个企业或单位每次申报不超过2个项目资助（补贴)，每个项目只能申请一种资助(补贴)方式。

第五章 专项资金申请、管理办法

第二十一条 成立区文化产业扶持引导资金管理领导小组（以下简称领导小组)，由区政府分管领导任组长，区文化体育局、财政局、区发改局等部门负责同志为成员。主要职责是：

（一）审议引导资金管理办法；

（二）审议引导资金年度工作计划；

（三）审议引导资金年度经费预算及决算；

（四）审议引导资金支持项目；

（五）协调解决引导资金运作中的重大问题。

第二十二条 领导小组下设办公室，具体负责引导资金管理的日常工作。办公室设在区文化体育局。主要职责是：

（一）研究完善引导资金管理办法，研究提出引导资金项目评审论证标准；

（二）研究提出引导资金年度支持重点，并受理申报；

（三）组织专家开展引导资金项目评审、论证工作；

（四）编制引导资金工作计划，提出引导资金年度支持项目及经费安排建议；

（五）负责引导资金项目实施过程的跟踪管理，包括合同签订、数据统计等，并向领导小组汇报重大项目进展情况；

（六）办理领导小组交办的其他事项。

第二十三条 引导资金使用范围：

（一）动漫、数字内容等新兴文化产业项目；

（二）影视出版、文化娱乐、工艺美术、文艺演出、文化旅游等文化产业的技术改造升级项目；

（三）技术研发、市场推广等文化产业公共平台建设项目；

（四）文化产业集聚区或基地项目、文化创意产业孵化器项目；

（五）具有自主知识产权的文化产品和服务出口项目；

（六）代表吴中文化水准并可产业化运作的文化艺术、影视节目等内容生产和品牌打造项目；

（七）文化遗产和富有地方传统特色的文化资源产业化开发利用项目；

（八）对省、市专项资金立项并要求予以配套引导的项目；

（九）文化产业紧缺人才培训项目；

（十）参加国际、国家级文化产业交流、博览和展销会；

（十一）专家评审、项目跟踪评价等工作经费；

（十二）领导小组确定的其他重大文化产业项目。

第二十四条 申报引导资金的项目必须具备以下条件：

（一）申请项目承担主体必须是在吴中区行政区域内依法登记注册设立的文化产业类企业法人单位和企业化管理的文化事业单位，该单位具有完善的经营管理机制和健全的财务管理制度，会计核算规范，股权结构合理；管理团队素质较高，具备与完成项目相适应的经营管理能力；企业资产及经营状况良好，资信等级较高，资产负债率低于60%。

（二）申报项目必须符合国家产业政策及我区国民经济和社会发展规划、吴中区文化产业培育提升计划。

（三）申报项目原则上为非财政资金投入，由单位自筹资金，并吸引社会资本共同兴办，项目单位实行社会化、市场化运作。

（四）申报项目已经按规定审批。

第二十五条 有下列情形的项目，引导资金不予资助：

（一）知识产权有争议的；

（二）申请单位因违法行为被执法部门处罚未满2年的；

（三）申请单位违反有关规定，正在接受有关部门调查的；

（四）应由政府其他资金支持的。

第二十六条 引导资金项目申报程序：

（一）申请引导资金的项目单位，根据项目类别向领导小组办公室提出申请。

（二）申报单位应提交以下材料：

1. 项目单位的申请报告；

2. 项目文件和符合规范的项目可行性报告；

3. 项目实施进度说明；

4. 项目预算(决算)支出明细情况表；

5. 项目单位上年度经会计师事务所审计的会计报表，包括资产负债表、损益表、现金流量表以及报表附注说明等(复印件)；

6. 其他相关材料。

（三）领导小组办公室组织专家组按规范的评审办法对申报项目进行初审、实地考察、征求当地政府意见，并向领导小组提交初审报告，经审批后的项目，采取适当形式予以公示。经公示无异议的项目，由领导小组办公室报请区政府分管领导审批后，由区财政局会同有关部门行文立项，并与有关责任方签定引导资金项目合同。

第二十七条 引导资金专款专用。区财政局根据引导资金年度工作计划，安排引导资金年度经费，并依据项目合同及实施进度拨付项目经费；会同区文体局负责引导资金使用情况的监督检查。项目承担单位必须严格执行国家有关财经政策和财务制度，科学、合理、有效地使用经费，加强经费管理和核算，按照规定妥善保存有关原始票据及凭证备查。对主管部门的专项检查，应主动配合做好有关工作，并提供相应的文字材料。

第二十八条 建立项目定期报告制度。各项目单位要在每年年底前，向区文体局报告引导资金使用情况、项目进展情况，区文体局会同有关部门汇总全区年度引导资金使用情况报领导小组，并采取一定形式向社会公布。

第二十九条 建立项目跟踪制度。区文体局应会同相关部门组织专家或中介机构，定期不定期地对项目进行现场检查，了解引导资金项目执行情况、资金使用情况和财务管理情况、项目实施效果，确保引导资金专款专用，发挥最佳效益。

第三十条 引导资金项目在执行过程中因特殊原因需要变更时，需报经领导小组同意。对因故撤销的项目，项目单位必须做出经费决算上报领导小组核批，剩余资金如数退回区财政局。

第三十一条 项目单位有下列行为之一的，五年内不得申报引导资金，并由领导小组办公室追回已经下拨的引导资金：

（一）利用虚假材料和凭证骗取引导资金的；

（二）违反引导资金使用规定擅自改变使用范围的；

（三）截留、挪用引导资金的；

（四）有偷、漏税行为被查处的；

（五）违反国家法律法规、构成犯罪的。

第六章 条件保障和相关政策

第三十二条 优先保障重点文化产业项目的建设用地需求。规划、国土部门要积极协调上级部门，将重点文化产业项目用地给予优先安排，重点保证重点文化产业项目的建设用地需求。

第三十三条 对重大文化产业项目“一事一议”，为重点文化产业项目提供绿色通道服务。对注册资本或增资额在500万美元以上的外商投资文化产业建设项目、注册资本或增资额在5000万以上的内资企业投资文化产业建设项目，经区文产办初审并经区发改局认定为吴中区重点文化产业项目，按《吴中区关于建立重大项目审批“绿色通道”的实施意见》(吴政发〔2009〕88号)文件，由区行政服务中心重大项目审批绿色通道专窗，统一受理给予绿色通道服务。

第三十四条 为重点文化产业项目提供外围配套保障。对经区文产办初审并经区发改局立项的重点文化产业项目，由地方及相关职能部门对其周边道路、供水管道、供电网络及绿化工程等基础配套设施进行兴建或改造。

第三十五条 鼓励利用旧厂房、旧村居改造建设文化产业园区。区文产办要积极会同有关部门，利用旧厂房、旧村居改扩建文化产业园区，着力打造文化产业集聚区。

第三十六条 吴中区内行政事业单位和社会团体，在同等条件下应当优先采购重点文化企业的文化产品和文化服务。

第三十七条 加大文化产业宣传力度。区财政每年安排适当资金作为文化产业宣传专项经费，列入当年部门预算，由区文产办组织我区重点文化企业、文化品牌、文化项目、文化产业园区以及相关文化产业政策的宣传工作。

第三十八条 支持动漫企业和出口型文化企业发展。奖励标准按《吴中区鼓励发展国际服务外包产业的若干政策意见》(吴政发〔2009〕129号)执行。

第三十九条 支持历史文物的保护性开发。根据国家文物保护法的有关要求，并经上级文物主管部门批复同意后，按照“政府投资为主、社会资本参与”的原则，积极推动区内的古村落、古建筑及其他历史文物资源的保护性开发。对社会力量参与古村落和古建筑保护的，区财政每年在预算中安排300万元给予贷款贴息和奖励，标准按《苏州市吴中区古村落保护贷款贴息和经费补助办法（暂行）》（吴政发〔2006〕29号）和《苏州市吴中区古建筑抢修贷款贴息和奖励办法（暂行）》（吴政发〔2006〕31号）执行。

第四十条 鼓励建立行业协会。支持在主要文化产业经营领域建立行业协会或社会团体，支持行业协会或社会团体在规范会员行为、制定行业标准、维护行业权益、组织行业交流、加强政企沟通等方面发挥积极作用。

第四十一条 支持鼓励区内文化企业培养、引进文化产业创新创业人才、领军人才和重点人才，待遇标准按照《关于进一步推进吴中人才计划的若干意见》（吴委发〔2010〕45号）执行。

第七章 附 则

第四十二条 专项资金兑现按区现行财政结算办法执行。

第四十三条 本办法由区文化产业领导小组办公室负责解释。

第四十四条 本办法自发布之日起实施，有效期至2012年12月31日。

关于印发《吴中区加快医药和生物技术产业发展扶持暂行办法》的通知

苏州市吴中区人民政府办公室

吴政规字〔2010〕4 号

2010 年 10 月 12 日

吴中区加快医药和生物技术产业发展扶持暂行办法

第一章 总 则

第一条 为加快全区医药和生物技术产业发展，促进国家火炬计划吴中医药产业基地建设，推动经济结构调整和增长方式转变，培育新的主导产业和医药、生物技术骨干企业，根据国家、省、市有关规定，结合吴中区实际，制定本办法。

第二条 本办法适用于国内外企业、经济组织或个人在吴中区开办的中外合资、合作、独资或内资企业及相关机构等。

第二章 支持领域和方向

第三条 医药和生物技术产业是指应用重组 DNA 技术、单克隆抗体技术、细胞培养技术、生物反应器、蛋白质工程、克隆技术、干细胞技术、分子模拟技术、生物信息学技术、体外诊断技术、高通量筛选技术等，以医药和生物技术资源为基础的产业。支持的重点领域和方向是：

（一）传统医药和生物技术产业，包括：

1. 发酵类产品，重点是氨基酸、酶制剂、维生素等；

2. 天然药物，重点是中药饮片、中成药、中药提取物、新型食品及健康食品等；

3. 化学合成药物及制剂；

4. 医疗器械及医辅材料；

5. 医药包装；

6. 医药流通等。

（二）现代医药和生物技术产业，包括：

1. 现代医药生物产业，重点是基因药物、人用疫苗、生化药物、医用诊断试剂、医疗器械、生物医学材料、生物医学工程、现代中药等；

2. 农业生物技术产业，重点是转基因农作物、现代育种、生物农药、生物兽药、生物肥料、花卉组织培育等；

3. 工业生物产业，重点是生物环保、生物材料、生物能源等；

4. 生物技术设备研发与生产；

5. 生命科学前沿产业，重点是生物芯片、纳米生物、生物信息、干细胞技术、组织工程技术、动物克隆等；

6. 生物科技服务及医药外包服务业，重点是医药产品注册申报、医药临床前及临床研究 CRO、专利代理及保护、生物技术成果交易等。

第三章 财税政策

第四条 支持医药和生物企业加大研发投入。按照《国家税务总局关于印发<企业研究开发费用税前扣除管理办法（试行）>的通知》(国税发〔2008〕116号)、《关于贯彻<省政府关于鼓励和促进科技创新创业若干政策的通知>的实施细则》(苏国税发〔2006〕107号)的规定,企业为开发新技术、新产品、新工艺发生的研究开发费用，未形成无形资产计入当期损益的,在按照规定据实扣除的基础上,按照研究开发费用的50%加计扣除；形成无形资产的，按照无形资产成本的150%摊销。实际发生技术开发费用当年抵扣不足部分，可按税法规定在5年内结转抵扣。

第五条 支持符合条件的医药和生物企业申报国家高新技术企业。按照《关于印发〈高新技术企业认定管理办法〉的通知》(国科发火〔2008〕172号)和《关于印发〈高新技术企业认定管理工作指引〉的通知》(国科发火〔2008〕362号)精神,被认定为高新技术企业的,按15%的税率征收企业所得税。

第六条 支持符合条件的医药和生物企业申报国家技术先进型服务企业。依据《关于印发〈江苏省技术先进型服务企业认定管理办法(试行)〉的通知》(苏高新〔2009〕214号)的规定,对符合条件的技术先进型服务企业,减按15%的税率征收企业所得税。技术先进型服务企业职工教育经费按不超过企业工资总额8%的比例，据实在企业所得税税前扣除；对技术先进型服务企业离岸服务外包业务收入,免征营业税。

第四章 产业培育引导专项资金

第七条 区政府设立1000万元/年的医药和生物技术产业培育引导专项资金（以下简称“引导资金”),专门用于扶持全区医药和生物技术产业的发展。其扶持对象、标准按第8—16条执行,申请、管理按第五章执行,实行专款专用。对产业发展有突出带动作用的企业,可采取“一事一议”的办法给予支持。

第八条 对国内外生物技术企业在吴中区进行投资，其中内资企业投资规模超过1亿元人民币,外资企业投资规模超过2000万美元的项目，将优先提供土地及相关配套资源,并自企业经营之日起,两年内给予其固定资产投资总额8%的奖励。

第九条 鼓励支持各类创业投资机构、金融机构、担保公司对区内医药和生物技术企业进行投资、借贷和担保。凡由创投公司投资支持的中小企业，给予创投公司投资额10%以内的配套支持，但总额不超过50万元。凡由担保公司提供贷款担保的企业,给予20%的贴息支持,但贴息总额不超过50万元。

第十条 对在吴中区新设立的医药和生物技术企业具有法人资格的研发机构，其办公用房租用面积在2000平方米以下部分,在两年内按最高20元/平方米·月的标准给予补贴；租用面积超过2000平方米以上部分，按最高10元/平方米·月的标准给予补贴。

第十一条 对进驻各类专业科技创业园，且从事医药和生物专业领域的初创型科技企业,经认定后,前两年内给予最高30元/平方米·月的租金补贴,后两年内给予最高20元/平方米·月的租金补贴。

第十二条 鼓励支持医药和生物技术企业的研发和技术创新活动。区内医药和生物技术企业的技术创新和研发活动，优先推荐申报国家和省、市科技计划，获得资金支持的,优先给予资金配套,区本级科技经费优先立项支持。企业研发取得重大成果的,由引导资金给予奖励。其中：生物医药类以取得SFDA(中国食品药品监督管理局)新药证书为标准,对临床研究费用在1000万元(含)以下的，给予50万元奖励；临床研究费用在1000~5000万元(含)的给予150万元奖励;临床研究费用在5000万元~1亿元(含)的给予300万元奖励;临床研究费用在1亿元以上的给予500万元奖励。医疗器械类以获得生产注册证书为标准,给予20~100万元的一次性奖励。其他生物技术类以取得农作物新品种、新兽药、新农药、新肥料等新产品证书为标准,给予20~100万元的一次性奖励。

第十三条 鼓励支持医药和生物技术企业加强产学研合作,提高技术创新能力。

(一)医药和生物技术企业当年度新建的院士工作站，按上级下达经费的1:1配套支持,企业博士后工作站、研究生工作站给予奖励10万元。

(二)由我区医药和生物技术企业与具有独立资格的国内外高等院校、科研院所联合新建的紧密型研发、实验基地或产学研合作联合体,给予奖励20万元。

第十四条 鼓励支持医药和生物技术企业从区外引进重大技术成果在我区实现产业化。以技术交易合同或评估价为标准,500万元(含)以下的,奖励20万元;500~1000万元(含)的,奖励50万元;1000~2000万(含)的,奖励100万元;2000万元以上的,奖励200万元。

第十五条 鼓励支持医药和生物技术企业提高技术资质，对新通过国家GMP认证、GCP认证、GLP认证的企业或研发机构,分别给予50万元、100万元和200万元的奖励。对实现与发达国家双边或多边互认的技术平台再给予一次性100万元的奖励。对区内企业的产品获得FDA(美国)注册或EDQM(欧盟)注册的,给予一次性200万元的奖励。

第十六条 引导资金与科技计划项目资金支持实行有机衔接，同一企业的同一项目在同一年度按就高原则只享受一次区级财政经费支持。

第五章 专项资金申请、管理办法

第十七条 引导资金由区发展医药和生物技术产业领导小组办公室(设在区科技局)和区财政局负责管理。区医药和生物技术产业发展领导小组办公室负责引导资金的具体实施和项目的日常管理。

第十八条 符合条件的医药和生物技术企业，可向区发展医药和生物技术产业领导小组办公室申请引导资金的支持。申请时需提交下列材料：

(一)企业基本情况和近期经营状况介绍；

(二)企业章程、营业执照、验资证明等相应的企业资产、资质等说明文件；

(三)企业法定代表人、主要管理人员和技术骨干的个人资料；

(四)专利、知识产权或其它科技成果的证明材料；

(五)企业销售、纳税情况等的证明材料；

(六)企业引进高端人才的证明材料；

(七)其他与申请引导资金相关的材料。

第十九条 区发展医药和生物技术产业领导小组办公室负责对所申报的项目进行初审，包括对医药和生物技术企业的认定和对企业是否具备申请引导资金的基本条件进行审核。在初审的基础上,提出对企业或项目是否支持的建议方案，报区发展医药和生物技术产业领导小组审批。

第二十条 经区发展医药和生物技术产业领导小组批准，由领导小组办公室与申请企业签订财政经费使用责任书，并与区财政局共同办理资金拨付手续。

第六章 相关政策

第二十一条 在全面贯彻落实国家、省、市各项科技创新扶持政策的基础上，进一步加大对医药和生物技术产业科技创新创业的扶持力度，优化科技创新创业政策环境。对于符合《关于加快吴中区科技创新发展的意见》(吴委发〔2008〕74号)所规定的奖励条件的事项，给予相应政策扶持。对于列入上级科技计划的医药和生物技术的指令性计划项目，按比例给予配套资金扶持。对于列入国家“863”、“973”计划的重大科技创新项目，按1:1的比例对企业获得的项目经费给予配套资金扶持。

第二十二条 支持鼓励区内医药和生物技术企业培育、引进创新创业人才、领军人才和重点人才，待遇标准按照《关于进一步推进吴中人才计划的若干意见》(吴委发〔2010〕45号)执行。

第二十三条 对申请专利保护的企业和个人，按照《关于实施吴中区专利专项资金管理办法的通知》(吴财行〔2004〕第66号、吴科〔2004〕第25号)，给予相应政策扶持。

第二十四条 对于进驻吴中区科技创业园的医药和生物技术企业、研发机构，按照《关于促进吴中区科技创业园发展的实施意见》(吴政发〔2006〕3号)，给予相应政策扶持。

第二十五条 对于符合《中小企业国际市场开拓资金管理(试行)办法》(财企〔2000〕467号)、《中小企业国际市场开拓资金管理办法实施细则（暂行)》(外经贸计财发〔2001〕270号)奖励条件的国内外技术交流、成果展示或商品展览会，给予相应政策扶持。

第二十六条 对于符合《苏州市人民政府印发〈关于促进服务外包发展的若干意见〉的通知》(苏府〔2007〕116号)奖励条件的医药和生物技术服务外包企业，给予相应政策扶持。

第二十七条 鼓励建立医药和生物技术产业协会。支持在医药和生物技术产业领域建立行业协会或社会团体，支持行业协会或社会团体在规范会员行为、制定行业标准、维护行业权益、组织行业交流、加强政企沟通等方面发挥积极作用。

第七章 附　则

第二十八条 引导资金由区财政承担，其他扶持政策资金按现行财政结算体制分级承担。

第二十九条 本办法自颁布之日起实施，试行3年，有效期至2012年12月31日。

第三十条 如上级和相关政策有调整，按调整后的政策执行。

第三十一条 本办法由区发展医药和生物技术产业领导小组办公室负责解释。